ओशो

जल में कमल

भगवद्‌गीता का मनोविज्ञान

भाग-6

गीता दर्शन 'अध्याय 5' पर ओशो द्वारा दिए गए
1 से 11 प्रवचनों का संकलन

फ्यूजन बुक्स

प्रकाशक

फ्यूजन बुक्स

X-30, ओखला इंडस्ट्रियल एरिया, फेज-II

नई दिल्ली-110020

फोन: 011-41611861

फैक्स : 011-41611866

ई-मेल : sales@dpb.in

वेबसाइट : www.dpb.in

संस्करण : 2026

Jal Mein Kamal

Originally published as "Geeta Darshan Vol V, Chapter 1-11

For more information : www.osho.com

A comprehensive multilingual website featuring Osho's meditations, books and tapes and an online tour of the meditation resort at Osho Commune International.

"For sale in India, Sri Lanka, Nepal, Bangladesh, Bhutan and Maldives only"

Jal Mein Kamal *(Bhagwadgita Ka Monovigyan)*

अनुक्रम

पहला प्रवचन

संन्यास की घोषणा

श्रीमद्‌भगवद्‌गीता अथ पंचमोऽध्यायः

अर्जुन उवाच

संन्यासं कर्मणां कृष्ण पुनर्योगं च शंससि।
यच्छ्रेय एतयोरेकं तन्मे ब्रूहि सुनिश्चितम्।। 1।।

हे कृष्ण! आप कर्मों के संन्यास की और फिर निष्काम कर्मयोग की प्रशंसा करते हैं, इसलिए इन दोनों में एक जो निश्चय किया हुआ कल्याणकारक होवे, उसको मेरे लिए कहिए।

मनुष्य का मन निरंतर ही आज्ञा चाहता है। मनुष्य का मन, कोई और तय कर दे, ऐसी आकांक्षा से भरा होता है। निर्णय करना संताप है; निर्णय करने में चिंता है; स्वयं ही विचार करना तपश्चर्या है। मनुष्य का मन चाहता है, निर्णय भी न करना पड़े। कुछ भी न करना पड़े। सत्य ऐसे ही उपलब्ध हो जाए, बिना थोड़े-से भी श्रम, विचार, तपश्चर्या के।

अर्जुन कृष्ण से कहता है, आपने कर्म-संन्यास की बात कही, आपने निष्काम कर्म की बात कही। लेकिन मुझे तो ऐसा सुनिश्चित मार्ग बता दें, जिसमें मैं आश्वस्त होकर चल सकूं।

इस संबंध में बहुत-सी बातें समझ लेने जैसी हैं। कृष्ण ने इस बीच जो भी बातें कहीं, वे अर्जुन को आदेश की तरह नहीं हैं; अर्जुन के सामने समस्याओं को खोल कर रख देने की कोशिश की है। जीवन के सारे रास्तों पर प्रकाश डालने की कोशिश की है। अंतिम निर्णय अर्जुन के हाथ में ही छोड़ा है कि वह निर्णय करे, संकल्प करे, निष्पत्ति अर्जुन स्वयं ले।

इस जगत में जो श्रेष्ठतम गुरु हैं, वे सदा ही शिष्यों को निष्पत्ति देने से बचते हैं, कनक्लूजंस देने से बचते हैं। क्योंकि जो निष्पत्ति दी हुई होती है, उधार, बासी, मृत हो जाती है। जो निष्पत्ति, जो निष्कर्ष स्वयं लिया होता है, उसकी जड़ें स्वयं के प्राणों में होती हैं। जिस नतीजे पर व्यक्ति अपने ही चिंतन और खोज और शोध से पहुंचता है, वह निर्णय उसके व्यक्तित्व को रूपांतरित करने की क्षमता रखता है।

जो निर्णय बाहर से आते हैं—उधार, विजातीय—उनकी कोई जड़ें व्यक्ति की स्वयं की आत्मा में नहीं हो पाती हैं। उन पर कोई अनुसरण भी करे, तो भी वे आचरण की सतह ही निर्मित करती हैं, आत्मा नहीं बन पाती हैं। जैसे बाजार से फूल लाकर हमने गुलदस्ते में लगा लिए हों, ऐसे ही दूसरे से मिले निर्णय भी गुलदस्ते के फूल बन जाते हैं; लेकिन जमीन में उगे हुए फूल नहीं हैं—प्राणवान, जीवित, जमीन से रस को लेते हुए, सूरज से रोशनी को पीते हुए, हवाओं में नाचते हुए—जिंदा नहीं हैं।

लेकिन आदमी का मन इतने आलस्य से भरा है, इतने तमस से, इतनी लिथार्जी से कि भोजन भी यदि किया हुआ मिल जाए, तो हम करना पसंद नहीं करेंगे। भोजन भी पचाया हुआ हो, तो पचाने को हम राजी नहीं होंगे। लेकिन जिस दिन भोजन पचाया हुआ मिल जाएगा, उस दिन हम प्लास्टिक के आदमी होंगे, जिंदा आदमी नहीं। जिंदगी की सारी गहरी प्रक्रिया स्वयं ही पचाने में निर्भर

है। वह चाहे भोजन को पचा कर खून बनाना हो और चाहे जीवन के अनुभव को पचा कर ज्ञान की निष्पत्ति लेना हो। वह चाहे जगत में चलना हो और चाहे परमात्मा में प्रवेश हो। जिस बात को हम आत्मसात करते हैं, जो हमारे ही श्रम से फलित होती है, वही हमारी है। शेष सब उधार है और ठीक समय पर बेकार सिद्ध होता है, काम में नहीं आता है।

लेकिन अर्जुन की आकांक्षा वही है जो सभी आदमियों की आकांक्षा है। वह कहता है, मुझे सुनिश्चित कह दें; उलझाव में न डालें। ऐसी सब बातें न कहें, जिनमें मुझे सोचना पड़े और तय करना पड़े। आप ही मुझे कह दें कि क्या ठीक है। जो बिलकुल ठीक हो, मुझे कह दें।

कृष्ण को भी आसान है यही कि जो बिलकुल ठीक है, वही कह दें। लेकिन जो आदमी ऐसी मांग कर रहा हो कि जो बिलकुल ठीक है, वही मुझे कह दें, उससे बिलकुल ठीक बात कहनी खतरनाक है। क्योंकि ठीक बात को पाकर वह सदा के लिए ही बचकाना, जुवेनाइल रह जाएगा। वह कभी मैच्योर और प्रौढ़ नहीं हो सकता है।

इसलिए वे गुरु खतरनाक हैं, जिनके नीचे शिष्य सदा ही बचकाने, अप्रौढ़ रह जाते हों। वे गुरु खतरनाक हैं, जो निष्कर्ष दे देते हों। ठीक गुरु तो समस्याएं देता है। ठीक गुरु तो प्रश्न देता है। निश्चित ही ऐसे प्रश्न, ऐसी समस्याएं, ऐसे उलझाव, जिनसे गुजर कर अगर व्यक्ति चलने का साहस और हिम्मत जुटाए, तो निष्कर्ष पर जरूर ही पहुंच सकता है।

लेकिन बंधे-बंधाए, रेडिमेड उत्तर इस पृथ्वी पर किसी भी श्रेष्ठतम व्यक्ति ने कभी भी नहीं दिए हैं।

अर्जुन कहता है, मुझे तो तैयार—आप जानते ही हैं, वही कह दें, जो ठीक है। मुझे उलझाएं मत। मैं वैसे ही बड़े संभ्रम में, वैसे ही बड़े संशय में हूं, वैसे ही बहुत अनिश्चय में डूबा हुआ हूं। इतनी बातें न करें कि मैं और उलझ जाऊं। मैं कनफ्यूज्ड हूं।

अर्जुन जानता है कि उलझा हुआ है। लेकिन उलझे हुए मन को सुलझा हुआ सत्य भी मिल जाए, तो उसे भी उलझा लेता है। सुंदरतम व्यक्ति को भी हम

विकृत आईने के सामने खड़ा कर दें, तो आईना तत्काल उसे विकृत कर लेता है। श्रेष्ठतम चित्र को भी हम, आंखें कमजोर हों, बिगड़ गई हों, ऐसे आदमी के सामने रख दें, तो भी आंखें उस श्रेष्ठतम चित्र को कुरूप कर लेती हैं।

निश्चित ही कृष्ण सीधे निष्कर्ष की बात कह सकते हैं, लेकिन उलझा हुआ अर्जुन समझ कैसे पाएगा! अर्जुन उलझा हो, तो सुलझी हुई बात को भी उलझा लेगा। इसलिए कृष्ण को प्रतीक्षा करनी पड़ेगी। अर्जुन का उलझाव हल हो, तो ही सुलझे हुए सत्यों को सुनने की क्षमता आ सकती है।

हम वही समझ पाते हैं, जो हम समझ सकते हैं। हम अपने से ज्यादा कभी कुछ नहीं समझ पाते हैं। और हम वही अर्थ निकाल लेते हैं, जो हमारे भीतर पड़ा है। हम वही अर्थ नहीं निकाल पाते हैं, जो कृष्ण जैसा व्यक्ति बोलता है।

अर्जुन के साथ कृष्ण की वार्ता सीधी नहीं है, बहुत उलझी और पगडंडियों से भरी है, बहुत गोल चक्रों में घूमती हुई है। इस सारी गीता की चर्चा से कृष्ण अर्जुन को सुलझाने की कोशिश कर रहे हैं। सुलझ जाए, तो वे उसे निष्कर्ष की बात भी कह सकें। लेकिन अर्जुन सुलझने की पीड़ा से भी नहीं गुजरना चाहता है।

सुलझने की पीड़ा भी प्रसव की पीड़ा है। स्वयं का बहुत कुछ काटना, गिराना, हटाना पड़ेगा। सबसे बड़ी कठिनाई तो यही होती है कि मैं उलझा हुआ हूं, इसे इसकी पूरी नग्नता में जानना पड़ेगा। और कोई भी व्यक्ति मानने को राजी नहीं होता कि कनफ्यूज्ड है। कोई भी व्यक्ति मानने को राजी नहीं होता कि उसका मन उलझा हुआ है। सभी लोग मान कर चलते हैं कि वे सुलझे हुए हैं। अपने को धोखा देने की कुशलता भी अदभुत है। हर आदमी यह मान कर चलता है कि मैं सुलझा हुआ हूं।

इस दुनिया की सारी उलझनें निन्यानबे प्रतिशत कम हो जाएं, अगर लोगों को यह पता चल जाए कि हम उलझे हुए हैं। लेकिन लोग बिलकुल आश्वस्त हैं। लोग बिलकुल आत्मविश्वास से भरे हैं कि हम सुलझे हुए लोग हैं। और सारी दुनिया इतने उलझाव में है, जिसका कोई हिसाब नहीं है। ये उलझाव कहां से आते हैं? हम सब सुलझे हुए लोग! ये इतने उलझाव इस जमीन पर पैदा कैसे

होते हैं? यदि हम सब सुलझे हुए हैं, तो जगत एक शांत और एक आनंद से भरी हुई जगह होनी चाहिए—स्वर्ग; लेकिन जगत है एक नरक।

हम सब उलझे हुए हैं। और उलझाव और भी भयंकर है, क्योंकि प्रत्येक उलझा हुआ आदमी समझता है कि मैं सुलझा हुआ हूं। हर पागल समझता है कि पागल नहीं है। पागलखानों में ऐसा आदमी मिलना मुश्किल है, जो समझता हो कि मैं पागल हूं। पागलखाने के बाहर मिल भी जाए; पागलखाने के भीतर नहीं मिल सकता।

तो अर्जुन को यह भी दिखा देना जरूरी है कि वह कितना उलझा हुआ है। कृष्ण की अब तक की बातचीत से अर्जुन को एक बात तो कम से कम दिखाई पड़नी शुरू हो गई कि वह उलझा हुआ है। शुरू में जब उसने बोलना शुरू किया था, तो ऐसा लगता था कि वह जान कर बोल रहा है। धर्म और शास्त्र और नीति और परंपरा, इन सब की बात कर रहा था। ऐसा लगता था कि वह जान कर बोल रहा है। अज्ञानी आदमी जितने जानते हुए बोलते मालूम पड़ते हैं, उतने ज्ञानी कभी बोलते हुए मालूम नहीं पड़ते हैं।

बर्ट्रेंड रसेल ने कहीं कहा है कि जितना कम जानने वाला आदमी हो, उतनी दृढ़ता से बोल सकता है; उतना डाग्मेटिक हो सकता है। जितना जानने वाला आदमी हो, उतना हेजीटेट करता है; झिझकता है। क्योंकि जितना ज्यादा जानता है, उतना ही पाता है कि जीवन अति दुरूह है, गहन पहेली है। जितना जानता है, उतना ही पाता है कि जानना आसान नहीं है। और जितना जानता है, उतना ही पाता है कि जानने को अनंत शेष है।

अज्ञानी बिलकुल दृढ़ता से बोल सकता है। इतना कम जानता है कि अज्ञान का भी उसे पता नहीं है।

अर्जुन ने जब प्रश्न उठाने शुरू किए थे, तो वह ऐसे आदमी के प्रश्न थे, जिसे उत्तर पहले से ही पता हैं। अगर कृष्ण से पूछता था, तो इसलिए कि तुम भी शायद जो मैं कहता हूं वही कहोगे, गवाही मेरी बनोगे!

कृष्ण से अर्जुन ने गवाही, विटनेस ही मांगी थी, कि आप भी कह दें कि जो मैं कहता हूं, ठीक है। कि यह युद्ध व्यर्थ है। कि यह धन और राज्य के लिए

संघर्ष गलत है। कि सब छोड़ कर चले जाना धर्म की पुरानी व्यवस्था है। कि हिंसा पाप है; कि अहिंसा में, समस्त हिंसा का त्याग करके चले जाने में गौरव है।

अर्जुन ने जब ये बातें कही थीं, तो आश्वस्त भाव से कही थीं कि कृष्ण भी समर्थन करेंगे। लेकिन कृष्ण ने उनका समर्थन नहीं किया। और अब अर्जुन इस स्थिति में नहीं है कि कह सके कि मैं जानता हूं। इतना उसे साफ हुआ है कि मैं उलझा हुआ हूं। मुझे कुछ पता नहीं है।

यह बहुत बड़ी घटना है। ज्ञान के मार्ग पर पहला चरण है। ज्ञान के मार्ग पर अज्ञान की दृढ़ता पिघल जाए, तो बहुत बड़ी उपलब्धि है। अज्ञान की मजबूती ढीली पड़ जाए, अज्ञान का आश्वासन डिग जाए—बड़ी उपलब्धि है।

अर्जुन इस जगह कृष्ण के द्वारा लाया जा सका है, जहां वह कहता है, मुझे कुछ पता नहीं है। यह बात कीमत की है। लेकिन तत्काल वह कहता है कि जो आपको पता हो, वह सीधा आप मुझे कह दें।

इतना तो अच्छा हुआ कि वह कहता है, मुझे कुछ पता नहीं है। लेकिन अब यह दूसरा खतरा उसके साथ जुड़ा है। अभी वह दूसरे से तैयार ज्ञान को पाने की आकांक्षा रखता है। वह भी उसकी भ्रांति है। कोई छोटा-मोटा गुरु होता कृष्ण की जगह, तो बहुत प्रसन्न होता और कहता कि यह जो मैं जानता हूं, तुझे दिए देता हूं। तेरा काम है कुल इतना कि मान ले चुपचाप और आचरण कर।

लेकिन कृष्ण उन मनोवैज्ञानिक गुरुओं में से एक हैं, जो जब तक कि पात्र पूरा तैयार न हो, जब तक कि क्षमता अर्जुन की इस योग्य न हो कि वह सत्य को समझने और सत्य को प्रतिध्वनित करने की स्थिति में आ जाए, तब तक वे अभी और कुछ बातें करेंगे, और भी मार्गों की।

अर्जुन के नीचे से उसके सारे आश्वासन की भूमि हट जानी चाहिए। और अर्जुन के मन से यह खयाल भी हट जाना चाहिए कि कोई दूसरा दे सकेगा। इतनी तैयारी होनी चाहिए कि मैं खोजूं, श्रम करूं; सत्य को मुफ्त में पाने की आकांक्षा न करूं।

इसलिए कृष्ण ने वे सब मार्ग, जिनसे मनुष्य सरलता को, सत्य को, सुलझाव को उपलब्ध हुआ है, उन सबको धीरे-धीरे खोल कर अर्जुन के

सामने रखने का तय किया है। पर उसके मन की बात ठीक से आप समझ लेना, वह हम सबके मन की बात है।

हम भी चाहेंगे कि इतनी लंबी चर्चा की क्या जरूरत है? कृष्ण भलीभांति जानते हैं कि सत्य क्या है। अर्जुन की स्थिति भी भलीभांति जानते हैं। अर्जुन के लिए क्या हितकर है, यह भी भलीभांति जानते हैं। तो दे ही क्यों नहीं देते!

कल ही मेरे पास कोई एक व्यक्ति आए और उन्होंने कहा कि मुझे कुछ सोचना-समझना नहीं है। मुझे तो आप बता दें। आप जानते हैं, तो मुझे बता दें। मैं उसे करने में लग जाऊं।

देखने में लगेगा कि बड़ी श्रद्धा की बात है। लेकिन जिस व्यक्ति को स्वयं श्रम करने की जरा भी श्रद्धा नहीं है, उसकी श्रद्धा बड़ी धोखे की है और झूठी है। जो इंचभर भी अंधेरे में, अनजान में, असुरक्षा में खोजने के लिए तैयार नहीं है; जो अज्ञात में नाव लेकर यात्रा पर निकलने के लिए साहस नहीं जुटा पाता; जो सदा दूसरे का सहारा खोज कर आंख बंद कर लेने के लिए आतुर है—ऐसे आदमी की यात्रा सत्य की तरफ कभी भी नहीं हो सकती है। निश्चित ही ऐसे व्यक्ति को भी गुरु मिल जाएंगे, क्योंकि ऐसे व्यक्तियों का शोषण करने की बड़ी सुविधा है। उनका शोषण चल रहा है।

जो भी मांग की जाएगी, उसको सप्लाई करने वाले लोग सदा ही उपलब्ध हो जाते हैं। अगर आप मांगेंगे अंधापन, तो आपकी आंखें फोड़ने वाले लोग भी मिल जाएंगे। आप मांगेंगे बहरापन, तो आप पर कृपा करके आपको बहरा कर देने वाले लोग भी मिल जाएंगे। आप चाहेंगे कि मैं तो किसी का हाथ पकड़कर चलूं और अपना कोई भी श्रम न लगाना पड़े, तो ऐसे लोग भी आपको मिल जाएंगे, जो कहेंगे, यह रहा हाथ; पकड़ो और चलो!

लेकिन ध्यान रखना, जो भी ऐसा व्यक्ति आपको मिल जाएगा, वह व्यक्ति आपके ऊपर करुणा नहीं कर रहा है। क्योंकि करुणा सदा ही आपके पैर को सबल बनाती है, आपकी आंखों को मजबूत करती है, आपके बल को जगाती है। वह व्यक्ति आपका शोषण कर रहा है। और शोषण केवल वही कर सकता है, जो नहीं जानता है। इसलिए अंधे अक्सर अंधों को नेतृत्व करने के लिए मिल

जाते हैं। सच तो यह है कि अंधों के बड़े समाज में आंख वाले आदमी को नेतृत्व करना अति कठिन है। अंधों का समाज, सजातीय अंधे को ही अपने आगे कर लेने को सदा उत्सुक रहता है।

कृष्ण वैसे गुरु नहीं हैं। वे अर्जुन को कुछ भी देने के लिए राजी नहीं हैं, जिसको पाने की क्षमता स्वयं अर्जुन में न हो। और अर्जुन में अगर उसे पा लेने की क्षमता हो, तो कृष्ण उसे देने को तैयार हो सकते हैं। फिर कोई फर्क नहीं पड़ता। अगर एक व्यक्ति पाने के लिए तैयार है श्रम करने को, तो उसे सत्य की किरण दी भी जा सकती है।

यह बहुत मजे की और विरोधाभासी बात मालूम पड़ेगी। जिनकी क्षमता नहीं है, उन्हें दिया नहीं जा सकेगा; यद्यपि जिनकी क्षमता नहीं है, वे सदा भिखारी की तरह मांगते हैं। और जिनकी क्षमता है, उन्हें सदा दिया जा सकता है; यद्यपि जिनकी क्षमता है, वे कभी भी भिखारियों की तरह मांगते नहीं हैं। अब यह बड़ी उलटी बात है।

सत्य के द्वार पर जो भिखारी की तरह खड़ा होगा, वह खाली हाथ वापस लौटेगा। सत्य के द्वार पर तो जो सम्राट की तरह खड़ा होता है, उसे ही सत्य मिलता है।

अभी भी कृष्ण भिखारी को पा रहे हैं अर्जुन में। इस वचन में भी अर्जुन ने अपने भिखारी होने की ही घोषणा की है।

श्री भगवानुवाच

संन्यासः कर्मयोगश्च निःश्रेयसकरावुभौ।
तयोस्तु कर्मसंन्यासात्कर्मयोगो विशिष्यते।।2।।

श्रीकृष्ण भगवान बोले, हे अर्जुन! कर्मों का संन्यास और निष्काम कर्मयोग, ये दोनों ही परम कल्याण के करने वाले हैं। परंतु दोनों में कर्मों के संन्यास से निष्काम कर्मयोग, साधन में सुगम होने से श्रेष्ठ है।

कृष्ण ने कहा, कर्म-संन्यास और निष्काम कर्म दोनों ही परम श्रेय को उपलब्ध कराने के मार्ग हैं। पहले इसे समझें। फिर दूसरी बात

उन्होंने कही, लेकिन फिर भी सुगम होने से निष्काम कर्म साधक के लिए ज्यादा कल्याणकर है।

कर्म-संन्यास का अर्थ है, जो करने का जगत है, जहां हम सुबह से सांझ, सांझ से सुबह करने में संलग्न हैं। कर रहे हैं, बिना इस बात को ठीक से जाने कि क्यों? किस लिए? बिना ठीक से समझे कि इस सब करने की निष्पत्ति और फल क्या है! बिना इस बात को विचारे कि अतीत में जो किया है, उससे हम कहां पहुंचे हैं!

समस्त कर्मों का रूप पानी पर खींची गई रेखाओं जैसा है। खींचते हैं, तब लगता है कि कुछ खिंचा। खींचते हैं, तब लगता है कि कुछ बना। लेकिन अंगुली आगे भी नहीं बढ़ पाती कि रेखाएं मिट जाती हैं, विदा हो जाती हैं।

जो भी हम कर रहे हैं, वह अस्तित्व में पानी पर खींची गई रेखाओं से ज्यादा कुछ भी निर्मित नहीं कर पाता है। हमसे पहले भी अरबों लोग इस पृथ्वी पर रहे हैं। जिस जगह आप बैठे हैं, एक-एक आदमी जहां बैठा है, वहां कम से कम एक-एक आदमी की जगह में दस-दस आदमियों की कब्र बन चुकी है। वे सारे लोग ही विराट कर्म में लीन रहे हैं। उन सबके कर्मों का इकट्ठा जोड़ क्या है?

यदि आज आदमी का समाज समाप्त हो जाए, तो आकाश के तारों को कुछ भी खबर न रहेगी कि कितना विराट कर्म चला है! वृक्षों को कुछ भी पता न होगा कि कितना विराट कर्म उनके नीचे चला है! पक्षी हमारे कर्म के इतिहास की कोई कथा न कहेंगे। सूरज उगता रहेगा। सागर की लहरें तटों से टकराती रहेंगी।

आदमी समाप्त हो जाए, तो कोई दस लाख वर्ष की लंबी यात्रा में आदमी ने जो कर्म किए हैं, उनका जोड़ क्या होगा? जैसे एक आदमी समाप्त होता है, तो उसके कर्मों का सब जोड़ तिरोहित हो जाता है; ऐसे ही सारी मनुष्यता भी समाप्त हो जाए, तो सब कर्मों का जोड़ तिरोहित हो जाएगा। उसकी कहीं रेखा भी छूटकर न रह जाएगी।

कर्म-संन्यास इस समझ का नाम है कि कर्म पानी पर खींची गई रेखाओं की भांति हैं। तो व्यर्थ क्यों खींचो! जो मिट ही जाता है, उसे खींचो ही क्यों! जो

टिकता ही नहीं, उसे बनाने के पागलपन में क्यों पड़ो! जो अंततः स्वप्न सिद्ध होता है, उसे सत्य मान कर क्षण भर भी क्यों जीओ!

रात सपना देखते हैं। सपने में तो सपना बहुत सच होता है, सच से भी ज्यादा सच होता है। कभी पता नहीं चलता। और बड़े मजे की बात है कि जिंदगी में कई बार, करोड़ बार सपना देखा है। रोज सुबह पाया कि गलत है। और हर रात फिर भूल जाता है मन। कितने सपने देखे रोज! आज रात जब लौट कर फिर सपना देखेंगे, तो सपने में मन को याद न रहेगा कि पहले भी सपने देखे थे और सुबह पाया था कि सपने हैं। आज रात फिर सपना देखेंगे इसी भ्रम में कि सच है। आदमी का मन कुछ सीखता है या नहीं सीखता है? इतने सपने देखने के बाद भी रोज जब दुबारा फिर सपना आता है, तो फिर सच मालूम होता है।

कर्म-संन्यास कहता है कि कितने जन्मों में कितने कर्म किए, लेकिन हर बार भूल जाते हैं! फिर नया जन्म, फिर नया सपना शुरू हो जाता है। जैसे कल का सपना आज के सपने में जरा भी बाधा नहीं डालता और याद नहीं दिलाता, कोई रिमेंबरेंस पैदा नहीं होती, कोई स्मृति नहीं आती कि कल भी सपना देखा था, पाया सुबह कि गलत है। आज फिर सपना देख रहा हूं, उसी भ्रम में, जैसा कल, जैसा परसों, जैसा जीवनभर देखा है। इसका मतलब हुआ, मन ने कुछ सीखा नहीं।

हैरानी होती है। इतने सपने देखकर भी मन इतना-सा भी नहीं सीख पाता कि सपने सच नहीं हैं। जब आता है सपना, सब सच हो जाता है।

कर्म-संन्यास कहता है, हर जन्म इसी तरह विस्मरण हो जाता है। जन्म को छोड़ दें, आज तक जिंदगी में जो किया है, उससे क्या हो गया है? कुछ भी नहीं हुआ। पानी पर खींची रेखाओं की तरह सब मिट गया है। लेकिन आज भी रेखाएं खींचे चले जा रहे हैं; कल भी रेखाएं खींचेंगे। मरते वक्त पाएंगे, सब खो गया। नये जन्म में फिर नई रेखाएं खींचना शुरू कर देंगे।

कर्म-संन्यास कर्म के सत्य के प्रति इस होश का नाम है कि कर्म से कुछ भी फलित नहीं होता है। कर्म एक खेल से ज्यादा नहीं है। तो जो प्रौढ़ हो जाएगा इस समझ से, वह कर्म के बाहर हो जाएगा। छोड़ देगा कर्म को। छोड़ देगा, कहना शायद ठीक नहीं है, कर्म छूट जाएंगे उससे।

जैसे बच्चा बड़ा हो गया। अब वह कंकड़-पत्थरों से नहीं खेलता। अब वह रेत पर मकान नहीं बनाता। अब वह गुड्डे और गुड़ियों का विवाह नहीं रचाता। अब उससे कोई कहता है कि पहले तो तुम बहुत रस लेते थे, अब तुमने क्यों छोड़ दिए गुड़ियों के खेल? क्यों तुम रेत पर मकान नहीं बनाते? क्यों तुम रंगीन कंकड़-पत्थर इकट्ठे नहीं करते? तो वह बच्चा यह नहीं कहता कि मैंने छोड़ दिया। वह कहता है, अब मैं बड़ा हो गया; वह सब छूट गया!

कर्म-संन्यास कर्म का त्याग नहीं, कर्म के प्रति इस सत्य का अनुभव है कि कर्म का जगत स्वप्न का जगत है। तब कर्म छूट जाता है।

कृष्ण कहते हैं, यह मार्ग भी श्रेयस्कर है। यह मार्ग भी मंगलदायी है। इस मार्ग से भी परम अनुभूति तक पहुंचा जाता है। पर कृष्ण कहते हैं, कठिन है यह मार्ग। दूसरे मार्ग को कृष्ण कहते हैं, सरल है निष्काम कर्म।

निष्काम कर्म में कर्म के ऊपर आग्रह नहीं है। निष्काम कर्म में कर्म के पीछे जो फलाकांक्षा है, उसको समझने का आग्रह है। कर्म-संन्यास में कर्म को समझने का आग्रह है कि कर्म ही व्यर्थ है। निष्काम कर्म में कर्म की जो फलाकांक्षा है, उसको समझने का आग्रह है कि फलाकांक्षा व्यर्थ है।

कृष्ण कहते हैं, कर्म चलता रहे, भेद नहीं पड़ता; फलाकांक्षा भर विसर्जित हो जाए। खेल चलता रहे; कोई हर्जा नहीं; लेकिन बच्चा यह जान ले कि खेल है। यह भी तभी जाना जा सकता है, जब फलाकांक्षा दुख के अतिरिक्त कुछ भी नहीं लाती, इसकी प्रतीति हो जाए।

कर्म-संन्यास तब आता है, जब प्रतीति हो जाए कि कर्म स्वप्नवत है, ड्रीम लाइक है। निष्काम कर्म तब फलित होता है, जब ज्ञात हो जाए कि फलाकांक्षा दुख है।

लेकिन फलाकांक्षा होती सुख के लिए है। कोई आदमी दुख की आकांक्षा नहीं करता। आकांक्षा सभी सुख की करते हैं। और बड़े मजे की बात है कि जब मिलता है, तो सिर्फ दुख मिलता है—सभी को। आकांक्षा सदा सुख की, फल सदा दुख! दौड़ते हैं पाने को स्वर्ग, मंजिल आती है सदा नरक की।

सोचते हैं, लगेगा हाथ आनंद का अनुभव, हाथ सिर्फ दुख-स्वप्न, पीड़ा और संताप लगते हैं।

निष्काम कर्म तब फलित होता है, जब कोई फलाकांक्षा की इस ट्रिक, फलाकांक्षा के इस रहस्य को समझ लेता है कि फलाकांक्षा सदा भरोसा देती है सुख का, लेकिन जब भी हाथ में आता है पक्षी सुख का, तो दुख का सिद्ध होता है। लेकिन होशियारी है। होशियारी यह है कि जो हाथ में आ जाता है, फलाकांक्षा उससे हट जाती; और जो पक्षी हाथ में नहीं, उस पर लग जाती है। हाथ में सदा दुख होता, आकांक्षा सदा उन पक्षियों के साथ उड़ती रहती, जो हाथ में नहीं हैं। जब उनमें से कोई भी पक्षी हाथ में आता, तो दुख सिद्ध होता। लेकिन और पक्षी उड़ते रहते हैं आकाश में, आकांक्षा उनका पीछा करती रहती है।

इसलिए आकांक्षा की इस निरंतर स्टुपिडिटी, इस निरंतर मूढ़ता का कभी अनुभव नहीं हो पाता। हाथ में आए पक्षी को हम कभी नहीं सोचते कि कल इसे भी चाहा था। आज हम कुछ और चाहने लगते हैं।

जिंदगी भर आकांक्षाएं फलित होती हैं, पूरी होती हैं, लेकिन हम कभी नहीं सोचते कि जो चाहा, वह मिला? जो चाहते हैं, वह कभी नहीं मिलता है। जो नहीं चाहते हैं, वह सदा मिलता है। लेकिन जो नहीं चाहते हैं, जब वह मिल जाता है, तो हम उसके दुख को फिर किसी नई चाह के सपने में भुला देते हैं, फिर नये सपने में हम डूब जाते हैं।

निष्काम कर्म का रहस्य है, फलाकांक्षा की इस तरकीब को ठीक से देख लेना कि मन सदा ही, जो नहीं है पास, उसको खोजता रहता है। और जो पास है, उसमें दुख भोगता रहता है। और कभी यह गणित नहीं बिठाया जाता कि कल यह भी मेरे पास नहीं था, तब मैंने इसमें सुख चाहा था। और आज जब मेरे पास है, तो मैं दुख भोग रहा हूं। वर्तमान सदा दुख, भविष्य सदा सुख बना रहता है।

जब तक ऐसा दिखाई पड़ेगा कि वर्तमान दुख है और भविष्य सुख है, तब तक निष्काम कर्म फलित नहीं हो सकता। निष्काम कर्म फलित होगा, जब यह वर्तमान और भविष्य की स्थिति बिलकुल उलटी हो जाए। वर्तमान सुख बन जाए।

जैसे ही वर्तमान सुख बनता है, भविष्य की आकांक्षा तिरोहित हो जाती है। भविष्य की आकांक्षा, भविष्य में सुख था, इसीलिए थी। वर्तमान में दुख है, इसलिए भविष्य में सुख को हम प्रोजेक्ट करते हैं। आज दुख है, तो कल की कामना करते हैं कि कल सुख मिलेगा। कल के सुख की कामना में आज के दुख को झेलने में जरूर ही सुविधा बनती है। अगर कल भी सुख न हो, तो आज को गुजारना मुश्किल हो जाए। जो लोग कारागृह में बंद हैं, वे कारागृह के बाहर जब मुक्त होंगे, उस खुले आकाश की आकांक्षा में कारागृह को बिता देते हैं।

मैंने तो सुना है कि एक कारागृह में एक नया कैदी आया। उसे तीस वर्ष की सजा हुई है। वह भीतर सींकचों के गया। एक कैदी और उस कमरे में बंद है। उसने उससे पूछा कि भाई, तुम्हारी सजा कितनी है? उसने कहा कि मैं तो काफी, दस वर्ष काट चुका। मुझे सिर्फ बीस वर्ष और रहना है। तो उसने कहा कि तुम दरवाजे के पास स्थान ले लो, मुझे दीवाल के पास, क्योंकि तुम्हें जल्दी जाना पड़ेगा। मैं तीस वर्ष रहूंगा; तुम्हें बीस वर्ष ही रहना है। उसने अपना बोरिया-बिस्तर उठा कर सींकचों के पास लगा लिया। जल्दी उसका वक्त आने वाला है। बीस साल बाद वह खुले आकाश के नीचे पहुंच जाएगा! बीस साल बाद की वह मुक्ति की संभावना, बीस साल के कारागृह को भी गुजार देगी।

रोज हम कल के लिए टाल देते हैं। आज को झेलने में सुविधा तो बन जाती है, लेकिन इससे जीवन की पहेली हल नहीं होती। कल फिर यही हाथ लगता है। फिर कल हम परसों के लिए सोचने लगते हैं। रोज यही होता है। हमें रोज जिंदगी पोस्टपोन करनी पड़ती है, कल के लिए स्थगित कर देनी पड़ती है। वह कल कभी नहीं आता। अंत में मौत आती है और कल का सिलसिला टूट जाता है।

इसलिए तो हम मौत से डरते हैं। मौत से हम न डरें, मौत से डर का असली कारण कल के सिलसिले का टूट जाना है। मौत कहती है कि आगे कल नहीं होगा, इसलिए मौत से इतना डर लगता है। क्योंकि हम जीए ही नहीं कभी, हम तो कल की आशा में जीए। और मौत कहती है, अब कल नहीं होगा। इसलिए मौत घबड़ाती है।

अन्यथा मौत में डर का कोई भी कारण नहीं है। क्योंकि पहली तो बात यह है कि जिसे हम जानते नहीं, उससे डरने का कोई कारण नहीं है। कोई नहीं कह सकता कि मौत बुरी है। क्योंकि जिससे हम परिचित नहीं हैं, उसको बुरा कैसे कहें? कोई नहीं कह सकता है कि मौत दुख देती है, क्योंकि जिससे हम परिचित नहीं हैं, उसे हम दुख देने वाली कैसे कहें! अपरिचित के संबंध में कोई भी निर्णय तो कैसे लिया जा सकता है!

नहीं; लेकिन मौत से हम नहीं डरते। डरने का कारण बहुत और है। वह डर यह है कि हमने जिंदगी सदा कल पर टाली। जीए आज नहीं; कहा, कल जी लेंगे। आज तो झेल लो दुख। कल सुख आएगा; सब ठीक हो जाएगा। आज है अंधेरा, कल सूरज निकलेगा। आज हैं कांटे, कल फूल खिलेंगे। आज घृणा और क्रोध है जिंदगी में, तो कल प्रेम की वर्षा होगी। लेकिन मौत एक ऐसी घड़ी ला देती है कि कल का सिलसिला टूट जाता है; आज ही हाथ में रह जाता है। तब हम तड़फड़ाते हैं। तब हम घबड़ाते हैं। मौत का डर आज के साथ जीने का डर है, और आज हम कभी जीए नहीं।

निष्काम कर्म की धारणा कहती है कि कल पर जो जीवन को टाल रहा है अर्थात फल की आकांक्षा में जो जी रहा है, वह पागल है। कल कभी आता नहीं। जो है, आज है, अभी है। अभी को जीने की कला चाहिए। अभी को जीने की क्षमता चाहिए। अभी को जीने की कुशलता चाहिए।

कृष्ण तो उसी को योग कहते हैं—आज और अभी, हिअर एंड नाउ, इसी क्षण जीने की जो क्षमता है—वही। लेकिन जिसे इस क्षण जीना है, उसे फल की दृष्टि छोड़ देनी चाहिए। इस क्षण तो कर्म है। फल? फल सदा भविष्य में है, कर्म सदा वर्तमान में है। करना अभी है, होना कल है। किया अभी जाएगा, फल कल होगा। फल कभी वर्तमान में नहीं है।

फल को छोड़ दें। लेकिन फल को हम तभी छोड़ सकते हैं, जब फल विषाक्त सिद्ध हो। फल अगर अमृत का मालूम पड़े, तो छोड़ नहीं सकते हैं। और फल अमृत का मालूम पड़ता है। यद्यपि किसी को अमृत का फल

कभी मिलता नहीं। धोखा सिद्ध होता है। लेकिन मालूम पड़ता है। इस प्रतीति से कैसे छुटकारा हो सके?

इस प्रतीति से छुटकारे का एक ही मार्ग है कि अपने अतीत में जितने फलों की आकांक्षा आपने की है, उन्हें फिर से पुनर्विचार कर लें। वे मिल गए आपको। जो पत्नी चाही थी, वह मिल गई; जो पति चाहा था, वह मिल गया। जो नौकरी चाही थी, वह मिल गई; जो मकान चाहा था, वह मिल गया। ऐसा आदमी तो खोजना मुश्किल है, जिसे ऐसा कुछ भी न मिला हो, जो उसने चाहा था; कुछ न कुछ तो मिल ही गया होगा। उतना अनुभव के लिए काफी है। लेकिन मिल कर क्या मिला?

एक मित्र हैं मेरे। बड़े उद्योगपति हैं। स्वभावतः, जैसा होना चाहिए, नींद नहीं आती है रात। मुझसे आकर एक दिन सुबह कहा कि न मुझे परमात्मा की तलाश है, न मुझे आत्मा से प्रयोजन है, न मैं कोई बड़ा मोक्ष और स्वर्ग चाहता हूं। मुझे सिर्फ नीद आ जाए, तो मैं आपका जीवनभर ऋणी रहूंगा। बस मुझे नींद का सूत्र मिल जाए। मैंने कहा, सच! नींद मिलने से सब मिल जाएगा? उन्होंने कहा, सब मिल जाएगा। मेरा जीवन बिलकुल ही नारकीय हो गया है। जो उन्होंने कहा था, वह पास में पड़े टेप पर मैंने रिकार्ड कर लिया था। मैंने कहा कि फिर दुबारा और कुछ तो मांगने नहीं आ जाइएगा? उन्होंने कहा कि कभी नहीं। सिर्फ धन्यवाद देने आऊंगा। नींद भर आ जाए।

उन्हें ध्यान के कुछ प्रयोग करवाए। पंद्रह दिन बाद वे आए। कहने लगे, नींद तो आ गई, लेकिन और कुछ नहीं मिला! कहने लगे, नींद आ गई, लेकिन और कुछ नहीं मिला। मैंने उनका जो टेप किया हुआ था वक्तव्य, उन्हें सुनवाया। कहा कि आप कहते थे, नींद मिल जाए, तो सब कुछ मिल जाए! अब आप कहते हैं, नींद मिल गई, और कुछ नहीं मिला। धन्यवाद तो दूर, आप तो कुछ मेरा कसूर बता रहे हैं! मुझसे कोई गलती हुई?

चौंके! सुना अपना वक्तव्य, तो चौंके। और उन्होंने कहा कि जब नींद नहीं आती थी, तब ऐसा ही लगता था कि नींद मिल जाए, तो सब मिल जाए। और

अब ऐसा लगता है। अब मैं क्या करूं! उन्होंने कहा, इसमें असत्य नहीं है। तब ऐसा ही लगता था कि नींद मिल जाए, तो सब मिल जाए। और अब ऐसा ही लगता है कि नींद मिल गई, तो क्या मिल गया! तो मैंने कहा, अब आपका क्या खयाल है? अब आप क्या चाहते हैं? और मैं आपसे कहूंगा, अगर वह भी मिल गया, तो आप फिर यही तो नहीं कहेंगे?

परमात्मा आसानी से मिलता नहीं। नहीं तो आप जाकर उससे कहें कि आप मिल गए, और तो कुछ नहीं मिला! अब क्या करें? वह आसानी से मिलता नहीं, इसलिए यह मौका आता नहीं। इस संसार में सब चीजें मिल जाती हैं, इसलिए दिक्कत है।

असल में जो भी फल की आकांक्षा से जी रहा है, उसे परमात्मा भी मिल जाए, तो कुछ भी नहीं मिलेगा, क्योंकि फल की आकांक्षा भ्रांत स्वप्न है। जो फल की आकांक्षा के बिना जी रहा है, उसे कुछ भी न मिले, तो भी सब मिला हुआ है। उसे नींद की झपकी भी लग जाए, तो परम आनंद है। उसे रोटी का एक टुकड़ा भी मिल जाए, तो अमृत है। परमात्मा तो दूर। परमात्मा मिल जाए, तब तो उसकी खुशी का, उसके आनंद का, उसके अनुग्रह का कोई ठिकाना ही नहीं है। लेकिन परमात्मा की छोटी-सी कृपा भी मिल जाए, तो भी उसका अनुग्रह अनंत है। और जो आकांक्षा में जी रहा है फल की, उसे परमात्मा भी मिल जाए, तो वह उदास खड़े होकर यही कहेगा कि ठीक है; आप मिल गए, लेकिन कुछ मिला नहीं!

फल की आकांक्षा खाली ही करती है, भरती नहीं। इसलिए जिस समाज में जितने फल मिल जाएंगे, जितनी आकांक्षाएं तृप्त हो जाएंगी, उतनी एंप्टीनेस पैदा हो जाएगी। गरीब मुल्क कभी भी इतना खाली नहीं होता, जितना अमीर मुल्क खाली हो जाता है। गरीब आदमी कभी भी इतना मीनिंगलेस अनुभव नहीं करता, कि अर्थहीन है मेरी जिंदगी, बेकार है। रोज काम बना रहता है। कल कुछ पाने को है। अमीर आदमी को एकदम डिसइलुजनमेंट होता है। एकदम विभ्रम। सब टूट जाता है। जो चाहा था, सब मिल गया। अब एकदम से

सारी चीज ठहर गई होती है। अब कहीं कोई गति नहीं मालूम होती है। कल, खतम हो गया। अमीर आदमी—उस आदमी को अमीर कह रहा हूं, जिसे सब मिल गया, जो उसने चाहा था—वह मरने पर पहुंच गया। अब उसके आगे मौत के सिवाय कुछ भी नहीं है। इसलिए दुनिया के जो यूटोपियंस हैं, जो कल्पनावादी हैं, जो कहते हैं, जमीन पर स्वर्ग ला देना है, अगर वे किसी दिन सफल हो गए, तो सारी मनुष्यता आत्महत्या कर लेगी। उसके बाद फिर जीने का कोई कारण नहीं रह जाएगा।

यह बड़े मजे की बात है कि गरीब और भूखे आदमी की जिंदगी में थोड़ा अर्थ मालूम पड़ता है। और न्यूयार्क में रहने वाला जो अरबपति है, उसकी जिंदगी में अर्थ नहीं मालूम पड़ता। आज अगर पश्चिम, विशेषकर अमेरिका के दार्शनिकों से पूछें, तो वे कहते हैं, एक ही सवाल है—मीनिंगलेसनेस, एंप्टीनेस। एक ही सवाल है कि जीवन रिक्त क्यों है? खाली क्यों है? भरा हुआ क्यों नहीं है? गरीब कौमों ने कभी नहीं पूछा कि जीवन रिक्त क्यों है! क्योंकि आकांक्षाएं जीवन को भरे रहती हैं। फल की इच्छा भरे रहती है।

अमीर कौमों की इच्छाएं करीब-करीब पूरी होने के आ जाती हैं। जो भी मिल सकता है, वह मिल गया। अच्छी से अच्छी कार दरवाजे पर खड़ी है। अच्छा से अच्छा मकान पीछे खड़ा है। तिजोरी में जितनी संपत्ति चाहिए, उससे ज्यादा भरी है। जो भी मिल सकता है, वह है। अब सब मिल गया, और लगता है, कुछ भी नहीं मिला।

निष्काम कर्म उस व्यक्ति को उपलब्ध होता है, जो फलाकांक्षा की इस व्यर्थता को अनुभव कर लेता है कि पाकर भी फल कुछ पाया नहीं जाता है। फल को पा लेना भी निष्फलता है, ऐसी जिसकी प्रतीति और समझ गहरी हो जाए, वह कर्म से नहीं भागेगा, कृष्ण कहते हैं, वह कर्म करता रहेगा। लेकिन तब कर्म उसे अभिनय से ज्यादा नहीं होगा।

कृष्ण कहते हैं, दूसरा मार्ग अर्जुन, सरल है।

इसमें एक बात आपसे कहना चाहूंगा कि यह कृष्ण अर्जुन से कहते हैं कि दूसरा मार्ग सरल है। यह विशेष रूप से अर्जुन से कही गई बात है। यह जरूरी

नहीं है कि सबके लिए दूसरा मार्ग सरल हो। किसी के लिए पहला मार्ग भी सरल हो सकता है। इसलिए कोई इस खयाल में न पड़े कि यह बात सामान्य है। यह अर्जुन के लिए एड्रेस्ड है। अर्जुन के ढंग के जो व्यक्ति हैं, उनके लिए दूसरा मार्ग सरल है। यह भी खयाल में ले लें। क्योंकि यह जो चर्चा है, अर्जुन से सीधी है। यह सबसे नहीं है। सबसे कोई चर्चा होनी भी बहुत कठिन है।

किसी के लिए पहला मार्ग भी सरल हो सकता है। किस के लिए होगा? उस व्यक्ति के लिए पहला मार्ग सरल होगा, जिसके जीवन का प्रशिक्षण कर्म का न हो, जिसके जीवन का प्रशिक्षण स्वप्न का हो। जैसे एक कवि। एक कवि का सारा शिक्षण जो है जीवन की व्यवस्था का, वह स्वप्न का है।

एक चित्रकार। उसके जीवन की जो सारी व्यवस्था है, उसका जो प्रशिक्षण है, वह जैसे बड़ा हुआ है, वह स्वप्न का है। असल में जो जितना बड़ा स्वप्न देख सके, उतना ही बड़ा चित्रकार हो सकता है। जो जितना सपने में डूब सके, उतना बड़ा कवि हो सकता है।

एक संगीतज्ञ। वह ध्वनि में स्वप्नों को तैरा रहा है। वह ध्वनि के माध्यम से सपनों को रूपांतरित कर रहा है। उसकी सारी साधना स्वप्न को ध्वनि में रूपांतरित करने की है। वह सपने हवा में तैरा रहा है; हवा में उड़ा रहा है, सपनों को पंख दे रहा है।

अगर कृष्ण ने यह बात एक कवि से, एक संगीतज्ञ से, एक चित्रकार से कही होती, तो कृष्ण यह कभी नहीं कहते कि दूसरा मार्ग सरल है। पहला मार्ग सरल होता।

एक संगीतज्ञ को यह समझना सदा आसान है कि कर्म पानी पर खींची गई रेखाओं से खो जाते हैं। कितनी मेहनत से सितार पर जिंदगी भर वह श्रम करता है! लहूलुहान हो जाती हैं अंगुलियां। पत्थर हो जाते हैं हाथ। दिन-रात मेहनत करके जब वह संगीत पैदा कर पाता है, तो क्षण भर भी तो नहीं टिकता। सारा श्रम--संगीत--हवा में गया, और गया, और खो गया। इधर पैदा नहीं हुआ, वहां लीन हो गया।

तानसेन जैसे व्यक्ति को जिंदगी भर की साधना के बाद अगर कृष्ण यह बात कहें कि दूसरा मार्ग सरल है तानसेन! तानसेन की समझ में नहीं पड़ेगा। पहला मार्ग तत्काल समझ में पड़ जाएगा। जिंदगी भर जो की थी मेहनत, जो श्रम, वह कहां है? पानी पर भी लकीर देर से मिटती है, संगीत का स्वर तो और भी जल्दी खो जाता है!

गाए गीत! रवींद्रनाथ से कोई कहे कि दूसरा मार्ग सरल है, तो मुश्किल पड़ेगा समझना। रवींद्रनाथ को पहली बात समझ में आ सकती है, कि सब गाए गीत हवा में खो गए। कहीं कुछ बचा नहीं। सब खो जाता है।

लेकिन अर्जुन से बात बिलकुल ठीक है। अर्जुन के व्यक्तित्व के बिलकुल अनुकूल है। अर्जुन की सारी व्यवस्था जीवन की कर्म की है, स्वप्न की नहीं। और उसका कर्म ऐसा है, अगर वह किसी की छाती में छुरा भोंक दे, तो कर्म डेफिनिट हो जाता है; संगीत की तरह खो नहीं जाता। वह मुर्दा लाश सामने पड़ी रह जाती है; और वह छुरा सदा के लिए डेफिनिट हो जाता है। वह कृत्य स्थिर मालूम होता है। हालांकि जो और गहरा जानते हैं, वे कहते हैं, वहां भी कोई भेद नहीं है। लेकिन वह बहुत गहरे देखने की बात है।

अर्जुन की जो शिक्षा है, उस शिक्षा में कर्म जो है, वह बहुत कठोर और ठोस है। उसकी हिंसा की शिक्षा है। वह क्षत्रिय है। वह सैनिक है। वह मारना और मरना ही जानता है। यह किसी की गर्दन काट देना, सितार पर तार छेड़ देने जैसा नहीं है—साधारणतः। अंततः तो ऐसा ही है। अंततः तो सितार का तार टूट जाए, कि आदमी की गर्दन टूट जाए, अंततः अल्टिमेटली कोई फर्क नहीं है। पर इमीजिएटली, अभी तो बहुत फर्क है।

अर्जुन की जो जीवन की सारी की सारी बनावट है, वह कर्म की है, स्वप्न की नहीं है। सपने उसने कभी नहीं देखे; उसने कृत्य किए हैं। उसने कविताएं नहीं लिखी हैं; उसने हत्याएं की हैं। उसने तार पर संगीत नहीं उठाया; उसने तो धनुष पर बाण खींचे हैं। कर्मठ होना उसकी नियति है, उसकी डेस्टिनी है।

इसलिए कृष्ण उससे कहते हैं, अर्जुन! मार्ग तो दोनों ही ठीक हैं, फिर भी दूसरा सरल है। यह अर्जुन से कही जा रही है बात कि दूसरा सरल है।

इसलिए जब भी गीता को पढ़ें, तो सदा यह देख लें कि आप अर्जुन के ढंग के आदमी हैं, तो यह बात ठीक है। अगर अर्जुन से विपरीत आदमी हैं, तो उलटा कर लें सूत्र को—पहली बात सरल है। और दो ही तरह के लोग हैं जगत में, स्वप्न में जीने वाले, और कर्म में जीने वाले। भीतर, इंट्रोवर्ट, अंतर्मुखी; और एक्सट्रोवर्ट, बहिर्मुखी।

अर्जुन बहिर्मुखी है। बाहर जी रहा है।

एक कवि का जीवन भीतरी होता है। बाहर तो कभी-कभी कुछ बुदबुदे आ जाते हैं। असली जीवन तो भीतर होता है। कभी कुछ बाहर फूट जाता है, प्रासांगिक—अनिवार्य नहीं है। अधिक कविताएं तो भीतर ही उठती हैं और खो जाती हैं। लाख कविताएं पैदा होती हैं रवींद्रनाथ जैसे व्यक्ति में, तो एक प्रकट हो पाती है। वह भी अधूरी, पंगु। वह भी कभी पूरी प्रकट नहीं हो पाती। उससे भी रवींद्रनाथ कभी तृप्त नहीं होते।

अंतर्मुखी आदमी के जीवन की धारा भीतर घूमती है; बाहर कर्म के जगत में उसके बहुत कम स्पर्श होते हैं। बहिर्मुखी व्यक्ति की जीवन-धारा भीतर होती ही नहीं; उसके जीवन की सारी धारा बाहर घूमती है—अंतर्संबंधों में, संघर्षों में। बाहर के जगत में उसकी छाप होती है। पानी पर नहीं, वह पत्थर पर लकीरें खींचता मालूम पड़ता है। हालांकि लंबे अर्से में पत्थर भी पानी हो जाते हैं। लेकिन प्राथमिक, आज, अभी, पत्थर पर खींची गई लकीर ठहरी हुई मालूम पड़ती है।

इसलिए इस शर्त को समझ लेना आप। कृष्ण का यह वक्तव्य कंडीशनल है, शर्त के साथ है; अर्जुन को दिया गया है। इसलिए उन्होंने दोनों बातें कह दी हैं। दोनों मार्ग से पहुंच जाते हैं अर्जुन! कर्म-संन्यास से भी—सब कर्मों को छोड़ कर जो निर्जरा को उपलब्ध हो जाता है, जैसे कोई महावीर। सब कर्म छोड़ कर! या निष्काम कर्म से—जैसे कोई जनक, सब कर्मों को करते हुए। लेकिन दूसरा मार्ग सरल है, सुगम है। यह अर्जुन को दृष्टि में रखकर दिया गया वक्तव्य है।

प्रश्न: आप इस बात पर जोर देते हैं कि आजकल के संन्यासियों को सक्रिय व सकर्म संन्यास में ही जीना चाहिए और आप कर्म-संन्यास को समाज के लिए हानिप्रद बताते हैं। समाज को ध्यान में रखते हुए, कर्म-संन्यास और निष्काम कर्म पर कुछ प्रकाश डालने की कृपा करें।

जैसा मैंने कहा, व्यक्ति होते हैं अंतर्मुखी, बहिर्मुखी; वे जो भीतर जीते हैं, और वे जो बाहर जीते हैं। जैसे व्यक्ति अंतर्मुखी और बहिर्मुखी होते हैं, ऐसे ही युग भी अंतर्मुखी और बहिर्मुखी होते हैं। हमारा युग बहिर्मुखी युग है, एक्सट्रोवर्ट एज! उपनिषद के ऋषियों का युग अंतर्मुखी युग है, इंट्रोवर्ट एज।

मैंने कहा, जैसे व्यक्तियों में भेद होता है, ऐसे युगों में भी भेद होता है। युग के भेद का मतलब यह है कि अंतर्मुखी युग में ऐसा नहीं कि बहिर्मुखी लोग नहीं होते। अंतर्मुखी युग में भी बहिर्मुखी लोग होते हैं, लेकिन न्यून, प्रभावहीन। प्रभाव अंतर्मुखी लोगों का होता है। शिखर पर वे ही होते हैं। बहिर्मुखी युग में भी अंतर्मुखी लोग होते हैं, लेकिन न्यून और प्रभावहीन। शिखर पर बहिर्मुखी लोग होते हैं।

सोचें। उपनिषद के युग में लौटें एक क्षण को। तो गांव के भिखारी ब्राह्मण के चरण भी सम्राट छूता। क्यों? अंतर्मुखी शिखर पर था। सम्राट से ज्यादा बहिर्मुखी और कौन होगा? लेकिन गांव के भिखारी ब्राह्मण के चरण में भी सम्राट को सिर रखना पड़ता। शिखर पर! वह जो जीवन की लहर थी उस समय, अंतर्मुखी को शिखर पर लिए थी। नहीं था कुछ उसके पास, जिसकी बाहर से गणना की जा सके। न धन था, जो बाहर से गिना जा सके। न पद था, जो बाहर से समझा जा सके। न पदवी थी, जिसका बाहर से हिसाब बैठ सके। कोई कैलकुलेशन बाहर से नहीं हो सकता था, लेकिन भीतर कुछ था। और भीतर का मूल्य था। तो भिखारी के पैर में भी सम्राट को बैठ जाना पड़ता। सम्राट थे; नहीं थे, ऐसा नहीं। धनपति थे; नहीं थे, ऐसा नहीं। बाहर के जगत में सक्रिय लोग थे; नहीं थे, ऐसा नहीं। लेकिन अंतर्मुखी प्रमुख था; प्राधान्य था। उसके चरणों में ही सब झुक जाता। वह शिखर पर था।

आज हालत बिलकुल उलटी है। आज हालत, बिलकुल उलटी है; आज देश का साधु भी हो, तो दिल्ली के चक्कर लगाता है! अगर आज साधु को भी प्रतिष्ठा पानी है, तो किसी मंत्री से सत्संग साधना पड़ता है! मंत्री प्रतिष्ठित नहीं होते साधुओं से अब; अब साधु मंत्रियों से प्रतिष्ठित होते हैं!

सब साधुओं के शिष्यगण मंत्रियों का चक्कर लगाते हैं कि हमारे साधुजी के पास चलें। कोई मंत्री जाता नहीं; लाए जाते हैं। चेष्टाएं की जाती हैं। किसी तरह साधु के पास में बिठा कर मंत्री की तस्वीर उतरवा लें, तो भारी कृत्य हो जाता है! ऐसा नहीं कि साधु की, कीमत वह मंत्री की ही है। धर्म की सभा का भी उदघाटन हो, तो राजनेता चाहिए!

बहिर्मुखी युग है। जो बाहर से आंकी जा सकती है प्रतिष्ठा, उसकी ही कीमत है। भीतर का कोई मूल्य नहीं। कवि भी आदृत होगा, ज्ञानी भी आदृत होगा, तो वह बाहर से आंका जा सके, अन्यथा नहीं आदृत हो सकेगा। ऐसा नहीं है कि अंतर्मुखी लोग नहीं हैं, लेकिन अंतर्मुखी प्रभाव की धारा पर नहीं है। युग बहिर्मुखी है।

युग भी रूपांतरित होते हैं। जीवन में सब चीजें बदलती रहती हैं। हर चीज ऋतु के अनुसार बदलती रहती है। हर अंतर्मुखी युग के बाद बहिर्मुखी युग होता है। बहिर्मुखी के बाद अंतर्मुखी युग होता है।

मैं जान कर जोर देता हूं कि इस युग को ऐसे संन्यासी की जरूरत है, जो कर्म-संन्यास में नहीं, बल्कि निष्काम कर्म में आस्थावान हो।

आज के युग को ऐसे संन्यासी की जरूरत है, जो जीवन की प्रगाढ़ धारा के बीच खड़ा हो जाए। जो जीवन को छोड़ कर न हटे, न भागे। इसका यह मतलब नहीं है कि जो अंतर्मुखी हैं, उनको भी मैं खींच कर कहूंगा कि वे भी जीवन की धारा में खड़े हो जाएं। नहीं; पर वे न के बराबर हैं। उन्हें खींच कर खड़ा करने की कोई भी जरूरत नहीं है। वे भी पहुंच सकते हैं अपने मार्ग से। लेकिन उनके मार्ग से युग नहीं पहुंच सकता है। वे पहुंच जाएंगे अपने मार्ग से प्रभु तक। वे जाएं अपनी यात्रा पर। लेकिन यह जो विराट आज का युग है,

यह जो बाहर संलग्न, इस बाहर संलग्न युग की धारा को अगर धार्मिक बनाना हो, तो धर्म को अंतर्मुखी सीमाओं को तोड़कर कर्म के बहिर्मुखी जाल में पूरी तरह छा जाना होगा।

अगर हम कर्मठ संन्यासी पैदा कर सकें, तो ही इस युग को प्रभावित करेगा। अगर हम ऐसा संन्यासी पैदा कर सकें जिसका चिंतन, जिसका मनन और जिसका आचरण, जिसका समस्त जीवन कर्म के जगत को भी रूपांतरित करता हो, ट्रांसफार्म करता हो; जो आंतरिक क्रांति से ही नहीं गुजरता हो, जो बाहर जीवन को भी क्रांति का उदघोष करता हो, तो हम इस युग को धार्मिक बना पाएंगे। अन्यथा धर्म सिकुड़ जाएगा कुछ अंतर्मुखी लोगों की गुफाओं में; और ये बहिर्मुखी लोग अधर्म की तरफ बढ़ते चले जाएंगे।

इन बहिर्मुखी लोगों के लिए बहिर्मुखी संन्यास। और ऐसा नहीं कि बहिर्मुखी संन्यास से पहुंचा नहीं जा सकता है। बिलकुल पहुंचा जा सकता है।

कृष्ण ने अर्जुन से जो कहा, वैसी बात आज पूरे युग से कही जा सकती है, अधिक लोगों से कही जा सकती है। लेकिन फिर भी, जिनकी यात्रा अंतर्मुखता की है, उन्हें कोई कारण नहीं है कि वे खींचकर कर्म के जगत और जाल में आएं। उन्हें उनकी नियति से हटाने का कोई भी प्रयोजन नहीं है।

लेकिन यदि हम सोचते हों कि अंतर्मुखता ही धर्म है, इंट्रोवर्शन ही धर्म है, और कर्म त्याग करके ही कोई संन्यासी हो सकता है, तो हम इस जगत को धार्मिक बनाने में सफल न हो पाएंगे।

और ध्यान रहे, अगर यह हमारी पृथ्वी अधार्मिक रह गई, यह हमारा युग अधार्मिक से अधार्मिक होता चला गया, तो इसका जिम्मा अधार्मिक लोगों पर नहीं होगा, बल्कि उन धार्मिक लोगों पर होगा, जिन्होंने इस युग के योग्य धर्म की अवतारणा नहीं की; जो इस युग के योग्य धर्म को अवतरित नहीं कर पाए; जो इस युग के प्राणों को स्पर्श कर सके, ऐसे धर्म का उदघोष न दे सके; जो ऐसा संदेश और मैसेज न दे सके, जो इस युग की भाषा और इस युग के प्राणों को स्पंदित कर दे।

इसलिए मैं जोर देता हूं कि अब संन्यासी निष्कामकर्मी हो। यह जोर मेरा वैसा ही है, जैसा कृष्ण का जोर था, कंडीशनल है। यह जोर वैसा ही है, जैसा कृष्ण का जोर था अर्जुन से कि दूसरा मार्ग तेरे लिए सुगम है। पहले मार्ग से भी पहुंचा जा सकता है। ठीक ऐसे ही मैं कहता हूं, इस युग के लिए, बीसवीं सदी के लिए निष्काम कर्म ही सुगम है, सरल है, मंगलदायी है। पहले मार्ग से भी पहुंचा जा सकता है, लेकिन अब वह मार्ग इंडिविजुअल होगा। अब उसमें इक्के-दुक्के लोग जा सकेंगे। राजपथ अब उसका नहीं होगा; अब पगडंडी होगी। अब राजपथ पर तो बहिर्मुखता का संन्यास ही गति कर सकता है।

और बहिर्मुखी संन्यास में और अंतर्मुखी संन्यास में रूप का ही भेद है, अंतिम मंजिल का कोई भी नहीं। शरीर का भेद है, आत्मा का कोई भी नहीं। आकार का भेद है, निराकार निष्पत्ति में कोई भी अंतर नहीं है। युग के अनुकूल, युगधर्म!

संन्यासी अब करीब-करीब जंगल, पहाड़ और गुफा में उपयोगी नहीं है। अगर पहाड़, गुफा और जंगल संन्यासी जाए भी, तो सिर्फ इसीलिए कि वहां से तैयार होकर उसे लौट आना है यहीं बाजार में, क्योंकि अब जीवन की विराट धारा जंगल और पहाड़ पर नहीं है।

और वे युग गए, जब अंतर्मुखता का आदर था। तो बाजार में जो बैठा था, उसकी भी आंख जंगल की तरफ थी। बैठता था बाजार में, इरादे उसके भी जंगल जाने के थे। और नहीं जा पाता था, तो पीड़ित अनुभव करता था। और कभी-कभार जब मौका पाता था, तो किसी जंगल के वासी के पास चरणों में जाकर, सिर रखकर सांत्वना ले आता था। अब हालत उलटी है। अब वहां कोई नहीं जाएगा। वह कट गया रास्ता।

जैसे, मैं अभी एक गांव में ठहरा हुआ था। इंदौर के पास एक जगह है, मांडू। मैं हैरान हुआ। मैंने इतिहास की किताबों में पढ़ा था कि मांडू की आबादी कभी नौ लाख थी। ज्यादा दिन पहले नहीं, सात सौ साल पहले। मांडू पहुंचा, तो बस स्टैंड पर जो तख्ती लगी थी, उस पर लिखा था, नौ सौ सत्ताइस आबादी।

सात सौ साल पहले नौ लाख की आबादी की बस्ती सात सौ साल के भीतर नौ सौ सत्ताइस की आबादी रह गई! नौ सौ! क्या हुआ इस मांडू को? जहां कभी नौ लाख लोग रहते थे, उस जमाने के बड़े से बड़े महानगरों में एक था। उस गांव की मस्जिद जाकर मैंने देखी, तो मस्जिद में दस हजार लोग एक साथ नमाज पढ़ सकें, इतनी बड़ी मस्जिद थी। धर्मशाला जाकर देखी, तो दस हजार लोग इकट्ठे ठहर सकें, इतनी-इतनी बड़ी धर्मशालाएं हैं। सब खंडहर! नौ लाख लोगों के खंडहर! नौ सौ आदमी रहते हैं अब। हो क्या गया!

मैंने पूछा कि बात क्या हो गई! इतना एकदम से परिवर्तन कैसे हुआ? पता चला कि आवागमन के मार्ग बदल गए! सात सौ साल पहले जब ऊंट ही आवागमन का बुनियादी साधन था, तो मांडू अड्डा था ऊंटों के गुजरने का। फिर ऊंट ही खो गए, वह मार्ग ही बदल गया। अब मांडू से कोई यात्री ही नहीं गुजरते, तो मांडू में जो बसे थे बाजार, वे उजड़ गए! बाजार उजड़ गए, तो मस्जिदें और मंदिर उजड़ गए। धर्मशालाओं में कौन ठहरेगा! वह सब समाप्त हो गया।

नौ लाख की आबादी तिरोहित हो गई स्वप्न की तरह, क्योंकि पास से जो जत्थे गुजरते थे व्यापारियों के, उन्होंने कहीं और से गुजरना शुरू कर दिया। उन्होंने नये वाहन चुन लिए।

पुरानी दुनिया के सारे बड़े नगर नदियों के किनारे बसे हैं, क्योंकि नदियां जीवन का साधन थीं। उतने पानी के बिना बड़े नगर नहीं बस सकते थे। अब नया कोई नगर नदी के किनारे बसे, न बसे, कोई भेद नहीं पड़ता। आज के जमाने के सारे बड़े नगर समुद्रों के किनारे बसे हैं। बहुत दिन तक बसे रहेंगे, इस भ्रम में रहने की कोई जरूरत नहीं है। कभी बंबई भी मांडू हो जाएगी। वह तो जैसे ही कम्युनिकेशन के साधन बदले कि सब बदल जाता है।

यह मैंने इसलिए कहा कि जिस तरह ये बाहर के यात्रा-पथ हैं, ऐसे ही अंतर के चेतना के भी यात्रा-पथ हैं। उपनिषद के जमाने में अंतर्मुखी व्यक्ति के पास से अधिक लोगों को गुजरने का मौका था। आज अंतर्मुखी के पास से अधिक लोग नहीं गुजरेंगे। पगडंडियां रह गईं, कभी कोई जाता है। अब तो बहिर्मुखी के पास से अधिक लोग गुजरेंगे। यात्रा-पथ बदल गया है।

विज्ञान ने, समृद्धि ने, संख्या ने, सभ्यता ने सब दिशाओं से बहिर्मुखता को इतना प्रबल कर दिया है कि धर्म अगर अंतर्मुखी होने की जिद्द करे, तो वह जिद्द महंगी पड़ेगी। वह जिद्द महंगी पड़ रही है। इसलिए जो धर्म अंतर्मुखी होने का ध्यान रखे हुए हैं, वे पिछड़ गए।

खयाल करें, हिंदू धर्म पृथ्वी पर पुराने से पुराना धर्म है। कहें कि जिसका पीछे कोई छोर नहीं मिलता; सनातन है। लेकिन पिछड़ गया। क्योंकि हिंदू धर्म के पास संन्यासी अभी भी अंतर्मुखी हैं। क्रिश्चियनिटी फैली सारे जगत में। कोई और कारण नहीं है। क्रिश्चियनिटी के पास जो उपदेशक हैं, वे बहिर्मुखी हैं। और कोई कारण नहीं है। आज सिर्फ कैथोलिक क्रिश्चियनिटी के पास बारह लाख संन्यासी हैं। सारे जगत में फैले हैं। कुछ बुरा नहीं है। क्रिश्चियनिटी फैल जाए, उससे कुछ हर्ज नहीं है। कोई वहां से पहुंचे, इससे कोई अंतर नहीं पड़ता। कोई कहां से पहुंचे, इससे कोई भेद नहीं है। मैंने उदाहरण के लिए कहा।

मैं यह कह रहा हूं कि अगर अंतर्मुखी धर्म अपने को अंतर्मुखी रखने की जिद्द रखेंगे, तो सिकुड़ते चले जाएंगे। दुनिया वहां से नहीं गुजरती अब। दुनिया जहां से गुजरती है, धर्म को वहां खड़ा होना चाहिए। अब अगर मांडू में हम जाकर तीर्थ बना लेंगे, तो ठीक है; बन सकता है। लेकिन मांडू के तीर्थ से अब ज्यादा लोग नहीं गुजरेंगे। अब मांडू की मस्जिद में दस हजार लोग नमाज नहीं पढ़ सकते। नौ सौ की आबादी में दस पढ़ लें, तो बहुत।

अंतर्यात्रा का जो पथ है मनुष्य की चेतना का, वह बहिर्मुखी है आज। सदा रहेगा, ऐसा नहीं है। सौ वर्ष में स्थिति बदल जाएगी। हमेशा बदल जाती है। पीरियाडिकल है। जैसे रात के बाद दिन आता है, दिन के बाद रात आती है, ऐसे अंतर्मुखता के बाद बहिर्मुखता आती है, बहिर्मुखता के बाद अंतर्मुखता आती है।

लेकिन ध्यान रहे, अभी पूरब को अंतर्मुख होने में बहुत समय लगेगा, क्योंकि अभी पूरब पूरी तरह बहिर्मुखी नहीं हुआ। अभी यहां दिन ही नहीं हुआ, तो रात कैसे होगी? पश्चिम अब जल्दी ही अंतर्मुख हो जाएगा। अभी पूरब को तो बहिर्मुखता में से गुजरना पड़ेगा। पश्चिम अंतर्मुख हो जाएगा, क्योंकि बहिर्मुखता

अपने पूरे शिखर पर आ गई। और हर चीज जब अपने शिखर पर आ जाती है, तो लौटना शुरू हो जाता है। जब फल पक जाते हैं, तो गिर जाते हैं। पकना मौत है।

पश्चिम अंतर्मुखी होगा, जल्दी। लेकिन पूरब तो अभी बहिर्मुखी होगा। और अभी तो पश्चिम भी बहिर्मुखी है। अभी तो और एकाध-दो कदम वह अपने शिखर पर उठा सकता है।

इसलिए मैं कहता हूं कि नव-संन्यास की मेरी जो धारणा है, वह बहिर्मुखी संन्यास की है; वह निष्काम कर्म वाले संन्यास की है। इसका यह अर्थ नहीं है कि जो कर्म त्याग कर संन्यास की तरफ जाते हैं, मैं उनके विरोध में हूं। मेरी उनके लिए शुभकामना है। लेकिन वे पगडंडी पर हैं; राजपथ आज उनका नहीं है।

प्रश्न : आप कहते हैं कि इस युग के लिए निष्कामकर्मी संन्यासी अधिक उपयोगी हैं। इस संदर्भ में कृपया यह बताएं कि निष्कामकर्मी गृहस्थ और निष्कामकर्मी संन्यासी में क्या अंतर होगा?

निष्कामकर्मी गृहस्थ और निष्कामकर्मी संन्यासी में क्या अंतर होगा? गहरे में कोई अंतर नहीं होगा। ऊपर से अंतर हो सकता है।

असल में गृहस्थ और संन्यासी का जो अंतर है, वह कर्म-संन्यास वाला अंतर है। गृहस्थ और संन्यासी का जो भेद है, वह कर्म-संन्यास के मार्ग का भेद है। गृहस्थ उसको कहता है कर्म-संन्यासी, जो कर्म में उलझा हुआ है। संन्यासी उसे कहता है, जिसने कर्म छोड़ दिया।

निष्कामकर्मी संन्यासी के लिए गृहस्थ और संन्यासी में गहरे में कोई भेद नहीं है। ऊपर से भेद हो सकता है; गौण, घोषणा का; इससे ज्यादा नहीं। गृहस्थ अगर पूर्ण निष्काम से जी रहा है, तो संन्यासी है—अघोषित। उसने घोषणा नहीं की है। उसने जाहिर नहीं किया है कि मैं संन्यासी हूं। वह चुपचाप, मौन, संन्यास में जी रहा है। उसका संन्यास उसकी निजी आंतरिक धारणा है, सामाजिक व्यवस्था नहीं।

निष्कामकर्मी संन्यासी घोषणा करके जी रहा है कि मैं संन्यासी हूं। उसकी संन्यास की व्यवस्था भीतर तक, निज तक सीमित नहीं है। औरों तक भी उसने खबर कर दी है। इससे ज्यादा भेद नहीं है। निष्काम कर्म संन्यास में गृहस्थ और संन्यासी में कोई भेद नहीं है। हां, उस गृहस्थ में तो भेद है, जो सकामी है। लेकिन निष्कामकर्मी गृहस्थ में और निष्कामकर्मी संन्यासी में कोई भेद नहीं है; घोषणा का भेद है।

एक व्यक्ति ने अपने पुराने ही वस्त्र पहन रखे हैं, अपना नाम नहीं बदला है, घोषणा नहीं की है, जगत के सामने डिक्लेरेशन नहीं किया है कि मैं संन्यासी हूं। लेकिन निष्काम से जी रहा है, तो संन्यासी है। लेकिन उसके संन्यास का लाभ उसके लिए ही होगा। घोषणा के बाद उसका लाभ औरों के लिए भी हो सकता है। घोषणा के बाद उसका कमिटमेंट भी है, जिसमें वह अपने को धोखा देना कठिन पाएगा। जिसने घोषणा नहीं की है, वह अपने को धोखा देना आसान पाएगा।

एक व्यक्ति ने घोषणा कर दी है बाजार में खड़े होकर कि अब मैं संन्यासी हूं। दुकान पर बैठ कर उसे चोरी करने में कठिनाई होगी। शराबखाने के सामने खड़े होने में झिझक आएगी। उसका कमिटमेंट है, उसका डिक्लेरेशन है। लोग जानते हैं, वह संन्यासी है। उसके गैरिक वस्त्र हैं।

अभी पूना में एक मित्र संन्यास लेने आए। उन्होंने कहा, मैं संन्यास तो लेना चाहता हूं, लेकिन मैं शराब की दुकान पर शराब बेचने का काम करता हूं। तो मैं संन्यास ले लूं? गेरुए वस्त्र पहन कर शराब बेचूंगा! मैंने कहा, शराब पीते तो नहीं हो? उसने कहा, शराब पीता नहीं हूं। मैंने कहा, तुम बेफिकरी से जाओ और ले लो। क्योंकि असली सवाल शराब पीने का है। उसने कहा, लेकिन आप मुझे मुश्किल में डाल रहे हैं! मैंने कहा, घोषणा करना संन्यास की मुश्किल में पड़ना है। पर इतनी मुश्किल उठाने की हिम्मत होनी चाहिए।

दूसरे दिन वह आया और उसने कहा कि मैंने नौकरी छोड़ दी है। इसलिए नहीं; लेकिन अब गैरिक वस्त्र पहनकर इन हाथों से किसी को शराब दूं, तो जहर देना है।

यह घोषणा का अंतर है। वह भीतर से संन्यासी रह सकता था; कोई कठिनाई न थी। शराब बेच सकता था, कर्तव्य की तरह, नौकरी की तरह, कोई प्रयोजन न था। चुपचाप लौटकर आ जाता, ध्यान करता, प्रार्थना करता, पूजा करता, प्रभु को स्मरण करता, अपने भीतर जीता रहता; शराब बेचता रहता। लेकिन तब समाज को उससे फायदा न हो पाता। उसकी घोषणा उसका कमिटमेंट है।

और एक बड़े मजे की बात है कि जब तक हम विचार को भीतर रखते हैं, तब तक विचार सदा आकाश में होता है। जब हम उसे बाहर प्रकट कर देते हैं, तो उसकी जमीन में जड़ें चली जाती हैं। अगर आपने संन्यास का खयाल भीतर रखा, तो वह हमेशा हवाई होगा। उसकी जड़ें नहीं होंगी। आपने घोषणा कर दी; उसकी जड़ें जमीन में गड़ जाएंगी। और हर चीज रोकने लगेगी—हर चीज!

एक आदमी बाजार सामान खरीदने जाता है, गांठ लगा लेता है कपड़े में। अब गांठ से कहीं सामान लाने का कोई भी संबंध है! लेकिन वह गांठ उसे दिन भर याद दिलाती रहती है कि गांठ लगी है, सामान ले जाना है। वह जब भी दिन में गांठ दिखाई पड़ती है, खयाल आता है, सामान ले जाना है।

मैंने सुना है कि एक संन्यासी को एक बार एक दुकानदार ने नौकरी पर रख लिया। संन्यासी से उसने कहा भी कि दुकान है, नौकरी पर रहोगे, कहीं ऐसा न हो कि बिगड़ जाओ। संन्यासी ने कहा, बिगड़ने का डर होता, तो नौकरी स्वीकार न करते। इतने सस्ते में संन्यास न खोते। रहेंगे। लेकिन ध्यान रखना, मेरे साथ आप भी बिगड़ सकते हो। वह सेठ हंसा; अपनी पूरी चालाकी में हंसा। उसने कहा, फिकर छोड़ो। हम काफी होशियार हैं।

इस दुनिया में होशियार आदमी से ज्यादा नासमझ आदमी खोजने मुश्किल हैं। बहुत होशियार!

संन्यासी दुकान पर बैठने लगा। दिन में पच्चीस दफे उस व्यवसायी को उसके गेरुए वस्त्र दिखाई पड़ते। पच्चीस बार उसके मन में होता, यह आनंद!

पता नहीं क्या! क्या इसे मिला है, पता नहीं! जब भी नजर जाती, उसे वह खयाल आता। साल भर बीत गया, तो संन्यासी ने कहा कि अब अगले वर्ष मेरा इरादा तीर्थयात्रा पर जाने का है। आप भी चलें! लालच उसे भी लगा, कि चलो हर्ज नहीं है, हो आऊं। पर उस व्यवसायी ने कहा कि तैयारी क्या करनी होगी? उसने कहा, कोई ज्यादा तैयारी नहीं करनी होगी। जो तैयारी करनी है, मैं करवाता रहूंगा।

सालभर में वह संन्यासी परिचित हो गया था सेठ की चालबाजियों से, दुकानदारी की बेईमानियों से, धोखाधड़ियों से। जब भी सेठ कुछ कम चीज तौलने लगता, तब वह संन्यासी कहता, राम! तीर्थयात्रा पर चलना है। वह सेठ घबड़ा जाता। यह बड़ा मुश्किल हो गया! वह कभी कुछ ज्यादा दाम किसी को बताने लगता किसी चीज का, और वह कहता, ओम! तीर्थयात्रा पर चलना है। वह तो घबड़ा जाता।

सालभर वह चोरी न कर पाया। साल भर वह बेईमानी न कर पाया। जब वे तीर्थयात्रा पर चलने लगे, तो उस संन्यासी से उसने कहा कि लेकिन तीर्थ तो पूरा हो गया! मैं पवित्र हो गया। स्नान हो गया। पर तूने भी खूब किया! तीर्थयात्रा के बहाने साल भर एक स्मृति का तीर—तीर्थयात्रा पर चलना है! और जब तीर्थयात्रा पर जाना है, तो चोरी तो मत करो। चोरी करोगे, तो जाना बेकार है। जाकर भी क्या करोगे!

बाहर की घोषणा आपके ऊपर एक रिमेंबरिंग की गांठ बन जाती है, एक चुभता हुआ तीर बन जाती है, जो छिदता रहता है। और जिंदगी बड़ी छोटी-छोटी चीजों से निर्मित है। इसलिए संन्यासी में और गृहस्थ में, जहां तक निष्काम कर्मयोग का संबंध है, भीतर से कोई भेद नहीं, बाहर से भेद है।

गृहस्थ निष्कामकर्मी, अघोषित संन्यासी है; निष्कामकर्मी संन्यासी, घोषित संन्यासी है। उसने जगत के सामने घोषणा कर दी है। और बहुत आश्चर्य की बात है कि बहुत बार घोषणा करते ही हम मजबूत हो जाते हैं। सच तो यह है कि घोषणा करते ही इसलिए नहीं, कि भीतर डर लगता है, कि कमजोर हैं।

करें, न करें? घोषणा करने के लिए जो बल जुटाना पड़ता है भीतर, वही घोषणा के साथ प्रकट होते से और गहरे बल में ले जाता है। और एक बार एक बात की घोषणा हो जाए, तो हमारा एक कमिटमेंट, हमारा विचार कृत्य बन गया। और इस जगत में विचार में धोखा देना आसान, कृत्य में धोखा देना थोड़ा कठिन है। बस, इतना ही फर्क है।

अभी पांच मिनट आप रुकेंगे। पांच मिनट ये जो हमारे निष्काम संन्यासी हैं, ये कीर्तन करेंगे। पांच मिनट आप बैठे रहेंगे और कीर्तन के बाद हम विदा होंगे। शेष कल आपसे बात करेंगे। पांच मिनट बैठे रहें। उनके कीर्तन में आप भी आनंद लें और ताली बजाएं।

दूसरा प्रवचन

निष्काम कर्म

ज्ञेयः स नित्यसंन्यासी यो न द्वेष्टि न काङ्क्षति।
निर्द्वन्द्वो हि महाबाहो सुखं बन्धात्प्रमुच्यते।। 3।।

हे अर्जुन! जो पुरुष न किसी से द्वेष करता है, और न किसी की आकांक्षा करता है, वह निष्काम कर्मयोगी सदा संन्यासी ही समझने योग्य है, क्योंकि रागद्वेषादि द्वंद्वों से रहित हुआ पुरुष सुखपूर्वक संसाररूप बंधन से मुक्त हो जाता है।

जीवन में या तो हम खिंचते हैं किसी से, आकर्षित होते हैं; या हटते हैं और विकर्षित होते हैं। या तो कहीं हम आकांक्षा से भरे हुए बंध जाते हैं, या कहीं हम विपरीत आकांक्षा से भरे हुए मुड़ जाते हैं। लेकिन ठहर कर खड़ा होना—आकर्षण और विकर्षण के बीच में रुक जाना—न हमें स्मरण है, न हमें अनुभव है। और आश्चर्य यही है कि न आकर्षण से कभी कोई व्यक्ति आनंद को उपलब्ध होता है और न विकर्षण से। दोनों के बीच जो ठहर जाता है, वह आनंद को उपलब्ध होता है।

राग का अर्थ है, खिंचना; द्वेष का अर्थ है, हटना। साधारणतः राग और द्वेष विपरीत मालूम पड़ते हैं, एक-दूसरे के शत्रु मालूम पड़ते हैं। लेकिन राग और द्वेष की जो शक्ति है, वह एक ही शक्ति है, दो नहीं। आपकी तरफ मैं मुंह करके आता हूं, तो राग बन जाता हूं। आपकी तरफ पीठ करके चल पड़ता हूं, तो द्वेष बन जाता हूं। लेकिन चलने वाले की शक्ति एक ही है। जब वह आपकी तरफ आता है, तब भी; और जब आपसे पीठ करके जाता है, तब भी।

सभी आकर्षण विकर्षण बन जाते हैं। और कोई भी विकर्षण आकर्षण बन सकता है। वे रूपांतरित हो जाते हैं। इसलिए राग-द्वेष दो शक्तियां नहीं हैं, पहले तो इस बात को ठीक से समझ लेना चाहिए। एक ही शक्ति के दो रूप हैं। घृणा और प्रेम दो शक्तियां नहीं हैं; एक ही शक्ति के दो रूप हैं। मित्रता और शत्रुता भी दो शक्तियां नहीं हैं; एक ही शक्ति की दो दिशाएं हैं।

इसलिए सारा जगत, सारा जीवन, इस तरह के द्वंद्वों में बंटा होता है– राग-द्वेष, शत्रुता-मित्रता, प्रेम-घृणा। ये एक ही शक्ति के दो आंदोलन हैं। और हमारा मन या तो प्रेम में होता है या घृणा में होता है। प्रेम सुख का आश्वासन देता है; घृणा दुख का फल लाती है। राग सुख का भरोसा देता है; द्वेष दुख की परिणति बन जाता है। राग आकांक्षा है, द्वेष परिणाम है। ये दोनों एक ही प्रक्रिया के दो अंग हैं, आकांक्षा और परिणाम।

कृष्ण कहते हैं निष्काम कर्मयोग की परिभाषा में, कि जो व्यक्ति राग-द्वेष दोनों के अतीत हो जाता है, वह निष्काम कर्म को उपलब्ध होता है।

राग-द्वेष दोनों के द्वंद्व के बाहर जो हो जाता है! लेकिन हम कभी द्वंद्व के बाहर नहीं होते। जिन्हें हम त्यागी कहते हैं, वे भी द्वंद्व के बाहर नहीं होते। वे भी केवल विरागी होते हैं। उनका राग उलटा हो गया होता है। घर को छोड़ते हैं, भागते हैं, घर को पकड़ते नहीं। धन को त्यागते हैं, छाती से नहीं लगाते। लेकिन त्याग करने में उतने ही आब्सेशन से, उतनी ही तीव्रता से भरे होते हैं, जितना धन को पकड़ने की आकांक्षा से भरे हुए थे। त्याग सहज नहीं, विकर्षण है। किसी की तरफ मैं जाऊं, तो भी मैं उससे बंधा हूं। और उससे भागूं, तो भी उससे ही बंधा हूं। जब जाता हूं, तब लोगों को दिखाई पड़ता है कि बंधा हूं।

विवेकानंद ने कहीं एक संस्मरण लिखा है। लिखा है कि जब पहली-पहली बार धर्म की यात्रा पर उत्सुक हुआ, तो मेरे घर का जो रास्ता था, वह वेश्याओं के मोहल्ले से होकर गुजरता था। संन्यासी होने के कारण, त्यागी होने के कारण, मैं मील दो मील का चक्कर लगा कर उस मुहल्ले से बच कर घर पहुंचता था। उस मुहल्ले से नहीं गुजरता था। सोचता था तब कि यह मेरे संन्यास का ही रूप है। लेकिन बाद में पता चला कि यह संन्यास का रूप न था। यह उस वेश्याओं के मुहल्ले का आकर्षण ही था, जो विपरीत हो गया था। अन्यथा बच कर जाने की भी कोई जरूरत नहीं है। गुजरना भी सचेष्ट नहीं होना चाहिए कि वेश्या के मुहल्ले से जान कर गुजरें। जान कर बच कर गुजरें, तो भी वही है; फर्क नहीं है।

विवेकानंद को यह अनुभव एक बहुत अनूठी घड़ी में हुआ। जयपुर के पास एक छोटी-सी रियासत में मेहमान थे। विदा जिस दिन हो रहे थे, उस दिन जिस राजा के मेहमान थे, उसने एक स्वागत-समारोह किया। जैसा कि राजा स्वागत-समारोह कर सकता था, उसने वैसा ही किया। उसने बनारस की एक वेश्या बुला ली विवेकानंद के स्वागत-समारोह के लिए। राजा का स्वागत-समारोह था; उसने सोचा भी नहीं कि बिना वेश्या के कैसे हो सकेगा!

ऐन समय पर विवेकानंद को पता चला, तो उन्होंने जाने से इनकार कर दिया। वे अपने तंबू में ही बैठ गए और उन्होंने कहा, मैं न जाऊंगा। वेश्या बहुत दुखी हुई। उसने एक गीत गाया। उसने नरसी मेहता का एक भजन गाया। जिस भजन में उसने कहा कि एक लोहे का टुकड़ा तो पूजा के घर में भी होता है, एक लोहे का टुकड़ा कसाई के द्वार पर भी पड़ा होता है। दोनों ही लोहे के टुकड़े होते हैं। लेकिन पारस की खूबी तो यही है कि वह दोनों को ही सोना कर दे। अगर पारस पत्थर यह कहे कि मैं देवता के मंदिर में जो पड़ा है लोहे का टुकड़ा, उसको ही सोना कर सकता हूं और कसाई के घर पड़े हुए लोहे के टुकड़े को सोना नहीं कर सकता, तो वह पारस नकली है। वह पारस असली नहीं है।

उस वेश्या ने बड़े ही भाव से गीत गाया—प्रभुजी, मेरे अवगुण चित्त न धरो! विवेकानंद के प्राण कंप गए। जब सुना कि पारस पत्थर की तो खूबी ही यही

है कि वेश्या को भी स्पर्श करे, तो सोना हो जाए। भागे! तंबू से निकले और पहुंच गए वहां, जहां वेश्या गीत गा रही थी। उसकी आंखों से आंसू झर रहे थे। विवेकानंद ने वेश्या को देखा। और बाद में कहा कि पहली बार उस वेश्या को मैंने देखा, लेकिन मेरे भीतर न कोई आकर्षण था और न कोई विकर्षण। उस दिन मैंने जाना कि संन्यास का जन्म हुआ है।

विकर्षण भी हो, तो वह आकर्षण का ही रूप है; विपरीत है। वेश्या से बचना भी पड़े, तो यह वेश्या का आकर्षण ही है कहीं अचेतन मन के किसी कोने में छिपा हुआ, जिसका डर है। वेश्याओं से कोई नहीं डरता, अपने भीतर छिपे हुए वेश्याओं के आकर्षण से डरता है।

विवेकानंद ने कहा, उस दिन मेरे मन में पहली बार संन्यास का जन्म हुआ। उस दिन वेश्या में भी मुझे मां ही दिखाई पड़ सकी। कोई विकर्षण न था।

यह जो कृष्ण अर्जुन से कह रहे हैं कि द्वंद्वातीत महाबाहो! जिस दिन राग और द्वेष दोनों के अतीत कोई हो जाता, उस दिन निष्काम कर्म को उपलब्ध होता है।

कठिन मामला मालूम होता है। क्योंकि कर्म हम दो ही कारणों से करते हैं। या तो आकर्षण हो, तो करते हैं; और या विकर्षण हो, तो करते हैं। या तो कुछ पाना हो, तो करते हैं; या कुछ छोड़ना हो, तो करते हैं। हमारे कर्म की जो मोटिविटी है, जो मोटिवेशन है, हमारे कर्म की जो प्रेरणा है, वह दो से ही आती है। या तो मुझे धन कमाना हो, तो मैं कुछ करता हूं; या धन त्यागना हो, तो कुछ करता हूं। या तो कोई मेरा मित्र हो, तो उसकी तरफ जाता हूं; या मेरा कोई शत्रु हो, तो उसकी तरफ से हटता हूं। लेकिन मेरा कोई मित्र नहीं, मेरा कोई शत्रु नहीं, तो फिर मैं चलूंगा कैसे? कर्म कैसे होगा? फिर मोटिवेशन नहीं है। यह बात ठीक से समझ लेनी जरूरी है।

पश्चिम के मनोवैज्ञानिक मानने को राजी नहीं हैं कि अनमोटिवेटेड एक्शन हो सकता है। पश्चिम के मनोवैज्ञानिक मानने को राजी नहीं हैं कि बिना किसी अंतर्प्रेरणा के कर्म हो सकता है। सब कर्म मोटिवेटेड हैं। सभी

कर्मों के पीछे करने की प्रेरणा होगी ही, अन्यथा कर्म फलित नहीं होगा। कर्म है, तो भीतर मोटिवेशन होगा।

कृष्ण कहते हैं, कर्म है और भीतर करने का कोई कारण है—सुखद या दुखद; आकर्षण का या विकर्षण का; राग का या द्वेष का—अगर कोई भी भीतर कारण है कर्म का, तो कर्म फिर बंधन का निर्माता होगा। और अगर कोई कारण नहीं है भीतर, फिर कर्म फलित हो, तो निष्काम कर्म है। और सुख के मार्ग से व्यक्ति बंधन के बाहर हो जाता है।

लेकिन मनोवैज्ञानिक कहते हैं कि ऐसा कर्म हो नहीं सकता। कर्म होगा, तो आकर्षण से या विकर्षण से। इसलिए इसे थोड़ा गहरे में समझ लेना जरूरी है।

पश्चिम की पूरी साइकोलॉजी की यह चुनौती है। पश्चिम के मनसशास्त्र का यह दावा है कि कर्म तो होगा ही कारण से। अकारण—न राग, न द्वेष; कहीं पहुंचना भी नहीं है, कहीं से बचना भी नहीं है—तो कर्म नहीं होगा।

अगर यह बात सच है, तो कृष्ण का पूरा विचार धूल में गिर जाता है। फिर उसकी कोई जगह नहीं रह जाती। क्योंकि कृष्ण की सारी चिंतना इस बात पर खड़ी है कि ऐसा कर्म संभव है।

जिसमें राग और द्वेष न हों, ऐसा कर्म कैसे संभव है? हम तो जो भी करते हैं, अगर हम अपने किए हुए कर्मों का विचार करें, तो पश्चिम के मनोविज्ञान का दावा सही मालूम पड़ता है। लेकिन हमारे कर्म रुग्ण मनुष्यों के कर्म हैं। हमारे कर्मों के ऊपर से निर्णय लेना ऐसे ही है, जैसे दस अंधे आदमियों की आंखों को देख कर यह निर्णय ले लेना कि जो भी आदमी चलते हैं, वे सब अंधे हैं। क्योंकि दस अंधे आदमी चलते हैं। दसों ही अंधे हैं और चलते हैं; इसलिए यह निर्णय ले लेना कि आंख वाला आदमी चलेगा ही नहीं, क्योंकि दस अंधे आदमी चलते हैं, और चलने वाले दसों अंधे हैं!

पश्चिम का मनोविज्ञान एक बुनियादी भ्रांति पर खड़ा है। वह बुनियादी भ्रांति दोहरी है। एक तो यह कि पश्चिम के मनोविज्ञान के सारे नतीजे बीमार लोगों को देख कर लिए गए हैं, पैथालाजिकल हैं। पश्चिम के मनोविज्ञान ने जिन लोगों का अध्ङ्गन किया है, वे रुग्ण, विक्षिप्त, पागल, न्यूरोटिक हैं।

यह बहुत हैरानी की बात है कि पश्चिम के मनोविज्ञान के सारे निष्कर्ष बीमार आदमियों के ऊपर निर्भर हैं। सच बात तो यह है कि मनोवैज्ञानिक के पास कोई स्वस्थ आदमी कभी जाता नहीं। जाएगा किसलिए? मनोवैज्ञानिक जिनका अध्ययन करते हैं, वे रुग्ण हैं और बीमार हैं, करीब-करीब विक्षिप्त हैं। कहीं न कहीं कोई साइकोसिस, कोई न्यूरोसिस, कोई मानसिक रोग उन्हें पकड़े हुए है।

फ्रायड से लेकर फ्रोम तक पश्चिम के सारे मनोवैज्ञानिकों का अध्ययन बीमार आदमियों का अध्ययन है। बीमार आदमियों से वे सामान्य आदमी के संबंध में नतीजे लेते हैं, जो कि गलत है।

दूसरी बात, सामान्य आदमी के अध्ययन से भी नतीजे लेने गलत होंगे, क्योंकि सामान्य आदमी भी पूरा आदमी नहीं है। कृष्ण ने जो नतीजा लिया है, वह पूरे आदमी से लिया गया नतीजा है। इस मुल्क का मनोविज्ञान बुद्ध, महावीर, कृष्ण, शंकर, नागार्जुन, रामानुज, इन लोगों के अध्ययन पर निर्भर है। मनुष्य जो हो सकता है परम, उस मनुष्य की परम संभावनाओं के अध्ययन पर इस मुल्क का मनसशास्त्र ठहरा हुआ है।

पश्चिम का मनसशास्त्र, मनुष्य जहां तक गिर सकता है आखिरी, उस आखिरी सीमा-रेखा पर खड़ा हुआ है। निश्चित ही, पश्चिम के मनोविज्ञान और पूरब के मनोविज्ञान का कोई तालमेल नहीं हो पाता।

हमने श्रेष्ठतम पर ध्यान रखा है, उन्होंने निकृष्टतम पर। हमने चोटी पर ध्यान रखा है, उन्होंने खाई पर। निश्चित ही, जो खाई का अध्ययन करेगा और जो शिखर का अध्ययन करेगा, उनके अध्ययन के नतीजे भिन्न होने वाले हैं। जो शिखर का अध्ययन करेगा, वह कहेगा कि शिखर पर सूरज की किरणों का बहुत स्पष्ट फैलाव है। बादल छूते हैं। जो खाई का अध्ययन करेगा, वह कहेगा कि अंधकार सदा भरा रहता है। बादलों का कभी कोई पता नहीं चलता है।

मनुष्य में दोनों हैं, ऊंचाइयां भी और खाइयां भी। मनुष्य में बुद्ध जैसे शिखर भी हैं; हिटलर जैसी रुग्ण खाइयां भी हैं। मनुष्य एक लंबा रेंज है। मनुष्य कहने से कुछ पता नहीं चलता। मनुष्य में आखिरी मनुष्य भी सम्मिलित है और

प्रथम मनुष्य भी सम्मिलित है। जो ऊंचे से ऊंचे तक पहुंचा है शिखर पर जीवन के, वह भी सम्मिलित है; और जो नीचे से नीचे उतर गया है, वह भी सम्मिलित है। वे जो पागलखाने में बंद हैं विक्षिप्त, वे भी सम्मिलित हैं; और जो परम आनंद को उपलब्ध हुए हैं विमुक्त, वे भी सम्मिलित हैं।

पश्चिम ने विक्षिप्त लोगों के अध्ययन पर जो नतीजा लिया है, वह अपनी सीमा में ठीक है। विक्षिप्त आदमी कभी भी राग और द्वेष से मुक्त नहीं हो सकता। राग और द्वेष के कारण ही तो वह विक्षिप्त और पागल होता है; मुक्त होगा कैसे? वे तो उसके पागल होने के बुनियादी आधार हैं। विमुक्त मनुष्य राग और द्वेष के बाहर होता है। बाहर होता है, तभी विमुक्त है। अन्यथा विमुक्त नहीं है।

भारत ने श्रेष्ठतम को आधार बनाया। मुझे लगता है, उचित है यही। क्योंकि हम श्रेष्ठतम को आधार बनाएं, तो शायद हमारे जीवन में भी यात्रा हो सके। हम निकृष्टतम को आधार बनाएं, तो हमारे जीवन में भी पतन की संभावना बढ़ती है।

अगर हमें ऐसा पता चले कि आदमी कभी आनंद को उपलब्ध हो ही नहीं सकता, तो हम अपने दुख में ठहर जाते हैं। अगर हमें ऐसा पता चले कि जीवन में प्रकाश संभव ही नहीं है, तो फिर हम अंधेरे से लड़ने का संघर्ष बंद कर देते हैं। अगर हमें ऐसा पता चले कि हर आदमी बेईमान है, चोर है, तो हमारे भीतर वह जो बेईमान है और चोर है, वह जस्टीफाइड हो जाता है; वह न्याययुक्त ठहर जाता है, कि जब सभी लोग चोर और बेईमान हैं, तो वह जो पीड़ा है चोर और बेईमान होने की, विदा हो जाती है। हम अपनी चोरी और बेईमानी में भी राजी हो जाते हैं।

निकृष्टतम को आधार बना लिया जाए, तो मनुष्य रोज नीचे गिरेगा। और पचास सालों में पश्चिम के मनोविज्ञान ने आदमी को नीचे गिराने की सीढ़ियां निर्मित की हैं।

और बड़े मजे की बात है, जब आदमी नीचे गिरता है, तो पश्चिम का मनोवैज्ञानिक कहता है कि हम तो पहले ही कहते थे कि नीचे गिरने के सिवाय और कुछ हो नहीं सकता। सेल्फ फुलफिलिंग प्रोफेसीज! कुछ भविष्यवाणियां ऐसी होती हैं, जो खुद होकर अपने को पूरा कर लेती हैं।

किसी आदमी से कह दें कि तुम पंद्रह साल बाद फलां दिन मर जाओगे। जरूरी नहीं है कि यह भविष्यवाणी उसकी मृत्यु की जानकारी से निकली हो। लेकिन इस भविष्यवाणी से उसकी मृत्यु निकल सकती है। सेल्फ फुलफिलिंग हो जाएगी। पंद्रह साल बाद मरना है, यह बात ही आधा मार डालेगी। फिर वह रोज मरने की ही तैयारी करेगा या मरने से बचने की तैयारी करेगा, जो कि दोनों एक ही बात हैं। जिसमें कोई फर्क नहीं है। मरने से बचने की तैयारी करेगा या मरने की तैयारी करेगा, दोनों हालत में मृत्यु ही उसके जीवन की आधारशिला और केंद्र बन जाएगी। आब्सेस्ड हो जाएगा, फोकस्ड। मौत पर उसकी आंखें ठहर जाएंगी। सारी जिंदगी से सिकुड़ जाएंगी आंखें, और मौत पर ठहर जाएंगी।

पश्चिम के मनोविज्ञान ने पचास साल में जो-जो घोषणाएं की थीं, वे सब सही हो गईं। सही इसलिए नहीं हो गईं कि सही थीं, सही इसलिए हो गईं कि सही मान ली गईं। और आदमी ने कहा कि जब हो ही नहीं सकता अनमोटिवेटेड एक्ट, तो पागलपन है। उसे करने की कोशिश छोड़ दो।

लेकिन मैं कहता हूं, हो सकता है। उसे समझना पड़ेगा कि कैसे हो सकता है। तीन बातें ध्यान में ले लेनी जरूरी हैं, तो कृष्ण का निष्काम कर्मयोग खयाल में आ जाए।

पहली बात, कभी आप खेल खेलते हैं। न कोई राग, न कोई द्वेष; खेलने का आनंद ही सब कुछ होता है। आदतें हमारी बुरी हैं, इसलिए खेल को भी हम काम बना लेते हैं। वह हमारी गलती है। समझदार तो काम को भी खेल बना लेते हैं। वह उनकी समझ है।

हम अगर शतरंज भी खेलने बैठें, तो थोड़ी देर में हम भूल जाते हैं कि खेल है और सीरियस हो जाते हैं। वह हमारी बीमारी है। गंभीर हो जाते हैं। हार-जीत भारी हो जाती है। जान दांव पर लग जाती है। कुल जमा लकड़ी के हाथी और घोड़े बिछा कर बैठे हुए हैं! कुछ भी नहीं है; खेल है बच्चों का। लेकिन भारी हार-जीत हो जाएगी। गंभीर हो जाएंगे। गंभीर हो गए, तो खेल काम हो गया। फिर राग-द्वेष आ गया। किसी को हराना है; किसी को जिताना है।

जीतकर ही रहना है; हार नहीं जाना है। फिर द्वंद्व के भीतर आ गए। शतरंज न रही फिर, बाजार हो गया। शतरंज न रही, असली युद्ध हो गया!

मनोवैज्ञानिक तो कहते हैं कि शतरंज भी कोई पूरे भाव से खेल ले, तो उसकी लड़ने की क्षमता कम हो जाती है, क्योंकि लड़ने का कुछ हिस्सा निकल जाता है। निकास हो जाता है। हाथी-घोड़े लड़ा कर भी, लड़ने की जो वृत्ति है, उसको थोड़ी राहत मिल जाती है। हराने और जिताने की जो आकांक्षा है, वह थोड़ी रिलीज, उसका धुआं थोड़ा निकल जाता है।

हम खेल को भी बहुत जल्दी काम बना लेते हैं। लेकिन खेल काम नहीं है। बच्चे खेल रहे हैं। खेल काम नहीं है। खेल सिर्फ आनंद है, अनमोटिवेटेड। रस इस बात में नहीं है कि फल क्या मिलेगा। रस इस बात में है कि खेल का काम आनंद दे रहा है।

सुबह एक आदमी घूमने निकला है, कहीं जा नहीं रहा है। आप उससे पूछें, कहां जा रहे हैं? वह कहेगा, कहीं जा नहीं रहा, सिर्फ घूमने निकला हूं। कहीं जा नहीं रहा, कोई मंजिल नहीं है। यही आदमी इसी रास्ते पर दोपहर अपने दफ्तर भी जाता है। रास्ते के किनारे खड़े होकर देखें, सुबह जब यह घूमने जाता है, तब इसके चेहरे को, इसके पैरों की गति को, इसके हलकेपन को, इसकी ताजगी को। दोपहर उसी रास्ते से, वही आदमी, उन्हीं पैरों से दफ्तर जाता है, तब उसके भारीपन को, उसके सिर पर रखे हुए पत्थर को, उसकी छाती पर बढ़े हुए बोझ को—वह सब देखें। सुबह क्या था? मोटिवेटेड नहीं था, कहीं पहुंचना नहीं था, कोई अंत नहीं था। घूमना अपने में पर्याप्त था, घूमना ही काफी था।

हां, कुछ लोग घूमने को भी मोटिवेटेड बना ले सकते हैं। अगर नेचरोपैथ हुए, तो घूमने को भी खराब कर लेंगे! अगर कहीं प्राकृतिक चिकित्सा के चक्कर में हुए, तो घूमना भी खराब कर लेंगे। घूमना भी फिर सिर्फ घूमना नहीं है। फिर घूमना बीमारी से लड़ना है। और जो आदमी घूम रहा है बीमारी से लड़ने के लिए, वह बीमारी से तो शायद ही लड़ेगा, बीमारी उसके घूमने में भी प्रवेश कर गई! तब घूमना हलका-फुलका आनंद नहीं रहा; भारी काम हो गया।

बीमारी से लड़ रहे हैं! स्वास्थ्य कमाने जा रहे हैं! फिर कहीं पहुंचने लगे आप। मोटिव भीतर आ गया।

लेकिन क्या कभी ऐसा जिंदगी में आपके नहीं हुआ कि शरीर ताकत से भरा है, सुबह उठे हैं और मन हुआ कि दस कदम दौड़ लें? अनमोटिवेटेड! कोई कारण नहीं है। सिर्फ शक्ति भीतर धक्के दे रही है। उसी तरह जैसे कि झरना बहता है पहाड़ से, फूल खिलते वृक्षों में, पक्षी सुबह गीत गाते हैं—अनमोटिवेटेड। कोई राग-द्वेष नहीं है; ऊर्जा भीतर है, वह बहना चाहती है, आनंदमग्न होकर बहना चाहती है।

कृष्ण कह रहे हैं कि जब भी कोई व्यक्ति राग और द्वेष दोनों को समझ लेता, तब उसकी ऊर्जा तो रहती है, जो राग-द्वेष में लगती थी, ऊर्जा कहां जाएगी? मुझे किसी से लड़ना नहीं है; मुझे किसी से जीतना नहीं है; फिर भी मेरी ताकत तो मेरे पास है। वह कहां जाएगी? वह बहेगी। वह अनमोटिवेटेड बहेगी। वह कर्म बनेगी, लेकिन अब उस कर्म में कोई फल नहीं होगा। अब वह बहेगी, लेकिन बहना अपने में आनंद होगा।

लेकिन हम इतने बीमार और रुग्ण हैं कि हमें कभी सुबह ऐसा मौका नहीं आया। कभी-कभी बाथरूम में आप गा लेते होंगे। शायद उतना ही है अनमोटिवेटेड—बाथरूम सिंगर्स। किसी को सुनाना नहीं है। कोई ताली नहीं बजाएगा। कोई अखबार में नाम नहीं छपेगा। कोई सुनने वाला श्रोता नहीं है। अकेले हैं अपने बाथरूम में। एक गीत की कड़ी फूट पड़ी है। शायद ठंडा पानी सिर पर गिरा हो। फव्वारे के नीचे खड़े हो गए हों। सुबह की ताजी हवा ने छुआ हो। फूलों को छूती हुई एक गंध आपके कमरे में आ गई हो। कोई पक्षी बाहर गाया हो। किसी मुर्गे ने बांग दी हो। आपके भीतर की ऊर्जा भी जग गई है; उसने भी एक कड़ी गुनगुनाई है, अनमोटिवेटेड, कोई कारण नहीं है। भीतर एक शक्ति है, जो बाहर अभिव्यक्त होना चाहती है।

साधारण लोगों की जिंदगी में बस ऐसे ही छोटे-मोटे उदाहरण मिलेंगे। आपके उदाहरण ले रहा हूं, ताकि आपको खयाल में आ सके। कृष्ण जैसे लोगों की पूरी जिंदगी ही ऐसी है—पूरी जिंदगी, चौबीस घंटे!

लेकिन अगर एक क्षण ऐसा हो सकता है, तो चौबीस घंटे भी हो सकते हैं। कोई बाधा नहीं रह जाती। क्योंकि आदमी के हाथ में एक क्षण से ज्यादा कभी नहीं होता। दो क्षण किसी आदमी के हाथ में नहीं होते। एक ही क्षण हाथ में होता है। अगर एक क्षण में भी एक कृत्य ऐसा घट सकता है, जिसमें कोई राग-द्वेष नहीं था, जिसमें भीतर की ऊर्जा सिर्फ उत्सव से भर गई थी, फेस्टिव हो गई थी, समारोह से भर गई थी और फूट पड़ी थी...।

दुनिया से समारोह कम हो गए हैं। क्योंकि दुनिया से वह जो रिलीजस फेस्टिव डायमेंशन है, वह जो उत्सव का आयाम है, वह क्षीण हो गया है। लेकिन दुनिया की अगर हम पुरानी दुनिया में लौटें, या आज भी दूर गांव-जंगल में चले जाएं, खेत में जब फसल आ जाएगी, तो गांव गीत गाएगा—अनमोटिवेटेड। उस गीत गाने से खेत की फसल के गेहूं ज्यादा बड़े नहीं हो जाएंगे। उस गीत के गाने से कोई फसल के ज्यादा दाम नहीं आ जाएंगे। लेकिन खेत नाच रहा है फसल से भर कर। पक्षी उड़ने लगे हैं खेत के ऊपर। चारों तरफ खेत के खेत में आ गई फसलों की सुगंध भर गई है। सोंधी गंध चारों तरफ तैरने लगी है। उसने गांव के मन-प्राण को भी पकड़ लिया है। खेत ही नहीं नाच रहे, गांव भी नाचने लगा है।

दुनिया के पुराने सारे उत्सव मौसम और फसलों के उत्सव थे। गांव भी नाच रहा है। रात, आधी रात तक चांद के नीचे पूरा गांव नाच रहा है। उस नाचने से कुछ मिलेगा नहीं। वह कोई गणतंत्र दिवस पर दिल्ली में किया गया लोक-नृत्य नहीं है। उससे कुछ मिलने को नहीं है। उसकी कोई तैयारी नहीं है। लेकिन भीतर ऊर्जा है और वह बहना चाहती है।

कृष्ण जब अर्जुन को कह रहे हैं कि राग-द्वेष से मुक्त होकर यदि तू कर्म में संलग्न हो जाए, तो सुखद मार्ग से समस्त बंधनों के बाहर हो जाएगा। तो पहली बात तो यह समझ लेनी जरूरी है, ऊर्जा हो भीतर, राग-द्वेष न हो बाहर, तो भी ऊर्जा सक्रिय होगी, क्योंकि ऊर्जा बिना सक्रिय हुए नहीं रह सकती।

एनर्जी, ऊर्जा अनिवार्य रूप से क्रिएटिव है। वह सृजन करेगी ही। वह बच नहीं सकती। इसीलिए तो बच्चों को आप बिठा नहीं पाते। आपको बहुत

बेहूदगी लगती है बच्चों के कामों में। कहते हैं कि बेकाम क्यों कूद रहा है! आप बहुत समझदार हैं! आप कहते हैं, कूदना हो तो काम से कूद। मैं भी कूदता हूं दफ्तर में, दुकान में, लेकिन काम से! बेकाम क्यों कूद रहा है?

अब आपको पता ही नहीं है कि बेकाम क्यों कूद रहा है। ऊर्जा भीतर है; ऊर्जा कूद रही है। काम का कोई सवाल नहीं है। शक्ति भीतर नाच रही है, स्पंदित हो रही है।

धार्मिक व्यक्ति पूरे जीवन बच्चे की तरह है। निष्काम कर्म उसको ही फलित होगा, जिसका शरीर तो कुछ भी उम्र पा ले, लेकिन जिसका मन कभी भी बचपन की ताजगी नहीं खोता। वह फ्रेशनेस, वह ताजगी, वह क्वांरापन बना ही रहता है। इसीलिए तो कृष्ण जैसा आदमी बांसुरी बजा सकता है, नाच सकता है। वह बालपन कहीं गया नहीं।

ऊर्जा भीतर हो, तो ऊर्जा निष्क्रिय नहीं होती। ध्यान रहे, शक्ति हो, तो शक्ति सक्रिय होगी ही। चाहे कोई कारण न हो, अकारण भी शक्ति सक्रिय होगी। शक्ति का होना और सक्रिय होना, एक ही चीज के दो नाम हैं। शक्ति निष्क्रिय नहीं हो सकती। लेकिन चूंकि हम कभी राग और द्वेष के बाहर नहीं होते, इसलिए शक्ति राग और द्वेष की चैनल्स में चली जाती है। इसलिए दूसरी बात समझ लेनी जरूरी है। पहली बात, कर्म राग-द्वेष से पैदा नहीं होता; कर्म पैदा होता है भीतर की ऊर्जा से। इनर एनर्जी से पैदा होता है कर्म।

चांद-तारे भी चल रहे हैं बिना किसी राग-द्वेष के। कहीं उन्हें पहुंचना नहीं है। कण-कण के भीतर परमाणु घूम रहे हैं, नाच रहे हैं, नृत्य में लीन हैं। कुछ उन्हें पाना नहीं है। फूल खिल रहे हैं। पक्षी उड़ रहे हैं। आकाश में बादल हैं। झरने नदियां बन कर सागर की तरफ जा रहे हैं। सागर भाप बन कर आकाश में उठ रहा है। कहीं कोई राग-द्वेष नहीं है, सिर्फ आदमी को छोड़ कर। कहीं कोई मोटिवेशन नहीं है।

पूछें गंगा से कि क्यों इतनी परेशान है? सागर पहुंच कर भी क्या होगा? गंगा उत्तर नहीं देगी। क्योंकि उत्तर देना भी बेकार है। गंगा है, तो सागर

पहुंचेगी ही। गंगा सागर पहुंच रही है, यह कोई चेष्टा नहीं है। गंगा के भीतर पानी है, तो वह सागर पहुंचेगा ही।

आदमी को छोड़ दें, तो सारा जगत कर्म में लीन है, लेकिन कर्म राग-द्वेष रहित है। आदमी का क्या पागलपन है कि आदमी इस सारे जगत में बिना राग-द्वेष के कर्म में लीन न हो सके? आदमी भी हो सकता है।

पहली बात यह समझ लेनी जरूरी है कि कर्म का जन्म राग-द्वेष से नहीं होता; कर्म का जन्म भीतर की ऊर्जा से होता है। ऊर्जा कर्म है। लेकिन अब यह ऊर्जा जो कर्म बनती है, आप चाहें तो इसको किसी भी खूंटी पर टांग सकते हैं। मेरे पास कोट है, मैं किसी भी खूंटी पर टांग सकता हूं। किसी खूंटी के कारण मेरे पास कोट नहीं है, खयाल रखें। खूंटी के कारण मेरे पास कोट नहीं है, कोट मेरे पास है; अब मैं किसी भी खूंटी पर टांग सकता हूं। राग की खूंटी पर टांग दूं, द्वेष की खूंटी पर टांग दूं। मेरे भीतर ऊर्जा है।

जीवन ऊर्जा है। लाइफ इज़ एनर्जी। और तो कुछ जीवन है नहीं; ऊर्जा है। नाचती हुई शक्ति है। अनंत शक्ति का नृत्य है भीतर।

और अभी तो विज्ञान ने छोटे-से परमाणु में अनंत ऊर्जा को खोज कर बता दिया। जब हम पहले कभी यह कहते रहे कि एक-एक आदमी के भीतर परमात्मा की अनंत शक्ति भरी है, तो हंसी की बात मालूम पड़ती थी। लेकिन अब तो एक-एक परमाणु के भीतर अनंत शक्ति भरी है, तो एक-एक आदमी के भीतर क्यों भरी हुई नहीं हो सकती! और अगर मिट्टी के कण के भीतर, मृत कण के भीतर इतनी शक्ति है, तो मनुष्य के जीवित कोष्ठ, जीवित सेल के भीतर उससे अनंत गुनी हो सकती है।

अभी पश्चिम का विज्ञान एटम को तोड़ पाया है, कल सेल को भी तोड़ लेगा। जिस दिन जेनेटिक सेल तोड़ी जा सकेगी, उस दिन हम पाएंगे कि वह जो पूरब सदा से कहता रहा था कि छोटे-से पिंड में ब्रह्मांड है, उस नतीजे पर विज्ञान आज नहीं कल पहुंच जाएगा।

एक-एक व्यक्ति अनंत ऊर्जा से भरा हुआ है। इस ऊर्जा से कर्म पैदा होता है। यह पहली बात समझ लें। इस कर्म को हम चाहें, तो राग पर टांग सकते हैं,

चाहें तो द्वेष पर टांग सकते हैं। यह हमारा चुनाव है। और चाहें तो अनटांगा छोड़ सकते हैं; यह भी हमारा चुनाव है। खूंटी कहती नहीं कि मुझ पर टांगो। मैं कोट को नीचे भी पटक दे सकता हूं। कोई खूंटी मुझे मजबूर नहीं करती। मैं चाहूं तो अपनी जीवन ऊर्जा को किसी आकर्षण में लगा दूं। किसी के पीछे दौड़ने लगूं। कोहिनूर के पीछे दौड़ सकता हूं। कोहिनूर मुझसे नहीं कहता कि मेरे पीछे दौड़ो। मैं कोहिनूर के पीछे दौड़ सकता हूं, कि जब तक कोहिनूर न मिल जाए, मेरा जीवन बेकार है।

अब मैंने एक खूंटी चुन ली, जिस पर मैं अपने को टांग कर रहूंगा। और सोचता हूं, टंग जाऊंगा, तो सब पा लूंगा। कोहिनूर मिल जाए, तो कुछ मिलना नहीं है। सिर्फ ऊर्जा व्यय हुई। और इतने दिन तक पीछे दौड़ने की जो आदत पड़ गई, वह फिर कहेगी, अब और किसी के पीछे दौड़ो। अब कोई और राग खोजो। कोई और आकर्षण, उसके पीछे दौड़ो।

चाहूं तो मैं द्वेष पर भी अपने को टांग सकता हूं। द्वेष पर भी टांग सकता हूं! मैं किसी के विरोध में लग जाऊं, मैं किन्हीं को नष्ट करने में लग जाऊं, मैं कुछ छोड़ने में लग जाऊं, तो भी मैं अपनी शक्ति को टांग सकता हूं।

दो ही तरह के लोग हैं। एक वे, जो किसी चीज को पाने में लग जाते हैं। एक वे, जो किसी चीज को छोड़ने में लग जाते हैं। एक को हम गृहस्थ कहते हैं, दूसरे को हम संन्यासी कहते हैं। हमारी आम बातचीत में, पकड़ने वाले को हम गृहस्थ कहते हैं, छोड़ने वाले को हम त्यागी कहते हैं। लेकिन कृष्ण नहीं कहेंगे। कृष्ण तो कहते हैं, जो दोनों के बाहर है, वह संन्यासी है। वह निष्काम कर्म को उपलब्ध हुआ, जो दोनों के बाहर है; जो अपनी ऊर्जा को किसी पर टांगता ही नहीं।

ध्यान रहे, जब आप अपनी ऊर्जा को न राग पर टांगेंगे, न द्वेष पर, तो भी ऊर्जा होगी। फिर ऊर्जा कहां जाएगी? अनटांगी गई ऊर्जा परमात्मा पर समर्पित हो जाती है; विराट में लीन हो जाती है। बिना टांगी गई ऊर्जा, अनफोकस्ड, अनंत के प्रति, अनंत के चरणों में बहने लगती है। जिस क्षण राग और द्वेष नहीं हैं, उसी क्षण व्यक्ति का समस्त जीवन परमात्मा को समर्पित हो जाता है।

तीन तरह के समर्पण हुए, राग को समर्पित, द्वेष को समर्पित, राग-द्वेष दोनों के अतीत परमात्मा को समर्पित। यह परमात्मा को समर्पित जीवन ही निष्काम कर्मयोग है।

और कृष्ण ने एक और बात उसमें कही। उन्होंने कहा कि यह बड़े सुख से बंधन के बाहर हो जाना है।

दुख से भी बंधन के बाहर हुआ जा सकता है। लेकिन दुख से बंधन के बाहर जो हो जाता है, उसके हाथों में पैरों में बंधन की थोड़ी-बहुत रेखा और चोट रह जाती है। जैसे कोई कच्चे पत्ते को वृक्ष से तोड़ ले। कच्चा पत्ता भी वृक्ष से तोड़ा जा सकता है। पत्ते में भी घाव रह जाता है, वृक्ष में भी घाव छूट जाता है। एक पका पत्ता वृक्ष से गिरता है। कहीं खबर नहीं होती—मौन, निष्पंद, चुपचाप। कहीं कोई आवाज भी नहीं होती कि पत्ता गिर गया। न वृक्ष को पता चलता, न पत्ते को पता चलता। कहीं कोई घाव नहीं छूटता। चुपचाप!

कृष्ण कहते हैं, सुखद ढंग से बंधन के बाहर हो जाने की राह मैं कह रहा हूं महाबाहो! तू कर्म कर और द्वंद्व, राग और द्वेष से दूर खड़े होकर कर्म में लग जा। एक दिन तू पके पत्ते की तरह चुपचाप बाहर हो जाएगा।

कच्चे पत्ते की तरह भी बाहर हुआ जा सकता है। संघर्ष से, समर्पण से नहीं। संकल्प से, समर्पण से नहीं। लड़ कर, जूझ कर, चुपचाप विसर्जित होकर नहीं। कोई लड़ भी सकता है। ध्यान रहे, राग और द्वेष से भी अगर कोई लड़ने में लग जाए, तो वह फिर द्वेष का ही नया रूप है।

इसलिए कृष्ण कह रहे हैं कि राग-द्वेष को समझ कर!

जो यह देख लेता है कि राग भी दुख है, द्वेष भी दुख है। जो यह देख लेता है, राग भी पीड़ा में ले जाता, द्वेष भी पीड़ा में ले जाता। जो यह देख लेता है कि राग और द्वेष से कभी कोई आनंद फलित नहीं होता; कभी जीवन में उत्सव की घड़ी नहीं आती; नरक ही निर्मित होता है। चाहते तो हैं कि बना लें स्वर्ग; जब बन जाता है, तो पाते हैं कि बन गया नरक। चाहते तो हैं कि बना लें मंदिर; जब बन जाता है, तो पाते हैं कि अपने ही हाथ कारागृह निर्मित हो

गया। ऐसा जो समझ कर, ऐसी प्रज्ञा से, ऐसे बोध से जो दोनों के बाहर हो जाता है, वह बड़े सुखद मार्ग से—सूखे पत्ते की तरह—बंधन के बाहर गिर जाता है। कहीं कोई पता भी नहीं चलता है।

संन्यास तो वही अर्थपूर्ण है, जो इतना संगीतपूर्ण हो। इतना-सा भी विसंगीत पैदा नहीं होना चाहिए। जरा-सी भी चोट कहीं पैदा नहीं होनी चाहिए।

कर्म छोड़ कर जो जाएगा, उससे तो चोट पैदा होगी। एक आदमी घर छोड़ कर जाएगा। पत्नी रोएगी। आंसू पीछे होंगे ही। क्योंकि किसी की अपेक्षाएं टूटेंगी। बच्चे पीड़ित होंगे; अनाथ हो जाएंगे। कहीं किसी की छाती पर पत्थर गिरेगा ही। कहीं कुछ उजड़ जाएगा।

और ऐसा आदमी, जो सब छोड़ कर जा रहा है, बहुत गहरे में स्वार्थी नहीं मालूम पड़ता? अपनी मुक्ति के लिए वह अपने चारों तरफ एक मरघट बना कर जा रहा है। चीजें टूटेंगी; चारों तरफ दुख निर्मित होगा।

लेकिन कृष्ण कहते हैं, निष्काम कर्मयोग!

पत्नी को छोड़ कर कहीं जाना नहीं। चुपचाप भीतर ही पत्नी के प्रति राग और द्वेष छोड़ देना। पत्नी को भी पता नहीं चलेगा।

बड़े मजे की बात है। अगर चुपचाप भीतर से ही राग-द्वेष छोड़ दिया जाए, किसी को कहीं पता नहीं चलेगा सिवाय आपके। और अगर किसी को पता भी चलेगा, तो सुखद पता चलेगा। क्योंकि हम राग करके भी किसी को सुख नहीं दे पाते, सिर्फ दुख देते हैं। और द्वेष करके तो दुख देते ही हैं।

जैसे ही भीतर राग-द्वेष गिर जाता है, हम हलके हो जाते हैं। आनंदपूर्ण हो जाते हैं। संबंध सहज और सरल हो जाते हैं। हमारे भीतर से पत्नी मिट जाती है। दूसरी तरफ भी परमात्मा हो जाता है। पति मिट जाता है, परमात्मा हो जाता है। बेटा मिट जाता है, परमात्मा हो जाता है। फिर भी उस बेटे को स्कूल में भेज आते हैं। उसके भोजन का इंतजाम कर देते हैं। लेकिन अब यह इंतजाम परमात्मा के लिए है। बेटे को कभी पता नहीं चलेगा। बल्कि बेटा तो आनंदित होगा, क्योंकि जिसके पिता के मन में बेटे के लिए परमात्मा का भाव आ गया हो, उसके बेटे को दुख का कोई भी कारण नहीं है। आनंद ही आनंद का कारण है।

कृष्ण कहते हैं, सुख से, चुपचाप, अत्यंत शांतिपूर्ण मार्ग से निष्काम कर्मयोगी बंधन के बाहर हो जाता है। कोई जल्दी नहीं करता तोड़ने की, चुपचाप चीजों से सरक जाता है।

और जो तोड़ कर सरकता है, वह बहुत कुशल नहीं है। जो तोड़ कर हटता है, वह बहुत कलात्मक नहीं है। जो तोड़ कर हटता है, उसे संगीत का बहुत बोध नहीं है। उसे सौंदर्य का बहुत बोध नहीं है। उसे मानवीय जीवन की गरिमा का बहुत स्पष्ट खयाल नहीं है। वह अपने ही लिए जी रहा है। धन कमाता था, तो अपने लिए; धर्म कमा रहा है, तो अपने लिए। लेकिन चारों तरफ और भी परमात्माओं के दीये जल रहे हैं, वे बुझ जाएं, इसकी उसे चिंता नहीं है।

इसलिए कृष्ण कहते हैं कि निष्काम कर्म को करते हुए कोई भी व्यक्ति सुख से, कहीं भी दुख का कोई स्पंदन खड़ा किए बिना, बाहर हो जाता है।

राग-द्वेष के अतीत होते ही ऊजा—अनमोटिवेटेड—सक्रिय हो जाती है। निश्चित ही, जो ऊर्जा बिना किसी लक्ष्य के, बिना किसी अंत के सक्रिय होगी, वह ऊर्जा अधर्म के लिए सक्रिय नहीं हो सकती। उस ऊर्जा की सक्रियता अनिवार्यरूपेण धर्म के लिए, मंगल के लिए, श्रेयस के लिए होगी। ऐसे व्यक्ति का सारा जीवन धर्म-कृत्य, धार्मिक कृत्य बन जाता है।

प्रश्नः आपने कहा कि अकारण, अनमोटिवेटेड कर्म, निष्काम कर्म आनंद का स्त्रोत है। लेकिन निश्चित ही जीवन में ऐसी चीजें भी हैं, जिनमें मोटिवेशन की जरूरत पड़ती है। जैसे औद्योगिक, यांत्रिक काम आदि। तो कृपया बताएं कि जीवन में मोटिवेटेड कर्म के साथ अनमोटिवेटेड कर्म का संतुलन कैसे किया जाए?

संतुलन करने में जो पड़ेगा, वह बड़ी दुविधा में पड़ेगा। संतुलन नहीं किया जा सकता। जरूरत भी नहीं है।

जिस व्यक्ति को निष्काम कर्म का रस आ गया, वह अपनी दुकान भी उसी रस से चलाएगा। जिस व्यक्ति को निष्काम कर्म का रस आ गया, वह अपने उद्योग को भी उसी रस से चलाएगा।

कबीर ने दुकान बंद नहीं की। कबीर कपड़ा बुनता रहा। लोगों ने कहा भी कि अब तुम कपड़ा बुनो, यह अच्छा नहीं मालूम पड़ता! कबीर ने कहा, पहले जो कपड़ा बुना था, उसमें यह मजा न था। अब जो मजा है, वह बात ही और है। पहले तो कपड़ा बुनते थे, तो एक मजबूरी थी; अब आनंद है। पहले कपड़ा बुनते थे, तो किसी ग्राहक का शोषण करना था। अब कपड़ा बुनते हैं, तो किसी राम के अंग को, तन को ढंकना है।

कपड़ा बुनना जारी है। अब कबीर कपड़ा बुनता है और गाता रहता है, झीनी झीनी बीनी रे चदरिया। वह गा रहा है! वह बाजार कपड़े लेकर जाता है, तो दौड़ता हुआ ग्राहकों को बुलाता है कि राम, बहुत मजबूत चीज बनाई है। तुम्हारे लिए ही बनाई है!

आनंद आ गया निष्काम कर्म का, तो भूलकर भी आप सकाम कर्म न कर पाएंगे। वहां भी, जहां सकाम कर्म का जगत घना है, वहां भी निष्काम कर्म हो जाएगा। आनंद ही रह जाएगा।

अब किसी आदमी का आनंद हो सकता है कि वह एक बड़ा कारखाना चलाए। लेकिन तब वह आनंद परमात्मा को समर्पित हो जाएगा। तब वह किसी के शोषण के लिए नहीं है। बड़े कारखाने को चलाना उसका आनंद है। और यह आनंद अगर निष्काम कर्म का है, तो वह बड़ा कारखाना एक कम्यून बन जाएगा। उस बड़े कारखाने में मजदूर और मालिक नहीं होंगे। उस बड़े कारखाने में मित्र हो जाएंगे।

और इस पृथ्वी पर अगर कभी भी दुनिया में सच में ही कोई समता की घटना घटेगी, तो समाजवादियों से घटने वाली नहीं है। इस दुनिया में कभी भी कोई समता की घटना घटेगी, तो वह उन धार्मिक लोगों से घटेगी, जिनके भीतर अनमोटिवेटेड कर्म पैदा हुआ है; जिनके भीतर निष्काम कर्म पैदा हुआ है। कुछ भी किया जा सकता है, एक बार खयाल में आ जाए।

और जहां खतरा ज्यादा है, जैसे एक अंधा आदमी पूछ सकता है, एक अंधा आदमी पूछ सकता है कि जब मेरी आंखें ठीक हो जाएंगी, तो मैं टटोलने में

और चलने में क्या समन्वय करूंगा? क्या संतुलन करूंगा? स्वभावतः, एक अंधा आदमी अभी टटोल कर चलता है। अभी उसने टटोल कर ही चलना जाना है। एक ही चलने का ढंग है, टटोलना। उससे हम कहते हैं कि तेरी आंखें ठीक हो जाएंगी। तो वह कहता है, मैं समझ गया। जब आंखें ठीक हो जाएंगी, तो बिना टटोल कर मैं चल सकूंगा। लेकिन फिर टटोलने में और न टटोलकर चलने में, दोनों में संतुलन कैसे करूंगा?

हम उससे कहेंगे, संतुलन की जरूरत ही नहीं पड़ेगी। तू बिलकुल पागल है! जब आंखें मिल जाएंगी, तो टटोलने की जरूरत ही नहीं रहेगी। वह आदमी कहेगा, लेकिन अंधेरे में तो टटोलना ही पड़ेगा! हम उससे कहेंगे ि क आंख आ जाए, तब तू जानेगा कि टटोलने की जो प्रक्रिया थी, वह अंधे की प्रक्रिया थी। आंख वाले की वह प्रक्रिया नहीं है। संतुलन नहीं बनाना पड़ेगा। और जब तक आंख नहीं है, तब तक चलने से टटोलने का संतुलन बनाने का तो कोई सवाल नहीं है।

सकाम आदमी जहां जी रहा है, वह अंधे की दुनिया है। वहां वह फल को टटोल कर ही कर्म करता है। उसे अभी कर्म के आनंद का पता ही नहीं है। उसे एक ही पता है कि फल में आनंद है; कर्म में कोई आनंद नहीं है। अभी वह दुकान में बैठता है, तो दुकान में आनंद नहीं है। जो ग्राहक सामने खड़ा है, उसमें परमात्मा नहीं है। उसका परमात्मा तो उस रुपये में है, जो ग्राहक से मिलेगा, मिलने वाला है; जिसे वह तिजोड़ी में कल बंद करेगा। जिसे परसों गिनेगा और बैंक-बैलेंस में इकट्ठा करेगा। उसका आनंद वहां है। यह कर्म जो घटित हो रहा है, इसमें उसका कोई आनंद नहीं है।

और जिस कर्म में आनंद नहीं है, हम पागल हैं, उसके फल में कैसे आनंद हो सकेगा? क्योंकि फल कर्म से पैदा होता है। जब बीज में आनंद नहीं है, तो फल में कैसे आनंद आ जाएगा? जब बीज जहर मालूम पड़ रहा है, तो फल अमृत कैसे हो जाएगा?

जिस कृत्य में आनंद नहीं है, उस कृत्य के फल में कभी आनंद नहीं हो सकता। लेकिन सकाम आदमी का मन फल में अटका है। वह कह रहा है,

किसी तरह काम तो कर डालो। यह तो एक मजबूरी है। इसे करके निपटा दें। आनंद तो फल में है। फल मिल जाएगा और आनंद मिल जाएगा।

कृष्ण जिस आदमी की बात कर रहे हैं, वह यह कह रहे हैं, कर्म में ही आनंद है। कर्म किया, यही आनंद है। और जिसे कर्म में अभी आनंद मिल रहा है, उसे सदा आनंद मिल जाएगा। जो अभी ही आनंद ले लिया, वह सदा आनंद लेने का राज पहचान गया।

सकाम आदमी फल में आनंद देखता है, कर्म को करता है मजबूरी में। निष्काम आदमी कर्म में ही आनंद देखता है, कर्म को करता है आनंद से। कोई भी कर्म हो, इससे कोई फर्क नहीं पड़ता। युद्ध क्यों न हो। आखिर कृष्ण अर्जुन को कह ही रहे हैं कि तू युद्ध में जूझ जा। लेकिन किसी तरह की कामना लेकर नहीं। किसी तरह की कामना लेकर नहीं, कोई राग-द्वेष लेकर नहीं। तेरा स्वधर्म है। तू क्षत्रिय होकर ही आनंद को उपलब्ध हो सकता है। वही तेरा प्रशिक्षण है। तेरी जीवन ऊर्जा क्षत्रिय की तरह ही प्रकट हो सकती है, अभिव्यक्त हो सकती है। तू किसी तरह के लक्ष्य की फिकर मत कर। तू क्षत्रिय होने में लीन हो जा। फल की चिंता छोड़ दे। तू कर्म को पूरा कर ले। यही तेरी निष्पत्ति है।

यह जो युद्ध के मैदान तक पर कृष्ण कह सकते हैं, तो दुकान तो युद्ध से बड़ा मैदान नहीं है। न दफ्तर बड़ा है; न उद्योग बड़ा है। दृष्टि का फर्क है। आप कहां हैं और क्या काम कर रहे हैं, यह सवाल नहीं है। आप क्या हैं और किस आंतरिक दृष्टि से काम कर रहे हैं, यही सवाल है।

कभी भी संतुलन नहीं बनाना पड़ेगा दोनों में, क्योंकि दोनों में से एक ही रहता है हाथ में, दोनों कभी नहीं रहते। या तो सकाम कर्म रहता है हाथ में, तब निष्काम से कोई तालमेल नहीं बिठाना है। और जब निष्काम आता है, तो सकाम चला जाता है। उससे तालमेल नहीं बिठाना पड़ता है। ठीक ऐसे ही जैसे एक कमरे में मैं रोशनी लेकर चला जाऊं। फिर अंधेरे और रोशनी के बीच कोई तालमेल नहीं बिठाना पड़ता। या तो अंधेरा रहता है या रोशनी रहती है। या तो ज्ञान रहता है या अज्ञान रहता है। या तो कामना रहती है, वासना रहती है,

या प्रज्ञा रहती है। दोनों साथ नहीं रहते हैं। इसलिए दोनों को मिलाने की कभी भी जरूरत नहीं पड़ती।

लेकिन हमारे मन में यह सवाल उठेगा। क्यों? क्योंकि हम सकाम होना तो छोड़ना नहीं चाहते, और निष्काम का लोभ भी मन को पकड़ता है। हमारी तकलीफ जो है, वह यह है, हम टटोलने का मजा भी नहीं छोड़ना चाहते और आंख भी पाना चाहते हैं। हम चाहते हैं, जो सकाम जगत चल रहा है, वह भी चलता रहे, और यह जो निष्काम आनंद की बात चल रही है, यह भी चूक न जाए। हम चाहते हैं, फल का भी चिंतन करते रहें, और कर्म में भी आनंद ले लें। ये दोनों बात साथ संभव नहीं हैं। यह गली बहुत संकरी है, इसमें दो नहीं समाएंगे।

इसलिए जब तक लोभ मन को है—राग का, द्वेष का, पाने का, खोने का, हारने का, जीतने का—तब तक निष्काम न हो सकेंगे आप। और जिस क्षण यह बोध आ जाएगा कि दोनों बेकार हैं, उसी क्षण निष्काम हो जाएंगे। और निष्काम हो जाने के बाद सकाम बचेगा नहीं, जिससे संतुलन बिठालना पड़े, जिससे तालमेल करना पड़े।

यह बहुत मजे की बात है। अज्ञानी को निरंतर यह कठिनाई होती है कि कैसे मैं तालमेल बिठाऊं! उसका तालमेल बिठाना हमेशा खतरनाक है। एक आदमी कहता है, ठीक है। आप कहते हैं, निर-अहंकार बड़ी अच्छी चीज है। लेकिन अहंकार से कैसे तालमेल बिठाऊं? अब अहंकार से निर-अहंकार के तालमेल का कोई मतलब होता है? आप कहते हैं, अमृत बड़ी अच्छी चीज है, लेकिन जहर और अमृत को मिलाऊं कैसे? कहीं जहर और अमृत मिले हैं! मिलने का कोई उपाय नहीं है। जिस आदमी के हाथ में जहर है, उसके आदमी के हाथ में अमृत नहीं होता। और जिस आदमी के हाथ में अमृत आता है, उसके हाथ में जहर नहीं होता। दो में से एक ही सदा हाथ में होते हैं। दोनों हाथ में नहीं होते।

इसलिए लोग अक्सर पूछते हैं कि धर्म का और संसार का तालमेल कैसे करें? परमात्मा को और संसार को कैसे मिलाएं? ये मोक्ष को, परलोक को और

इस लोक को कैसे मिलाएं? उनके सवाल बुनियादी रूप से गलत हैं, एब्सर्ड हैं, असंगत हैं। परमात्मा उतर आए, तो संसार खो जाता है; संसार होता ही नहीं। उसका मतलब, संसार परमात्मा ही हो जाता है। कुछ बचता नहीं परमात्मा के सिवाय। और जब तक संसार होता है, तब तक संसार ही होता है, परमात्मा नहीं होता। ये दोनों बातें एक साथ नहीं हो सकतीं।

जिसने परमात्मा को जाना, उसके लिए संसार नहीं है। जो संसार को जान रहा है, उसके लिए परमात्मा नहीं है। और ऐसा कभी भी नहीं हुआ, इंपासिबल है, असंभव है कि एक आदमी परमात्मा और संसार दोनों को जान रहा हो। यह ऐसे ही असंभव है, जैसे रास्ते से मैं गुजर रहा हूं, अंधेरा है, और एक रस्सी मुझे पड़ी दिखाई पड़ गई और मैंने समझा कि सांप है। भागा! तब किसी ने कहा, रुको! मत भागो! रस्सी है, सांप नहीं है। पास गया। देखा, कि रस्सी है। क्या मैं पूछूंगा कि रस्सी और सांप में कैसे तालमेल बिठाऊं? जब तक मुझे सांप दिखाई पड़ता है, तब तक रस्सी दिखाई नहीं पड़ती। जब मुझे रस्सी दिखाई पड़ जाती है, तो सांप दिखाई नहीं पड़ता। तालमेल नहीं बैठता। सांप दिखाई पड़ता है, तो भागता रहता हूं। रस्सी दिखाई पड़ती है, तो खड़ा हो जाता हूं। लेकिन ऐसा आदमी खोजना कठिन है, जिसे सांप और रस्सी दोनों एक साथ दिखाई पड़ जाएं। या कि संभव है? या कि आप सोचते हैं, ऐसा आदमी मिल सकता है, जिसे रस्सी और सांप एक साथ दिखाई पड़ जाएं? अब तक ऐसा नहीं हुआ। अगर ऐसा आदमी आप खोज लें, तो मिरेकल, चमत्कार होगा। रस्सी दिखाई पड़ेगी, तो रस्सी दिखाई पड़ेगी, सांप खो जाएगा। सांप दिखाई पड़ेगा, तो सांप दिखाई पड़ेगा, रस्सी खो जाएगी।

जब तक सकाम सांप दिखाई पड़ रहा है, तब तक निष्काम रस्सी दिखाई नहीं पड़ेगी। इसलिए प्रश्न संगत मालूम पड़ता है। भाषा में बिलकुल ठीक लगता है कि कैसे तालमेल बिठाएं? तालमेल कभी बिठाया नहीं जाता। इसलिए जो आदमी कहता है, मुझे संसार में परमात्मा दिखाई पड़ता है, वह गलत कहता है। जो आदमी कहता है मुझे संसार दिखाई नहीं पड़ता, परमात्मा दिखाई पड़ता है;

वह आदमी ठीक कहता है। जो आदमी यह कहता है, कण-कण में परमात्मा है, वह गलत कहता है। जो कहता है, परमात्मा ही परमात्मा है, कण कहां है! वह ठीक कहता है।

लेकिन भाषा की कठिनाइयां हैं। भाषा की कठिनाइयां इसलिए हैं कि दो तरह के लोगों के बीच बात चल रही है सदा से। चाहे वह कृष्ण और अर्जुन के बीच हो; चाहे वह बुद्ध और आनंद के बीच हो; चाहे वह जीसस और ल्यूक के बीच हो; चाहे वह किसी के बीच हो। इस जगत का जो संवाद है, बड़ी मुश्किल का है। वह ज्ञानी और अज्ञानी के बीच चल रहा है।

अज्ञानी को सांप दिखाई पड़ रहा है, ज्ञानी को रस्सी दिखाई पड़ रही है। ज्ञानी कहे चला जाता है कि सांप नहीं है। अज्ञानी कहता है कि आप कहते हैं, तो ठीक ही कहते होंगे। लेकिन सांप है। मैं तालमेल कैसे बिठाऊं! अज्ञानी की वजह से ज्ञानी को भी गलत भाषा बोलनी पड़ती है। उसे कहना पड़ता है कि जिसे तुम सांप कह रहे हो, वह असल में रस्सी है। उसे कहना पड़ता है, सांप में रस्सी है। जब कि सांप है ही नहीं।

यह जो दो तलों की बात है, दो भिन्न तलों की बात है। इतने भिन्न, डायमेट्रिकली अपोजिट, एक-दूसरे से बिलकुल विपरीत। ज्ञानी को दिखाई पड़ रहा है कि जो आपको दिखाई पड़ रहा है, वह है ही नहीं। आपको वह दिखाई ही नहीं पड़ रहा है, जो ज्ञानी को दिखाई पड़ रहा है। और दोनों के बीच बातचीत है। यह भी मजे की बात है।

दो ज्ञानियों के बीच कभी बातचीत नहीं हो सकती; जरूरत नहीं है। दो अज्ञानियों के बीच कितनी ही बातचीत हो, बातचीत हो नहीं पाती; सिर्फ उपद्रव होता है। बातचीत बहुत होती है!

दो ज्ञानियों के बीच बातचीत हो सकती थी, लेकिन होती नहीं, क्योंकि जरूरत नहीं है। दोनों जानते हैं, कहने को कुछ भी नहीं है। अगर मुझे भी दिखाई पड़ रहा है कि सांप नहीं है, रस्सी है; और आपको भी दिखाई पड़ रहा है कि सांप नहीं है, रस्सी है; तो कौन बोले कि सांप नहीं है! जो बोले, वह पागल। जब दिखाई ही पड़ रहा है कि रस्सी है, तो पागल ही बोलेगा।

दो ज्ञानियों के बीच बातचीत नहीं हुई आज तक। एक बार ऐसा भी हो गया कि बुद्ध और महावीर एक ही धर्मशाला में ठहर गए, लेकिन बात नहीं हुई। बातचीत का कोई कारण नहीं था। बात करते भी क्या! अगर बुद्ध महावीर से कहते या महावीर बुद्ध से कहते कि सांप नहीं है, रस्सी है, तो दूसरा हंसता कि तुम पागल हो! है ही नहीं, तो बात क्या कर रहे हो!

दो ज्ञानियों के बीच बातचीत हो सकती है, लेकिन होती नहीं। दो अज्ञानियों के बीच हो ही नहीं सकती, लेकिन बहुत होती है, सुबह से सांझ, अनंतकाल से चल रही है! बोलते रहते हैं, जो जिसे बोलना है।

ज्ञानी और अज्ञानी के बीच बातचीत अति कठिन है। असंभव नहीं है, अति कठिन है। दो ज्ञानियों के बीच असंभव है, क्योंकि जरूरत नहीं है। दो अज्ञानियों के बीच असंभव है, क्योंकि दोनों को ही पता नहीं है। एक ज्ञानी और दूसरे अज्ञानी के बीच संभव है, लेकिन अति कठिन है। क्योंकि दो तलों पर बातचीत होती है।

ज्ञानी जो बोलता है, वह कुछ और जान रहा है। अज्ञानी जो सुनता है, वह कुछ और जान रहा है। ज्ञानी से बात अज्ञानी के पास गई कि उसका अर्थ बदल जाता है। ज्ञानी कुछ भी कहे, अज्ञानी वही समझेगा, जो समझ सकता है। वह तत्काल पूछेगा कि माना कि ईश्वर है...। मान सकता है वह। है, ऐसा जानता तो नहीं है। माना, कि कठिनाई शुरू हुई।

वह कहता है, मान लेते हैं कि सांप नहीं है! है तो ही! आप कहते हैं, मान लेते हैं कि सांप नहीं है। आप कहते हैं, मान लेते हैं कि रस्सी है। हालांकि है नहीं! क्योंकि अगर हो, रस्सी पता चल जाए, तो मानने की संभावना समाप्त हो गई। फिर कहने की जरूरत नहीं है कि हम मान लेते हैं कि रस्सी है; मान लेते हैं कि सांप नहीं है। फिर बात खतम हो गई। दिखाई पड़ गया। नहीं; वह कहता है, मान लेते हैं कि सांप नहीं है। मान लेते हैं कि रस्सी है। अब कृपा करके यह बताइए कि दोनों में तालमेल कैसे करें?

उसका प्रश्न संगत, कंसिस्टेंट मालूम होता है, लेकिन संगत है नहीं, बिलकुल असंगत है।

तो मैं भी आपसे कहना चाहूंगा, कभी ऐसी घड़ी नहीं आती, जब अज्ञान और ज्ञान में कहीं भी कोई मेल होता हो। अज्ञान गया कि ज्ञान। ज्ञान जब तक नहीं है, तब तक अज्ञान।

सकाम कर्म को निष्काम कर्म से मिलाने की कोशिश न करें। सकाम कर्म को समझने की कोशिश करें। सकाम कर्म की पीड़ा, संताप को अनुभव करें। सकाम कर्म के नर्क को भोगें, देखें, पहचानें। सकाम कर्म जब ऐसा लगने लगे, जैसे मकान में आग लगी है, चारों तरफ लपटें ही लपटें हैं, तब अचानक आप छलांग लगाकर बाहर हो जाएंगे। और जब आप बाहर हो जाएंगे, तब ठंडी हवाएं और शीतल हवाएं और खुला आकाश–निष्काम कर्म का–आपको मिल जाएगा। लेकिन जब तक आप सकाम लपटों के भीतर खड़े हैं, तब तक मकान, जलते हुए मकान के भीतर से मत पूछें कि मैं शीतल हवाओं में और आग लगी लपटों में कैसे तालमेल करूं!

वह कृष्ण कह रहे हैं, छलांग लगा। द्वंद्व के बाहर आ जा। बाहर निकल आ।

यह खयाल में आ जाए, तो सकाम कर्म और निष्काम कर्म के बीच कोई समझौता, कोई कंप्रोमाइज नहीं है। लेकिन हम सदा ऐसा ही करते हैं। हम दुकान और मंदिर के बीच समझौता कर लेते हैं। हम आत्मा और शरीर के बीच समझौता कर लेते हैं। हम हर चीज में समझौता करते चले जाते हैं। हमारी जिंदगी एक लंबा समझौता है। और समझौते का अर्थ है कि धोखा। समझौते का अर्थ है कि खो दिया हमने अवसर, जहां कि सत्य मिल सकता था।

जो आदमी समझौते में जीएगा, वह सत्य को कभी भी उपलब्ध नहीं होगा। जितनी बड़ी कंप्रोमाइज, उतना बड़ा अनट्रुथ, उतना बड़ा झूठ। और ध्यान रहे, समझौते में सदा झूठ जीतता है, सत्य हार जाता है।

मैंने सुना है, एक बार ऐसा एक गांव में हुआ। एक आदमी ने रास्ते पर चलते एक आदमी को पकड़ लिया। और कहा कि हद हो गई! अब बहुत हो गया; अब बर्दाश्त के बाहर है। वह सौ रुपये जो आपने लिए थे, मुझे वापस

लौटा दें! वह आदमी चौंका। उसने कहा कि क्या कह रहे हैं आप? मैंने और आपसे सौ रुपये कभी उधार लिए! मैंने आपकी शकल भी पहले नहीं देखी। उस आदमी ने कहा कि लो, सुनो मजाक! लेते वक्त पुराने परिचित थे, देते वक्त शकल भी पहचान में नहीं आती!

भीड़ इकट्ठी हो गई है! रास्ते पर चारों तरफ लोग आ गए हैं! लोगों ने कहा कि भई, क्या बात है! उस आदमी ने चिल्ला कर कहा कि मेरे सौ रुपये लूटे ले रहा है यह आदमी। कहता है, मेरी शकल भी नहीं देखी! उस आदमी ने कहा कि हैरान कर रहे हैं आप! सच में ही मैंने आपकी शकल नहीं देखी! लोगों को भी शक हुआ कि इतना झूठ तो कोई भी नहीं बोलेगा कि शकल भी न देखी हो और सौ रुपये!

अंततः लोगों ने, जैसा कि लोग होते हैं, उन्होंने कहा कि कंप्रोमाइज कर लो, पचास-पचास पर निपटारा कर लो! जिस आदमी को देने थे, उसने कहा, क्या कह रहे हैं आप? मैं इसकी शकल नहीं जानता। लोगों ने कहा, अब तुम ज्यादती कर रहे हो! उस आदमी ने कहा कि भई, ठीक है। हम पचास छोड़े देते हैं। और क्या! पचास छोड़े देता हूं, लोगों ने कहा, इनकी बात का खयाल रखकर! स्वभावतः, लोग उसके और साथ हो गए। उन्होंने कहा, पचास तो तुम दे ही दो!

मैं यह कह रहा हूं कि जब भी सच और झूठ में समझौता हो, तो झूठ जीतता है। जब भी! क्योंकि झूठ को खोने को कुछ भी नहीं है उसके पास। सच को खोने को कुछ है। झूठ का मतलब ही यह है कि खोने को कुछ भी नहीं है। अगर पूरा भी झूठ सिद्ध हो जाए, तो भी कुछ नहीं खोता। झूठ था! और सत्य का कुछ भी खो जाए, तो सब कुछ खो जाता है।

और यह भी मैं आपसे कह दूं कि सत्य जब खोता है, तो आधा नहीं खोता, पूरा ही खो जाता है। क्योंकि सत्य एक आर्गेनिक यूनिटी है; वह आधा नहीं खोता। सत्य के दो टुकड़े नहीं किए जा सकते। झूठ के हजार किए जा सकते हैं। वह मुर्दा चीज है। वह है ही नहीं। वह सिर्फ कागजी है। कैंची चलाएं और हजार टुकड़े कर लें। सत्य जीवंत है; उसके टुकड़े नहीं होते।

सकाम कर्म, अपने ही हाथों पैदा किया गया एक असत्य है। निष्काम कर्म जीवन की शाश्वत धारा का सत्य है। उस सत्य और इस असत्य के बीच कोई समझौता नहीं है।

सांख्ययोगौ पृथग्बालाः प्रवदन्ति न पण्डिताः।
एकमप्यास्थितः सम्यगुभयोर्विन्दते फलम्।।4।।

और हे अर्जुन! ऊपर कहे हुए संन्यास और निष्काम कर्मयोग को मूर्ख लोग अलग-अलग फल वाले कहते हैं, न कि पंडितजन। क्योंकि दोनों में से एक में भी अच्छी प्रकार स्थित हुआ पुरुष, दोनों के फलरूप परमात्मा को प्राप्त होता है।

इस जगत के सारे भेद मूढ़जनों के भेद हैं। इस जगत के बाहर जाने वाले मार्गों के सारे विरोध नासमझों के विरोध हैं। चाहे हो कर्म-संन्यास, चाहे हो निष्काम कर्म, ज्ञानी जानता है कि दोनों से एक ही अंत की उपलब्धि होती है।

रास्ते हैं अनेक, मंजिल है एक। नावें हैं बहुत, पार होना है एक। कहीं से भी कोई चले, कैसे भी कोई चले, आकांक्षा हो सत्य की खोज की; कैसे भी कोई यात्रा करे, कैसे भी वाहन से और कैसे ही पथों और कैसी ही सीढ़ियों से, आकांक्षा हो एक, आनंद को पाने की, तो सब मार्गों से, सब द्वारों से वहीं पहुंच जाता है व्यक्ति; एक ही जगह पहुंच जाता है।

इसलिए कृष्ण कहते हैं इस वक्तव्य में...। कृष्ण जैसे व्यक्तियों को निरंतर ही सचेत होकर बोलना पड़ता है। पहले उन्होंने दो मार्गों की बात कही। कहा कि एक मार्ग है, कर्म का त्याग। दूसरा मार्ग है, कर्म में आकांक्षा का त्याग। ये दो मार्ग हैं। दोनों श्रेयस्कर हैं। लेकिन दूसरा सरल है। अर्जुन से कहा, दूसरा सरल है। फिर दूसरे मार्ग पर उन्होंने इतनी व्याख्या की और कहा कि दूसरे मार्ग का क्या अर्थ है। राग और द्वेष के द्वंद्व के बाहर हो जाना दूसरे मार्ग का अर्थ है। लेकिन तत्काल उन्हें इस सूत्र में कहना पड़ता है कि मूढ़जन ही दोनों को विपरीत मान लेंगे या भिन्न मान लेंगे, ज्ञानी तो दोनों को एक ही मानते हैं।

ऐसा क्या कहने की जरूरत पड़ती है? ऐसा कहने की इसलिए जरूरत पड़ती है कि जब भी एक मार्ग की बात कही जाती है, तो भला कहने वाला जानता हो कि बाकी मार्ग भी सही हैं, लेकिन जिससे वह कह रहा होता है, उससे तो वह एक ही मार्ग की बात कह रहा होता है। कहीं उसे यह भ्रांति न पैदा हो जाए कि यही मार्ग ठीक है।

ऐसी भ्रांति रोज पैदा हुई है। कृष्ण का सचेत होना संगतिपूर्ण है, अर्थपूर्ण है। ऐसी भूल रोज हुई है। महावीर ने एक बात कही लोगों को। जिनसे कही थी, उनके काम की जो बात थी, वह कह दी थी। लेकिन सुनने वाले ने समझा कि यही मार्ग सच है। बाकी सब मार्ग गलत हो गए। बुद्ध ने एक बात कही, जो सुनने वाले के लिए काम की थी। उस युग के लिए जो धर्म थी, उस मनुष्य की चेतना के लिए जो सहयोगी थी—कही। सुनने वाले ने समझा कि यही मार्ग है; बाकी सब गलत है। क्राइस्ट ने कही एक बात; मोहम्मद ने कही एक बात। वे सभी बातें सही, सभी सार्थक। लेकिन सभी को सुनने वाले मान लेते हैं कि यही ठीक है; बाकी गलत है।

और अज्ञानी को खुद को ठीक मानना तब तक आसान नहीं होता, जब तक वह दूसरों को गलत न मान ले। अपने को ठीक मानता ही इसीलिए है कि दूसरे गलत हैं। अगर दूसरे भी सही हों, तो फिर खुद के सही होने की संभावना क्षीण हो जाती है। उसका अपने पर भरोसा ही तब तक रहता है, जब तक दूसरे गलत हों। अगर दूसरे गलत न हों, तो उसका खुद का आत्मविश्वास क्षीण हो जाता है। तो खुद के आत्मविश्वास को बढ़ाने के लिए वह सबको गलत कहता रहता है। वह—वह गलत; मैं ठीक।

इसलिए कृष्ण जैसे व्यक्ति को निरंतर सचेत रहना पड़ता है कि कहीं एक मार्ग को समझाते वक्त यह खयाल पैदा न हो जाए कि दूसरा मार्ग बिलकुल गलत है, भिन्न, अलग है, उससे नहीं पहुंचा जा सकता है।

मगर जो कृष्ण की मजबूरी है, उससे उलटी मजबूरी अर्जुन की है। अगर कृष्ण स्पष्ट रूप से कह दें कि यही ठीक, और दूसरी बात न करें, तो अर्जुन निश्चिंत होकर मार्ग पर लग जाए। अभी उसको कुछ थोड़ी निश्चिंतता बंधी

होगी। सुना उसने कि निष्काम कर्म ज्यादा हितकर है, तो उसने सोचा होगा कि ठीक है, संन्यास बेकार है। अब निष्काम कर्म में लग जाना चाहिए। तत्काल कृष्ण कहते हैं कि मूढ़जन ही ऐसा समझते हैं कि दोनों भिन्न हैं।

अब फिर मुश्किल खड़ी हो जाएगी। अगर दोनों ही ठीक हैं, तो फिर चुनाव का सवाल खड़ा हो गया। एक गलत और एक ठीक है, तो चुनाव आसान हो जाए। अगर दोनों ही ठीक हैं, तो फिर चुनाव! और दो ही नहीं, अनंत हैं मार्ग।

चुनने वालों की वजह से समझदारों को भी नासमझों की भाषा में बोलना पड़ा और कहना पड़ा कि यही ठीक है। और अगर किसी समझदार ने ऐसा कहा कि यह भी ठीक है, वह भी ठीक है; यह भी ठीक है, वह भी ठीक है, तो सुनने वाले उसे छोड़ कर चले गए।

देखें महावीर! इतनी प्रतिभा के आदमी पृथ्वी पर दो-चार ही हुए हैं, लेकिन महावीर को कोई जगत में स्थान नहीं मिल सका। न मिलने का कुल एक कारण है; एक भूल हो गई उनसे, नासमझों की भाषा बोलने से चूक गए। महावीर ने कह दिया, यह भी ठीक, वह भी ठीक। महावीर का विचार कहलाता है, स्यातवाद। वे कहते हैं, सब ठीक! वे कहते हैं, ऐसा झूठ भी नहीं हो सकता, जिसमें कुछ ठीक न हो। यह भी ठीक है, इससे उलटा भी ठीक है; दोनों से उलटा भी ठीक है। सुनने वालों ने कहा कि फिर माफ करिए; तब हम जाते हैं! हम उस आदमी को खोजेंगे, जो कहता हो, यह ठीक। या तो आपको पता नहीं, और या फिर आपको कुछ ऐसा पता है, जो अपने काम का नहीं।

महावीर को मरे पच्चीस सौ साल हुए। हिंदुस्तान में महावीर को मानने वालों की संख्या आज भी तीस लाख के ऊपर नहीं जा पाती। पच्चीस सौ साल में पच्चीस आदमी भी अगर महावीर से दीक्षित हुए होते, तो उनकी संतान इतनी हो जाती! क्या हुआ?

और ये जो तीस लाख मानते हैं, इनमें से तीन भी मानते हों, ऐसा नहीं है। ये तीस लाख जन्म से मानते हैं। क्योंकि महावीर से राजी होना बहुत मुश्किल है। वे कहते हैं कि जो आदमी कहता है, यही ठीक, वह बिलकुल उपद्रव की बात कर रहा है। यह कभी मत कहो, यही ठीक। इतना ही कहो, यह भी ठीक,

वह भी ठीक। पर ऐसे आदमी को अनुयायी नहीं मिल सकता। ऐसे आदमी को कैसे अनुयायी मिलेगा!

कृष्ण की भी वही कठिनाई है। वे अर्जुन को जब बताते हैं कोई बात ठीक, तो यह वक्तव्य जो उन्होंने दूसरा दिया, अर्जुन की आंख में देख कर दिया होगा। इसमें तो उल्लेख नहीं है, लेकिन निश्चित आंख को देख कर दिया होगा।

जब कृष्ण समझा रहे होंगे निष्काम कर्म, तब अर्जुन धीरे-धीरे अकड़ कर बैठ गया होगा। उसने कहा होगा कि तब ठीक है। तो सब संन्यासी गलत। हम पहले ही जानते थे कि संन्यास वगैरह से कुछ होने वाला नहीं! छोड़ने से क्या मिलेगा!

जब उसकी आंख में यह झलक देखी होगी कृष्ण ने कि वह सोच रहा है कि सब संन्यासी गलत, ये बुद्ध और महावीर, ये सब छोड़ कर चले गए लोग नासमझ, तब तत्काल वे चौंके होंगे। उसकी आंख की चमक उन्हें पकड़ में आई होगी। उन्होंने फौरन कहा कि मूढ़जन ही ऐसा समझते हैं अर्जुन, कि ये दोनों मार्ग अलग हैं। पंडितजन तो समझते हैं, दोनों एक हैं। तब उसको बेचारे को उसकी भभक थोड़ी-सी आई होगी। उस पर उन्होंने फिर पानी डाल दिया। वह अर्जुन फिर बेकार हुआ। वह फिर अपनी जगह शिथिल होकर बैठ गया होगा—शिथिल गात। फिर सोचने लगा होगा, टु बी, आर नॉट टु बी! अब क्या करना है, यह या वह?

कृष्ण उसकी अकड़ नहीं टिकने देते। ऐसा गीता में बहुत बाहर आएगा। जब भी वे देखेंगे कि अर्जुन अकड़ा, लगा कि समझदार हुआ जा रहा है, फौरन थोड़ा-सा पानी डालेंगे। उसकी अकड़, उसका कलफ फिर धुल जाएगा।

बीच में जरूर अर्जुन की आंख में कृष्ण ने देखा है। अन्यथा अभी मूर्खों को याद करने की कोई जरूरत न थी। अर्जुन में मूर्ख आ गया होगा। अन्यथा यह वक्तव्य बेमानी है। अर्जुन की आंख में मूर्ख दिखाई पड़ गया होगा।

और ऐसा नहीं है कि मूर्ख ही मूर्ख होते हैं। समझदार से समझदार आदमी के मूर्ख क्षण होते हैं। समझदार से समझदार आदमी की आंखों में से कभी मूर्ख झांकने लगता है। और कभी-कभी महा मंदबुद्धि आदमी की आंख से भी बुद्धिमान झांकता है। आदमी के भीतर की चेतना बड़ी तरल है।

तो जब वह कृष्ण अर्जुन को देखते होंगे, कुछ बुद्धिमान हो रहा है, तब वे कुछ और कहते हैं। जब वे देखते होंगे कि मूर्खता सघन हो रही है, तब वे कुछ और कहते हैं।

चूंकि यह वक्तव्य सीधा अर्जुन को दिया गया है, इसलिए अर्जुन का एक-एक हाव, एक-एक भाव, एक-एक आंख की भंगिमा, एक-एक इशारा, इसमें सब पकड़ा गया है। गीता सिर्फ कही नहीं गई है; लिखी नहीं गई है; संवाद है दो जीते व्यक्तियों के बीच। पूरे वक्त चेतना तालमेल कर रही है। पूरे वक्त एक डायलाग है।

पश्चिम में एक बहुत बड़ा विचारक अभी था, मार्टिन बूबर। वह कहता था, जगत में सबसे बड़ी घटना है, डायलाग, संवाद। क्या मतलब था? वह कहता था, संवाद बड़ी घटना है। संवाद का अर्थ है, दो व्यक्तियों के बीच के हृदय ऐसे मिल जाएं कि जरा-सा अंतर, और संवादित हो सके। जरा-सा भेद, और तरंगें पहुंच जाएं, तरंगों को खबर मिल जाए।

यह मार्टिन बूबर को पता हो या न हो, दुनिया में अगर कुछ डायलाग हुए... फिल्मों के डायलाग की बात नहीं कर रहा हूं। क्योंकि जो पहले से तैयार कर लिया गया हो, वह डायलाग नहीं होता। वह तो सिर्फ आदमी नहीं बोल रहा, हिज मास्टर्स वाइस का वह जो कुत्ता बैठा रहता है, वही बोल रहा है। आदमी नहीं है वहां।

गीता एक डायलाग है, एक संवाद है। वहां कृष्ण जरा-सी भी झलक अर्जुन की आंख और चेहरे पर पकड़ रहे हैं। जरा-सा मुद्रा का परिवर्तन, और उन्होंने कहा कि अर्जुन! मूर्खजन ऐसा समझ लेते हैं कि दोनों अलग हैं। अर्जुन को ठिकाने लगाया होगा उन्होंने। सिर्फ एक डंडा मारा, वह अर्जुन फिर अपनी जगह बैठ गए होंगे।

आज के लिए इतना ही। एक पांच मिनट रुकेंगे। कोई जाएगा नहीं। पांच मिनट बैठे रहें। इतनी देर बैठे हैं, पांच मिनट और बैठे रहें। संन्यासी कीर्तन में संलग्न होते हैं। पांच मिनट अपनी जगह बैठ कर चुपचाप उनके भाव को पी जाएं। और फिर चले जाएं। यह संकीर्तन प्रसाद है, इसको लेकर जाएं। बैठे रहें!

तीसरा प्रवचन

सम्यक दृष्टि

यत्सांख्यैः प्राप्यते स्थानं तद्योगैरपि गम्यते।
एकं सांख्यं च योगं च यः पश्यति स पश्यति।।5।।

तथा ज्ञानयोगियों द्वारा जो परमधर्म प्राप्त किया जाता है, निष्काम कर्मयोगियों द्वारा भी वही प्राप्त किया जाता है। इसलिए जो पुरुष ज्ञानयोग और निष्काम कर्मयोग को फलरूप से एक देखता है, वह ही यथार्थ देखता है।

देखते सभी हैं; यथार्थ बहुत कम लोग देखते हैं। जो हमें दिखाई पड़ता है, वह वही नहीं होता, जो है। वरन हम वही देख लेते हैं, जो हम देखना चाहते हैं। हमारी दृष्टि दर्शन को विकृत कर जाती है। हमारी आंखें दृश्य को देखती ही नहीं, दृश्य को निर्मित भी कर जाती हैं।

जीवन में चारों ओर बिना व्याख्या के हम कुछ भी अनुभव नहीं कर पाते हैं। और व्याख्या के साथ किया गया अनुभव विकृत अनुभव है। जो भी हम देखते हैं, उसमें हम भी सम्मिलित हो जाते हैं। दर्शन विकृत हो जाता है।

एक छोटी-सी घटना मुझे याद आती है। सुना है मैंने कि रामदास ने हजारों वर्षों बाद, राम के होने के हजारों वर्षों बाद, राम की कथा पुनः लिखी। राम तो एक हुए हैं, लेकिन कथाएं तो उतनी हो सकती हैं, जितने लिखने वाले हैं। लेकिन कथा कुछ ऐसी थी कि हनुमान को खबर लगी कि तुम्हारे भी सुनने योग्य है। हनुमान तो प्रत्यक्षदर्शी थे कथा के। फिर भी रोज-रोज खबर आने लगी, तो हनुमान चोरी से उस कथा को सुनने जाते थे जिसे रामदास दिन भर लिखते और सांझ इकट्ठे भक्तों के बीच सुनाते। कहानी है, पर अर्थपूर्ण है। और बहुत बार कहानियां सत्य से भी ज्यादा अर्थपूर्ण होती हैं।

राम की कथा चलती रही। हनुमान आनंदित थे। हैरान थे यह बात जान कर, कि रामदास हजारों साल के बाद, कथा को ठीक वैसा कह रहे हैं, जैसी वह घटी थी। यह बड़ी कठिन बात है। जो आंख के सामने देखते हैं, वे भी ठीक वैसा ही वर्णन नहीं करते, जैसा घटता है। आंख सम्मिलित हो जाती है। दृष्टि प्रवेश कर जाती है। हजारों साल बाद यह आदमी कहानी कह रहा है और ठीक ऐसी कि हनुमान भी भूल-चूक नहीं निकाल पाते हैं। कहीं जैसे कोई व्याख्या नहीं है। जैसे घटना सामने घटती हो।

लेकिन एक जगह हनुमान को भूल मिल गई। हनुमान ने खड़े होकर कहा कि माफ करें, और सब तो ठीक है, इसमें थोड़ी-सी बदलाहट कर लें। आप कह रहे हैं कि हनुमान जब अशोक वाटिका में गए, तो चारों तरफ शुभ्र, चांद की चांदनी की तरह फूल खिले थे। यह बात गलत है। हनुमान जब अशोक वाटिका में गए, तब फूल सुर्ख चारों ओर खिले थे, सफेद फूल नहीं खिले थे। लेकिन रामदास ने कहा, चुपचाप बैठ जाओ। बकवास मत करो। फूल सफेद थे।

अभी हनुमान अप्रकट थे। जाहिर होकर उन्होंने नहीं कहा था कि मैं हनुमान हूं। उन्होंने फिर कहा कि महाशय, सुधार कर लें। मैं किसी कारण से कह रहा हूं। रामदास ने कहा, बीच में गड़बड़ मत करो। फूल सफेद थे। और चुपचाप बैठ जाओ। मजबूरी में हनुमान को क्रोध आ गया। और खुद की देखी हुई बात को कोई आदमी झूठ कहे! तो वे प्रकट हुए और उन्होंने कहा, मैं खुद हनुमान हूं। अब

बोलो तुम क्या कहते हो? फूल लाल थे। सुधार कर लो! रामदास ने कहा कि फिर भी कहता हूं कि चुपचाप बैठ जाओ और गड़बड़ मत करो। हनुमान हो, तो भले हो। फूल सफेद थे।

यह तो बहुत उपद्रव की बात हो गई। कोई रास्ता न था, तो हनुमान और रामदास को राम के सामने ले जाया गया। और हनुमान ने कहा कि यह एक आदमी है जिसको मैं कह रहा हूं कि फूल लाल थे, और जो कहता है कि फूल सफेद थे। मैं हनुमान हूं। हजारों साल बाद ये सज्जन कहानी लिख रहे हैं। लेकिन हद जिद्दी आदमी है! मुझसे कहता है, चुपचाप बैठ जाओ। अब आप ही निर्णय दे दें।

राम ने कहा, हनुमान, तुम क्षमा मांग लो। फूल सफेद ही थे; रामदास ठीक कहते हैं। तुम इतने क्रोध में थे कि तुम्हारी आंखें खून से भरी थीं। तुमने लाल फूल देखे होंगे। लेकिन फूल सफेद ही थे।

संभव है। कहानी भला संभव न हो, लेकिन खून से भरी आंखों में सफेद फूल लाल दिखाई पड़ सकते हैं, यह संभव है।

हम जो देखते हैं, उसमें हमारी आंख तत्काल प्रविष्ट हो जाती है। हम वही नहीं देखते, जो है। और जो व्यक्ति वही देखने में समर्थ हो जाता है, जो है, उसे ही कृष्ण ज्ञानी कहते हैं।

कृष्ण यहां कह रहे हैं कि कर्म से, निष्काम कर्म से या कर्म-संन्यास से; कर्मयोग से या कर्मत्याग से, एक ही परम स्थिति उपलब्ध होती है।

लेकिन ऐसा तो केवल वे ही देख पाते हैं, जो वही देखते हैं, जो है। जिनकी दृष्टि दर्शन में बाधा नहीं बनती। जिनके अपने खयाल यथार्थ के ऊपर आरोपित नहीं होते, इम्पोज नहीं होते। जो अपने को हटा कर देखते हैं, या ऐसा कहें कि जो शून्य होकर देखते हैं, जो बीच में नहीं आते। वे तो ऐसा ही देखते हैं कि चाहे कोई कर्म के जगत में जीकर आकांक्षाओं को छोड़ कर चले, या कोई कर्म को ही छोड़ कर चल दे, अंतिम उपलब्धि एक ही होती है।

लेकिन यह उनकी प्रतीति है, जिनके पास अपने कोई विचार आरोपित करने को नहीं हैं। यह उनकी स्थिति है, जो निर्विचार हैं। यह उनकी स्थिति है,

जिनके पास अपना कोई भी खयाल यथार्थ के ऊपर रोपने को नहीं है। लेकिन बाकी शेष सारे लोग दोनों में विरोध देखेंगे।

विरोध दिखाई पड़ता है। कहां तो कर्म का जीवन, और कहां सारे कर्म को छोड़ कर चले जाने वाला जीवन! अगर ये दोनों विरोधी नहीं हैं, तो फिर इस जगत में क्या विरोधी हो सकता है! कहां तो एक व्यक्ति, जो दैनंदिन जीवन के छोटे-छोटे कर्मों में घिरा है! कृष्ण, युद्ध के मैदान पर खड़े हैं। कहां बुद्ध, जीवन का सारा संघर्ष छोड़ कर हट गए हैं। कहां जनक, महलों में, जीवन के घने बाजार के बीच, साम्राज्य के बीच खड़े हैं! कहां महावीर, वस्त्र के भी रहने से शरीर पर कहीं कर्म का कोई लेप न चढ़ जाए, इसलिए वस्त्र भी छोड़ कर नग्न हो गए हैं! कहां मोहम्मद, तलवार लेकर जूझने को तैयार। कहां महावीर, पैर भी फूंक कर रखेंगे कि चींटी न दब जाए! इन दोनों आदमियों को एक देख पाना अति कठिन है। सहज ही प्रतीत होता है कि विपरीत हैं दोनों बातें। विपरीत ही दिखाई पड़ती हैं दोनों बातें।

लेकिन कृष्ण कहते हैं, विपरीत उसे दिखाई पड़ती हैं, जो अज्ञानी है। इसे थोड़ा ठीक से समझ लेना चाहिए।

इस जगत में जो-जो चीज विपरीत दिखाई पड़ती है, वह अज्ञान के कारण ही विपरीत दिखाई पड़ती है। जहां-जहां भेद, जहां-जहां द्वैत, डुआलिटी दिखाई पड़ती है, वह अज्ञान के कारण ही दिखाई पड़ती है। अंधेरे और प्रकाश में भी विरोध नहीं है। और जन्म और मृत्यु में भी विरोध नहीं है। जन्म भी वही है, जो मृत्यु है। और अंधेरा भी वही है, जो प्रकाश है।

लेकिन यह उसे दिखाई पड़ता है, जिसकी आंखों से सारा धुआं विचार का हट गया और जिसके प्राणों से अहंकार की बदलियां हट गईं। और जिसका अंतःप्राण पारदर्शी, ट्रांसपैरेंट हो गया। जो दर्पण की तरह हो गया। जिसके पास अपना कुछ भी नहीं है; जो दिखाई पड़ता है, वही झलकता है।

जो दर्पण की तरह हो गया, निर्द्वंद्व, उसे तो सारे रास्ते परमात्मा तक ही पहुंचते हुए दिखाई पड़ते हैं। वह तो कहेगा कि रावण भी अपने रास्ते से परमात्मा

तक ही पहुंच रहा है। और राम भी अपने रास्ते से परमात्मा तक ही पहुंच रहे हैं। उतना गहरा देखने पर तो राम और रावण के बीच का भी फासला गिर जाएगा। लेकिन उतना गहरा देखना तभी संभव है, जब हमारे भीतर विचार का द्वैत विसर्जित हो गया हो।

हम देखते नहीं, हम विचार से देखते हैं। इस फर्क को खयाल में ले लें। एक फूल के पास खड़े हैं; गुलाब का फूल खिला है। आप सोचते होंगे, गुलाब के फूल को देखते हैं, तो गलत सोचते हैं। गुलाब के फूल को देख भी नहीं पाते कि मन के जगत में विचारों का जाल खड़ा हो जाता है। लगता है मन को, सुंदर है फूल! एक विचार आ गया। अतीत में जो-जो गुलाब का अनुभव है, उस सबकी स्मृति बीच में खड़ी हो गई। जो-जो सुना है, बचपन से जो-जो कंडीशनिंग हुई है। जरूरी नहीं है कि अगर आपको बचपन से न समझाया गया हो कि गुलाब सुंदर है, तो आपको सुंदर दिखाई पड़े। जरूरी नहीं है। बहुत कुछ तो सिखावन है।

अगर चीन में जाकर पूछें, तो गाल पर अगर हड्डी निकली हो, तो सुंदर है। हिंदुस्तान में नहीं होगी। बचपन से जाना है जिसे सुंदर, वह सुंदर प्रतीत होने लगा है। सारी दुनिया में सौंदर्य के अलग-अलग मापदंड हैं। नीग्रो के लिए ओंठ का मोटा होना बहुत सुंदर है। इसलिए नीग्रो स्त्रियां अपने ओंठ में पत्थर बांध कर और लटका कर उसको चौड़ा करती रहेंगी। लेकिन हमारे मुल्क में ओंठ का पतला होना सौंदर्य है। ओंठ किसी का मोटा है, तो उसको भीतर दबाता रहेगा कि मोटा ओंठ बाहर दिखाई न पड़ जाए।

गुलाब का फूल सुंदर दिखाई पड़ता है, यह सुना-सीखा संस्कार है। यह विचार है या कि यह दर्शन है? यह दर्शन तो तभी होगा, जब गुलाब के फूल के पास खड़े हों और सिर्फ खड़े हों, सोचें जरा भी न। आंख से गुलाब को उतर जाने दें, विचार को बीच में न आने दें। उसे प्राणों तक पहुंच जाने दें, विचार को बीच में न आने दें। वह घुल जाए, मिल जाए श्वासों में। वह एक हो जाए प्राणों से। चेतना भीतर की, और गुलाब की चेतना कहीं आलिंगन में बद्ध हो जाए; कोई विचार न उठे; तब जो आप जानेंगे, वह गुलाब को जानना है।

अन्यथा जो आप जानते हैं, वह गुलाब के संबंध में जाने हुए को दोहराना है। वह गुलाब को जानना नहीं है।

जो व्यक्ति जीवन में इस भांति निर्विचार देखने में समर्थ हो जाता है, उस व्यक्ति को अत्यंत विरोधी मार्ग भी एक ही मालूम पड़ते हैं। वह कह सकता है।

इसलिए कृष्ण कहते हैं, मूढ़जन को तो, बुद्धिहीन को तो बड़े विपरीत मालूम पड़ेंगे। लगेगा कि कहां संसार के कर्म का जाल और कहां सब छोड़ कर किसी गुफा में बैठ जाना मौन, बड़ी विपरीत हैं बातें। लेकिन कृष्ण कहते हैं, नहीं हैं विपरीत। क्यों नहीं हैं विपरीत? नहीं हैं विपरीत इसलिए, कि चाहे कोई आकांक्षाओं को छोड़ दे, और चाहे कोई कर्म को छोड़ दे, दोनों से चित्त में एक ही अवस्था घटित होती है।

जिसने आकांक्षा को छोड़ दिया, उसके लिए कर्म अभिनय से ज्यादा, एक्टिंग से ज्यादा नहीं रह जाता। जिसने फल की आकांक्षा छोड़ दी, उसे कर्म खेल से ज्यादा, लीला से ज्यादा नहीं रह जाता। वह कर्म को छोड़े या न छोड़े, कर्म की कोई भी प्रभावना उसकी चेतना पर अंकित नहीं होती है। क्योंकि कर्म अंकित नहीं होते, फल की आकांक्षा अंकित होती है।

कभी आपने सोचा कि आप कर्म से कभी पीड़ित नहीं हैं, आप पीड़ित फल की आकांक्षा से हैं! और अगर कर्म से पीड़ित होते हैं, तो फल की आकांक्षा के कारण पीड़ित होते हैं। पीड़ा का जो जहर है, वह फल की आकांक्षा में है, अपेक्षा में है, एक्सपेक्टेशन में है। जितनी बड़ी अपेक्षा, उतनी ही पीड़ा कर्म देता है। जितनी छोटी अपेक्षा, उतनी ही पीड़ा कम हो जाती है। जितनी शून्य अपेक्षा, उतनी ही पीड़ा विदा हो जाती है। लेकिन हम कोई कर्म जानते नहीं, जो हमने बिना फल की अपेक्षा के किया हो।

प्रयोग करें। चौबीस घंटे में तय कर लें कि एक छोटा-सा काम बिना फल की आकांक्षा के करेंगे। राह पर जा रहे हैं। किसी आदमी का छाता गिर गया है। उसे उठा कर दे दें। लेकिन लौट कर रुकें न, कि वह धन्यवाद दे। और धन्यवाद न दे, तो मन में देखें कि कहीं पीड़ा तो नहीं खटकती है? अगर धन्यवाद न दे, तो

जरा मन में देखें कि कहीं विषाद का धुआं तो नहीं उतरता है? कहीं ऐसा तो नहीं लगता है कि कैसा आदमी है, धन्यवाद भी न दिया!

अगर धन्यवाद की भी अपेक्षा है, जो कि बहुत छोटी अपेक्षा है, नामिनल, न के बराबर...।

इसीलिए समझदार आदमी दिन भर धन्यवाद देते रहते हैं, ताकि जो व्यर्थ की अपेक्षाएं हैं लोगों की, वे उनकी तृप्त होती रहें। धन्यवाद देने वाले का कुछ भी नहीं बिगड़ता, लेकिन लेने वाले को बहुत कुछ मिलता हुआ मालूम पड़ता है। अपेक्षा पर निर्भर है।

छोटा-सा शब्द धन्यवाद, भीतर जैसे फूल खिल जाता है। नहीं दिया धन्यवाद, भीतर की कली कुम्हला जाती है। इतनी छोटी-सी अपेक्षा भी प्राणों को उदास करती और प्रफुल्लित करती है। जितनी बड़ी अपेक्षाएं होंगी, फिर उतनी ही उदासी और प्रफुल्लता की अपेक्षा के अनुपात में दुख का भार बढ़ता चला जाएगा।

दिन में चौबीस घंटे में जो आदमी एक काम अपेक्षारहित कर ले, उसने प्रार्थना की, उसने नमाज पढ़ी, उसने ध्यान किया। एक काम आदमी अगर चौबीस घंटे में अपेक्षारहित, फलरहित कर ले, तो बहुत देर नहीं लगेगी कि उसके कर्मों का जाल धीरे-धीरे अपेक्षारहित होने लगे। क्योंकि उस छोटे-से काम को करके वह पहली दफे पाएगा कि जीवन न दुख में है, न सुख में है, वरन परम शांति में उतर गया। उस छोटे-से कृत्य के द्वारा शांत हो गया।

अपेक्षा सुख का आश्वासन देती है, दुख का फल लाती है। अपेक्षारहित कृत्य गहन शांति के सागर में डुबा जाता है। अपेक्षारहित कृत्य आनंद के द्वार खोल देता है।

देखें, प्रयोग करें। और जैसे-जैसे खयाल में आएगा, वैसे-वैसे समझ में आएगा कि अगर अपेक्षारहित कृत्य किया, तो वही अंतिम फल मिलता है, जो कर्म को छोड़ने वाले को मिलता होगा। जो आदमी कर्म छोड़ कर भाग गया है, वह भी शांत हो जाता है, अशांति का कोई कारण नहीं रह जाता। लेकिन जिस

आदमी ने फल की आकांक्षा छोड़ दी है, अशांति के सारे कारण मौजूद रहते हैं, लेकिन भीतर अशांति को पकड़ने वाली ग्राहकता, रिसेप्टिविटी नष्ट हो जाती है।

दो रास्ते हैं। एक दर्पण है। और मैं उसके सामने खड़ा हूं। मैं हट जाऊं, तो दर्पण पर तस्वीर मिट जाती है। दर्पण को तोड़ दूं, मैं खड़ा रहूं, तो भी तस्वीर मिट जाती है। दर्पण को तोड़ दूं, तो भी परिणाम यही होता है कि तस्वीर मिट जाती है। मैं हट जाऊं, दर्पण को बना रहने दूं, तो भी परिणाम यही होता है कि तस्वीर मिट जाती है। दोनों कृत्य बहुत अलग हैं। लेकिन परिणाम दोनों का एक है कि तस्वीर मिट जाती है।

दर्पण को तोड़ना कर्म को छोड़ने जैसा है। और आकांक्षा को तोड़ना स्वयं दर्पण से हट जाने जैसा है। दर्पण अपनी जगह है, मैं ही हट गया। कर्म अपनी जगह है, मैंने ही कर्म से अपनी आकांक्षा हटा ली, अहंकार को हटा लिया। मैं पीछे हो गया।

इसलिए कृष्ण कहते हैं, दोनों में से कुछ भी हो जाए अर्जुन, परिणाम एक ही होता है। लेकिन ऐसा ज्ञानीजन जानते हैं। और जो ऐसा जानते हैं, उनका ही दर्शन सम्यक है। उनका ही देखना ठीक देखना है। जो ऐसा नहीं जानते, उनका देखना मिथ्या देखना है।

एक अंतिम बात और इस संबंध में आपसे कहूं, और वह यह है, न देखना, गलत देखने से बेहतर है। न देखना, आंख का बंद होना, मिथ्या देखने से बेहतर है। न देखने वाला किसी न किसी दिन जल्दी ही देखने पर पहुंच जाएगा। लेकिन गलत देखने वाले की ठीक देखने पर पहुंचने में बड़ी लंबी यात्रा है।

अज्ञान मिथ्या ज्ञान से भी खतरनाक है। फाल्स नालेज इग्नोरेंस से भी खतरनाक है। क्योंकि अज्ञान में एक विनम्रता है, मिथ्या ज्ञान में विनम्रता नहीं है। अज्ञानी कहता है, मैं नहीं जानता। एक गहरी विनम्रता है, ईगोलेसनेस है। अज्ञानी अनुभव करता है कि मैं नहीं जानता, तो जानने की संभावना निरंतर मौजूद रहती है।

मिथ्या ज्ञानी सोचता है कि मैं जानता हूं, बिलकुल ठीक से जानता हूं, जानने का द्वार भी बंद हो गया। जानने की यात्रा भी शुरू नहीं होगी। और मिथ्या

ज्ञानी को खयाल है कि मैं जानता हूं, तो वह जिस चीज को जानता है, उसे जोर से पकड़े बैठा रहता है। और जब तक मिथ्या ज्ञान न हट जाए, तब तक सम्यक ज्ञान के उतरने का कोई उपाय नहीं है।

हाथ खाली हो, बेहतर। तो किसी दिन हीरे दिखाई पड़ जाएं, तो खाली हाथ उन्हें उठा ले सकते हैं। लेकिन हाथ कंकड़-पत्थर को हीरे समझ कर बांध कर मुट्ठियां बंद हुए बैठे हों, तो खतरनाक। क्योंकि हीरे भी दिखाई पड़ जाएं, तो शायद ही दिखाई पड़ें। क्योंकि जिसकी मुट्ठी में रंगीन पत्थर बंद हैं और जो सोच रहा है कि मेरे पास हीरे हैं, वह शायद ही अपनी मुट्ठी को छोड़ इस बड़े जगत में खोजने निकले कि हीरे कहीं और हैं। हीरे तो उसके पास हैं ही, इसलिए उसकी यात्रा बंद है।

कृष्ण कहते हैं, जो इन दो विरोधों के बीच एक को देख पाता है, वही ठीक देखता है।

दो विरोधों के बीच एक को देख पाना इस जगत का सबसे बड़ा अनुभव है। दो विरोधों के बीच एक को देख पाना गहरी से गहरी, सूक्ष्म से सूक्ष्म दृष्टि है। नहीं दिखाई पड़ता। आकाश और पृथ्वी एक नहीं दिखाई पड़ते। कहां आकाश, कहां पृथ्वी! दो दिखाई पड़ते हैं साफ। जन्म और मृत्यु एक दिखाई नहीं पड़ते; साफ दो दिखाई पड़ते हैं। पत्थर और चेतना एक नहीं दिखाई पड़ते; साफ दो दिखाई पड़ते हैं।

लेकिन हमारा साफ दिखाई पड़ना बहुत ही गलत है। आकाश और पृथ्वी दो नहीं हैं। बता सकते हैं, कहां पृथ्वी समाप्त होती है और कहां आकाश शुरू होता है? आकाश पृथ्वी को सब ओर से घेरे हुए है। गड्ढा खोदें पृथ्वी में। तो कुआं खोदते हैं, तब आप सोचते हैं कि आप पृथ्वी खोद रहे हैं? आप गलती कर रहे हैं। आप सिर्फ मिट्टी अलग कर रहे हैं और आकाश को प्रकट कर रहे हैं। जब आप गड्ढा खोद कर कुआं खोदते हैं, तो जमीन के भीतर आकाश मिल जाता है। खोदते चले जाएं और आकाश मिलता चला जाएगा। आर-पार हो जाएं; यहां से खोदें और अमेरिका में निकल जाएं, तो बीच में आकाश ही आकाश मिलता चला जाएगा।

वैज्ञानिक कहते हैं कि पृथ्वी भी श्वास लेती है, पोरस है। पृथ्वी भी छिद्रहीन नहीं है; सछिद्र है। वैज्ञानिक कहते हैं कि अगर हम पृथ्वी को कनडेंस कर सकें, उसमें जितना आकाश है उसको बाहर निकाल सकें, तो एक छोटी-सी बच्चे के खेलने की गेंद के बराबर कर सकते हैं। लेकिन वह बच्चे की गेंद भी पोरस होगी और विज्ञान अगर किसी दिन और समर्थ हो जाए, तो उसे और छोटा कर सकता है।

आकाश और पृथ्वी अलग नहीं, एक ही हैं। पृथ्वी आकाश से ही बनती है, वैज्ञानिक कहते हैं। आकाश से ही जन्मती है। जैसे पानी में भंवर पड़ती है, पानी की ही भंवर। ऐसे ही आकाश जब भंवर से भर जाता है, नेबुला बन जाता है, तो पृथ्वी बनती है। फिर एक दिन पृथ्वी आकाश में खो जाती है।

रोज न मालूम कितने ग्रह आकाश में वापस खो रहे हैं, जैसे रोज आदमी मृत्यु में खो जाते हैं। और रोज बच्चे पैदा होते रहते हैं। आदमी ही पैदा होते हैं, ऐसा नहीं; चांद-तारे भी रोज पैदा होते हैं। और रोज चांद-तारे मरते रहते हैं। पैदा होते हैं शून्य आकाश से, विलीन हो जाते हैं शून्य आकाश में। आकाश और पृथ्वी दो नहीं।

गेहूं आप खा लेते हैं, खून बन जाता है। चेतना बन जाती है। कहते हैं, पत्थर और चेतना अलग है। सिर्फ नासमझ कहते हैं। क्योंकि मिट्टी भी आपके भीतर जाकर चेतन हो जाती है। आपका शरीर मिट्टी से ज्यादा क्या है? इसलिए कल जब मर जाएंगे, तो डस्ट अनटु डस्ट, मिट्टी मिट्टी में गिर जाएगी। मरे हुए आदमी को हम कहते हैं कि मिट्टी उठाओ जल्दी। कल तक आदमी था, जिंदा था, जीवित था। कोई कह देता, मिट्टी हो, तो छुरा निकाल कर खड़ा हो जाता। आज हम कहते हैं, मिट्टी जल्दी उठाओ।

सब मिट्टी में खो जाता है। मिट्टी से ही आया था, इसीलिए मिट्टी में खो जाता है। रोज मिट्टी ही खा रहे हैं। जिसको आप भोजन कहते हैं, मिट्टी से ज्यादा नहीं है। हां, दो-चार स्टेजेज पार करके आता है, इसलिए खयाल में नहीं आता।

अभी अमेरिका में एक वैज्ञानिक ने, एक वनस्पति-शास्त्री ने एक बहुत अनूठा प्रयोग किया और बहुत हैरान हुआ। उसने एक वट-वृक्ष लगाया एक गमले में। गमले की मिट्टी नाप कर लगाया। जितना पानी उसमें डालता था, उसका नाप रखता था। वृक्ष बड़ा होने लगा। फिर जब वृक्ष पूरा बड़ा हो गया, तो वृक्ष और गमले को उसने नापा। हैरान हुआ। वृक्ष को निकाल कर नापा, तो और हैरान हुआ। वृक्ष तो सैकड़ों पौंड का हो गया और गमले की मिट्टी केवल डेढ़ पौंड कम हुई। और वह भी उसका कहना है कि वृक्ष में नहीं गई। वह डेढ़ पौंड मिट्टी भी पानी डालने में, हवा में, यहां-वहां उड़ गई।

यह वृक्ष कहां से आया? यह सैकड़ों पौंड का वृक्ष! इसमें थोड़ा-सा दान मिट्टी ने दिया, बड़ा दान आकाश ने दिया, हवाओं ने दिया, पानी ने दिया।

और शायद अभी हमें पता नहीं—विज्ञान को कम से कम पता नहीं—कि इस सब दान के बाद भी एक और अज्ञात स्रोत है परमात्मा का, जो प्रतिपल दे रहा है। उसने दिया। पर उसका तो किसी पौंड में वजन नहीं नापा जा सकता। वह किसी माप के बाहर है। लेकिन वैज्ञानिक सोचते थे कि शायद यह सारी की सारी मिट्टी है, तो गलत हो गई बात। इसमें आकाश भी समाया हुआ है। इसलिए जब इसको जला देंगे, तो आकाश आकाश में चला जाएगा। पानी पानी भाप बन जाएगा। मिट्टी जितनी है, वह फिर वापस राख होकर मिट्टी में खो जाएगी।

नहीं, आकाश और पृथ्वी अलग नहीं हैं। नहीं, मिट्टी और चेतना भी अलग नहीं हैं। नहीं, पदार्थ और परमात्मा भी अलग नहीं हैं। लेकिन अज्ञानी सब चीजों को दो में करके देखते हैं—विरोध में, पोलेरिटी में। जब तक अज्ञानी दो न बना ले, तब तक देख ही नहीं पाता है। और ज्ञानी जब तक दो में एक को न देख ले, तब तक देख ही नहीं पाता।

इसलिए कृष्ण कहते हैं, जो ऐसा देखता है, वही देखता है। कर्म-संन्यास भी और कर्मयोग भी एक ही परम स्थिति को उपलब्ध करा देते हैं।

प्रश्न: पहले दिन आपने कहा कि कर्म-संन्यास अंतर्मुखी व्यक्ति की साधना है तथा निष्काम कर्म बहिर्मुखी व्यक्ति की साधना है। लेकिन लोगों का अनुभव है कि कभी वे बहिर्मुखी होते हैं, तो कभी अंतर्मुखी। इस स्थिति में कृपया समझाएं कि कोई व्यक्ति ठीक-ठीक कैसे निर्णय करे कि वह अंतर्मुखी है अथवा बहिर्मुखी है?

बहिर्मुखता का अर्थ है, कि व्यक्ति की चेतना निरंतर बाहर की तरफ दौड़ती है। वह बाहर कोई भी हो सकता है। धन हो सकता है, धर्म हो सकता है। पद हो सकता है, परमात्मा हो सकता है। इससे फर्क नहीं पड़ता। किस चीज की तरफ दौड़ती है, इससे फर्क नहीं पड़ता। बहिर्मुखी चेतना, एक्सट्रोवर्ट कांशसनेस, बाहर की तरफ दौड़ती है। भीतर से बाहर की तरफ यात्रा होती रहती है।

इसका पता लगाया जा सकता है। कभी आंख बंद करके बैठें। देखें कि चेतना कहां दौड़ रही है। अगर बहिर्मुखी हैं, तो चेतना बाहर की तरफ दौड़ती हुई पाएंगे। धन के संबंध में सोच रहे होंगे, मित्रों के संबंध में, शत्रुओं के संबंध में या परमात्मा के संबंध में, इससे कोई फर्क नहीं पड़ता। बाहर, कोई और, कोई आब्जेक्ट चित्त को पकड़े रहेगा। दौड़ते रहेंगे बाहर की तरफ।

बहिर्मुखी लोगों ने ही परमात्मा को ऊपर आकाश में बना रखा है। हाथ भी जोड़ेंगे वे, तो आकाश के परमात्मा को जोड़ेंगे। पूछें, परमात्मा कहां है? तो बहिर्मुखी आकाश की तरफ देखेगा। पूछें, परमात्मा कहां है? तो अंतर्मुखी आंख बंद करके भीतर की तरफ देखेगा।

अंतर्मुखी का लक्षण यह है कि जब आप आंख बंद करके बैठें, तो पाएं कि बाहर की तरफ चित्त नहीं दौड़ता। भीतर की तरफ डूबता जा रहा है, सिंकिंग की फीलिंग होगी, जैसे कोई नदी में डूब रहा है। भीतर की तरफ डूबते जा रहे हैं। बहिर्मुखी को बाहर दौड़ने में बड़ा रस मालूम पड़ेगा। अंतर्मुखी को भीतर डूबने में बड़ा रस मालूम पड़ेगा। बहिर्मुखी को भीतर डूबना मौत जैसा मालूम पड़ेगा कि मर जाएंगे। इससे तो बेहतर है कि कुछ और कर लें। अंतर्मुखी को बाहर की बात

सोचना-विचारना बहुत ही कष्टपूर्ण, बहुत भारी, बहुत बोझिल हो जाएगा। अंतर्मुखी एकांत मांगेगा, बहिर्मुखी भीड़ चाहेगा। ये लक्षण बता रहा हूं।

अंतर्मुखी को एकांत में छोड़ दो, तो प्रसन्न हो जाएगा। भीड़ में खड़ा कर दो, तो उदास हो जाएगा। अंतर्मुखी भीड़ से लौटेगा, तो उसको लगेगा, कुछ खोकर लौट रहा हूं। और एकांत से लौटेगा, तो फुलफिल्ड, कुछ भर कर लौट रहा हूं; कुछ पाकर लौट रहा हूं। बहिर्मुखी को एकांत में रख दो, तो निर्जीव हो जाएगा। फीका, पीला पड़ जाएगा। जिंदगी लगेगी बेकार है। कुछ सार नहीं। क्लब में रख दो, मंदिर में रख दो, मस्जिद में रख दो, भीड़ में ले आओ—जिंदगी वापस लौट आएगी। पत्ते लहलहा उठेंगे। फूल खिलने लगेंगे।

यह एक-एक व्यक्ति को अपने जीवन की स्थितियों में जांचते रहना चाहिए कि उसकी अंतर्धारा बाहर की तरफ बहने को आतुर रहती है या भीतर की तरफ बहने को आतुर रहती है। टर्निंग इन, ऐसी है उसकी धारा, भीतर की तरफ मुड़ती चली जाती है; कि ऐसी है धारा कि बाहर की तरफ दौड़ती है, टर्निंग आउट।

यह प्रत्येक व्यक्ति अपने को कस ले सकता है। भीड़ में अच्छा लगता है कि अकेले में? कोई नहीं होता है कमरे में, सन्नाटा होता है, तब अच्छा लगता है? कि कमरे में कोई हो, तभी अच्छा लगता है? खाली बैठे रहते हैं, तो बेचैनी मालूम पड़ती है? कि खाली बैठे रहते हैं, तो रिलैक्स्ड, शांत, मौन मालूम पड़ता है? घर में मेहमान आते हैं, तब अच्छा लगता है? कि जब जाते हैं, तब अच्छा लगता है?

इसकी थोड़ी जांच करते रहना चाहिए। नहीं मेहमान आते हैं, तो बेचैन हो जाती है तबियत, उठा कर फोन करने लगते हैं? अखबार में जरा देर हो जाती है आने में, तो बेचैनी होती है, रेडियो खोल लेते हैं? कभी अपने को अकेला छोड़ते हैं या नहीं छोड़ते हैं? कोई न कोई होना ही चाहिए—कंपेनियन, साथी, संगी, मित्र, पत्नी, पति, बच्चे—कोई न कोई होना ही चाहिए? कि कभी ऐसा भी लगता है कि कोई भी न हो? अकेला! किस चीज का स्वाद है, इसे पहचानना चाहिए।

आज के युग में सौ आदमी में मुश्किल से एक आदमी स्वभावतः अंतर्मुखी है। निन्यानबे मौके पर आप पाएंगे, आप बहिर्मुखी हैं। और अगर लगता है कि आप बहिर्मुखी हैं, तो भूल कर भी अंतर्मुखी धर्म की बातों में मत पड़ जाना, अन्यथा बहुत कठिनाई में पड़ेंगे। और उसका एक ही परिणाम होगा, फ्रस्ट्रेशन। अगर बहिर्मुखी व्यक्ति अंतर्मुखी बातों में पड़ जाए, तो वह अपने को पापी, अपराधी, गिल्टी, नारकीय समझेगा। क्योंकि वह अंतर्मुखी तो हो नहीं पाएगा। तब वह समझेगा कि हम न मालूम किन जन्मों का पाप भोग रहे हैं! ध्यान करने बैठते हैं, एक क्षण ध्यान नहीं लगता! न मालूम कहां-कहां की बातें खयाल आती हैं!

नहीं, आप अपने स्वधर्म को नहीं पहचान रहे हैं। इसलिए परेशान हैं। और चूंकि पूरब का धर्म का बड़ा हिस्सा, अगर हम कृष्ण को छोड़ दें पूरब में, तो पूरब के बुद्ध और महावीर, नागार्जुन और शंकर, सब के सब अंतर्मुखी हैं। उन सब की बातों ने पूरब के मन को अंतर्मुखी धर्म का खयाल दे दिया है। और सौ में से निन्यानबे आदमी बहिर्मुखी हैं। इसलिए बड़ी बेचैनी हो गई, बड़ी मुश्किल हो गई।

तो बहिर्मुखी आदमी सोचता है, अपने वश का नहीं है धर्म। अपने भाग्य में नहीं है। मौन तो होता ही नहीं मन; ठहरता ही नहीं। भीतर तो कुछ पता ही नहीं चलता। भीतर तो जाना होता ही नहीं। तो जरूर हम किसी पिछले जन्मों के पापों और कर्मों का फल भोग रहे है।

नहीं; जरूरी नहीं है। आप सिर्फ एक भ्रांति का फल भोग रहे हैं। आप ठीक से समझ नहीं पाए कि आप बहिर्मुखी हैं। अगर बहिर्मुखी हैं, तो धर्म की रूप-रेखा आपके लिए बिलकुल अलग होगी। अगर बहिर्मुखी हैं, तो आपको धर्म भी ऐसा चाहिए, जो आपकी बहिर्मुख चेतना का उपयोग कर सके। अंतर्मुखी धर्म के लिए, ध्यान; बहिर्मुखी धर्म के लिए, प्रार्थना।

कभी आपने खयाल किया कि ध्यान और प्रार्थना बड़े अलग रास्ते हैं! ध्यान का मतलब है, अंतर्मुखी का धर्म। प्रार्थना का अर्थ है, बहिर्मुखी का धर्म।

ध्यान में परमात्मा की भी गुंजाइश नहीं है। ध्यान का मतलब है, अकेले, अकेले, और अकेले। ध्यान का मतलब है, उस जगह पहुंच जाना है, जहां मैं ही अकेला रह जाऊं और कुछ न बचे। और प्रार्थना का मतलब है, परमात्मा; अकेले नहीं, दो। और प्रार्थना का मतलब है, उस जगह पहुंच जाना अंततः कि परमात्मा ही बचे, मैं न बचूं। इन दोनों का अंतिम फल एक हो जाएगा। लेकिन प्रार्थना दूसरे से शुरू होगी, परमात्मा से; और ध्यान स्वयं से शुरू होगा।

इसलिए ध्यान के जो धर्म हैं, जैसे जैन, वे परमात्मा को इनकार कर देंगे। परमात्मा को इनकार करने का बुनियादी कारण यह नहीं है कि परमात्मा नहीं है। परमात्मा को इनकार करने का बुनियादी कारण यह है कि महावीर का स्वधर्म अंतर्मुखी है। महावीर इंट्रोवर्ट हैं। परमात्मा की कोई जरूरत नहीं है, नॉन एसेंशियल है। महावीर के लिए परमात्मा की कोई भी जरूरत नहीं है। इसलिए महावीर कहेंगे, मैं ही परमात्मा हूं, और कोई परमात्मा नहीं है। जब वे अंतर्मुख होकर पूरे अपने भीतर पहुंचेंगे, तो पहुंच जाएंगे वहीं, जहां बहिर्मुखी व्यक्ति परमात्मा को प्रार्थना कर-कर के पहुंचता है।

खयाल किया आपने! परमात्मा की यात्रा करने वाला आखिर में कहेगा, परमात्मा है, मैं नहीं हूं। अंतर्मुखी अंत में कहेगा, मैं ही हूं, अहं ब्रह्मास्मि, और कोई परमात्मा नहीं है। दोनों एक ही जगह पहुंच गए। लेकिन उनके वक्तव्य बड़े भिन्न हैं। उनकी यात्रा बड़ी भिन्न है। भिन्न है, विरोधी नहीं। और चूंकि एक ही जगह पहुंचाती है, इसलिए जो जानते हैं, वे कहेंगे, एक ही है।

मैंने कहा आपसे कि कृष्ण जो संदेश दे रहे हैं अर्जुन को, वह बहिर्मुखी के लिए है। इसलिए इस बात की बहुत संभावना है कि आने वाले भविष्य में गीता का मूल्य रोज-रोज बढ़ता जाएगा। बुद्ध और महावीर से भी ज्यादा शायद कृष्ण भविष्य के लिए ज्यादा उपयोगी सिद्ध होंगे। क्योंकि चेतना बहिर्मुखी होती चली जाती है। आदमी बाहर, और बाहर, और बाहर भटकता है।

अगर बाहर ही भटकना है, तो परमात्मा पर भटके, प्रार्थना का इतना ही मतलब है। बाहर ही भटकना है, धन पर भटकते हैं, धन पर न भटकें, परमात्मा

पर भटकें। बाहर ही चेतना जाती है, मित्र ही खोजना है, तो शरीरधारी मित्र को न खोजें, अशरीरी मित्र को खोज लें। बिना कंपेनियन के नहीं चलता, तो साधारण साथी मत खोजें; परम साथी खोज लें। अगर पढ़ना ही है अखबार, तो अखबार न पढ़ कर गीता ही पढ़ लें। अगर सुनना ही है संगीत, तो जरूरी क्या है कि फिल्म का संगीत सुनें! मीरा का पद या कबीर का पद सुन लें। बाहर ही जाएं, लेकिन बाहर की यात्रा को ही धर्म की यात्रा बना लें। तब आप अपराधी अनुभव नहीं करेंगे और ऐसा नहीं लगेगा कि मैं कोई पाप कर रहा हूं।

अगर बहिर्मुखी धर्म में कोई अंतर्मुखी व्यक्ति फंस जाए, तो वह भी दिक्कत में पड़ेगा। वह अगर परमात्मा के सामने हाथ जोड़ कर खड़ा हो, आंख बंद करेगा, परमात्मा खो जाएगा। मूर्ति नदारद हो जाएगी, वह अकेला ही रह जाएगा। वह भी पछताएगा। वह भी कहेगा कि मैं कैसा पापी हूं! परमात्मा का इतना ध्यान करता हूं, लेकिन भीतर मूर्ति नहीं बनती।

अंतर्मुखी के भीतर परमात्मा की मूर्ति नहीं बनेगी, सिर्फ बहिर्मुखी के भीतर बन सकती है। अंतर्मुखी तो तत्काल भीतर चला जाएगा, मूर्ति सब बाहर रह जाएंगी। परमात्मा की मूर्ति भी बाहर रह जाएगी। मूर्ति मात्र बाहर रह जाएगी। क्योंकि मूर्त का अर्थ है, बाहर। अमूर्त ही रह जाएगा। तो बेचारा वह भी तकलीफ में पड़ेगा, वह भी घबड़ाएगा।

इसलिए अगर क्रिश्चियनिटी में या इस्लाम में अंतर्मुखी व्यक्ति पैदा हो जाए, तो मुश्किल में पड़ जाता है, क्योंकि वे धर्म बहिर्मुखी हैं। अगर महावीर के धर्म में बहिर्मुखी पैदा हो जाए, तो मुश्किल में पड़ जाता है, क्योंकि वह धर्म अंतर्मुखी है।

इसलिए मोहम्मद के पीछे चलने वाले लोगों ने नासमझी से मंसूर जैसे अंतर्मुखी को काट कर दो टुकड़े कर दिया। क्योंकि मंसूर उनकी समझ में नहीं पड़ा। मंसूर कहने लगा, अहं ब्रह्मास्मि, अनलहक, मैं ही ब्रह्म हूं। उन्होंने कहा, पागल हो गए हो! कभी भूल कर यह मत कहना कि तुम परमात्मा हो। कहां परमात्मा और कहां हम नाचीज? यह तो कुफ्र है। यह तो तुम काफिर की बात

बोल रहे हो। तुम परमात्मा होने का दावा नहीं कर सकते हो। लेकिन मंसूर ने कहा कि मेरे अलावा और कौन परमात्मा होने का दावा कर सकता है! मैं कहता हूं, तुम भी परमात्मा होने का दावा कर सकते हो। तब तो उन्होंने कहा कि यह हद की बात कर रहा है! यह आदमी पागल हो गया।

बहिर्मुखी व्यवस्था है धर्म की, तो अंतर्मुखी व्यक्ति पागल मालूम होने लगेगा। मंसूर को काट डाला, मार डाला। और कठिनाई यह है कि बहिर्मुखी व्यक्ति कभी भी अंतर्मुखी की भाषा नहीं समझ पाएगा। अंतर्मुखी की भाषा बहिर्मुखी नहीं समझ पाएगा। उन दोनों की भाषाएं बड़ी दूर हैं। बड़ी कठिनाई है।

इसलिए मैंने कहा कि बहिर्मुखता के लिए निष्काम कर्मयोग; अंतर्मुखता, इंट्रोवर्शन के लिए कर्म-संन्यास।

असल में जो व्यक्ति अंतर्मुखी है, उसे करने की इच्छा ही नहीं होती। उसे कर्म का भाव ही पैदा नहीं होता। क्योंकि कर्म का अर्थ ही बाहर जाकर करना है। भीतर जो कर्म हो नहीं सकता। भीतर कर्म का कोई उपाय नहीं है। एक्शन बाहर ही जाकर करना पड़ेगा। भीतर कोई कर्म नहीं हो सकता। भीतर तो सिर्फ चैतन्य हो सकता है, कांशसनेस हो सकती है, एक्शन नहीं हो सकता। और अगर किसी को कर्म करना हो, तो बाहर ही हो सकता है, भीतर नहीं हो सकता। भीतर आप क्या कर्म करिएगा? भीतर सिर्फ चेतना हो सकती है।

इसलिए जो व्यक्ति अंतर्मुखी चेतना में साधना कर रहा हो, वह धीरे-धीरे कर्म से हटता चला जाएगा। कहना ठीक नहीं है कि कर्म से हटता चला जाएगा, धीरे-धीरे कर्म उससे हटते चले जाएंगे।

अब जैसे कि रमण है। सारा कर्म गिर जाएगा। बस उठने-बैठने के, खाने-पीने के, इतने ही अत्यंत अत्यल्प, जीवन के लिए बिलकुल ही अनिवार्य कर्म शेष रह जाएंगे। वह भी रमण जैसा आदमी इस तरह करेगा, जैसे कि न करना पड़ता, तो अच्छा! अगर बिना उठे चल जाता, तो अच्छा। देखी है रमण की फोटो! वह एक ही गद्दी पर बैठे रहेंगे दिन भर। वह तो हाथ ही मुश्किल में पड़ जाएगा टिका-टिका और हाथ ही कहेगा कि अब बहुत हो गया, जरा करवट बदल लो, तो वे करवट बदल लेंगे।

एक्सट्रोवर्ट को यह बात बिलकुल समझ में नहीं आएगी कि यह आदमी आलसी है! यह क्या कर रहा है? यह तो तमस हो गया, यह तो आलस्य हो गया। कुछ कर्म करो! लेकिन ऐसे व्यक्ति के भीतर कर्म उठता ही नहीं। वह हंसेगा। सब शांत हो गया भीतर। भीतर लौट गई धारा। वह अपने में लीन हो गया। कर्म तक पहुंचने की कोई संभावना नहीं रही। कोशिश भी करे, तो नहीं पहुंच सकता।

बहिर्मुखी उलटी हालत में होता है। बहिर्मुखी एक जगह बैठ जाए, तो टांग ही हिलाता रहेगा, कुछ नहीं तो। कुछ भी नहीं हिलाने का मौका है, तो बैठ कर टांग ही हिला रहा है!

बुद्ध के सामने एक दिन एक आदमी बैठ कर टांग हिला रहा है। बोल रहे हैं बुद्ध। उन्होंने बोलना बीच में बंद कर दिया। उन्होंने कहा, यह टांग क्यों हिला रहे हो? उस आदमी ने कहा, आप भी कहां की फिजूल की बात में आ गए! यों ही हिला रहे हैं। हमको कुछ पता ही नहीं था। बुद्ध ने कहा, तेरी टांग, और तुझे पता नहीं, और हिल रही है! टांग किसकी है यह? उस आदमी ने कहा, है तो मेरी। फिर तू क्यों हिला रहा है? उसने कहा, आप बड़ा कठिन सवाल पूछते हैं! इतना ही कह सकता हूं कि बिना हिलाए मैं रह नहीं सकता। कुछ न कुछ हिलाता ही रहूंगा। रात में भी बड़बड़ाता हूं, नींद में भी बोलता हूं।

महावीर जैसा आदमी एक ही करवट सोता है रात भर। करवट नहीं बदलेंगे रात भर। रात भर जहां पैर है वहीं पैर, जहां हाथ है वहीं हाथ! रात में एक दफा करवट न बदलेंगे। कोई पूछता है महावीर को या बुद्ध को...। बुद्ध भी करवट नहीं बदलते रात भर। वे कहते, अकारण! एक ही करवट से चल जाता है।

अब यह जो भाव दशा है। हम तो जागे में भी करवट बदलते रहते हैं। वे कहते हैं, नींद में एक ही करवट से...। एक करवट भी जैसे मजबूरी है! यानी एक करवट के बिना तो सो ही नहीं सकते। एक करवट तो लेनी ही पड़ेगी, इसलिए लेते हैं। मिनिमम, जो न्यूनतम संभव है, वह लेते हैं। आप कितनी करवट लेते हैं? मैक्जिमम! जितनी ज्यादा संभव है। बिस्तर भी थक जाता है रात भर!

अपने को पहचाने। यदि आपकी चित्त-दशा कर्म की तरफ दौड़ने वाली है, तो आपका मार्ग होगा, निष्काम कर्म। अगर आपकी चित्त-दशा अकर्म की तरफ दौड़ने वाली है, तो आपका मार्ग होगा, कर्म-संन्यास। दोनों से ही पहुंच जाते हैं। दोनों से ही लोग पहुंचते रहे हैं। दोनों से ही सदा पहुंचते रहेंगे।

लेकिन प्रत्येक युग में पलड़ा बदल जाता है। कभी अंतर्मुखता की धारा होती है जगत में, तो अंतर्मुखी धर्म निर्मित होते हैं। और जितने धर्म निर्मित हुए भारत में, वे करीब-करीब सब अंतर्मुखी हैं। वही धारा थी। भारत के बाहर जितने धर्म निर्मित हुए, वे सब बहिर्मुखी हैं। चाहे इस्लाम हो और चाहे ईसाइयत हो, धारा बहिर्मुखता की थी। इसलिए ईसाइयत और इस्लाम में ध्यान की धारणा विकसित न कर पाए वे। प्रेयर, प्रार्थना से आगे बात नहीं गई। प्रार्थना से काम चल गया। ध्यान की धारणा तो अंतर्मुखी साधकों ने विकसित की।

आप अपने लिए खोज लें। और कठिन नहीं है खोजना। जांच बड़ी आसान है। इसलिए और भी आसान है कि सौ में से निन्यानबे मौके पर बहिर्मुखी होंगे आप। एकाध आदमी अंतर्मुखी होता है। लेकिन दो-तीन जांच-परख के लिए नियम बना लें : अकेले में कैसा लगता है, भीड़ में कैसा लगता है? स्वाद क्या है दोनों बातों का? अकेले में स्वाद मुंह का कड़वा हो जाता है कि मिठास से भर जाता है? भीड़ में स्वाद मधुर हो जाता है कि तिक्त हो जाता है? कर्म में अच्छा लगता है कि विश्राम में डूब जाते हैं, तो अच्छा लगता है?

ध्यान रहे, विश्राम का मतलब आलस्य नहीं है। आलस्य और विश्राम में बड़ा फर्क है। आलसी विश्राम में नहीं होता, सिर्फ श्रम से बचाव में होता है; एस्केप में होता है। विश्राम तो बड़ी पाजिटिव स्थिति है, निगेटिव नहीं है। विश्राम तो बड़ी जीवंत अवस्था है।

बुद्ध की मूर्ति देखें, तो आलसी नहीं मालूम पड़ते। चेहरे पर चमक है। आंखों में ज्योति है। शरीर पर आलस्य की छाया नहीं है। शरीर पर जागती हुई सुबह की रोशनी है। महावीर को देखें, खड़े हुए उनकी मूर्ति को देखें, तो भीतर से प्राण फूटे पड़ रहे हैं, बहे जा रहे हैं। आलस्य नहीं है, विश्राम है।

आलस्य, कहना चाहिए, चमकहीन होता है। विश्राम चमक से भरा होता है। विश्राम--भीतर तो झरना लबालब भरा है ऊर्जा का, लेकिन कर्म की इच्छा नहीं है। आलस्य--कर्म की तो इच्छा है, लेकिन शक्ति नहीं है, ऊर्जा नहीं है, इसलिए पड़े हैं! कर्म की तो बड़ी इच्छा है। दिल तो अपना भी है कि सिकंदर हो जाते, कि इंदिरा गांधी हो जाते। इससे कोई फर्क नहीं पड़ता। बाकी ऊर्जा नहीं है; भीतर एनर्जी नहीं है। पड़े हैं अपने बिस्तर से टिके हुए। ऊर्जा नहीं है, शक्ति नहीं है। इरादे तो बहुत हैं कि जीत लें दुनिया को। इरादे कर रहे हैं आंख बंद करके वहीं दुनिया को जीतने के। आलस्य में पड़े हुए लोग भी सिकंदर से कम यात्राएं नहीं करते! लेकिन भीतर ही भीतर करते हैं, बाहर नहीं। आलस्य और विश्राम में भेद है।

कर्म-संन्यास विश्राम की अवस्था है, आलस्य की नहीं। कर्मयोग और कर्म-संन्यास दोनों के लिए शक्ति की जरूरत है। दोनों के लिए। आलसी दोनों नहीं हो सकता। आलसी कर्मयोगी तो हो ही नहीं सकता, क्योंकि कर्म करने की ऊर्जा नहीं है। आलसी कर्मत्यागी भी नहीं हो सकता, क्योंकि कर्म के त्याग के लिए भी विराट ऊर्जा की जरूरत है। जितनी कर्म को करने के लिए जरूरत है, उतनी ही कर्म को छोड़ने के लिए जरूरत है। हीरे को पकड़ने के लिए मुट्ठी में जितनी ताकत चाहिए, हीरे को छोड़ने के लिए और भी ज्यादा ताकत चाहिए। देखें छोड़ कर, तो पता चलेगा। एक रुपए को हाथ में पकड़ें। पकड़े हुए खड़े रहें सड़क पर, और फिर छोड़ें। पता चलेगा कि पकड़ने में कम ताकत लग रही थी, छोड़ने में ज्यादा ताकत लग रही है।

कर्म-संन्यास भी शक्ति मांगता है। और कर्मयोग तो शक्ति मांगता ही है। आलसी के लिए दोनों मार्ग नहीं हैं। आलसी, अगर हम ठीक से कहें, तो थर्ड सेक्स है, नपुंसक। बहिर्मुखी भी नहीं है वह, अंतर्मुखी भी नहीं है; बीच की देहली पर खड़े हैं! थर्ड सेक्स, न पुरुष हैं, न स्त्री। न अंतर्मुखी, न बहिर्मुखी। बीच में खड़े हैं। उनकी कोई भी यात्रा नहीं है। न वे भीतर जाते, न वे बाहर जाते। वे कहीं जाते ही नहीं। वे अपनी देहली पर बैठे हुए हैं! भीतर जाने की हिम्मत नहीं

जुटा पाते, बाहर जाने की हिम्मत नहीं जुटा पाते। जाने के लिए तो हिम्मत चाहिए, साहस चाहिए। यात्रा कोई भी हो, कहीं से भी जाना हो, बिना ऊर्जा, बिना साहस के कोई यात्रा संभव नहीं है।

संन्यासस्तु महाबाहो दुःखमाप्तुमयोगतः।
योगयुक्तो मुनिर्ब्रह्म नचिरेणाधिगच्छति।।6।।

परंतु हे अर्जुन! निष्काम कर्मयोग के बिना संन्यास अर्थात मन, इंद्रियों और शरीर द्वारा होने वाले संपूर्ण कर्मों में कर्तापन का त्याग प्राप्त होना कठिन है। और भगवत् स्वरूप को मनन करने वाला निष्काम कर्मयोगी परब्रह्म परमात्मा को शीघ्र ही प्राप्त हो जाता है।

फिर पुनः कृष्ण कहते हैं! शायद फिर अर्जुन की आंख में झलक लगी होगी कि जब दोनों ही मार्ग ठीक हैं, और जब कर्म को छोड़ने वाला भी वहीं पहुंच जाता है, जहां कर्म को करने वाला। तो अर्जुन के मन को लगा होगा, फिर कर्म को छोड़ ही दूं। छोड़ना चाहता है। छोड़ना चाहता था, इसीलिए तो यह सारा संवाद संभव हो सका है। सोचा होगा, कृष्ण अब बिलकुल मेरे अनुकूल आए चले जाते हैं। अब तो वही कहते हैं मेरे मन की, मनचाही, मनचीती बात। यही तो मैं चाहता हूं कि छोड़ दूं सब। और जब छोड़ने से भी पहुंच जाते हैं वहां, तो इस व्यर्थ के युद्ध के उपद्रव को मैं मोल क्यों लूं!

ये सब सपने उसकी आंखों में फिर तिर गए होंगे। ये सब उसकी आंखों में भाव फिर आ गए होंगे। उसे फिर जस्टीफिकेशन मिला होगा। उसे फिर लगा होगा कि फिर मैं ही ठीक था, फिर कृष्ण क्यों इतनी देर तक लंबी बातचीत किए! जब मैंने गांडीव रखा था और शिथिल गात होकर बैठ गया था, तभी मुझसे कहते कि हे अर्जुन, हे महाबाहो, तू तो कर्म-संन्यासी हो गया है। और कर्म-संन्यास से भी लोग वहीं पहुंच जाते हैं, जहां कर्म करने वाले पहुंचते हैं। प्रसन्न हुआ होगा मन में कहीं। जो चाहता था, वही करीब दिखा होगा। वही कृष्ण के मुंह से भी उसे सुनाई पड़ा होगा। वही कृष्ण की बात में भी ध्वनित हुआ होगा।

उसे देखकर ही कृष्ण तत्काल कहते हैं, लेकिन अर्जुन, जब तक आकांक्षा न छूट जाए और कर्म में निष्कामता न सध जाए, तब तक कोई व्यक्ति कर्म को छोड़ना आसान नहीं पाता है।

फिर दुविधा उन्होंने खड़ी कर दी होगी! अर्जुन से फिर छीन लिया होगा उसका मिलता हुआ आश्वासन। सांत्वना बंधती होगी, कंसोलेशन उतर रहा होगा उसकी छाती पर, वह फिर हटा दिया होगा। कहा कि नहीं, आकांक्षा छोड़ कर कर्म का जो अभ्यास न कर ले, वह कर्म भी छोड़ पाए, यह बहुत कठिन है। क्योंकि जो आकांक्षा नहीं छोड़ पाता, वह कर्म क्या छोड़ पाएगा! जो आकांक्षा तक छोड़ नहीं सकता, वह कर्म क्या छोड़ पाएगा! और जो आकांक्षा नहीं छोड़ सकता और कर्म छोड़ कर भाग जाएगा, बहुत डर तो यही है कि सिर्फ कर्म ही छूटेगा, आकांक्षा न छूटेगी। खतरा है। कर्म छोड़ना एक लिहाज से आसान है।

एक चोर है। हम जब उसे जेल में बंद कर देते हैं, तो चोरी का कर्म छूट जाता है। कर्म-संन्यास हो गया? कर्म तो छूट गया। चोरी तो नहीं कर पाता है अब। लेकिन चोर होना बंद नहीं होता। चोर होना जारी है। चोर वह अब भी है। प्रतीक्षा कर रहा है, कब अवसर मिले। शायद और बड़ा चोर होकर बाहर निकलेगा।

अब तक तो यही हुआ है। अब तक कोई कारागृह किसी चोर को चोरी से मुक्त नहीं करा पाया है, सिर्फ निष्णात चोर बना कर बाहर भेजता है—ट्रेंड! क्योंकि और सदगुरु वहां उपलब्ध हो जाते हैं! और भी गहन ज्ञानी, अनुभवी पुरुष! और चोर को भी पता चल जाता है कि यह चोरी का दंड नहीं मिल रहा है। यह दंड तो चोरी ठीक से न करने का मिल रहा है। अभ्यास करूं, और-और साधूं कुशलता, तो फिर यह भूल नहीं होगी।

कोई अदालत, कोई जेलखाना अब तक किसी चोर को चोरी से नहीं छुड़ा पाया। कर्म से छुड़ा देता है। वही भ्रम है, जो कई बार कर्मत्यागी भी कर बैठता है

कर्मत्यागी सोचता है कि ठीक है, बाजार में बैठता हूं, तो लोभ पकड़ता है। तो बाजार छोड़ दूं। जैसे कि बाजार में लोभ पैदा करने का कोई उपाय हो! लोभ तो होता है भीतर। बाजार में तो लोभ नहीं होता। सोचता है, बाजार में लोभ

पकड़ता है, बाजार छोड़ दूं। स्त्री को देख कर वासना जगती है, स्त्री की तरफ पीठ कर लूं। पद को देख कर मन होता है कि पद पर चढ़कर बैठ जाऊं, तो ऐसी जगह चला जाऊं, जहां पद ही न हो। तो कोई कर्म को छोड़ कर भाग सकता है। सौ में से निन्यानबे मौके पर डर इस बात का है कि कर्म तो छूट जाए और आकांक्षा और वासना न छूटे। तब वह जंगल के झाड़ के नीचे बैठ कर भी वही आदमी होगा, जो बाजार में था। आदमी में कोई क्वालिटेटिव, कोई गुणात्मक अंतर नहीं पड़ेगा। परिस्थिति बदल जाएगी, मनःस्थिति नहीं बदलेगी।

मनःस्थिति बदलनी बड़ी कठिन बात है! और जो मन :स्थिति बदल सकता है, कृष्ण कहते हैं, वह छोड़ कर भी क्यों जाएं? वह यहां भी बदल सकता है। और जो यहां नहीं बदल सकता, क्या भरोसा है कि वह वहां बदल सकेगा? जाऊंगा तो मैं ही, मैं चाहे बाजार में रहूं और चाहे हिमालय पर चला जाऊं। बाजार तो यहीं रह जाएगा बंबई में, मैं हिमालय चला जाऊंगा। लेकिन मैं तो अपने साथ ही चला जाऊंगा। मेरे सारे रोग, मेरे सारे मन की रुग्णताएं मेरे साथ चली जाएंगी। उनको यहां नहीं छोड़ कर जा सकूंगा।

हां, अवसर हो सकता है यहां छूट जाए। हो सकता है, दर्पण यहां छूट जाए, लेकिन चेहरा तो मेरा मेरे साथ चला जाएगा। और यह भी हो सकता है कि दर्पण न हो, तो चेहरा दिखाई न पड़े। लेकिन इससे चेहरा नहीं है, यह तो नहीं है। चेहरा तो है ही। कभी किसी झील में दिखाई पड़ जाएगा। कभी किसी पानी के झरने में दिखाई पड़ जाएगा। कभी कोई राहगीर गुजरता होगा, उसकी आंख में दिखाई पड़ जाएगा।

सुना है मैंने कि एक संन्यासी तीस वर्ष तक हिमालय पर था। तीस वर्ष जिस चीज को छुड़ाने आया था, वह कभी की छूट गई। फिर आश्वस्त हो गया। अहंकार से पीड़ित था, उसी से बचने सब छोड़ कर हिमालय आया था। गल गया, हिमालय की ठंड! नहीं बचा होगा। लेकिन कहीं ठंड से, सर्दी से अहंकार गलते हैं? हिमालय की ऊंचाई अहंकार न चढ़ पाया होगा! इतनी ऊंचाई पर थक गया होगा, सांस भर गई होगी! नीचे ही रुक गया होगा, संन्यासी ऊपर चला गया होगा! लेकिन अहंकार कहीं थकता है ऊंचाइयां चढ़ने से?

सच तो यह है कि अहंकार ऊंचाइयां चढ़ने से बड़ा प्रसन्न होता है। अहंकार ऊंचाइयां चढ़ने की आकांक्षा का नाम है। जितना ऊंचा शिखर हो, उतना ही उसका दम फूलता नहीं और मजबूत होता है।

लेकिन तीस साल अहंकार की रेखा भी पता न चलती थी। भरोसा हो गया पक्का। बहुत तरह से खोज कर देखा, कहीं अहंकार न था। फिर उसने सोचा, अब क्या डर है! अब वापस चलूं। नीचे उतर कर एक गांव के पास रहने लगा। गांव के लोग आने लगे। दर्पण वापस लौट आए। कोई पैर छूने लगा, कोई महात्मा कहने लगा। भीतर कोई चीज जो तीस साल से बिलकुल पता न थी, धीरे-धीरे उठने लगी। पर अभी भी उसे पता नहीं है, क्योंकि पहचान भूल गई, रिकग्नीशन भूल गया। तीस साल से देखा नहीं, एकदम से समझ में नहीं आता कि क्या हो रहा है। लेकिन कुछ हो रहा है। कोई चीज, कोई गर्मी, कोई ऊष्मा चारों तरफ खून में फैलती चली जाती है।

फिर बड़ा मेला भरता था, कुंभ का भरता होगा। कुंभ का मेला महात्माओं की परीक्षा के लिए बड़ी अच्छी जगह है!

गांव के लोगों ने कहा, इतने बड़े महात्मा और कुंभ के मेला नहीं चलेंगे, तो नहीं चलेगा। बड़ा महात्मा और कुंभ के मेला न जाए, ऐसा हो नहीं सकता। चलना ही पड़ेगा। फिर महात्मा ने कहा, अब डर भी क्या है! जिस चीज से डरते थे, वह तो खतम ही हो चुकी। चल सकते हैं।

लेकिन यह खयाल भी आ जाना कि मेरा अहंकार खतम हो चुका है, बड़ा गहरा अहंकार है। इसका उसे पता नहीं। चल पड़ा। जब कुंभ के मेले में पहुंचे, भीड़ थी भारी, महात्मा को कोई पहचानता न था। और महात्मा को पहचानते न हों आप, तो महात्मा और गैर-महात्मा में कोई फर्क होता है? पहचान का ही फर्क होता है। ऐसा नहीं कि महात्मा और गैर-महात्मा में फर्क नहीं होता, लेकिन वह भीतरी फर्क है, वह आपकी पकड़ में नहीं आता। आप तो पहचान से ही पकड़ते हैं। अगर बगल में एक महात्मा बैठा हो और आप पहचानते न हों, तो बिलकुल नहीं पता चलेगा कि महात्मा बैठा है। पहचानते हों, तो पता चलेगा कि

महात्मा बैठा है। पहचानते हों कि चोर है, तो पता चलेगा कि चोर बैठा है। बेईमान है, तो बेईमान बैठा है। भीतर जो है, वह तो बहुत गहरे में है, उसका आपको पता नहीं चलता। उसका तो खुद को भी पता चल जाए, तो काफी है। दूसरे को पता चलना तो बहुत मुश्किल है।

वहां कोई पहचानता नहीं था महात्मा को। गांव के थोड़े-से लोग पहचानते थे। वहां भारी भीड़; धक्का-मुक्की हो गई। किसी ने पैर पर जूता रख दिया महात्मा के। महात्मा को गुस्सा आ गया। उचक कर उसकी गर्दन पकड़ ली और कहा, गर्दन दबा दूंगा! जानता नहीं मैं कौन हूं!

तब अचानक खयाल आया कि तीस साल विलीन हो गए एकदम! तीस साल पहले का आदमी वापस खड़ा हो गया। तीस साल पहले यही आदमी था वह, कि कोई पैर पर जूता रख देता, तो गर्दन पकड़ लेता और कहता, जान से मार डालूंगा। जानता नहीं मैं कौन हूं! वे तीस साल बीच के एकदम तिरोहित हो गए, जैसे थे ही नहीं। जैसे फिल्म में सिनेमा के पर्दे पर कैलेंडर एकदम से उड़ता है न; तारीख एकदम बदलती चली जाती है। तीन घंटे में कई साल बिताने पड़ते हैं। एक सेकेंड में तीस साल का कैलेंडर एकदम हवा में उड़ गया! वापस वह आदमी वहीं खड़ा हो गया, जिस दिन हिमालय गया था—अहंकार अपनी जगह, गर्दन पर हाथ कसे हुए!

लेकिन फिर उसने झुक कर उस आदमी के पैर पड़ लिए, जिसकी गर्दन पकड़ी थी। वह आदमी बहुत हैरान हुआ। उसने कहा, यह क्या करते हो! उस संन्यासी ने कहा कि आपने मुझ पर बड़ी कृपा की जो मेरे पैर पर जूता रख दिया। हिमालय तीस साल तक जो मुझे न बता पाया, वह आपके जूते ने मुझे बता दिया। तीस साल हिमालय में मुझे पता न चला कि अहंकार है, वह एक आदमी की जरा-सी चोट से पता चल गया। आपकी बड़ी अनुकंपा है। बड़ी कृपा है।

कृष्ण कहते हैं, कर्म से छोड़ कर भाग जाना तो कठिन नहीं है, लेकिन अगर आकांक्षा न गई हो और अगर निष्काम कर्म न सध गया हो, तो कर्म छोड़ने से भी कुछ होगा नहीं।

अर्जुन की आंख में देख कर उन्होंने फिर बात खड़ी की होगी। और अर्जुन से कहा होगा, ऐसा मत सोच कि मैं कह रहा हूं कि तू छोड़ कर चला जा। पहले तू निष्काम कर्म साध। यदि निष्काम कर्म सध जाए, तो कर्मत्याग भी कर सकता है।

लेकिन बड़े मजे की बात यह है कि अगर निष्काम कर्म सध जाए, तो कर्मत्याग करना, न करना बराबर है। कोई भेद नहीं है। फिर वह व्यक्ति की अंतर्मुखता या बहिर्मुखता पर निर्भर करेगा। अगर निष्काम कर्म सध जाए, तो बहिर्मुखी व्यक्ति कर्म को करता चला जाएगा, अंतर्मुखी व्यक्ति कर्म को अचानक पाएगा कि वे बंद हो गए हैं। लेकिन वासना से मुक्ति तो सधनी ही चाहिए, निष्कामता तो सधनी ही चाहिए। वह तो अनिवार्य शर्त है। उससे कोई बचाव नहीं है। इसलिए कृष्ण ने पुनः अर्जुन को याद दिला दी।

कृष्ण पूरे समय अर्जुन को पढ़ते चलते हैं। और गुरु वही है, जो शिष्य को पढ़ ले। शिष्य तो गुरु को कैसे पढ़ेगा! वह तो बहुत मुश्किल है, असंभव है। अगर शिष्य गुरु को पढ़ सके, तो वह खुद ही गुरु हो गया। उसके लिए अब किसी गुरु की जरूरत नहीं है। गुरु वही है, जो शिष्य को पढ़ ले खुली किताब की तरह, उसके एक-एक अध्याय को उसके जीवन के; उसके मन की एक-एक पर्त को झांक ले। गुरु वह नहीं है कि शिष्य जो कहे, वह उसे बता दे। गुरु वह है, जो वही बताए, जो शिष्य के लिए जरूरी है। गुरु वह नहीं है, जो शिष्य के लिए सिर्फ सिद्धांत जुटा दे। गुरु वह है, जो शिष्य के लिए ट्रांसफार्मेशन, रूपांतरण, क्रांति का मार्ग व्यवस्थित कर दे।

अर्जुन तो यही चाहता है कि कृष्ण कह दें कि अर्जुन, छोड़ दे, तो अर्जुन प्रफुल्लित हो जाए। और सारी दुनिया में डंके से कह दे कि कोई मैंने छोड़ा, ऐसा मत कहना। असल में अर्जुन चाहता है कि कृष्ण की गवाही मिल जाए, तो वह सारी दुनिया को कह सके कि मैं कोई कायर नहीं हूं। डर तो उसे यही है गहरे में, बहुत गहरे में। क्षत्रिय है वह। एक ही डर है उसे कि कोई कायर न कह दे। इसलिए वह फिलासफी की बातें कर रहा है। वह यह कह रहा है कि

मुझे कोई दार्शनिक सिद्धांत मिल जाए, जिसकी आड़ में मैं पीठ दिखा सकूं और मैं दुनिया से कह सकूं कि मैं कोई कायर नहीं हूं। मैंने कर्म-त्याग कर दिया है। और अगर तुम कहते हो कि मैं गलत हूं, तो पूछो कृष्ण से। कृष्ण की गवाही से छोड़ा है। ये गवाह हैं।

लेकिन उसे पता नहीं कि वह जिस आदमी को गवाह बना रहा है, उस आदमी को गवाह बनाना बहुत आसान नहीं है। और जिस आदमी से वह अपनी कायरता के लिए, भागने के लिए, एस्केप के लिए, पलायन के लिए सहारे खोज रहा है, उस आदमी से इस तरह के सहारे खोजने संभव नहीं हैं। कृष्ण उसे क्रांति दे सकते हैं, सहारा नहीं दे सकते। कृष्ण उसे रूपांतरित कर सकते हैं, लेकिन पलायन नहीं करवा सकते। कृष्ण उसे नया व्यक्तित्व दे सकते हैं, लेकिन उसके भीतर छिपी हुई कमजोरियों के लिए आड़ नहीं बन सकते हैं।

इसलिए बार-बार कृष्ण जब भी—जब भी—कर्म-संन्यास की कोई बात कहते हैं, अर्जुन प्रफुल्लित मालूम होता है। वह कहता है, यही, यही! बिलकुल ठीक कह रहे हैं।

ऐसा मैं देखता हूं रोज। रोज मैं देखता हूं, साधुओं और संन्यासियों और गुरुओं के पास जो लोग बैठे होते हैं, वे कहते हैं कि बिलकुल ठीक कह रहे हैं महाराज! वे उसी वक्त कहते हैं, बिलकुल ठीक कह रहे हैं, जहां उनको कोई सहारा मिलता है; जहां उन्हें लगता है कि ठीक, अपनी बेईमानी में कुछ सहारा मिल रहा है; अपनी चोरी में कुछ सहारा मिल रहा है। अगर कोई महात्मा समझाता है कि आत्मा तो शुद्ध-बुद्ध है, आत्मा ने कभी पाप ही नहीं किए; तो पापी बड़े सिर हिलाते हैं। वे कहते हैं, बिलकुल ठीक! यही तो हम कहते हैं। पापी को बड़ा रस आता है कि बिलकुल ठीक। महात्मा भी यही कह रहे हैं।

इसलिए महात्माओं के पास अगर पापी इकट्ठे हो जाते हैं, तो कोई आश्चर्य नहीं है। लेकिन हिम्मत कृष्ण जैसी महात्माओं में जब तक न हो, तब तक सुनने वालों का कोई भी लाभ नहीं होता, हानि होती है। और मेरा ऐसा अनुभव है कि सौ में निन्यानबे महात्मा सुनने वालों को हानि पहुंचाते हैं, सहारा बन जाते हैं।

कृष्ण सहारा नहीं बनेंगे। इसलिए जरा-सी भी कोई बात ऐसी होती है कि अर्जुन उसको मैनिपुलेट कर सके, उसको घुमा-फिरा कर अपना सहारा बना सके, कृष्ण फौरन छिन-भिन्न कर देते हैं; तलवार उठा कर काट देते हैं। वे कहते हैं, इस भूल में मत पड़ जाना। यह मत समझ लेना तू कि कर्म छोड़ना आसान है। जब तक निष्कामता न सध जाए, तब तक कर्म छोड़ना बहुत कठिन है।

और दूसरी बात यह कहते हैं कि अर्जुन, निष्काम कर्म सरल है। जो अर्जुन को कठिन मालूम पड़ रहा है, उसे वे सरल कहते हैं; और जो अर्जुन को सरल मालूम पड़ रहा है, उसे वे कठिन कहते हैं। इसे खयाल में रख लें।

अर्जुन को यही सरल मालूम पड़ रहा है, कर्म-त्याग बिलकुल सरल है। पत्नी को छोड़कर भाग जाना कोई कठिन बात है! दूकान को छोड़ कर भाग जाना कोई बहुत कठिन बात है! जब कि दिवाला भी निकल रहा हो, तब तो और भी सरल है, तब तो कर्म-त्याग बिलकुल ही आसान है! दुख की घड़ी में कर्म को छोड़ देना कोई कठिन बात है? सुख की घड़ी में कोई छोड़ता नहीं।

यह अर्जुन कभी भी नहीं आज तक इसके पहले—यह कोई अर्जुन की कृष्ण की पहली मुलाकात नहीं है। जिंदगीभर के साथी हैं। गीता को अब तक पैदा होने का मौका नहीं आया था। अर्जुन अब तक ऐसे उपद्रव में, ऐसी क्राइसिस, ऐसे संकट में पड़ा नहीं था। और वह तो जरा दुविधा हो गई, नहीं तो वह संकट में पड़ता नहीं।

अगर दुश्मनी साफ-साफ होती, जैसे कि हिंदू-मुसलमानों का दंगा हो जाता है, तो कोई दिक्कत नहीं होती। क्योंकि उस तरफ न कोई अपनी पत्नी का भाई होता, न कोई मामा होता, न कोई गुरु होता, न कोई रिश्तेदार होता। हिंदू-मुस्लिम का दंगा हो जाता, तो दंगा बड़ा मजेदार होता—सीधा। कोई झगड़ा नहीं। कोई कांसिएंस को अर्जुन की दिक्कत न होती, अगर हिंदू-मुस्लिम का दंगा होता।

लेकिन यह दंगा हिंदू-मुस्लिम का नहीं, एक परिवार का था, एक घर का था। उस तरफ भी अपने लोग थे, जिनके साथ खेले और बड़े हुए, जिनसे

सीखे और जिनकी गोद में बैठे। गुरु थे, पितामह थे, भाई थे, मित्र थे–सब अपने थे। उस तरफ भी अपने थे, इस तरफ भी अपने थे। दोनों तरफ परिवार बंटकर खड़ा था।

इसलिए प्रासंगिक रूप से आपसे कहता हूं, अगर कभी दुनिया में हिंदू, मुसलमान, ईसाई, जैन, बौद्धों के दंगे मिटाने हों, तो जब तक हिंदू-मुसलमान परिवार नहीं बन जाते, तब तक दंगे नहीं मिट सकेंगे। जब उस तरफ भी अपना कोई मरने को हो, तभी मरने से रोका जा सकता है, नहीं तो नहीं रोका जा सकता। इसलिए धार्मिक लोग शादी नहीं होने देते हैं एक-दूसरे में। क्योंकि शादी हो गई, तो दंगे नहीं करवाए जा सकते। अगर मेरी पत्नी मुसलमान के घर में है, और मेरे भाई की पत्नी ईसाई के घर में है, और मेरी बहन किसी जैन के घर में है, और मेरी मां यहूदी है, तो दंगा करना बहुत मुश्किल मामला हो जाएगा। दंगा होगा किससे? दंगा हो सकता है, क्योंकि चीजें कटी हैं।

अर्जुन क्राइसिस में पड़ गया, क्योंकि परिवार सब बंटा हुआ सामने खड़ा था। यहां भी अपने थे। जीतेंगे तो, हारेंगे तो, मरेंगे अपने ही। कुछ भी हो, अपने मर जाएंगे। इससे बेचैनी खड़ी हो गई। इसलिए मुश्किल में पड़ गया। इसलिए अब वह राह खोजने लगा, ज्ञान की बातें करने लगा। उसके मन में कभी भी, कभी भी हिंसा के प्रति कोई अड़चन न थी। वह इतनी मौज से मार सकता था कि वह हाथ भी नहीं धोता और मजे से खाना खाता। उसको कोई मारने में तकलीफ नहीं थी। मारने में वह कुशलहस्त है। उससे ज्यादा कुशलहस्त आदमी खोजना मुश्किल है मारने में। लेकिन आज क्या अड़चन थी! सोचता है, सरल तो यही है कि सब छोड़ दूं। और कृष्ण कैसा उलटा आदमी मिल गया! कहां गलत आदमी को सारथी बना लिया!

इसलिए भगवान को सारथी बनाने से जरा बचना चाहिए। वे दिक्कत में रखेंगे। आपके रथ को ऐसी जगह ले जाएंगे, जहां आप नहीं चाहते कि जाएं। उसी दिन गलती हो गई, जिस दिन कृष्ण को सारथी बना लिया। जिसने भी कृष्ण को सारथी बनाया, फिर रास्ता सुगम नहीं है। रास्ता अड़चन का होगा, यद्यपि

परम उपलब्धि आनंद की होगी। मार्ग कठिन होगा, फल अमृत के होंगे। और गलत सारथी मिला, तो मार्ग तो बड़ा सरल होगा, लेकिन फल नरक हो सकता है। अंधेरी रात के गड्ढ में गिरा देता है।

जैसे ही कृष्ण को दिखाई पड़ा कि उसको लग रहा है कि अब मैं उसके करीब आ रहा हूं, वे तत्काल हट जाते हैं। आते हैं और हट जाते हैं। उन्होंने फौरन कहा कि ध्यान रख, निष्काम कर्म साधे बिना कर्म-त्याग नहीं हो सकता। पहले तू युद्ध कर। ऐसे कर कि फल की कोई आकांक्षा न हो। अगर तू युद्ध करके फल की आकांक्षा के पार उठ गया, तो ठीक है; फिर तू कर्म भी त्याग कर देना। अर्जुन कहेगा, फिर कर्म-त्याग करने से मतलब ही क्या है! वक्त ही निकल गया। फिर तो राज्य हाथ में होगा। फिर त्याग करने का क्या मतलब है? कृष्ण कहते हैं, युद्ध तो कर ले, फल की आकांक्षा छोड़ कर। और जब राज्य मिल जाए और युद्ध गुजर जाए और तू निष्काम साध ले, तब तू त्याग कर देना!

अर्जुन को यह बहुत कठिन लगता है। दुख की घड़ी तो गुजारो और सुख की घड़ी में छोड़ देना! लेकिन ध्यान रहे, धर्म की यही अपेक्षा है। सुख की घड़ी में जो छोड़े, वही धर्म को उपलब्ध होता है। दुख की घड़ी में कोई कितना ही छोड़े, धर्म को उपलब्ध नहीं होता है। दुख की घड़ी में कोई भी छोड़ना चाहता है। दुख की घड़ी में छोड़ना नैसर्गिक है, धार्मिक नहीं। सुख की घड़ी में छोड़ना एक बड़ी इंपासिबल रेवोल्यूशन, एक बड़ी असंभव क्रांति से गुजरना है। वह कृष्ण कहते हैं, उस असंभव क्रांति से गुजरना ही होगा अर्जुन!

आज इतना ही।

अब पांच मिनट उठेंगे नहीं जरा भी! एक भी नहीं उठेगा। क्योंकि और कोई प्रसाद बांटने के लिए हमारे संन्यासियों के पास नहीं है। वे अपना कीर्तन पांच मिनट आपको बांट देंगे। वह आपके मन में गूंजता हुआ घर ले जाएं। वह उनका प्रसाद लेकर जाएं। और बीच में कोई न उठे। एक जन उठ जाता है, तो बाकी लोगों को भी उठना पड़ता है। पांच मिनट बैठे रहें और पांच मिनट इस आनंद को लें और फिर चुपचाप चले जाएं।

चौथा प्रवचन

वासना अशुद्धि है

योगयुक्तो विशुद्धात्मा विजितात्मा जितेन्द्रियः।
सर्वभूतात्मभूतात्मा कुर्वन्नपि न लिप्यते।।7।।

तथा वश में किया हुआ है शरीर जिसके, ऐसा जितेंद्रिय और विशुद्ध अंतःकरण वाला, एवं संपूर्ण प्राणियों के आत्मरूप परमात्मा में एकीभाव हुआ निष्काम कर्मयोगी कर्म करता हुआ भी लिपायमान नहीं होता।

शरीर वश में किया हुआ है जिसका! इस बात को सबसे पहले ठीक से समझ लें। साधारणतः हमें पता ही नहीं होता कि शरीर के अतिरिक्त भी हमारा कोई होना है। वश में करेगा कौन? वश में होगा कौन? हम तो स्वयं को शरीर मान कर ही जीते हैं। और जब तक कोई व्यक्ति स्वयं को शरीर मान कर जीता है, तब तक शरीर वश में नहीं हो सकता, क्योंकि वश में करने वाले की हमें कोई खबर ही नहीं है।

शरीर से अतिरिक्त कुछ और भी है हमारे भीतर, इसका अनुसंधान ही हम कभी नहीं करते हैं। जहां तक बाहर के जीवन की जरूरत है, स्वयं को शरीर मान

कर काम चल जाता है। लेकिन जहां तक गहरे जीवन, परमात्मा की, अमृत की, आनंद की खोज की जरूरत है, वहां शरीर की अकेली नाव से काम नहीं चलता है। शरीर की नाव संसार के लिए पर्याप्त है। लेकिन जिसने आत्मा की नाव नहीं खोजी, वह प्रभु के सागर में प्रवेश नहीं कर पाएगा।

और जिसे थोड़ा-सा भी पता चलना शुरू हुआ कि मैं शरीर से भिन्न हूं, उसे शरीर को वश में करना नहीं होता, शरीर तत्काल वश में होना शुरू हो जाता है। इस बात का अनुभव कि मैं शरीर से अलग, पृथक और ऊपर हूं, ट्रांसेंडेंटल हूं, शरीर का अतिक्रमण करता हूं, मालिक के आ जाने की खबर है। जैसे किसी कक्षा में शिक्षक भीतर आ जाए, शोरगुल बंद हो जाए। जैसे नौकरों के बीच में मालिक आ जाए और नौकर सम्हलकर अनुशासित हो जाएं। शरीर के भीतर इस बात का स्मरण भी आ जाए कि मैं भिन्न हूं, तो शरीर तत्काल अनुशासन में खड़ा हो जाता है।

शरीर वश में हो गया जिसका!

किसका? सिर्फ उसका ही होता है शरीर वश में, जिसको स्वयं के अशरीरी होने का अनुभव शुरू हुआ है।

लेकिन साधारणतः लोग शरीर को वश में करने में लग जाते हैं, बिना अशरीरी को खोजे। शरीर को वश में करने जो लग जाएगा बिना आत्मा की खोज के, वह शरीर को दो हिस्सों में बांट लेगा। और शरीर को ही शरीर से लड़ाता रहेगा। कभी भी शरीर वश में नहीं होगा। शरीर को भी शरीर से लड़ाया जा सकता है। लेकिन शरीर को शरीर से लड़ा कर कोई वश नहीं होता।

समझें, एक आदमी के मन में कामना है, वासना है। जहां भी आंख जाती है, वहीं वासना के विषय दिखाई पड़ते हैं। वह अपने हाथ से आंख फोड़ लेता है। वह शरीर से ही शरीर को लड़ा रहा है। हाथ भी शरीर है, आंख भी शरीर है।

शरीर से शरीर को लड़ाकर कोई भी शरीर को वश में नहीं कर सकता है। मन से मन को लड़ा कर कोई मन को वश में नहीं कर सकता है। कोई भी चीज वश में तभी होती है, जब उसके पार किसी तत्व का अनुभव शुरू होता है। अन्यथा वश में नहीं होती।

हमेशा जो पार है, वह वश में करने वाला सिद्ध होता है। शरीर से श्रेष्ठतर को खोज लें अपने भीतर और शरीर वश में हो जाएगा। श्रेष्ठतर के समक्ष निकृष्ट अपने आप ही झुक जाता है, झुकाना नहीं पड़ता है। और मजा नहीं है कि झुकाना पड़े। और जिसे जबर्दस्ती झुकाया है, वह आज नहीं कल बदला लेगा। जो सहज झुक गया है, श्रेष्ठ के आगमन पर जो उसके चरणों में गिर गया है, तो ही वश में हो पाता है।

शरीर से लड़ कर, शरीर-दमन से, कृच्छ साधनाओं से, शरीर को कोड़े मार कर, शरीर को कांटों पर लिटा कर, शरीर को धूप में बिठा कर, शरीर को बर्फ में लिटा कर, शरीर को कितना ही कोई सताए, शरीर को कितना ही कोई परेशान करे, इससे कभी शरीर वश में नहीं होता। शरीर को परेशान करना और शरीर को सताना भी शरीर के द्वारा ही हो रहा है। इससे कभी भी शरीर वश में नहीं होता। हां, निर्बल हो सकता है, दीन हो सकता है, कमजोर हो सकता है। और निर्बलता से धोखा पैदा होता है कि वश में हो गया।

यदि हम एक आदमी को भोजन न दें, इतना कम भोजन दें, इतना न्यून कि उसकी शरीर की जरूरतें उस भोजन से पूरी न हो पाएं, तो उसमें वीर्य निर्मित नहीं होगा। वीर्य सदा अतिरिक्त शक्ति से निर्मित होता है। और तब उसे यह भ्रम पैदा हो सकता है कि मेरी कामवासना पर मेरा काबू हो गया। धोखे में है वह। अगर एक व्यक्ति के शरीर को दीन कर दिया जाए, हीन कर दिया जाए, उसकी शक्ति ही छीन ली जाए—अनशन से, सता कर, परेशान करके, शरीर को उसकी पूरी जरूरतें न देकर—तो शरीर कमजोरी की वजह से वासना की तरफ उठने में असमर्थ हो जाएगा। लेकिन इससे धोखे में नहीं पड़ जाना है।

अभी केलिफोर्निया युनिवर्सिटी में कुछ विद्यार्थियों पर वे एक प्रयोग कर रहे थे। तीस विद्यार्थियों को तीस दिन तक भूखा रखा था। दस दिन के बाद ही उन विद्यार्थियों की काम में, यौन में, सेक्स में कोई रुचि न रह गई। वे कोई संन्यासी न थे; न ही वे कोई साधक थे; न ही वे कोई योगी थे। लेकिन दस दिन के बाद नंगी तस्वीरें उनके पास पड़ी रहें, तो वे उनको उठा कर भी नहीं

देखेंगे। पंद्रह दिन के बाद तो उनसे अगर कोई बात करना चाहे वासना की, तो वे बिलकुल ही विरस हो गए। उनके चेहरों का रंग खो गया, उनके चेहरों की ताजगी खो गई, उनके शरीर की शक्ति खो गई। तीस दिन पूरे होने पर तीसों से पूछा गया और उन तीसों ने कहा कि हमें याद भी नहीं आता कि कभी हमारे मन में कामवासना भी उठती थी।

सब सूख गया। क्या शरीर वश में हो गया? दो दिन भोजन दिया गया, सब हरा हो गया। फिर वही वापस। फिर वे नंगी तस्वीरें सुंदर मालूम पड़ने लगीं। फिर नंगी फिल्म को देखने का रस आने लगा। फिर वही बात, फिर वही मजाक, फिर वही अश्लीलता! सब लौट आई। क्या हुआ!

अगर इन युवकों को जिंदगी भर न्यून भोजन पर रखा जाए, तो जिंदगी में अब वासना फिर न सिर उठाएगी। लेकिन यह शरीर पर विजय न हुई, यह शरीर की निर्बलता हुई।

शरीर पर तो तभी विजय है, जब शरीर हो पूरा सबल; शरीर निर्मित करता हो सभी रसों को; शरीर की शक्तियां हों पूर्ण युवा; शरीर के भीतर सब हो हरा और ताजा; और फिर भी, फिर भी वश में हो, तभी जानना कि शरीर वश में है। लेकिन यह तभी हो पाएगा, जब आत्मा सबल हो।

दो रास्ते हैं शरीर को वश में करने के। एक-झूठा, धोखे का, डिसेप्टिव। प्रतीत होता है, वश में हुआ; होता कभी भी नहीं। वह रास्ता है, शरीर को निर्बल करो। एक दूसरा रास्ता है, वास्तविक, प्रामाणिक, आथेंटिक, जिससे ही केवल शरीर वश में होता है। वह है, आत्मा को सबल करो।

शरीर को निर्बल करो, तो भी वश में मालूम होता है; आत्मा को सबल करो, तो वश में हो जाता है। शरीर को निर्बल करने से आत्मा सबल नहीं होती। आत्मा तो वहीं के वहीं होती है, जहां थी; सिर्फ शरीर निर्बल हो जाता है। आत्मा के सबल होने से शरीर को निर्बल नहीं करना पड़ता; लेकिन आत्मा पार उठ जाती है, सबल होकर शरीर के ऊपर मालिक हो जाती है।

और ध्यान रहे, सबलता अपने आप में, अपने आप में विजय है। इसलिए निर्बल के लिए मार्ग नहीं है।

लेकिन शरीर को वश में करने के नाम पर बहुत हैरानी की घटनाएं सारी दुनिया में घटी हैं। आसान है शरीर को निर्बल करना; कठिन है आत्मा को सबल करना। भूखा मरना बहुत कठिन नहीं है। न ही शरीर को सताना बहुत कठिन है। कुछ लोगों के लिए तो बहुत आसान है। जिन लोगों को भी सताने की वृत्ति है किसी को, किसी को भी सताने की जिनके मन में वृत्ति है...। दूसरे को सताने में कानून बाधा बनता है। पुलिस है, अदालत है। दूसरे को सताइएगा, झंझट में पड़िएगा। सताना अगर निरापद रूप से करना है, तो अपने को सताइए। न कोई पुलिस रोक सकती है, न कोई कानून। बल्कि लोग जुलूस भी निकालेंगे, शोभा-यात्रा भी कि तपस्वी हैं आप!

इसलिए जो दुष्टजन हैं, वायलेंट, जिनके मन में गहरी हिंसा है, दूसरे पर हिंसा प्रकट करने में कठिनाई है, वे अपने पर हिंसा शुरू कर देते हैं। और आत्म-हिंसा को लोग तपश्चर्या समझ लेते हैं। तपश्चर्या आत्महिंसा नहीं है।

और ध्यान रहे, जो आदमी अपने पर हिंसा करेगा, वह दूसरे पर कभी भी अहिंसक नहीं हो सकता है। जो अपने पर अहिंसक नहीं हो सका, वह इस पृथ्वी पर किसी पर भी अहिंसक नहीं हो सकता है। जीवन की सारी यात्रा स्वयं से शुरू होती है।

इसलिए मैं आपसे कहना चाहूंगा, और कृष्ण को जो जानते हैं थोड़ा भी, वे स्वभावतः समझते हैं भलीभांति कि कृष्ण का अर्थ, शरीर को जीत लेता है जो, उससे किसी निर्बल, शरीर को सताने वाले, मैसोचिस्ट, दुखवादी, आत्मपीड़क, आत्महिंसक व्यक्ति का नहीं होगा, नहीं हो सकता है। कृष्ण तो शरीर को बड़ा प्रेम करने वाले व्यक्तियों में से एक हैं।

ध्यान रहे, शरीर से भयभीत वही होता है, जिसकी आत्मा कमजोर है। क्योंकि अगर शरीर सबल हुआ, तो कमजोर आत्मा मुश्किल में पड़ जाएगी। शरीर लेकर भागेगा। रथ है बहुत कमजोर, घोड़े हैं बहुत मजबूत, गड्ढे में गिरना निश्चित! डरेगा आदमी। लेकिन रथ भी है मजबूत, सारथी भी है सबल, कुशलता भी है लगाम को हाथ में साधने की, फिर मजबूत घोड़ों का मजा है। फिर घोड़ों को निर्बल करने की जरूरत नहीं है।

कृष्ण घोड़ों को निर्बल करने के पक्ष में नहीं हैं। कृष्ण आत्मा को सबल करने के पक्ष में हैं। यह आत्मा सबल कैसे हो जाएगी?

तो कृष्ण कहते हैं, अंतःकरण शुद्ध है जिसका!

जितना अंतःकरण अशुद्ध होगा, आत्मा उतनी निर्बल होगी। आत्मा की निर्बलता हमेशा अशुद्धि से आती है। आत्मा की सबलता शुद्धि से आती है। वह जितनी प्योरिफाइड, जितनी पवित्र हुई चेतना है, उतनी ही सबल हो जाती है। आत्मा के जगत में पवित्रता ही बल है और अपवित्रता निर्बलता है।

इसलिए जब भी कोई अपवित्र काम आप करेंगे, तत्काल पाएंगे, आत्मा निर्बल हो गई। जरा चोरी करने का विचार करके सोचें। करना तो दूर, थोड़ा सोचें कि पड़ोस में रखी हुई आदमी की चीज उठा लें। अचानक भीतर पाएंगे कि कोई चीज निर्बल हो गई, कोई चीज नीचे गिर गई। सोचें भर कि चोरी कर लूं, और भीतर कोई चीज निर्बल हो गई। सोचें कि किसी को दान दे दूं, और भीतर कोई चीज सबल हो गई। सोचें मांगने की, और भीतर निर्बलता आ जाती है। सोचें देने की, और भीतर कोई सिर उठा कर खड़ा हो जाता है।

जहां अशुद्धि है, वहां निर्बलता है। जहां शुद्धि है, वहां सबलता है। और निर्बल और सबल होने को आप अशुद्धि और शुद्धि का मापदंड समझें। जब मन भीतर निर्बल होने लगे, तो समझें कि आस-पास जरूर कोई अशुद्धि घटित हो रही है। और जब भीतर सबल मालूम पड़ें प्राण, तब समझें कि जरूर कोई शुद्धि की यात्रा पर आप निकल गए हैं। ये दोनों बंधी हुई चीजें हैं।

इसलिए कृष्ण कहते हैं, अंतःकरण जिसका शुद्ध है! अंतःकरण जिसका शुद्ध है...।

यह अंतःकरण की शुद्धि और अशुद्धि को ठीक से समझ लेना जरूरी है।

अंतःकरण कब होता है अशुद्ध? जब भी—जब भी—हम किसी दूसरे पर निर्भर होते हैं, किसी भी सुख के लिए। किसी भी सुख के लिए जब भी हम किसी दूसरे पर निर्भर होते हैं, तभी अंतःकरण अशुद्ध हो जाता है। दूसरे पर निर्भरता अशुद्धि है। और दूसरे पर निर्भरताएं सभी बहुत गहरे अर्थ में पाप हैं।

लेकिन हम कुछ पापों को सोशियलाइज किए हुए हैं, उनको हमने समाजीकृत किया हुआ है। इसलिए अंतःकरण को पता नहीं चलता।

अगर एक आदमी सोचता है कि आज मैं वेश्या के घर जाऊं, तो मन निर्बल होता मालूम पड़ता है कि पाप कर रहा हूं। लेकिन सोचता है, अपनी पत्नी के पास जाऊं, तो मन निर्बल होता नहीं मालूम पड़ता है। पत्नी के पास जाते समय मन निर्बल मालूम नहीं पड़ता है, क्योंकि पत्नी और पति के संबंध को हमने समाजीकृत किया है, सोशियलाइज किया है। वेश्या के पास जाते वक्त निर्बलता मालूम पड़ती है, क्योंकि वह पाप सोशियलाइज नहीं है, इंडिविजुअल है। पूरा समाज उसमें सहयोगी नहीं है, आप अकेले जा रहे हैं।

लेकिन जो आदमी गहरे में समझेगा, उसे समझ लेना चाहिए कि जिस क्षण भी मैं अपने सुख के लिए किसी के भी पास जाता हूं—चाहे वह पत्नी हो, चाहे वह पति हो, चाहे वह मित्र हो, चाहे वह वेश्या हो—जब भी मैं किसी और के द्वार पर भिक्षा का पात्र लेकर खड़ा होता हूं, तभी आत्मा अशुद्ध हो जाती है। न दिखाई पड़ती हो, लंबी आदत से अंधापन पैदा हो जाता है। बहुत बार एक ही बात को दोहराने से, करने से, मजबूत यांत्रिक व्यवस्था हो जाती है।

चोर भी रोज-रोज थोड़े ही अनुभव करता है कि आत्मा पाप में पड़ रही है। नियमित चोरी करने वाला धीरे-धीरे चोरी में इतना गहरा हो जाता है कि अंतःकरण की आवाज फिर सुनाई नहीं पड़ती है। फिर तो किसी दिन चोरी करने न जाए, तो लगता है कि कुछ गलती हो रही है।

लेकिन आत्मा निरंतर आवाज देती है। और इसलिए दूसरी बात आपसे कह दूं कि जब भी आप कोई पहला काम कर रहे हों जीवन में, तब बहुत गौर से आत्मा से पूछ लेना, उस वक्त आवाज बहुत साफ होती है। जितना ज्यादा करते चले जाएंगे, उतनी आवाज धीमी होती चली जाएगी। आदतें मजबूत हो जाएंगी। अशुद्धि ही शुद्धि मालूम पड़ने लगेगी। गंदगी ही सुगंध मालूम पड़ने लगेगी।

आदत दूसरा स्वभाव है। जोर से उसकी पर्त बन जाती है, फिर भीतर की आवाज आनी बंद हो जाती है। फिर खयाल में नहीं आता कि भीतर की

कोई आवाज है। हमने उसको बंद कर दिया, और हमने इतनी बार ठुकराया। अब भी आत्मा बोलती है, लेकिन रोज धीमी हो जाती है, और धीमी आवाज होती चली जाती है। या हम इतने बहरे होते चले जाते हैं आदत से, कि वह आवाज सुनाई नहीं पड़ती है।

इसलिए पहली बार जब भी जो आप कर रहे हों, करने के पहले भीतर देख लेना, निर्बल होते हैं या सबल। जिस चीज से भी सबलता आती हो भीतर, उस चीज को समझना कि वह आत्मा के पक्ष में है। और जिस चीज से निर्बलता आती हो, समझना कि वह विपक्ष में है।

दूसरे पर निर्भर सभी सुख दुर्बल कर जाते हैं। असल में दूसरे के द्वार पर खड़े होना भिखारी होना है। वह भीख कितनी ही सूक्ष्म हो सकती है। इसलिए यह भी हो सकता है कि सिकंदर जैसा आदमी, बहादुर है, तलवार से भयभीत नहीं होता, युद्ध में मौत से नहीं डरता, लेकिन यह इतना बहादुर शेर जैसा आदमी भी घर आकर पत्नी से डरता है। यह क्या बात है? यह पत्नी से क्यों डरता है? इसने दुनिया में किसी और से कभी कुछ नहीं मांगा, लेकिन पत्नी के पास आकर कमजोर हो जाता है।

अक्सर यह होगा कि जो लोग मकान के बाहर बहुत हिम्मतवर दिखाई पड़ेंगे, मकान के भीतर बहुत कमजोर दिखाई पड़ेंगे। और स्त्रियां उनके राज को जानती हैं कि उनके सामने वे किसी गहरे अर्थ में भिखारी हैं। किसी सुख के लिए उन पर निर्भर हैं। उस सुख की निर्भरता उन्हें कमजोर बनाती है।

इसलिए पति चाहे कितनी ही बहादुरी करता हो बाहर, भला किसी युद्ध में चैंपियन हो जाता हो, वह घर आकर पत्नी के सामने एकदम दब्बू हो जाता है। वहां भीख शुरू हो गई। वहां गुलामी शुरू हो गई। वहां कुछ मांगना है उसे। वहां किसी पर निर्भर होना है। बस, उपद्रव शुरू हो गया।

यह मैं पति के लिए नहीं, सभी के लिए कह रहा हूं। जहां भी हम किसी पर कुछ मांगने को निर्भर होते हैं, वहां चित्त दीन होने लगता है।

कृष्ण कहते हैं, अंतःकरण है शुद्ध जिसका।

तो एक, निर्भर नहीं है जो अपने सुखों के लिए किसी पर। दूसरी बात, चित्त में अशुद्धियां, इंप्योरिटीज किस द्वार से प्रवेश करती हैं?

कल-परसों मैंने आपसे बात की कि कामना, आकांक्षा, वासना के द्वार से अशुद्धियां प्रवेश करती हैं। वासना से ग्रस्त, पैसोनेट, इच्छा से भरा हुआ मन, कमजोर भी होता है, अशुद्ध भी होता है, दुखी भी होता है, अंधकार में भी डूबता है। मजा यह है कि इच्छा पूरी हो जाए, तो भी सुख नहीं मिलता! इच्छा पूरी हो जाए, तो भी सुख नहीं मिलता; इच्छा पूरी न हो, तब तो दुख मिलता ही है।

मुझे याद आती है एक यूनानी कथा। सुना है मैंने कि यूनान में एक सम्राट हुआ, मिडास। कहते हैं, सारी पृथ्वी जीत ली है उसने। सुंदर-सुंदर स्वर्ण के महल हैं उसके पास। अदभुत बगीचे हैं। ऐसे अदभुत बगीचे हैं कि एक दिन खबर मिली मिडास को कि स्वर्ग का देवता डिनोशियस उसके बगीचे को देखने आ रहा है। बड़े अदभुत झरने हैं उसके बगीचे में और एक तो उसका अपना बहुत ही प्यारा झरना है। उसने सोचा, डिनोशियस को वह झरना तो दिखाएंगे ही। फिर उसे खयाल आया कि डिनोशियस हो सकता है कि झरने का पानी पीने को आतुर हो जाए। इतना स्फटिक जैसा स्वच्छ जल है वहां! तो उसने एक तरकीब की। सोचा कि यदि डिनोशियस प्रसन्न हो जाए, तो कुछ वरदान मांग लूं। उसने झरने में शराब मिलवा दी।

और जब डिनोशियस आया, तो झरना सचमुच ऐसा सुगंध से भरा था और ऐसा स्फटिक जैसा स्वच्छ था कि उस देवता डिनोशियस को भी स्वर्ग के झरने फीके मालूम पड़े। और उसने कहा कि तुम्हारे झरने का पानी मैं जरूर ही पीऊंगा। उसने पानी पीया, शराब में डूब कर बेहोश हो गया। बेहोशी में मिडास ने उससे वरदान मांग लिया। मांग लिया वरदान कि मैं जो कुछ भी छुऊं, वह सोने का हो जाए। और उस दिन से मिडास जो भी छूता, सोने का हो जाता।

लेकिन मुश्किल शुरू हो गई। सोचता था कि किसी दिन अगर यह वरदान मिल जाए कि जो भी छुऊं सोने का हो जाए, तो मुझसे ज्यादा सुखी कोई भी न होगा। लेकिन मिडास से ज्यादा दुखी आदमी पृथ्वी पर कभी भी नहीं हुआ।

पत्नी को छुआ, वह सोने की हो गई। बेटी को छुआ, वह सोने की हो गई। खाने को छुआ, वह सोने का हो गया। पानी को छुआ, वह सोने का हो गया। एक दिन, दो दिन, भूखा-प्यासा चीखने-चिल्लाने लगा। पागल होने के करीब आ गया। लोग उसे देख कर भागने लगे कि कहीं छू न ले। घर के लोग भी ताले लगा कर अपने कमरों में छिप गए कि कहीं छू न ले। वजीरों ने छुट्टियां ले लीं। सेनापतियों ने कहा, क्षमा करो! पहले इस वरदान से छुटकारा लो, फिर हम आ सकते हैं। द्वारपाल अब तक लोगों से रक्षा करते थे उसकी। अब द्वारपाल बंदूकें उलटी लेकर खड़े हो गए और लोगों की रक्षा करने लगे उससे।

मिडास बड़ी मुश्किल में पड़ गया। चिल्लाता है, रोता है, मगर डिनोशियस का कोई पता नहीं लगता। कहते हैं, मरा; और जब वह मरा, तो उसके मुंह से जो वचन निकले, उसके मरते वक्त भी वह यही कह रहा था, बिफोर गोल्ड किल्स मी, एज इट किल्स आल मेन, डियर डिनोशियस, गिव मी बैक टेन फिंगर टिप्स, दैट लीव दि वर्ल्ड अलोन। इसके पहले कि सोना मुझे मार डाले, जैसा कि सभी को मार रहा है, मार डालता है, प्यारे डिनोशियस, वापस लौटा दो मुझे मेरी वे दस अंगुलियां, जिनसे मैं दुनिया को छुऊं, लेकिन दुनिया उनसे अस्पर्शित रह जाए। लेकिन वह यह कहते हुए ही मरा।

इच्छा पूरी न हो, तब तो दुख देती ही है; इच्छा पूरी हो जाए, तो और भी भयंकर दुख देती है। और दुख गंदगी है। सारे प्राण गंदगी से भर जाते हैं। दुख अंधेरा है, दुख धुआं है। जहां दुख नहीं है प्राणों में, वहां प्राणों की ज्योति उज्ज्वल जलती है, धुएं से मुक्त। ज्योति होती है सिर्फ, धुएं से रिक्त।

तो कृष्ण कहते हैं, अंतःकरण है शुद्ध जिसका...।

वासना के द्वार से जिसने भी खोज की, उसका अंतःकरण शुद्ध नहीं होगा। सड़ेगा। वासना सड़ाती है। उससे ज्यादा सड़ाने वाला और कोई तत्व पृथ्वी पर नहीं है, और कोई केमिकल नहीं है। जितने ढंग से वासना सड़ाती है, उतने ढंग से कोई केमिकल नहीं सड़ाता है। व्यक्ति सड़ता चला जाता है।

तीसरी बात कृष्ण कहते हैं कि जिसने जीता शरीर को; जिसका अंतःकरण शुद्ध है; और जिसने जाना अपने को प्रभु के साथ एक!

दो शर्तें पूरी हों, तो ही तीसरी बात पूरी हो सकती है। शरीर पर हो विजय, तो ही अंतःकरण शुद्ध हो सकता है। नहीं तो शरीर ऐसे रास्तों पर ले जाएगा कि आत्मा अशुद्ध होती ही रहेगी। अंतःकरण हो शुद्ध, आत्मा हो पवित्र, तो उस पवित्रता के क्षण में ही विराट के साथ एकात्म सध सकता है। अपवित्रता दीवाल है। पवित्रता में सब दीवालें गिर जाती हैं। खुले आकाश से मिलन हो जाता है। अपवित्रता की दीवाल ही हमें परमात्मा से अलग किए हुए है। हमारी ही वासनाओं की अपवित्र दीवाल और ईंटें हमें मजबूती से अपने भीतर बंद किए हैं। गिर जाए दीवाल, तो व्यक्ति जान पाता है कि मैं और प्रभु एक हैं।

इस बात को ऐसा भी समझ लें, जो जानता है कि मैं और शरीर एक हैं, वह कभी नहीं जान पाएगा कि मैं और परमात्मा एक हैं। जो जान लेगा, मैं और शरीर भिन्न हैं, वह जान पाएगा कि मैं और परमात्मा एक हैं। ये एक ही सिक्के के दो पहलू हैं। जिसने अपने को शरीर से जोड़ रखा है, वह परमात्मा से टूटा हुआ पाएगा। और जिसने अपने को शरीर से तोड़ा, वह परमात्मा से जुड़ा हुआ पाएगा। जिसकी नजर शरीर से जुड़ी है, उसकी पीठ परमात्मा पर होगी। और जिसकी नजर शरीर से हटी, उसकी आंख परमात्मा पर पड़ जाएगी। इसलिए शरीर से मुक्त, शरीर के पार उठना अनिवार्य है।

शुद्ध अंतःकरण, वासनाओं की गंदगी की दीवाल बीच में नहीं चाहिए, तभी एकात्म—प्रभु और स्वयं के बीच ऐसा मिलन, जैसे मटकी टूट जाए और मटकी के भीतर का पानी सागर के पानी से एक हो जाए। मिट्टी की मटकी सागर के पानी को और गगरी के पानी को अलग-अलग रखती है। मिट्टी टूट जाए, बीच से हट जाए!

लेकिन अगर गगरी का पानी समझता हो कि मैं मिट्टी की गगरी हूं, तब कभी भी नहीं तोड़ेगा। फिर तो मैं ही टूट जाऊंगा! अगर गगरी के भीतर का पानी सोचता हो कि यह मिट्टी की जो पर्त मेरे चारों तरफ गगरी की है, यही मैं हूं, तो

सागर से मिलन कभी भी न होगा। लेकिन पानी को पता चल जाए कि मैं गगरी नहीं, पानी हूं, तो गगरी तोड़ी जा सकती है। और गगरी टूटे, तो भीतर का पानी और बाहर का पानी एक हो जाए। वह जो भीतर की आत्मा और बाहर की आत्मा है, एक हो जाए।

और जब ऐसा हो जाए, तो कृष्ण कहते हैं, ऐसा व्यक्ति सब कुछ करे—सब कुछ, अनकंडीशनली; कोई शर्त नहीं है ऐसे व्यक्ति पर—सब कुछ करे, तो भी कर्म उससे चिपकते नहीं हैं। कर्मों का उस पर कोई भी लेप नहीं चढ़ता है।

इस वक्तव्य से बहुत-से लोगों को कठिनाई होती है। पूछता है आदमी, सब कुछ करे! चोरी करे, बेईमानी करे! तब वह फिर समझा नहीं बात। चोरी-बेईमानी करे, तो यहां तक पहुंचेगा नहीं। यहां पहुंच जाए, तो चोरी करने योग्य कुछ बचता नहीं। चोरी किसकी करे, वह भी नहीं बचता। चोरी कौन करे, वह भी नहीं बचता। मन होगा, पूछेगा कि कृष्ण कहते हैं, ऐसा आदमी कुछ भी करे! तो ऐसे आदमी पर कोई नैतिक बंधन नहीं?

बिलकुल नहीं। क्योंकि नीति के बंधन अभी जिसके ऊपर हैं, उसके भीतर अनीति होनी चाहिए। अनीति के लिए नीति के बंधन जरूरी हैं। और जो अभी अनीति से भरा है, वह तो अभी गंदगी से मुक्त नहीं हुआ, अंतःकरण शुद्ध नहीं हुआ। वह यहां तक आएगा नहीं। यह जो बात है, सब कुछ करे ऐसा व्यक्ति, उसके पहले तीन बातों को स्मरण रख लेना, शरीर पर पाई जिसने विजय, अंतःकरण हुआ जिसका शुद्ध, परमात्मा से जानी जिसने एकता!

इन तीन शर्तों के बाद बेशर्त, कृष्ण कहते हैं, ऐसा व्यक्ति कुछ भी करे। ऐसा व्यक्ति कुछ भी करेगा नहीं, इसीलिए कह पाते हैं कि ऐसा व्यक्ति कुछ भी करे। आपसे नहीं कह रहे हैं। अर्जुन से भी नहीं कह रहे हैं। ये तीन सीढ़ियां पार कर लेने के बाद ऐसा व्यक्ति कुछ भी करे। ऐसे व्यक्ति पर कोई भी नियम नहीं है, कोई नीति नहीं, कोई धर्म नहीं। क्योंकि ऐसा व्यक्ति उस जगह आ गया है, जहां अनीति बची ही नहीं। और जब अनीति न बचती हो, तो नीति की क्या सार्थकता है? अधर्म बचा नहीं। और जहां अधर्म न बचता हो, वहां धर्म बेकार है। और

जिसने स्वयं को प्रभु के साथ एक जाना, जिसकी अस्मिता और अहंकार न बचा, अब कोई उपाय नहीं रहा कि उससे कुछ गलत हो जाए।

हमसे गलत होता है। ज्यादा से ज्यादा गलत हम रोक पाते हैं। ऐसे व्यक्ति से गलत होता ही नहीं। ऐसा व्यक्ति जो भी करता है, वही सही है। हमें वह करना चाहिए, जो सही है; वह नहीं करना चाहिए, जो गलत है। ऐसा व्यक्ति, जिसकी कृष्ण बात कर रहे हैं, जो करता है, वही सही है; जो नहीं करता, वही गलत है। ऐसे व्यक्ति मापदंड हैं। ऐसे व्यक्ति चरम हैं, परम मूल्य है उनका। ऐसे व्यक्ति के लिए जो वक्तव्य है, वह वक्तव्य सबके लिए नहीं है।

अन्यथा चोर भी पढ़कर प्रसन्न होता है गीता के इस वचन को, कि ठीक है, कुछ भी करो! बेईमान भी पढ़ कर प्रसन्न हो सकता है। और यह भी सोच सकता है कि ज्यादा तो हमसे नहीं बनता, पहली तीन चीजें नहीं बनतीं, कम से कम चौथी चीज तो करो ही। जितना बने, उतना ही क्या बुरा है!

नहीं, इसमें क्रम है। तीन के बिना चौथा पढ़ना ही मत। चौथे को काट देना गीता से अभी। जब तीन पूरी हो जाएं, तब तीन को काट देना, चौथी को पढ़ना। बेशर्त, अनकंडीशनल वही व्यक्ति हो सकता, जिसने अनिवार्य तीन शर्तें पूरी कर ली हैं।

यह बात, पश्चिम में जब पहली दफे गीता के अनुवाद हुए, जर्मन, फ्रेंच, अंग्रेजी में, तो वहां भी कठिनाई हुई। उनको भी हैरानी हुई। क्योंकि बाइबिल टेन कमांडमेंट्स के ऊपर नहीं जाती। बाइबिल में एक भी कमांडमेंट ऐसा नहीं है, एक भी आदेश ऐसा नहीं है, कि जो करना हो, करो। बाइबिल कहती है, चोरी मत करो; बेईमानी मत करो; दूसरे की औरत को बुरी नजर से मत देखो; यह सब कहती है पड़ोसी को प्रेम करो; यह सब कहती है। ऐसा एक भी वक्तव्य बाइबिल में नहीं है, जो इसके मुकाबले हो। जो वक्तव्य यह कहता हो कि अब तुम्हें जो भी करना हो, करो।

तो जब पहली दफा गीता का अनुवाद हुआ, तो कठिनाई मालूम पड़ी। स्पष्ट लगा बाइबिल को पढ़ने वाले और प्रेम करने वाले लोगों को कि यह किताब तो थोड़ी-सी इम्मारल मालूम होती है, अनैतिक मालूम होती है।

इसमें ऐसी बात भी है, कुछ भी करो! तो फिर टेन कमांडमेंट्स का क्या हुआ, चोरी मत करो, बेईमानी मत करो, व्यभिचार मत करो! उनका क्या होगा? क्या व्यभिचार भी करो?

उन्हें पता नहीं कि जीसस जिन लोगों से बोल रहे थे, उनसे यह चौथी बात नहीं कही जा सकती थी। जिस समाज में बोल रहे थे, उस समाज में यह चौथी बात नहीं कही जा सकती थी। जिन लोगों के बीच बोल रहे थे, उनके जीवन का एक स्तर था, समझ की एक सीमा थी। ध्यान रहे, जीसस अत्यंत ही अविकसित समाज में बोल रहे थे, नहीं तो सूली न लगती। नासमझों के बीच बोल रहे थे।

कृष्ण नासमझ से नहीं बोल रहे हैं। कृष्ण एक बहुत संभावी आत्मा से बोल रहे हैं, जिसका बहुत विकास संभव है। एक बुद्धिमान आदमी से बोल रहे हैं, जो धर्म के संबंध में बहुत कुछ जानता है। अनुभव नहीं है उसे; जानता है, सुना है, पढ़ा है, सुशिक्षित है, सुसंस्कृत है। अर्जुन जैसे सुसंस्कृत आदमी कम होते हैं। उस जमाने में, जिसको हम कहें, शिखर पर जो संस्कृति के रहा होगा, ऐसा व्यक्तित्व है। कृष्ण भी जिसको सखा मान सकते हों, मित्र मान सकते हों, वह संस्कृति के शिखर पर है। उससे बात कर रहे हैं। जानते हैं, भूल नहीं हो पाएगी। इसलिए तीन शर्तों के बाद चौथी बात भी कह देते हैं।

जीसस ने कभी ऐसी बात नहीं कही। मोहम्मद ने कभी ऐसी बात नहीं कही। मोहम्मद और जीसस एक लिहाज से अभागे समाज में पैदा हुए, उन लोगों के बीच, जिनसे इतनी ऊंची बातें नहीं कही जा सकती थीं। ऊंची बातें कहने का अवसर, समय और स्थिति उनको नहीं मिली।

इसलिए गीता को जो पढ़ता है, उसे कुरान कभी फीका लग सकता है। लेकिन इसमें ज्यादती कर रहे हैं। कुरान को फीका मत देखना। जो गीता को पढ़ता है, उसे बाइबिल उतनी गहरी नहीं मालूम पड़ेगी। लेकिन ज्यादती मत करना।

जीसस और मोहम्मद, कृष्ण जैसे ही गहरे व्यक्ति हैं। लेकिन अर्जुन जैसा शिष्य पाना सदा आसान नहीं है। बात तो अर्जुन से कही जा रही है, इसलिए तीन शर्तें पूरी करके उन्होंने चौथी, अंतिम, दि अल्टिमेट, आखिरी बात भी कह दी कि फिर व्यक्ति कुछ भी करे, उस पर कोई नियम, कोई मर्यादा नहीं है।

राम की भी हिम्मत नहीं होती यह कहने की। राम भी मोहम्मद और जीसस से ऊंची बात नहीं कह पाते हैं। मर्यादा पुरुषोत्तम हैं। मर्यादा की बात करते हैं। इस बात से तो राम भी थोड़े चौंकते कि कुछ भी करे! इससे राम को भी अड़चन पड़ती! राम नैतिक चिंतन की पराकाष्ठा हैं।

लेकिन धर्म वहीं शुरू होता है, जहां नीति समाप्त होती है। धर्म आगे की यात्रा है और, जहां सब नियम गिर जाते हैं। क्योंकि नीति के नियम, माना कि बहुत सुंदर हैं, लेकिन नियम ही हैं। माना कि मर्यादाएं बड़ी अदभुत हैं, लेकिन मर्यादाएं ही हैं। माना कि दीवारें सोने की हैं, लेकिन फिर भी दीवारें हैं। माना कि बंधन नीति के सोने के हैं, लोहे की जंजीरें नहीं हैं; हीरे-जवाहरातों से जड़ी हैं, लेकिन फिर भी जंजीरें हैं।

कृष्ण तो परम मुक्ति की बात कर रहे हैं। वे कह रहे हैं, ये तीन शर्त तू पूरी कर, फिर तू कुछ भी कर। फिर अगर तू भागता भी हो यहां से, तो मैं तुझसे नहीं कहूंगा कि तू रुक। तू लड़ता हो, तो मैं नहीं कहूंगा कि मत लड़। लेकिन ये तीन शर्त पूरी हो जानीं चाहिए।

इस लिहाज से इस जमीन पर जगत के श्रेष्ठतम वक्तव्य दिए जा सके हैं। पृथ्वी पर किसी भी देश में इतने श्रेष्ठ वक्तव्य देने की स्थिति कभी भी पैदा नहीं हुई थी। इतनी उड़ान की और इतनी ऊंची बात, बादलों के पार, जहां सब अतिक्रमण हो जाता है, वहीं है परम स्वतंत्रता और परम मुक्ति। ऐसे व्यक्ति को कोई भी कर्म नहीं बांधता है।

प्रश्नः आपने कर्म-संन्यास का अर्थ कर्म-त्याग कहा है। लेकिन पिछले छठवें श्लोक में कर्म-संन्यास का अर्थ संपूर्ण कर्मों में कर्तापन का त्याग कहा गया है। कृपया कर्म-संन्यास के इन दो अर्थों में दिखाई पड़ने वाली भिन्नता को स्पष्ट करें।

कर्म-संन्यास का बहिर्अर्थ तो कर्म का त्याग है। अंतर्अर्थ भी है। क्योंकि मनुष्य के जीवन में जो भी घटना घटेगी, उसके दो पहलू होंगे, बाहर भी,

भीतर भी। अगर कर्म-संन्यासी को आप देखेंगे बाहर से, तो दिखाई पड़ेगा कि कर्म का त्याग किया।

महावीर चले जंगल की तरफ; छोड़ दिया राजमहल, धन, घर, द्वार, प्रियजन, परिजन। हम देखने खड़े होंगे मार्ग में, तो क्या दिखाई पड़ेगा? दिखाई पड़ेगा कि महावीर जा रहे हैं सब छोड़ कर। कर्म छोड़ कर जा रहे हैं। अगर हम कहेंगे कि महावीर के कर्म संन्यास का क्या अर्थ है? तो अर्थ होगा, कर्म का त्याग। लेकिन अगर महावीर से पूछें कि उनके भीतर क्या हो रहा है? क्योंकि घर-द्वार, महल, हाथी, घोड़े भीतर नहीं हैं। कर्म, प्रिय, परिजन भीतर नहीं हैं। भीतर क्या है?

जब बाहर से कोई कर्म छोड़ता है, तो भीतर क्या छूटता है? भीतरी हिस्सा क्या है कर्म का? भीतरी हिस्सा कर्ता है, दि डुअर। डूइंग बाहर है; डुअर भीतर है। ये एक ही घटना के दो हिस्से हैं। बाहर कर्म छूटे, तो भीतर कर्ता विदा हो जाएगा। सच में ही कर्म छूट जाए, तो कर्ता तत्काल विदा हो जाएगा, क्योंकि कर्म के बिना कर्ता हो नहीं सकता। कर्ता का मतलब ही यह है कि जो कर्म करता है।

लेकिन भाषा में गलती होती है। एक पंखा है आपके हाथ में। मैं पूछता हूं, पंखे का क्या अर्थ है? आप कहते हैं, जो हवा करता है। लेकिन अभी पंखा हवा नहीं कर रहा है, आप हाथ में पकड़े हुए बैठे हैं। अभी पंखा है या नहीं? पंखे की परिभाषा है, जो हवा करता है; डोलता है, हवा करता है। अभी डोल नहीं रहा है। तो अगर ठीक सिमैनटिक्स, ठीक भाषा का प्रयोग करें, तो अभी वह पंखा है नहीं। पंखा तो वह है, जो पंख की तरह हवा करता है। पोटेंशियल है अभी, कर सकता है। इसलिए हम कामचलाऊ दुनिया में कहते हैं, पंखा है। इसका मतलब यह है कि पंखा हो सकता है। इसका उपयोग करें, तो यह पंखे का काम दे सकता है।

एक किताब रखी है। किताब का मतलब यह है कि जिसमें कुछ ज्ञान संगृहीत है। लेकिन मैं किताब उठा कर आपके सिर पर मार देता हूं, उस वक्त वह

किताब नहीं है। उस वक्त वह पत्थर का काम कर रही है। भाषा में तो अब भी किताब है। हम कहेंगे, किताब फेंक कर मार दी। लेकिन किताब, किताब का मतलब ही यह है कि जिसमें ज्ञान संगृहीत है। कहीं संगृहीत ज्ञान फेंक कर मारा जा सकता है? लेकिन जब मैं किताब को फेंक कर मार रहा हूं, तो वस्तुतः मैं किताब का उपयोग किताब की तरह नहीं कर रहा हूं, पत्थर की तरह कर रहा हूं। अगर वैज्ञानिक ढंग से कहना हो, तो उसको अब किताब नहीं कहना चाहिए। अब वह किताब नहीं है। अब इस वक्त वह पत्थर है।

जब तक आप कर्म कर रहे हैं, तब तक आप कर्ता हैं। कर्म बंद हुआ, कर्ता खो गया। कर्ता बचता नहीं। इससे उलटा भी सही है। कर्ता खो जाए, कर्म खो जाता है।

जहां तक दूसरों के देखने का संबंध है, वहां पहले कर्म खोता है। और जहां तक स्वयं के देखने का संबंध है, पहले कर्ता खोता है। अगर मैं अपने भीतर से देखूं, तो पहले मेरा कर्ता खो जाएगा, तभी मेरा कर्म खोएगा। पहले मैं कर्ता नहीं रह जाऊंगा, तभी मेरा कर्म गिर जाएगा। लेकिन जहां तक आप देखेंगे, पहले कर्म गिरेगा, पीछे आप अनुमान लगाएंगे कि कर्ता भी खो गया होगा। क्योंकि मेरे भीतर के कर्ता को आप देख नहीं सकते, सिर्फ मैं ही देख सकता हूं।

इसलिए कृष्ण जो कह रहे हैं कि जहां कर्तृत्व खो गया, जहां कर्ता खो गया! यह अंतर्व्याख्या है। भीतर से साधक को जानना पड़ेगा कि मेरा जो करने वाला था, वह अब नहीं रहा। अब कोई करने वाला भीतर नहीं है।

कब खोता है करने वाला? इसके लिए भी दो-तीन सूत्र खयाल में लेंगे, तो उपयोगी होंगे। साधक की दृष्टि से बड़ी कीमत के हैं।

या तो कर्ता तब खोता है, जब आप समझें कि मैं शून्यवत हूं; हूं ही नहीं। समझें कि मैं क्या हूं? कुछ भी तो नहीं; मिट्टी का एक ढेर। कभी आंख बंद करके देखें, तो क्या पता चलता है? क्या हूं? सांस की धड़कन? क्या हूं? जैसे कि लोहार की धौंकनी चलती हो। कभी सांस को चलने दें, आंख बंद कर लें। और भीतर खोजें कि मैं कौन हूं!

क्या पता चलेगा? बस इतना ही पता चलेगा कि धौंकनी चल रही है। लोहार की धौंकनी ऊपर-नीचे हो रही है। श्वास भीतर आ रही है, बाहर जा रही है। अगर पूरे शांत होकर देखेंगे, तो सिवाय श्वास के चलने के कुछ भी पता नहीं चलेगा। क्या श्वास का चलना भर इतनी बड़ी बात है कि मैं कहूं कि मैं हूं! और फिर श्वास भी मैं तो नहीं चला रहा हूं! जब तक चलती है, चलती है; जब नहीं चलती है, तो नहीं चलती है। जिस दिन नहीं चलेगी, मैं चला नहीं सकूंगा। एक श्वास भी नहीं ले सकूंगा, जिस दिन नहीं चलेगी। श्वास ही चल रही है; वह भी मैं नहीं चला रहा। पता नहीं कौन अज्ञात शक्ति चला रही है! बस, इतना-सा खेल है। इस इतने से खेल को इतनी अकड़ से क्यों ले रहा हूं?

तो एक मार्ग तो है कि मैं खोजूं कि मैं हूं क्या! तो पता चले कि कुछ भी नहीं हूं।

बुद्ध का यह मार्ग है। बुद्ध कहते हैं, खोजो, तुम क्या हो! क्या-क्या हो, खोज लो। थोड़ी-सी मिट्टी है, थोड़ा-सा पानी है, थोड़ी-सी आग है, थोड़ी-सी हवा है।

वैज्ञानिक से पूछें, तो वह कहता है, कोई चार और पांच रुपये के बीच का सामान है। थोड़ा एल्युमिनियम भी है, थोड़ा तांबा भी है, थोड़ा लोहा भी है। मुश्किल से चार-पांच रुपये के बीच; चार-पांच इसलिए कि दाम घटते-बढ़ते रहते हैं! बाकी इससे ज्यादा का सामान नहीं है आदमी के पास। हालांकि मर जाए, तो इतना पैसा भी मिल नहीं सकता। पांच रुपये में भी कोई खरीदने को राजी नहीं होगा। क्योंकि वह सामान भी इतना उलझा हुआ है कि उसको निकालने में बहुत रुपये लग जाएं। वह पांच रुपये के लायक नहीं है! बहुत गहरी खदान है। खोदने में ज्यादा पैसा खराब होगा, निकलेगा कुछ खास नहीं। इसीलिए तो जला देते हैं या गाड़ देते हैं। आदमी के शरीर का अब तक कोई उपयोग नहीं है।

तो बुद्ध कहते हैं कि खोजो कि तुम क्या-क्या हो? कुछ थोड़ी-सी चीजों का जोड़ हो। सांस चल रही है इस धौंकनी में। बस, यही हो? कहोगे कि थोड़े विचार भी हैं मेरे पास। माना। विचार भी क्या हैं? हवा में बने हुए खिलौने। पानी

पर खींची गई रेखाएं। बहुत इम्मैटीरियल। क्या मतलब है! और एक आदमी की गर्दन काट कर खोजो, तो विचार कहीं भी नहीं मिलते। हवा के झोंके की तरह हैं। हवा के झोंके में पत्ते हिलते रहते हैं, जिंदगी के धक्के में विचार हिलते रहते हैं। किसी ने गाली दी, धक्का आया भीतर, थोड़े विचार हिलने लगे। गाली उठने लगी। किसी ने प्रशंसा की, गले में माला डाल दी, भीतर हवा का धक्का पहुंचा। बड़े प्रसन्न हो गए; छाती फूल गई; सांस जरा जोर से चलने लगी।

तो बुद्ध कहते हैं, जरा ठीक से देख लो कि तुम्हारा पूरा जोड़ क्या है। इसी जोड़ पर इतने अकड़े हुए हो? तो बुद्ध कहते हैं, संघात हो, सिर्फ एक जोड़ हो। नाहक परेशान मत होओ। शून्य समझो अपने को। जो इस जोड़ को ठीक से समझ ले, वह शून्यवत हो जाएगा। शून्यवत हो जाए, तो कर्ता खो जाता है।

एक और रास्ता है। वह रास्ता यह है कि न मैं पैदा हुआ; न मैं मरूंगा अपने हाथ से, न अपने हाथ से पैदा हुआ। जन्मते वक्त कोई मुझसे पूछता नहीं कि जन्मना चाहते हो? मरते वक्त कोई मुझसे दस्तखत नहीं करवाता कि अब आपके इरादे जाने के हैं? मुझसे कोई पूछता ही नहीं। मैं बिलकुल गैर-जरूरी हूं। जिंदगी मेरी, कहता हूं कि जिंदगी मेरी। और मुझसे बिना पूछे भेज दिया जाता हूं! कहता हूं, जिंदगी मेरी। और मुझसे बिना पूछे विदा कर दिया जाता हूं! कोई मुझसे इसके लिए भी नहीं पूछता कि आप जाना चाहते हैं, आना चाहते हैं, क्या इरादे हैं? नहीं, मेरी कोई पूछताछ ही नहीं है।

तो एक दूसरा मार्ग है, जो है नियति का, डेस्टिनी का। उस मार्ग से ही भाग्य की बहुत गहरी धारणा पैदा हुई। हमने तो उसके बहुत दुरुपयोग किए, लेकिन वह धारणा बड़ी गहरी है। वह यह कहती है कि मैं हूं ही नहीं, भाग्य है। न मालूम कौन मुझे पैदा कर देता, न मालूम कौन मुझे चलाता, न मालूम कौन मुझे विदा कर देता। मैं कुछ भी नहीं हूं।

एक सूखा पत्ता हवाओं में उड़ता हुआ। हवाएं जहां ले जाती हैं, चला जाता है। पत्ते की कोई आवाज नहीं, पत्ते की कोई पूछ नहीं। पत्ता कहे कि मुझे पूरब जाना है; कोई सुनता ही नहीं। पत्ता पश्चिम चला जाता है! पत्ता कहे, मुझे जमीन

पर विश्राम करना है, हवाएं उसे आकाश में उठा देती हैं। तो नियति की एक धारणा है, वह हिंदू विचार की बहुत गहरी धारणा है।

बुद्ध ने शून्य का प्रयोग किया, हिंदू विचार ने नियति का प्रयोग किया। और कहा कि सब नियंता के हाथ में है। पता नहीं कौन अज्ञात, कोई अननोन शक्ति भेज देती है, वही बुला लेती है। जब हम कुछ हैं ही नहीं, तो हम नाहक क्यों इतराए हुए घूमें? क्यों परेशान हों? परमात्मा है, उसके हाथ में छोड़ देते हैं। तब कर्ता शून्य हो जाता है। जब हम कुछ करने वाले नहीं, तो जो उसकी मर्जी है, वह करा लेता है। नहीं मर्जी है, नहीं कराता है। ऐसा जो अपने को छोड़ दे पूरी तरह समर्पण में, तो भी कर्ता खो जाता है।

तीसरा एक रास्ता और है। और वह तीसरा रास्ता है, उसको जान लेने का, जो हमारे भीतर है। कृष्ण का वही रास्ता है, उसको जान लेने का, जो हमारे भीतर है। महावीर का भी वही रास्ता है।

निरंतर कहे चले जाते हैं, मैं, मैं, मैं। बिना इसकी फिकर किए कि यह मैं कौन है? क्या है? इसका हम कोई पता नहीं लगाते। भीतर प्रवेश करें। इसके पहले कि मैं कहें, ठीक से जान तो लें, यह मैं किसको कह रहे हैं। जितने भीतर जाते हैं, उतना ही मैं खोता जाता है–जितने भीतर। जितने ऊपर आते हैं, उतना मैं होता है। जितने भीतर जाते हैं, उतना मैं खोता जाता है। एक घड़ी आती है कि आप तो होते हैं और मैं बिलकुल नहीं होता। एक ऐसा बिंदु आ जाता है भीतर, जो बिलकुल ईगोलेस, बिलकुल मैं शून्य है; जहां मैं की कोई आवाज ही नहीं उठती।

उसको जान लें, तो कर्ता खो जाता है। क्योंकि उसको जान लेने के बाद मैं का भाव नहीं उठता; और मैं का भाव न उठे, तो कर्ता निर्मित नहीं होता। कर्ता के निर्माण के लिए मैं का भाव अनिवार्य है। मैं की ईंट के बिना कर्ता का भाव निर्मित नहीं होता।

ये तीनों एक अर्थ में एक ही बात हैं। चाहे जान लें कि मैं कुछ भी नहीं हूं, तो भी कर्ता गिर जाता है। जान लें कि परमात्मा सब कुछ है, तो भी कर्ता गिर

जाता है। जान लें कि मैं ऐसी जगह हूं, जहां मैं है ही नहीं, तो भी कर्ता गिर जाता है। तीनों स्थितियों से कर्ता शून्य हो जाता है। भीतर कर्ता शून्य होता है, बाहर कर्म गिर जाते हैं। वह उसका ही दूसरा हिस्सा है।

दोनों तरफ से चल सकते हैं। बाहर कर्म को छोड़ दें पूरी तरह अगर, तो भीतर कर्ता को न बचा सकेंगे। वह गिर जाएगा। भीतर कर्ता को विदा कर दें, तो बाहर कर्म को न बचा सकेंगे; वह खो जाएगा। कर्म-संन्यास की जो बहिर्व्याख्या है, वह कर्म-त्याग है। कर्म-संन्यास की जो अंतर्व्याख्या है, वह कर्ता-त्याग है।

प्रश्न : इसी संबंध में एक बात और स्पष्ट कर लेने को है। कृष्ण कर्म-संन्यास अर्थात कर्मों में कर्तापन के त्याग को अर्जुन के लिए कठिन बता रहे हैं। तथा निष्काम कर्मयोग को सरल बता रहे हैं। कृपया स्पष्ट करें कि कर्मों में कर्तापन के त्याग के बिना निष्काम कर्म कैसे संभव होता है?

कृष्ण अर्जुन से कह रहे हैं कि यह जो उन्होंने कर्म-संन्यास की बात कही है, यह कठिन है। और निष्काम कर्म की जो दूसरी पद्धति कही है, वह सरल है। निष्काम कर्म की पद्धति में कर्म भी नहीं छोड़ना पड़ता, कर्ता भी नहीं छोड़ना पड़ता। न कर्म के त्याग का सवाल है, न कर्ता के त्याग का सवाल है। प्राथमिक शर्त नहीं है वह। निष्काम कर्मयोग में सिर्फ कर्म के फल को छोड़ना पड़ता है— सिर्फ कर्म के फल को। यद्यपि कर्म का फल जिस दिन छूट जाता है, उस दिन कर्ता छूट जाता है। लेकिन वह परिणाम है।

कर्म-संन्यास में जो पद्धति सीढ़ियां बनाती है, निष्काम कर्मयोग में वह पद्धति परिणाम में आती है। फल छोड़ दो! फल छूटा, तो कर्ता नहीं बचता है। और जब कर्ता न बचे, तो कर्म अभिनय रह जाता है, खेल! दूसरों के लिए, अपने लिए नहीं। अपने लिए समाप्त हुआ।

ठीक ऐसे ही, जैसे पिता अपने बच्चे के साथ खेल रहा है। उसकी गुड़िया को सजा रहा है, उसके गुड्डे को तैयार करवा रहा है। बारात निकलवा रहा है।

उसके लिए खेल है अब। बच्चे के लिए खेल नहीं है। खेल में सम्मिलित है, सम्मिलित होने से बिलकुल सम्मिलित नहीं है। सम्मिलित है पूरा, पर कहीं भी इनवाल्व्ड, कहीं भी डूबा हुआ नहीं है। मौज से खेल रहा है। बच्चा तो बहुत उद्विग्न और परेशान रहेगा कि पता नहीं गुड्डा ठीक बनता है कि नहीं! कोई वधू राजी होती है कि नहीं! पता नहीं शादी निपट पाएगी ठीक से कि नहीं निपट पाएगी! कोई अड़चन तो नहीं आ जाएगी! कोई ग्रह, मंगल बाधा तो नहीं देंगे! कोई पंडित पत्री में उपद्रव तो खड़ा नहीं करेगा! बच्चा बहुत चिंतित है। उसके लिए खेल नहीं है। उसके लिए मामला गंभीर है; काम है। बाप मजे से खेल रहा है साथ में। कर्म तो कर रहा है, भीतर कर्ता बिलकुल नहीं है।

कर्म तो कर रहा है, कर्ता क्यों नहीं है? क्योंकि बच्चा फल में उत्सुक है, एक्साइटेड है, उत्तेजित है। सांझ बैंड-बाजे बजेंगे, बारात निकलेगी। भारी काम उसके सिर पर है। सब ठीक से निपट जाए, इसकी चिंता है। सारे मित्र इकट्ठे होने वाले हैं, कोई भूल-चूक न हो जाए। चिंतित है, उद्विग्न है, परेशान है। हो सकता है, रात भर नींद न आए। रात भर सपने में भी शादी करे, तैयारियां करे। उठ-उठ कर बैठ जाए। यह सब हो सकता है। लेकिन पिता भी वही तैयारी कर रहा है, लेकिन कोई फल का सवाल नहीं है। सांझ क्या होगा, इससे कोई मतलब नहीं है। खेल है, फल का कोई सवाल नहीं है।

कृष्ण कहते हैं, दूसरी बात अर्जुन, सरल है कि तू फल का खयाल छोड़ दे और कर्म में लगा रह।

फल का खयाल छोड़ते ही कर्ता तो गिर जाएगा। क्योंकि फल अगर न हो, तो कर्ता को कोई मजा ही नहीं है; उसको बचने का कोई रस नहीं है। मैं कर्म करने से नहीं बचता हूं; मैं बचता हूं, कर्म से जो मिलेगा, उसकी आकांक्षा से, उसको पाने से, उसको इकट्ठा करने से। मेरा जो लोभ है, वह फल के लिए है।

अगर आपको कोई कहे कि आप जो कर्म कर रहे हैं, यह बिना किए आपको फल मिल सकता है, आप कर्म करने को राजी नहीं होंगे। आप कहेंगे, बिलकुल ठीक। यही तो हम पहले से चाहते थे। नहीं मिल सकता था बिना कर्म

के, इसलिए कर्म करते थे। अगर बिना कर्म के मिल सकता है, तो सिर्फ पागल ही कर्म करने को राजी होगा। हम अभी तैयार हैं।

आपकी उत्सुकता कर्म में नहीं है; कर्म मजबूरी है। आपकी उत्सुकता फल में है। फल आकांक्षा है, कर्म मजबूरी है। कर्म करना पड़ता है, क्योंकि उसके बिना फल नहीं है। फल मिल जाए बिना कर्म के, तो कर्म फौरन छोड़ देंगे आप।

कर्ता का रस कहां है, कर्म में या फल में? कर्ता का रस फल में है। दिखता है जुड़ा हुआ कर्म से, असल में जुड़ा है फल से। कर्ता जो है, वह एरोड टुवर्ड्स दि रिजल्ट। उसका तीर जो है, वह हमेशा फल की तरफ है। कर्म की तरफ तो मजबूरी है।

इसलिए जिनको भी फल मिल सकता है बिना कर्म के, वे जरूर फल को बिना कर्म के पाने की कोशिश करेंगे। जो विद्यार्थी बिना पढ़े पास हो सकता है, वह पढ़ना छोड़ देगा। अगर सरल कर्म से काम हो सकता है, कि शिक्षक को जरा छुरा दिखाने से काम हो सकता है, तो सरल कर्म कर लेगा। चोरी से हो सकता है, तो उससे कर लेगा। साल भर का उपद्रव छोड़ देगा, दो-चार दिन में हो सकता है, उससे कर लेगा। रिश्वत से हो सकता है, उससे कर लेगा।

किसी का भी रस कर्म में नहीं है। ध्यान रहे, दुनिया में रिश्वत न हो, बेईमानी न हो, अगर लोगों का रस कर्म में हो। रस तो है फल में, तो फल फिर जैसे मिल जाए, उससे ही आदमी पा लेता है। और कम कर्म से मिल जाए, तो और बेहतर है। खुशामद से मिल जाए, और बेहतर।

मंदिर में जाकर लोग परमात्मा के सामने खुशामद कर रहे हैं, स्तुति कर रहे हैं, रिश्वत का वचन दे रहे हैं कि एक नारियल चढ़ा देंगे पांच आने का, जरा लड़के को पास करा दो! पक्का रहा, पांच आने का नारियल जरूर देंगे।

अब जिसके पास सब कुछ हो, उसको आप पांच आने का नारियल और देने का वायदा कर रहे हैं! अगर मान जाए, तो बुद्धू है। अगर परमात्मा आपकी मान जाए पांच आने के नारियल से, तो बुद्धू है निपट! लेकिन बुद्धू आप ही हैं। क्या देने गए हैं? क्या रिश्वत बता रहे हैं?

इसलिए भारत जैसे मुल्क में इतनी रिश्वत बढ़ सकी, उसका कारण है गहरे में कि हम तो रिश्वत देने वाली पुरानी कौम हैं। हम तो भगवान को सदा से—जब भगवान तक रिश्वत में पांच आने के राजी होता है, तो डिप्टी कलेक्टर नहीं होगा? तो कोई डिप्टी कलेक्टर भगवान से बड़ी चीज है? कि कोई मिनिस्टर कोई भगवान से बड़ी चीज है? अरे! हम भगवान को भी रास्ते पर ले आते हैं पांच आने का नारियल चढ़ाकर! मिनिस्टर है बेचारा! इसको तो निपटा ही लेंगे। और जब मिनिस्टर देखता है कि भगवान तक नहीं छोड़ रहे हैं नारियल, तो हम काहे को छोड़ें!

और अगर किसी दिन कोई दिक्कत भी आई भगवान के सामने, तो कह देंगे कि तुम तो हजारों साल से ले रहे हो; हमने तो अभी-अभी, अभी यही कोई बीस साल पहले शुरू किया। इतना अनुभव भी नहीं है। और तुम तो सदा से बैठे हो सिंहासन पर, तुम्हें कोई जल्दी भी नहीं है। हमारे सिंहासन का कोई भरोसा ही नहीं है। तो जितनी जल्दी ले लें, ले लेते हैं।

यह जो हमारा चित्त है, वह सदा फल के लिए उत्सुक है। इसलिए कुछ भी कर्म से बच सके और फल मिल जाए, तो हम ले लेंगे। इसलिए कृष्ण कहते हैं कि निष्काम कर्मयोग चिंता नहीं करता कि तुम कर्म छोड़ो। वह चिंता करता है कि तुम फल छोड़ो। तुम फल की फिकर छोड़ दो।

और फल की फिकर दो तरह से छोड़ी जा सकती है। एक रास्ता तो यह है कि हम मान लें कि परमात्मा है; जो उसकी मर्जी। वह नियतिवादी जो मैंने बात कही, जो मानता है कि नियति है, परमात्मा को फल देना है, देगा; नहीं देना है, नहीं देगा। जो नियति की धारणा से जीता है गहरे में, वह छोड़ पाता है। वह कहता है, ठीक है; फल हमारे हाथ में नहीं है; परमात्मा जाने। हम ही हमारे हाथ में नहीं हैं, तो फल भी हमारे हाथ में कैसे हो सकता है?

या फिर वह फल छोड़ देता है, दूसरा, जो कि मानता है कि मैं तो हूं ही नहीं। मिट्टी का जोड़ हूं। मुझसे क्या फल आएगा! मैं क्या फल निकाल पाऊंगा! ना-कुछ हूं, मुझसे कुछ भी निकलने वाला नहीं है। बुद्ध का मार्ग है, वह कहता

है, कुछ निकलने वाला नहीं है, इसलिए फल छोड़ देता है। मैं ही नहीं हूं, तो फल लेगा कौन? इसलिए फल छोड़ देता है।

तीसरा भी मार्ग है, वह कृष्ण का मार्ग या महावीर का मार्ग, कि पीछे, भीतर प्रवेश करता है और उसको खोज लेता है, जिसे किसी फल की जरूरत नहीं है। उसे खोज लेता है, जिसे सब मिला ही हुआ है। इसलिए कोई मांग नहीं रह जाती। तो भी फल गिर जाता है। फल गिर जाए, तो कर्ता खो जाता है। लेकिन निष्काम कर्म में कर्म बना रहता है और कर्म-संन्यास में कर्म भी गिर जाता है, उतना ही फर्क है।

अर्जुन से कहते हैं कृष्ण कि सरल है निष्काम कर्म। अर्जुन को देख कर कहते हैं, मैं फिर दोहरा दूं। जरूरी नहीं है कि आपके लिए भी सरल हो। अर्जुन से कहते हैं कि तेरे लिए सरल है अर्जुन, निष्काम कर्म। अर्जुन के लिए आसान है फल को छोड़ना। कर्म को छोड़ना कठिन है।

इसके लिए दो-तीन बातें खयाल में ले लें।

मां के पेट में सात महीने का बच्चा करीब-करीब पच्चीस प्रतिशत निर्मित हो जाता है; पच्चीस प्रतिशत। बाकी पचहत्तर प्रतिशत बाकी सत्तर साल में निर्मित होगा। सात महीने का बच्चा पच्चीस प्रतिशत बिलकुल निर्मित हो जाता है, जिसमें अब कोई अंतर नहीं पड़ेंगे। सात साल का बच्चा तो पचहत्तर प्रतिशत निर्मित हो जाता है, जिसमें अब कोई फर्क नहीं पड़ेंगे। जिंदगी, जब हम पाते हैं जीने के लिए, खड़े होते हैं, तब तक करीब-करीब हमारे भीतर तय हो गई होती है। उसका एक पैटर्न, उसका एक ढांचा निर्मित हो गया होता है।

अर्जुन आज युद्ध के मैदान पर खड़ा है, कोरी स्लेट की तरह नहीं। अगर कोरी स्लेट की तरह होता, तो कृष्ण उससे कहते कि ये दो रास्ते हैं, तू कोई भी लिख ले; दोनों ही सरल हैं। क्योंकि तेरी स्लेट कोरी है। कुछ भी लिख। जो भी लिखेगा, वही काम दे जाएगा। लेकिन अर्जुन कोरी स्लेट की तरह नहीं खड़ा है। बहुत कुछ लिखा जा चुका है। जगह अब कुछ और लिखने को है नहीं; भरा हुआ खड़ा है। क्षत्रिय होना निर्णीत हो चुका है। क्षत्रिय होना उसका पूरा हो चुका है। अब उसको ब्राह्मण बनाने की कोशिश बड़ी उपद्रव की है।

ब्राह्मण बनाने का मतलब है, नई, अ ब स से शुरू करनी पड़ेगी यात्रा। अर्जुन को अगर वापस उसकी मां के पेट में, गर्भ में ले जाया जा सके, तो फिर से बात हो सकती है। अन्यथा नहीं हो सकती है। या फिर उसका पूरा ब्रेनवाश करना पड़े। तब कृष्ण के वक्त में उसका उपाय नहीं था; अब है। उसकी खोपड़ी बिलकुल साफ करनी पड़े बिजली के धक्कों से। हालांकि जरूरी नहीं है कि खोपड़ी साफ करने के बाद वह कोई बेहतर आदमी बन सके। जरूरी नहीं है। बहुत डर तो यही है कि वह आदमी सदा के लिए लंगड़ा हो जाए। क्योंकि तीस साल की उम्र में अगर हम किसी आदमी के मस्तिष्क को फिर से साफ करें, तो उसकी उम्र तो तीस साल होगी और पहले दिन के बच्चे जैसा व्यवहार करेगा। बहुत उपद्रव का मामला है।

तो अर्जुन एक सुनिश्चित व्यक्तित्व लेकर खड़ा है, एक पर्सनैलिटी है उसके पास। तो जब कृष्ण उससे कहते हैं कि अर्जुन, तू जो कि कर्म में ही जीया और बड़ा हुआ है, कर्म ही जिसका स्वभाव है, कर्म के बिना जिसने कभी कुछ न जाना, न सोचा, न किया। जिसके व्यक्तित्व की सारी गरिमा उसके कर्म के शिखर पर है। जिसका सारा गौरव, जिसकी सारी चमक, जिसकी सारी सफलता उसके कर्म की कुशलता है। इस आदमी को कृष्ण कहते हैं कि तेरे लिए सरल है कि तू फल को छोड़ दे।

और ध्यान रखें, क्षत्रिय के लिए फल को छोड़ना आसान है, कर्म को छोड़ना कठिन है। क्षत्रिय के लिए फल को छोड़ना आसान है, कर्म को छोड़ना कठिन है। ब्राह्मण के लिए कर्म को छोड़ना आसान है, फल को छोड़ना कठिन है। व्यक्तित्व की बनावटें हैं।

ब्राह्मण वैसे ही कर्म में नहीं होता। ब्राह्मण कर्म के जाल के बाहर खड़ा रहता है। समाज ने फल उसके लिए निश्चित कर रखा था। फल से वह राजी था। कर्म वह सदा से छोड़े हुए था। यद्यपि थोड़ा कर्म करने से ज्यादा फल मिल सकता था, लेकिन नहीं, वह बहुत थोड़े फल से राजी था, लेकिन कर्म की झंझट में नहीं था। कर्म छोड़कर खड़ा था।

अब महावीर या बुद्ध कर्म करें, तो क्या पैदा नहीं कर ले सकते हैं! लेकिन महावीर या बुद्ध भिक्षा का पात्र लेकर दो रोटी भीख मांग लेते हैं। उतने से तृप्त हैं। ब्राह्मण इस देश का सदा से कर्म छोड़कर जीया है। थोड़े-से फल से राजी है, अल्प फल से राजी है। कर्म के छोड़ने में उसे कोई कठिनाई नहीं है।

क्षत्रिय फल को बिलकुल छोड़ सकता है, लेकिन कर्म को नहीं छोड़ सकता। क्षत्रिय के लिए सवाल यह नहीं है कि हारूंगा या जीतूंगा। क्षत्रिय के लिए यह भी सवाल नहीं है कि विजय मिलेगी या हार हो जाएगी। क्षत्रिय के लिए सवाल यह है कि मैं लड़ा या नहीं लड़ा। क्षत्रिय को अंततः निर्णय इससे होगा कि वह लड़ा या नहीं लड़ा। लड़ने से भागा तो नहीं! क्षत्रिय अगर लड़ते हुए मर जाएगा, तो भी भागे हुए क्षत्रिय से ज्यादा शांति से मरेगा। कर्म से नहीं भागा; कर्म से नहीं हटा। लड़ लिया। जो कर सकता था, वह किया। जो हो सकता था, वह हुआ। फल का कोई बड़ा सवाल नहीं है उसके लिए।

और क्षत्रिय अगर फल की सोचे, तो क्षत्रिय नहीं हो सकता। क्योंकि युद्ध के क्षण में फल को भूल जाना पड़ता है। दुकान एक बात है, युद्ध दूसरी बात है। दुकान पर आप बैठ कर आराम से सोच सकते हैं कि क्या लाभ होगा, क्या हानि होगी। क्योंकि कर्म कोई जान नहीं ले रहा है अभी आपकी। ग्राहक कोई आपकी गर्दन नहीं पकड़े हुए है। ग्राहक सामने बैठा है; आप सोच सकते हैं। आज नहीं करेंगे सौदा, कल कर लेंगे। क्षत्रिय के सामने तो कर्म इतना प्रखर है कि अगर वह फल को सोचने में चला जाए, चूक जाए, तो गर्दन कट जाए। उसको तो कर्म में ही होना चाहिए।

इसलिए जापान में, जहां कि क्षत्रियों का शायद आज की दुनिया में जीवित वर्ग है, समुराई। सारी पृथ्वी पर क्षत्रियों का एकमात्र, ठीक जैसा कि अर्जुन रहा होगा। अर्जुन को मैं समुराई कहता हूं! कभी समुराई हमने पैदा किए थे। अब वे नहीं हैं। जापान में एक छोटा-सा वर्ग है, समुराई। लड़ना ही उसका जीवन, उसका आनंद और उसकी कला है।

समुराई के युद्ध का जो सूत्र है, वह यह है कि जब तुम तलवार चलाओ, तब तलवार ही बचे, तुम न बचो। तलवार ही चले। तुम तो अपने को छोड़ो।

तलवार ही हो जाओ। और यह भी मत सोचना कि एक क्षण बाद क्या होगा, क्योंकि एक क्षण के बाद का तुम सोचोगे, तो तुम्हारे सामने की तलवार तुम्हारी गर्दन काट जाएगी। तुम तो अभी देखना, जो हो रहा है। एक क्षण के बाद भी हटे, चेतना इतनी भी हटी, कि चूके।

तो अगर दो समुराई कभी युद्ध में पड़ जाएं, तो बड़ा मुश्किल हो जाता है। युद्ध निर्णायक नहीं हो पाता। बड़ी कठिनाई हो जाती है, क्योंकि दोनों उसी क्षण में जीते हैं। जो भी आगे की सोचता है, वही हार जाता है।

तो क्षत्रिय के लिए सरल है कि फल की फिकर छोड़ दे। वैश्य के लिए सरल नहीं है कि फल की फिकर छोड़ दे। वैश्य कह सकता है, कर्म छोड़ सकते हैं। फल! फल जरा छोड़ना मुश्किल है। क्षत्रिय कह सकता है, फल छोड़ सकते हैं। लेकिन कर्म! कर्म छोड़ना जरा मुश्किल है। ट्रेनिंग है, प्रशिक्षण है।

तो कृष्ण अर्जुन से कह रहे हैं कि तेरे लिए सुगम है, सरल है, फल की आकांक्षा छोड़, युद्ध में उतर जा। कर्म पूरा कर और शेष प्रभु पर छोड़ दे। तेरे लिए पहली बात आसान नहीं है कि तू कहे कि मैं कर्म छोड़ कर चला जाऊं।

अगर यह अर्जुन कर्म छोड़ कर चला भी जाए, मान लें एक क्षण को कि गीता यहीं समाप्त हो जाती है और अर्जुन छोड़ कर चले जाते हैं जंगल में। क्या करेंगे? कोई आसनी बिछा कर किसी झाड़ के नीचे ध्यान करेंगे? ध्यान भी करेंगे, तो पास की झाड़ी में चलता हुआ शेर दिखाई पड़ेगा। धनुषबाण खींच लेंगे। पक्षी सुनाई पड़ेंगे वृक्ष पर; याद आएगी बचपन की कि निशानेबाज था। आंख ही दिखाई पड़ती थी मुझे। और मेरे सारे साथियों को पूरा पक्षी दिखाई पड़ता था। गुरु द्रोण ने कहा था कि तू ही एक धनुर्धर है। यह याद आएगा। यह ट्रेनिंग है उसकी। ज्यादा देर ध्यान-व्यान नहीं करेगा, बहुत जल्दी शिकार करने में लग जाएगा। आदमी वैसा है।

कृष्ण उसे भलीभांति पहचानते हैं। कृष्ण उसके मन में गहरे देखते हैं कि वह आदमी कैसा है। वह लड़ने का कोई न कोई उपाय खोज लेगा जंगल में। वह कोई न कोई उपद्रव में पड़ेगा। वह बिना लड़े नहीं जी सकेगा। क्योंकि बिना लड़े

तलवार पर जंग चढ़ जाएगी। बिना लड़े क्षत्रिय पर भी जंग चढ़ जाती है। उसकी तो धार, क्षत्रिय की धार तो उसके लड़ने में है।

मैंने सुना है कि एक समुराई तीस वर्ष तक एक ही तलवार से लड़ता रहा—एक ही तलवार से। और जब जापान के एक सम्राट ने उसे बुला कर उसकी तलवार देखी, तो दंग रह गया। जैसे कल ही उस पर धार रखी गई हो! तो सम्राट ने पूछा कि क्या धार अभी रखवाई है? उसने कहा, समुराई को तलवार पर धार रखवानी नहीं पड़ती। लड़ने से रोज धार बनती रहती है। और जिस दिन समुराई को तलवार पर धार रखवानी पड़े, उस दिन वह गया, हारा। क्योंकि तलवार जंग खा गई, उतनी देर में समुराई भी जंग खा जाएगा।

अर्जुन तो तलवार की चमक है। उस पर जंग न चढ़ जाए। जंग उसको डुबा देगी। वह युद्ध भी खोएगा, क्षत्रित्व भी खोएगा, और ब्राह्मण हो नहीं सकता। उसके लिए अगले जन्म की प्रतीक्षा करनी पड़ेगी। अगले जन्म में भी डर है। वह क्षत्रिय है। अगले जन्म में भी बहुत डर तो यह है कि क्षत्रिय ही होगा।

इसलिए कृष्ण उससे कहते हैं कि तुझे देख कर मैं कहता हूं कि तेरे लिए यही निज-धर्म है। तेरी यही निजता है, तेरी यही इंडिविजुअलिटी है। तू इसके लिए निर्मित हुआ है। यही तेरी नियति है, यही तेरा भाग्य है कि तू लड़, तू कर्म में उतर। फल को जाने दे। फल हटा, कर्ता हट जाएगा, कर्म रह जाएगा। और अकेला कर्म रह जाए, तो निष्काम कर्म फलित हो जाता है।

अब पांच मिनट हम कीर्तन करेंगे। कोई उठे न। पांच मिनट संन्यासी जो देते हैं, उसे लेते हुए जाएं। उनका प्रसाद स्वीकार करें। कोई भी न उठे। पांच मिनट के लिए इतनी जल्दी न करें। और साथ दें। ताली तो बजा ही सकते हैं! आनंद में सम्मिलित हो जाएं।

पांचवां प्रवचन

मन का ढांचा-जन्मों-जन्मों का

नैव किंचित्करोमीति युक्तो मन्येत तत्त्ववित्।
पश्यञ्शृण्वस्पृशञ्जिघ्रन्नश्नन्गच्छन्स्वपञ्श्वसन्।।8।।
प्रलपन्विसृजन्गृह्णन्नुन्मिषन्निमिषन्नपि।
इन्द्रियाणीन्द्रियार्थेषु वर्तन्त इति धारयन्।।9।।

और हे अर्जुन, तत्व को जानने वाला सांख्ययोगी तो देखता हुआ, सुनता हुआ, स्पर्श करता हुआ, सूंघता हुआ, भोजन करता हुआ, गमन करता हुआ, सोता हुआ, श्वास लेता हुआ, बोलता हुआ, त्यागता हुआ, ग्रहण करता हुआ तथा आंखों को खोलता और मींचता हुआ भी, सब इंद्रियां अपने-अपने अर्थों में बर्त रही हैं, इस प्रकार समझता हुआ निःसंदेह ऐसे माने कि मैं कुछ भी नहीं करता हूं।

तत्व को जानता हुआ पुरुष सब करते हुए भी ऐसा ही जानता है, जैसे मैं कुछ भी नहीं करता हूं। इंद्रियां बर्तती हैं अपने-अपने स्वभाव से। इंद्रियों के वर्तन

को, तत्व को जानने वाला पुरुष, अपना कर्म नहीं मानता है। तत्व को जानने वाला पुरुष कर्ता नहीं होता, वरन इंद्रियों के कर्मों का मात्र साक्षी होता है।

इसे दो-तीन आयामों से समझ लेना उपयोगी है।

एक, तत्व को जानने वाला पुरुष। कौन है जो तत्व को जानता है? ध्यान रहे, कृष्ण नहीं कहते, तत्वों को जानने वाला पुरुष। कहते हैं, तत्व को जानने वाला पुरुष।

तत्व एक ही है। वह जो जीवन के, गहन जीवन के प्राण में छिपा है, वह अस्तित्व एक ही है।

हम साधारणतः पांच तत्वों की बात करते हैं, वे तत्व नहीं हैं। मिट्टी है, पानी है, आग है, आकाश है, वायु है; वे वस्तुतः तत्व नहीं हैं। और विज्ञान तो एक सौ आठ तत्वों की बात करता है। लेकिन अब इधर विज्ञान को यह खयाल आना शुरू हुआ कि जो उसने एक सौ आठ तत्व सोचे थे, वे कोई भी तत्व नहीं हैं।

विज्ञान भी एक सौ आठ तत्वों की लंबी संख्या के बाद एक नये नतीजे पर पहुंच रहा है और वह यह कि ये एक सौ आठ तत्व भी एक ही तत्व के रूप हैं। उस तत्व को विज्ञान इलेक्ट्रिसिटी कहता है, विद्युत कहता है। कृष्ण उस तत्व को विद्युत नहीं कहते, चेतना कहते हैं, कांशसनेस कहते हैं। शायद बहुत शीघ्र विज्ञान को स्वीकार कर लेना पड़ेगा कि वह तत्व चेतना ही है। क्यों? क्योंकि अब तक विज्ञान यह भी मानने को राजी नहीं था कि एक तत्व है। वह कहता था, एक सौ आठ तत्व हैं।

ऊपर से देखने पर अनंत तत्व मालूम पड़ते हैं जगत में। तत्वों के भीतर जब विज्ञान का प्रवेश हुआ, तो पता चला कि सभी तत्व एक ही तत्व के भिन्न-भिन्न रूप हैं। जैसे एक ही सोने के बहुत-से आभूषण हों। रूप अलग हैं। वह जो रूपायित हुआ है, जो पीछे छिपा है, वह एक है। इसे विज्ञान अब स्वीकार करता है कि वह एक तत्व विद्युत ऊर्जा है, शक्ति है। अभी उसे धर्म की दूसरी बात से भी सहमत होना पड़ेगा। अब तक वह पहली बात से भी सहमत नहीं था कि तत्व एक है। वह कहता था, तत्व अनेक हैं।

अब तक विज्ञान प्लूरालिस्ट था, अनेक को मानता था। अब विज्ञान मानिस्ट हुआ, अब वह एक को मानने लगा। वह कहता है, एक ही ऊर्जा है। पानी में भी वही ऊर्जा है और पत्थर में भी वही ऊर्जा है। उस ऊर्जा के कणों का विभिन्न जमाव है। बस, उसका ही सारा अंतर है। वह अंतर ठीक आभूषण जैसे सोने के विभिन्न जमाव से निर्मित होते हैं, वैसा ही अंतर है। और बहुत देर नहीं है कि एक तत्व को हम अब दूसरे तत्वों में रूपांतरित कर सकेंगे।

बहुत जमाने तक अल्केमिस्ट खोजते थे, कोई ऐसी तरकीब कि जिससे लोहा सोना हो जाए। अब बहुत कठिन नहीं है। क्योंकि लोहा भी उसी ऊर्जा से बना है, जिससे सोना बना है। और लोहा सोना बन सकता है और सोना लोहा बन सकता है। ज्यादा देर नहीं है, मौलिक बात तय हो गई है कि दोनों को बनाने वाला संघटक एक ही तत्व है। इसलिए रूपांतरण हो सकता है।

ऐसे भी आप देखते हैं, कोयले को पड़ा हुआ। सोचते न होंगे कि हीरा भी कोयला है। हीरा भी कोयला है! हीरा भी कोयले का ही रूप है। लाखों साल तक जमीन के नीचे गर्मी में दबा रहने पर कोयला हीरे में रूपांतरित होता है। एक ही तत्व हैं; दोनों में कोई भी भेद नहीं है।

सारे तत्वों के भीतर एक है। धर्म की इस पहली घोषणा से विज्ञान रिलक्टेंटली, बहुत झिझकते-झिझकते राजी हो गया है। मजबूरी थी। विज्ञान सत्य को इनकार नहीं कर सकता है। अब दूसरा कदम और शेष रह गया है। और वह कदम यह है कि वह एक तत्व चेतन है या अचेतन? अब तक विज्ञान माने चला जाता है कि वह अचेतन है। यह उसका दूसरा आग्रह है। पहला आग्रह था, अनेक हैं तत्व। वह गिर गया। दूसरा आग्रह अभी शेष है कि वह तत्व अचेतन है।

धर्म का खयाल है कि वह तत्व अचेतन नहीं है। और उसके कारण हैं। क्योंकि धर्म का खयाल है कि निकृष्ट से श्रेष्ठ अगर जन्मता है, तो मानना होगा कि वह उसमें कहीं छिपा था, सदा मौजूद था। अगर बीज से वृक्ष पैदा होता है, तो चाहे दिखाई पड़ता हो और चाहे न दिखाई पड़ता हो, वृक्ष बीज में छिपा था, पोटेंशियली मौजूद था। अन्यथा पैदा नहीं हो सकता है। यदि चेतना पैदा हो रही है

जगत में कहीं भी, और पदार्थ से ही पैदा हो रही है, तो समझना पड़ेगा कि वह पदार्थ में कहीं गहरे में छिपी है, मौजूद है। उसकी मौजूदगी को इनकार करना अवैज्ञानिक है, वैज्ञानिक नहीं। जो भी प्रकट हो सकता है, वह छिपा है और मौजूद है। अनमैनिफेस्टेड है, अव्यक्त है, अप्रकट है।

लेकिन विज्ञान कहता है कि एक ही चीज है अब जगत में, वह है विद्युत ऊर्जा। और धर्म भी कहता है, एक ही चीज है जगत में, वह है चेतना। यह चेतना अप्रकट हो सकती है विद्युत ऊर्जा में। मनुष्य में आकर विकसित होकर प्रकट हो जाती है।

एक छोटा बच्चा है। वह कल जवान होगा, परसों बूढ़ा होगा। आज विज्ञान मानता है कि जवान और बूढ़े होने का बिल्ट-इन-प्रोग्रेम उसके जेनेटिक सेल में मौजूद है। वह जो बच्चे का पहला अणु है मां-बाप से मिला, उसमें उसकी पूरी जिंदगी का ब्लूप्रिंट, पूरा नक्शा मौजूद है। अन्यथा वह हो नहीं सकता।

एक बीज आप जमीन में गाड़ देते हैं। फिर उसमें से अंकुर निकलता है, फिर पत्ते आते हैं। बड़ी हैरानी की बात है कि इस बीज में ठीक वैसे ही पत्ते आते हैं, जैसे इस बीज के पिता वृक्ष में थे। यह पत्तों का बिल्ट-इन-प्रोग्रेम अगर बीज के भीतर छिपा हुआ न हो, तो बड़ा चमत्कार है। यह वैसे ही पत्ते वापस कैसे आ सकते हैं? या तो फिर यह बीज अदभुत होशियार है, या फिर इस बीज के पीछे कोई बहुत बड़ा जादूगर बैठा है। इस बीज में भी वैसे ही फूल लगेंगे, जैसे उस वृक्ष में लगे थे, जिससे यह बीज आया है। वे ही वृक्ष की पत्तियां होंगी, वे ही शाखाएं होंगी। वही फैलाव होगा। वही रूप-रंग होगा। वही फूल फिर से खिलेंगे। और इस एक बीज से फिर करोड़ों बीज पैदा होंगे—वही बीज, जिनसे यह पैदा हुआ था। इस बीज के भीतर बिल्ट-इन, छिपा हुआ प्रोग्रेम है।

वैज्ञानिक आज कह सकते हैं कि बीज में वृक्ष पूरी तरह छिपा हुआ है। प्रकट होने की देर है। समय लगेगा प्रकट होने में। लेकिन जो प्रकट होगा, वह मौजूद था। कह सकते हैं, बीज वृक्ष है, अदृश्य; और वृक्ष बीज है, दृश्य हो गया।

लेकिन इतनी जगत में चेतना दिखाई पड़ती है, यह पदार्थ में अगर छिपी न हो, तो प्रकट कहां से होगी! यह भी बिल्ट-इन है, इसका भी पदार्थ में छिपा हुआ रूप है। फिर यह कहना गलत है कि पदार्थ में छिपी है, क्योंकि धर्म भी कहता है, एक ही तत्व है; और विज्ञान भी कहता है, एक ही तत्व है। पदार्थ में छिपी है, ऐसा कहने से दो तत्वों का खयाल आता है—पदार्थ है कुछ, चेतना उसमें छिपी है। इसलिए विज्ञान के हिसाब से भी कहना ठीक नहीं कि पदार्थ में छिपी है। धर्म के लिहाज से भी कहना ठीक नहीं कि पदार्थ में छिपी है। फिर तो यही कहना ठीक है कि विज्ञान जिसे विद्युत कहता है, धर्म उसे चेतना कहता है। और धर्म की बात ही ज्यादा सही मालूम पड़ती है। क्योंकि जो प्रकट होता है, वह कहीं मौजूद होना चाहिए। अन्यथा वह प्रकट नहीं हो सकता है।

कृष्ण कहते हैं, जो इस एक तत्व को जानता है।

इसलिए तत्वों की बात उन्होंने नहीं कही। एक ही काफी है। अज्ञानी बहुत चीजों को जानते हैं; ज्ञानी एक को ही जानता है। इसलिए कई बार ऐसा हो सकता है कि अज्ञानी के साथ ज्ञानी परीक्षा में हार जाए।

अगर हम बुद्ध और महावीर को किसी अज्ञानी के साथ परीक्षा में बिठा दें, तो हार जाने का डर है! अज्ञानी बहुत चीजें जानता है। अगर अज्ञानी पूछने लगे कि आक्सीजन क्या है? तो बुद्ध जरा मुश्किल में पड़ेंगे। या अज्ञानी पूछने लगे कि साइकिल का पंक्चर कैसे जुड़ता है? तो महावीर को जरा अड़चन आएगी। और जरा क्या, काफी अड़चन आएगी! साइकिल रिपेयरिंग से उनका कभी कोई संबंध नहीं रहा।

अज्ञानी बहुत चीजें जानता है। एक को छोड़ कर सब जानता है। ज्ञानी सबको छोड़ देता है और एक को जानता है। लेकिन उस एक को जान कर वह सब जान लेता है। और अज्ञानी सबको जान कर कुछ भी नहीं जानता है।

इसलिए कृष्ण कहते हैं, एक को जान लेता है जो—एक तत्व को—ऐसे ज्ञानवान व्यक्ति को, ऐसे सांख्य को उपलब्ध व्यक्ति को, इंद्रियों का कर्म अपना किया हुआ नहीं, इंद्रियों का ही किया हुआ मालूम पड़ता है।

यह दूसरी बात समझ लेनी जरूरी है।

इंद्रियां आपके काम कर रही हैं, लेकिन निरंतर आप एक भ्रांत आइडेंटिटी, एक झूठा तादात्म्य कर लेते हैं और सोचते हैं, मैं कर रहा हूं। जब आपको भूख लगती है, तब आप कहते हैं, मुझे भूख लगी है। कृपा करके फिर से सोचना, भूख आपको लगती है या पेट को लगती है? भूख आपको लगती है या आपको पता चलती है?

इन दोनों में फर्क है। भूख का लगना एक बात है, भूख का पता लगना दूसरी बात है। आपके पेट में जब भूख लगती है, तब आपको पता चलता है कि भूख लगी है। लेकिन भूख तो पेट को ही लगती है। और पेट को जरा से में धोखा दिया जा सकता है। और आपकी भूख मिट जाएगी। एक शक्कर की गोली आपके पेट में डाल दी जाए, पेट धोखे में आ जाएगा। भूख मर जाएगी। आप कहेंगे, भूख खतम हो गई। शक्कर की गोली से भूख खतम नहीं होती। सिर्फ शक्कर की गोली से पेट खबर देना बंद कर देता है कि भूख लगी है। खबर आपको नहीं मिलती; भूख खतम हो जाती है।

भूख तो लगती है पेट को। पेट की इंद्रिय को भूख लगती है। लेकिन आप कहते हैं, मुझे भूख लगी। कान को सुनाई पड़ता है, आप तो सिर्फ जानते हैं कि कान को सुनाई पड़ा। लेकिन आप कहते हैं, मुझे सुनाई पड़ता है। आंख से दिखाई पड़ता है, आपको तो पता चलता है कि आंख को दिखाई पड़ता है। आपको दिखाई नहीं पड़ता। लेकिन आप कहते हैं, मुझे दिखाई पड़ता है।

प्रत्येक इंद्रिय से हम अपने को जोड़ लेते हैं। असल में बहुत निकट है इंद्रिय, इसलिए जोड़ना आसानी से हो जाता है। आप चश्मा लगाए हुए हैं। चश्मे से आपको दिखाई पड़ता है, तो भी आप सोचते हैं, मुझे दिखाई पड़ता है। चश्मे को दिखाई पड़ता है। चश्मे से आंख को दिखाई पड़ता है। आंख से आपको पता चलता है कि दिखाई पड़ रहा है। लेकिन चश्मा अलग हटा कर देखें, तब आपको पता चलेगा। तब आपको पता चलेगा कि नहीं, अब मुझे दिखाई नहीं पड़ रहा। आप तो वहीं हैं, बीच से चश्मा हट गया। आंख बंद कर लें; आप तो

अब भी वहीं हैं, जहां आंख खुली थी तब थे; लेकिन अब दिखाई नहीं पड़ रहा है। दिखाई आंख से पड़ता है। आंख यंत्र है, उपकरण है। सारी इंद्रियां काम करती हैं और आप अपने को जोड़ लेते हैं कि मैं। मुझे दिखाई पड़ता है; मुझे सुनाई पड़ता है; मुझे भूख लगती है; मुझे प्यास लगती है।

कृष्ण कहते हैं, जो उस एक तत्व को जान लेता है, वह यह भी जान लेता है, इंद्रियां अपना काम कर रही हैं, मैं कर्ता नहीं हूं। और इसलिए कई बार ऐसा भी हो जाता, कई बार ऐसा भी हो जाता है कि इन इंद्रियों के साथ निरंतर तादात्म्य के कारण आप अपने को यही समझ लेते हैं कि मैं इंद्रियों का जोड़ मात्र हूं। इंद्रियों का जोड़ मात्र! फिर उसका कभी पता नहीं चलता, जो जोड़ के पार है। जो ट्रांसेंडेंटल है, उसका कभी पता नहीं चलता।

इंद्रियों से यह जोड़ तोड़ देना पड़ेगा। इसे तोड़ने के दो उपाय हैं। एक तो निरंतर खयाल रखें कि जो इंद्रियों को हो रहा है, वह इंद्रियों को हो रहा है; आपको नहीं हो रहा है। इसकी रिमेंबरिंग चाहिए निरंतर, सतत स्मरण कि भूख पेट को लगी है; दर्द पैर में हो रहा है; कांटा हाथ में चुभा है; शरीर थक गया है। निरंतर, जिन-जिन क्रियाओं के पीछे आप निरंतर मैं का उपयोग करते हैं, बड़ी कृपा होगी, उसके पीछे उनसे संबंधित इंद्रियों का उपयोग करें। कहें कि पैर थक गया है।

और हैरानी होगी, यह बात अनुभव करने से फर्क मालूम पड़ेगा। जब आप कहेंगे, पैर थक गया है, तो इसका परिणाम चित्त पर बिलकुल दूसरा होगा, बजाय उसके, जब आप कहते हैं, मैं थक गया हूं। मैं बहुत बड़ी चीज है। पैर बहुत छोटी चीज है। पैर के थकने से जरूरी नहीं है कि मैं थक जाऊं। मैं बहुत ही और हूं। पैर से अपने को थोड़ा अलग करके देखना शुरू करें। इंद्रियों से थोड़ा दूर खड़े होकर देखना शुरू करें। जैसे-जैसे यह समझ गहरी होगी, वैसे-वैसे लगेगा, इंद्रियां अपना काम करती हैं। मैं कोई कर्ता नहीं हूं।

एक झेन फकीर से किसी ने जाकर पूछा, आपकी साधना क्या है? उसने कहा, जब भूख लगती, तब मैं खाना दे देता हूं। जब नींद आती है, तो मैं बिस्तर लगा देता हूं। तो उस आदमी ने पूछा, किसके लिए? तो झेन फकीर ने कहा,

जिसको नींद आती है, उसके लिए; जिसको भूख लगती है, उसके लिए। उस आदमी ने पूछा, आप किस तरह की बातें कर रहे हैं! इस मकान में, इस झोपड़े में आप अकेले ही दिखाई पड़ते हैं, और तो कोई भी नहीं है!

उस फकीर ने कहा, जब मैं अज्ञानी था, तब मुझे भी एक ही दिखाई पड़ता था इस झोपड़े में। अब मुझे दो दिखाई पड़ते हैं। एक मैं, जो जानने वाला है; और एक वह, जो करने वाला है। जिसे भूख लगती है, वह मैं नहीं हूं। जिसे नींद आती है, वह मैं नहीं हूं। जो थक जाता है, वह मैं नहीं हूं। जो देखता है, जो सुनता है, वह मैं नहीं हूं। अब इस कमरे में एक वह भी है, जो थकता है; और एक वह भी है, जो कभी नहीं थका। एक वह भी, जो दुखी और सुखी होता रहता है; और एक वह भी, जो कभी दुखी और सुखी नहीं हुआ।

कृष्ण कहते हैं, ऐसा व्यक्ति इंद्रियों के काम को इंद्रियों का काम समझता है। जोड़ता नहीं अपने को, अलग जानता है। जितना यह ज्ञान बढ़ता जाता है कि मैं पृथक हूं, उतना ही इंद्रियां मालिक नहीं रह जातीं; गुलाम हो जाती हैं। उतना ही शरीर पर वश, शरीर की मालकियत आ जाती है।

लेकिन हम सारे लोग दुनिया में दूसरों की मालकियत करने में समय गंवा देते हैं, अपनी मालकियत का खयाल ही नहीं आ पाता। दूसरों की मालकियत! लेकिन ध्यान रहे, दूसरों की कितनी ही मालकियत आप कर लें, मालिक आप कभी न हो पाएंगे। मालिक तो सिर्फ वही हो सकता है, जो अपना मालिक हो जाता है। और दूसरों के जो मालिक होते हैं, वे गुलामों के भी गुलाम होते हैं।

मैंने सुना है, एक आदमी एक गाय को रस्सी से बांध कर एक सड़क से गुजरता है। एक फकीर भी निकल रहा है वहां से। उस फकीर ने अपने शिष्यों से कहा कि देखते हो तुम, यह एक आदमी और यह एक गाय दोनों बंधे हैं। जो गाय को बांधे हुए था, उसने कहा, माफ करिए, आप गलत बोलते हैं! मैं नहीं बंधा हूं; मैं गाय को बांधे हुए हूं। उस फकीर ने कहा, देखते हो शिष्यों, ये दोनों एक-दूसरे से बंधे हैं। उस आदमी ने कहा, गलत बोलते हैं आप। मैं गाय से नहीं बंधा हूं; गाय मुझसे बंधी है। मैंने गाय को बांधा हुआ है। उस फकीर ने कहा, अच्छा तो

तुम गाय को छोड़ दो। फिर देखें, कौन किसके पीछे भागता है! जो पीछे भागेगा, वही गुलाम है, उस फकीर ने कहा। और मैं तुमसे कहता हूं, गाय बांधी गई है; तुम बंधे हो। गाय को तुम जबर्दस्ती बांधे हो, खुद को तुम स्वेच्छा से बांधे हुए हो। गाय मजबूरी में गुलाम है; तुम अपनी इच्छा से गुलाम हो। छोड़ो गाय को, जरा हम भी देखें कि कौन किसके पीछे भागता है! उस आदमी ने कहा कि यह तो नहीं हो सकेगा। गाय खरीद कर ला रहा हूं। तो उसने अपने शिष्यों से कहा कि देखते हो! अभी जो मैंने कहा था, वह गलत था। अब मैं तुमसे कहता हूं, गाय इस आदमी से नहीं बंधी है, यह आदमी गाय से बंधा है। यह आदमी गाय का गुलाम है।

असल में जिसको हम बांधते हैं, उससे हम बंध जाते हैं। जिसको हम गुलाम बनाते हैं, उसके हम गुलाम बन जाते हैं। इसलिए इस दुनिया में जितने ज्यादा गुलाम जिस आदमी के पास, उतनी बड़ी उसकी गुलामी। लेकिन दूसरे पर मालकियत का मजा बड़ा है।

और ध्यान रहे, दूसरे की मालकियत का मजा केवल उन्हीं को है, जिन्होंने अपनी मालकियत का रस नहीं जाना। जिसने एक बार भी अपनी मालकियत का रस जाना, वह इस दुनिया में किसी का मालिक न होना चाहेगा। क्योंकि वह जानता है कि किसी का मालिक होना, अपनी गुलामी के आधार रखना है। लेकिन हम बड़ा रस लेते हैं।

मैंने सुना है, एक दिन एक आदमी ने अपने मकान को पोतने के लिए एक आदमी को ठेका दिया है। दो रुपया घंटे से वह मकान पोतने का ठेका देकर गया है। जब सांझ को वापस लौटा, तो देखा कि वह आदमी झाड़ के नीचे आराम से लेटा हुआ है। उसने पूछा कि क्या कर रहे हो? मकान की पोताई नहीं कर रहे? उसने कहा कि कर रहा है; देखो! मकान की तरफ देखा, एक दूसरा आदमी पोताई कर रहा है! उस मकान के मालिक ने पूछा कि मैं समझा नहीं! तो उसने कहा कि मैंने दो रुपया घंटे के हिसाब से इस आदमी को काम करने के लिए रखा है। उस मकान मालिक ने पूछा, बड़े पागल हो! इससे तुम्हें फायदा क्या होगा? क्योंकि दो रुपये घंटे पर मैंने तुम्हें रखा है। दो रुपये घंटे पर तुमने इसे रखा है।

फायदा क्या है? उसने कहा कि कभी-कभी मालिक होने का मजा हम भी लेना चाहते हैं! हम जरा वृक्ष के नीचे लेटे हैं। इट इज़ वर्थ टु बी दि बास फार सम टाइम। कभी थोड़ा बास हो जाने में थोड़ा मजा आता है। आज दिनभर से लेटे हैं और आज्ञा दे रहे हैं कि यह कर, ऐसा कर। फायदा तो कुछ भी नहीं, उसने कहा। दिनभर गंवाया, लेकिन जरा मालिक होने का मजा!

जिंदगी के आखिर में ऐसी हालत न हो कि पाएं कि जिंदगी गंवायी, थोड़ा मालिक होने का मजा लिया।

यह आदमी मूढ़ मालूम पड़ता है। लेकिन इससे कम मूढ़ आदमी खोजना मुश्किल है। यह आदमी मूढ़ मालूम पड़ता है; आप हंसते हैं इस पर। लेकिन जिंदगी के आखिर में अपना हिसाब करीब-करीब ऐसा पाएंगे कि थोड़ा बास होने का मजा लिया! हाथ में कुछ होगा नहीं। हाथ में तो केवल उनके कुछ होता है, जो अपने मालिक।

तो कृष्ण कहते हैं, वैसा व्यक्ति जो तत्व को जान लेता, इंद्रियां अपना काम करती हैं, ऐसा जान लेता, और ऐसा जानते ही दूर खड़ा हो जाता है इंद्रियों के सारे धुएं के बाहर। इंद्रियों की बदलियों के बाहर सूरज के साथ एक हो जाता है।

वह जो सूरज के साथ एक हुआ है, वह मालिक है। उसकी कोई गुलामी नहीं है। ऐसा व्यक्ति ही निष्काम कर्म को उपलब्ध होता है। ऐसे व्यक्ति के आनंद की कोई सीमा नहीं है। ऐसे व्यक्ति की मुक्ति का कोई अंत नहीं है। और जब तक ऐसा न हो जाए, तब तक जीवन हम गंवा रहे हैं; तब तक हम जीवन से कुछ कमा नहीं रहे हैं। चाहे हम कितना ही कमाते हुए मालूम पड़ रहे हों, हम सिर्फ गंवा रहे हैं। यहां ढेर लग जाएगा धन का, और वहां जिंदगी चुक जाएगी। यहां सामान इकट्ठा हो जाएगा, और आदमी खो जाएगा। और यहां संसार की विजय-यात्रा पूरी हो जाएगी, और भीतर हम पाएंगे कि हम खाली हाथ आए और खाली हाथ जा रहे हैं।

इंद्रियों पर थोड़ी जागरूकता लानी जरूरी है। इसलिए कृष्ण के ये वचन सिर्फ व्याख्या से समझ में आ जाएंगे, इस भूल में पड़ने की कोई भी जरूरत नहीं है। ये सारे सूत्र साधना के सूत्र हैं।

लेकिन मजा है, हमारे मुल्क में लोग गीता का पाठ कर रहे हैं! सोचते हैं, पाठ से कुछ हो जाएगा। पाठ तोते भी कर लेते हैं। और पाठ करने वाले अक्सर धीरे-धीरे तोते हो जाते हैं। सब कंठस्थ हो जाता है। दोहराना आ जाता है। यंत्रवत गीता बोलने लगते हैं। सब अर्थ उन्हें पता हैं। सब शब्द उन्हें पता हैं। गीता पूरी कंठस्थ है। करने को कुछ बचता नहीं। कृष्ण अपना सिर ठोकते होंगे।

गीता के सूत्र साधना के सूत्र हैं। समझ लिया कि ठीक बात है, इंद्रियां अपना काम करती हैं। लेकिन कल सुबह फिर कहा कि मुझे भूख लगी है, तो गलती है। फिर समझे नहीं। फिर भीतर से थोड़ा सोचना चाहिए, मुझे भूख लगती है?

इंद्रियों के प्रत्येक कृत्य में खोजकर देखें, कर्ता आप नहीं हैं। इंद्रियों का समस्त कर्म प्रकृति से हो रहा है। आपकी कोई भी जरूरत नहीं है। कभी आप खयाल करते हैं! खाना तो आप मुंह में डाल लेते हैं; पचाते आप हैं? कौन पचाता है? खाना आप खाते हैं; पचाता कौन है? कभी पता चलता है, कौन पचा रहा है? इंद्रिय पचा रही है। पता ही नहीं चलता, कौन पचा रहा है! कौन इस रोटी को खून बना रहा है! मिरेकल घट रहा है पेट के भीतर।

अभी वैज्ञानिक फिलहाल समर्थ नहीं हैं। कहते हैं कि शायद अभी और काफी समय लगेगा, तब हम रोटी से सीधा खून बना सकेंगे। आपका पेट कर ही रहा है वह काम बिना किसी बड़े आइंस्टीन की बुद्धि के। इंद्रिय कुछ आइंस्टीन से कम बुद्धिमान मालूम नहीं पड़ती! प्रकृति कुछ कम रहस्यपूर्ण नहीं मालूम पड़ती।

वैज्ञानिक कहते हैं, और अगर हम किसी दिन रोटी से खून बनाने में समर्थ भी हो गए, तो एक आदमी का पेट जो काम करता है, उतना काम करने के लिए कम से कम एक वर्ग मील जमीन पर फैक्टरी बनानी पड़ेगी! एक पेट में जो काम चलता है, एक वर्ग मील का भारी कारखाना होगा, तब कहीं हम रोटी को खून तक ले जा सकते हैं। वह भी अभी सूत्र साफ नहीं हो सके। लेकिन आप रोज कर रहे हैं। कौन कर रहा है? आप कर रहे हैं? आप तो सो जाते हैं रात, तब भी होता रहता है। आप शराब पीकर नाली में पड़े रहते हैं, तब भी होता रहता है।

मैं एक स्त्री को देखने गया, वह नौ महीने से बेहोश थी, कोमा में पड़ी है। और डाक्टर कहते हैं, अब कभी होश में नहीं आएगी। चार साल तक बेहोश रह सकती है और बेहोशी में ही मर जाएगी। लेकिन बराबर ग्लूकोज दिया जा रहा है, दूध पिलाया जा रहा है, पेट पचा रहा है; वह नौ महीने से बेहोश है। शरीर खून बना रहा है। सांस चल रही है। कौन ले रहा है? यह काम कौन कर रहा है? आप? तो वह औरत तो बेहोश पड़ी है; वह तो है ही नहीं अब एक अर्थ में। प्रकृति किए चली जा रही है!

इंद्रियां प्रकृति के हाथ हैं, हमारे भीतर फैले हुए। इंद्रियां प्रकृति के हाथ हैं, हमारे द्वारा बाहर के आकाश और जगत तक फैले हुए। इंद्रियां प्रकृति का यंत्र हैं, वे अपना काम कर रही हैं, भूलकर उनसे अपने को न जोड़ें। जो इंद्रियों से अपने को जोड़ता है, वह अज्ञानी है। जो इंद्रियों से अपने को अलग देख लेता है, वह ज्ञानी है।

प्रश्न: कल आपने अंतर्मुखी व बहिर्मुखी व्यक्तित्व की सविस्तार चर्चा की। इस संबंध में एक बात और स्पष्ट करना है। किसी का अंतर्मुखी होना अथवा किसी का बहिर्मुखी होना, इसके क्या मौलिक आधार व कारण हैं? और क्या बहिर्मुखता या अंतर्मुखता अपरिवर्तनीय है? स्वतः कृष्ण अंतर्मुखी हैं या बहिर्मुखी?

जो भी हम हैं, जहां भी हम हैं, जैसे भी हम हैं, वह हमारे अनंत जन्मों की यात्राओं का इकट्ठा जोड़ है। अनंत संस्कार का जोड़ है। बहिर्मुखी हैं तो, अंतर्मुखी हैं तो। जो हमने किया है—अंतहीन आवर्तन लिए हैं जीवन के—जो हमने किया है, उस सबका इकट्ठा रूप ही हमारा आज का होना है।

उदाहरण के लिए, कल आपने दिन में आठ दफे क्रोध किया। आठ बार क्रोधित हुए, नाराज हुए, आग से भर गए, आंखें खून से भर गईं। मैं भी कल था; कल मैंने आठ बार क्रोध नहीं किया। हम दोनों रात साथ-साथ सोए। एक

ही कमरे में सोए। लेकिन मेरे सपने अलग होंगे, आपके सपने अलग होंगे। कमरा एक होगा। बिस्तर एक जैसा हो सकता है। सब एक जैसा है। मेरे सपने अलग होंगे, आपके सपने अलग होंगे। क्योंकि आठ बार दिन में क्रोध किया, सपनों में जुड़ेगा। नहीं किया आठ बार, सपनों में घटेगा।

फिर हम दोनों सुबह उठे। मैंने पाया कि मेरी चाय आने में थोड़ी देर हो गई। आपने भी पाया कि चाय आने में थोड़ी देर हो गई। तो हम दोनों की प्रतिक्रियाएं अलग होंगी। जिसने कल आठ बार क्रोध किया है, वह आज फिर सुबह तैयार उठ रहा है। फिर संभावना बहुत है कि वह तत्काल क्रोध कर ले। जिसने कल आठ बार क्रोध नहीं किया, उसकी संभावना है कि वह क्रोध का कोई मौका आए, तो छोड़ जाए, बच जाए, वंचित रह जाए।

एक-एक व्यक्ति अपने जीवन में जो भी कर रहा है—इस जीवन में तो ही, पिछले जीवनों में भी—उन सबका जोड़ है।

बहिर्मुखी का अर्थ है, ऐसा व्यक्ति, जिसने निरंतर बहिर्मुखता को साधा है। निरंतर! धन खोजा कभी, कभी यश खोजा, कभी वासना, और चक्कर लेता रहा उन्हीं के। तो धीरे-धीरे, धीरे-धीरे मन की वह जो अंतर्मुखता की धारणा है, वह क्षीण होती चली जाती है। और अंतर्मुखी जो द्वार है, वह निरंतर बंद रहने से जंग खा जाता है। फिर उसे एकदम से खोला नहीं जा सकता। जैसे घर में कोई एक दरवाजे को दो-चार-दस साल बंद रखे, तो फिर एकदम से खोलना मुश्किल हो जाए। वह चूं-चर्राहट करे, बहुत आवाज करे; मुश्किल पड़े; तोड़ना पड़े। लेकिन जिस दरवाजे को हम रोज खोलते हैं, वह भी बीस साल पुराना होगा, लेकिन वह खुलने में सुगमता पाता है। जो हम करते रहते हैं निरंतर, वह सुगम हो जाता है।

हम सभी बहिर्मुख जीवन में जीते हैं। सारी शिक्षा, सारा समाज, परिवार, जगत बहिर्मुखी होने के लिए तैयारी करवाता है। एक-एक बच्चे को हम तैयार करते हैं, शिक्षा देते हैं। ध्यान की कभी नहीं देते, प्रतियोगिता की देते हैं, कांपिटीशन की देते हैं; एंबीशन, महत्वाकांक्षा की देते हैं। शांति की कभी नहीं देते, मौन की

कभी नहीं देते, शब्द की जरूर देते हैं। शब्द सिखाते हैं हम हर बच्चे को, मौन किसी बच्चे को नहीं सिखाते। और शब्द में जो जितना कुशल हो जाए, संभव है कि उतना सफल हो जाए। मौन जो रह जाए, हो सकता है जिंदगी में हार जाए, असफल हो जाए।

पूरी जिंदगी हम बाहर की तरफ जीते हैं। सारा शिक्षण, सारी सफलता, सारा इंतजाम जगत का बहिर्मुखी है। और हम उसमें ही दौड़ते चले जाते हैं। बच्चे आते हैं, हम पागलों की दौड़ में हम उनको भी सम्मिलित कर लेते हैं। जैसे किसी पागलखाने में हम एक बच्चे को भेज दें। बहुत संभावना है कि बच्चा पागल हो जाएगा। पागलों के साथ रहेगा, पागल अपने ढंग सिखा देंगे। और अगर बच्चे न सीखें ढंग, तो मां-बाप नाराज होते हैं कि हम तुम्हें अपने ढंग सिखा रहे हैं और तुम सीखते नहीं! और मां-बाप कभी नहीं सोचते कि उनके ढंग से वे खुद कहां पहुंचे हैं! कहीं नहीं पहुंचे हैं। लेकिन बड़ा आग्रह है कि अपने ढंग बच्चों पर थोप दें।

सब पीढ़ियां अपने बच्चों को बहिर्मुखी कर जाती हैं। और बच्चे भी पिछले जन्म से बहिर्मुखी होकर आते हैं। ध्यान रहे, जो बच्चा आपके घर में पैदा होता है, वह थोड़ी ही देर पहले बूढ़ा रह चुका है। एकदम बच्चा तो इस जमीन पर कोई पैदा होता नहीं। बूढ़े पैदा होते हैं। वह तो बहिर्मुखी होने की सारी यात्रा लेकर आ ही रहे हैं। फिर दुबारा चारों तरफ से दबाव पड़ता है उनके बहिर्मुखी होने का। ऐसा जन्मों-जन्मों तक चलता है।

इस जन्मों-जन्मों की यात्रा में अगर धीरे-धीरे सौ में से निन्यानबे आदमी बहिर्मुखी हो जाते हैं, तो आश्चर्य नहीं है। आश्चर्य तो यह है कि कुछ लोग फिर भी अंतर्मुखी रह जाते हैं, हमारी सारी व्यवस्था के बावजूद, हमारे बावजूद! हमारे सारे इंतजाम को तोड़कर भी कुछ लोग भाग निकलते हैं।

यह बहिर्मुखता जीवन में उपयोगी है, इसलिए हम सीख लेते हैं; युटिलिटेरियन है। अंतर्मुखी आदमी जीवन में असफल हो जाता है। आप जानते हैं, हम अंतर्मुखी आदमी को कहते हैं, बुद्धू। लेकिन कभी समझा आपने, सोचा कि यह बुद्धू शब्द जो है बुद्ध से बना है!

असल में जब पहली दफा बुद्ध बैठ गए सब घर-द्वार छोड़ कर, तो जो बुद्धिमान थे गांव में, उन्होंने कहा, बुद्धू निकला! बुद्ध को। क्योंकि बुद्धूपन तो था ही हम सबकी आंखों में, हम सबकी दुनिया में, हिसाब में। सुंदर स्त्रियां थीं, जैसी कि किसी आदमी को शायद ही कभी मिली हों। छोड़ कर भाग गया! यह आदमी बुद्धू है। साम्राज्य था। हम जिंदगीभर खोजते हैं, और नहीं पाते। नाक रगड़ते रहते हैं पत्थरों पर और नहीं पहुंच पाते। और इस आदमी को जन्म से मिला था साम्राज्य। सिंहासन पर बैठने का क्षण आता था और भाग खड़ा हुआ! बुद्धू है।

बुद्ध को तो सीधा सामने किसी ने भी नहीं कहा होगा। लेकिन जब कोई और आदमी बुद्ध की तरह झाड़ के नीचे हाथ बांध कर बैठने लगा, तो उन्होंने कहा, यह भी बुद्धू हुआ; यह भी बुद्ध जैसा हुआ!

यह जो हमारा जगत है, वहां केवल बहिर्मुखता उपयोगी मालूम पड़ती है, अंतर्मुखी का कोई मूल्य नहीं है। कोई मूल्य नहीं है। लेकिन जीवन की गहराइयों में अंतर्मुखता का ही मूल्य है।

बुद्धू हम जिनको कहते हैं, वे हमको बुद्धू मानते हैं। बुद्ध से हम पूछने जाएंगे, तो वे हम को अज्ञानी मानते हैं। वे मानते हैं कि तुम सब नासमझ हो। क्योंकि तुम जो कर रहे हो, उससे कहीं पहुंचोगे नहीं। और जिन चीजों में तुम मूल्य देख रहे हो, उनमें कोई भी मूल्य नहीं है। अगर हार गए, तब तो हारोगे ही; अगर जीत गए, तो भी मुश्किल में पड़ोगे।

जिंदगी बहुत कंपनसेशन करती है, बहुत हैरानी के। जो लोग जिंदगी में असफ़ल रहते हैं, उनको जिंदगी में तकलीफ होती है। असफलता की पीड़ा, अहंकार को चोट लगती है। जो लोग सफल हो जाते हैं, उनको मरते वक्त भारी पीड़ा होती है। बराबर हो जाता है दोनों का पलड़ा। मरते वक्त सफल आदमी को भारी पीड़ा होती है कि सब किया-कराया गया!

मैंने सुना है, एक आदमी बड़ा व्यवसायी है। लेकिन धीरे-धीरे कुछ दिन से पता चलता है कि उसका मुनीम पैसे हड़प रहा है। धीरे-धीरे बात पक्की हो

गई, प्रमाण हाथ लग गए, तो उस मालिक ने उस मुनीम को एक दिन बुलाया और कहा कि तुम्हारी तनख्वाह कितनी है? उस मुनीम ने कहा कि पंद्रह सौ रुपये महीना। उस मालिक ने कहा, मैं तुम पर बहुत प्रसन्न हूं। और आज से तुम्हारी तनख्वाह करते हैं दो हजार। फिर कहा, नहीं-नहीं-नहीं, दो हजार तो कम ही होगा। तुम्हारा काम देखते हुए ढाई हजार करना ठीक होगा। मुनीम तो एकदम हैरानी से खड़ा हो गया। उसने कहा, क्या कह रहे हैं आप! एकदम हजार रुपये की बढ़ती! छाती जोर से धड़कने लगी। मालिक ने कहा कि इतने से तुम खुश हो गए? मैंने तो सोचा था कि तीन हजार...। उस मुनीम ने हाथ पकड़ लिए और कहा, धन्यवाद! मालिक ने कहा कि एक आखिरी बात और कि आज से तुम्हारी नौकरी खतम। उस आदमी ने कहा, आप क्या कह रहे हैं? अगर नौकरी ही खतम करनी थी, तो तीन हजार तक तनख्वाह क्यों बढ़ाई? उस मालिक ने कहा, अब तुम जरा ज्यादा परेशान रहोगे। पंद्रह सौ की नौकरी नहीं छूट रही है, तीन हजार की छूट रही है! अब जाओ।

सफल आदमी मरते वक्त पाता है कि तीन हजार की नौकरी गई। मुश्किल से तो राष्ट्रपति हो पाए थे, वह गया मामला! चपरासी मरते वक्त इतनी तकलीफ नहीं पाता। चपरासी जिंदा में बहुत तकलीफ पाता है, कि सिर्फ चपरासी! राष्ट्रपति मरते वक्त तकलीफ पाता है कि राष्ट्रपति हुए और मरे। तीन हजार तनख्वाह मिली, एंड फायर्ड!

जिंदगी बराबर कर देती है चपरासी और राष्ट्रपति को। चपरासी को जिंदगी में तकलीफ मिल जाती है, राष्ट्रपति को मरने में। अगर हिसाब लगाने जाएं, तो कुछ फर्क नहीं रहता। पलड़े बराबर हो जाते हैं।

बुद्ध जैसा आदमी कहेगा, तुम यह सब पाकर करोगे क्या? आखिर में एकदम हटा दिए जाओगे सबसे। और जो चीज छीन ही ली जानी हैं, उन्हें हम खुद छोड़ देते हैं अपनी मौज से। जो स्त्रियां छिन जाएंगी, जो धन छिन जाएगा, वह हम छोड़ देते हैं अपनी मौज से। हम मालिक हैं अपने। तुम गुलाम हो। तुम तड़पते हुए मरोगे; हम खुशी से जिंदा रहेंगे। और मौत हमसे

कुछ भी न छीन पाएगी। मौत हमारे पास आकर थक जाएगी और हार जाएगी और मुश्किल में पड़ जाएगी कि क्या छीनो! क्योंकि हम सब पहले ही दे चुके, जो मौत हमसे ले लेती।

इस पृथ्वी पर बुद्धिमान लोगों ने वह सब खुद ही छोड़ दिया है, जो मौत उनसे छीन लेती है। और जिस व्यक्ति को मौत का खयाल है, वह अंतर्मुखी हो जाएगा; और जिसको जिंदगी का खयाल है, वह बहिर्मुखी हो जाएगा। जिंदगी में बहिर्मुखता उपयोगी है। मौत को ध्यान में रखिएगा, तो अंतर्मुखता उपयोगी है।

इसलिए जिन समाजों में मौत का स्मरण रहा है सदा, वे अंतर्मुखी रहे। और जिन समाजों में मौत भुला दी गई, उन समाजों में बहिर्मुखता बढ़ गई।

बुद्ध के पास कोई जाता, तो वे कहते, पहले ध्यान मत करो, पहले मरघट पर तीन महीने रहकर आओ। वह कहता, लेकिन मुझे ध्यान सीधा सिखा दें; मरघट से क्या मतलब है? बुद्ध कहते, जो आदमी मौत के प्रति जागा नहीं, वह अंतर्मुखी, इंट्रोवर्ट नहीं हो सकता। पहले तुम देख कर आओ, जिंदगी का फल क्या है! तब तुम्हारी बहिर्मुखता टूटेगी। पहले तुम देखो कि जो सफल हुए थे, वे कहां जा रहे हैं! जिन्होंने जिंदगी में सब पा लिया था, आखिर में वे अरथी पर बंधे हुए मरघट पहुंच जाते हैं। तुम जरा मरघट पर तीन महीने रह कर देख आओ कि बहिर्मुखता का अंतिम परिणाम क्या है! फिर तुम अंतर्मुखी हो सकोगे।

लेकिन हम मौत की बात ही नहीं करते। बच्चों को हम कभी मौत की बात नहीं बताते। अरथी निकलती हो, तो बच्चों को मां घर में बुला लेती है, भीतर आ जा। बाहर कोई अरथी निकल रही है! बुद्धिमान मां हो, तो बच्चे को बाहर ले आना चाहिए कि देख, अरथी निकल रही है। लेकिन तब मुश्किल में पड़ेगी वह। क्योंकि कहीं बच्चा अगर ज्यादा बुद्धिमान हो जाए, तो मुश्किल आ सकती है। बच्चा अगर पूछने लगे, अगर सभी को मर जाना है, तो फिर इस सब दौड़-धूप का क्या फायदा?

लेकिन मां-बाप अपने बच्चे के कंधे पर यात्रा करना चाहते हैं लंबी। वह श्रवण के अंधे मां-बाप ने तो तीर्थयात्रा की थी, बाकी सब मां-बाप भी अपने

बच्चों पर धन की, यश की यात्रा करना चाहते हैं। सभी अंधे यात्रा करना चाहते हैं। वह कोई श्रवण के मां-बाप करना चाहते थे, ऐसा नहीं। सभी अंधे यात्रा करना चाहते हैं। फिर भी उन्होंने बेचारों ने तीर्थयात्रा की थी। सभी मां-बाप अपने बच्चों के कंधों से यात्रा करना चाहते हैं, इसलिए बच्चा अगर यात्रा करने में सहायता न दें, तो मां-बाप बड़े पीड़ित होते हैं।

एक मेरे मित्र हैं। उनका युवा पुत्र मर गया। पुत्र एक राज्य में मिनिस्टर था। बड़े पीड़ित हुए, बड़े दुखी हुए। मेरे निकट हैं। मैंने उनसे पूछा, इतनी पीड़ा, इतना दुख, बात क्या है? कहने लगे कि अगली बार उसके चीफ मिनिस्टर हो जाने की बिलकुल संभावना थी। मैं तो बहुत चौंका। मैंने सोचा भी नहीं था कि गहरे में पीड़ा कहां छिदती है।

चीफ मिनिस्टर हो जाने की संभावना थी! खुद भी होना चाहा है जिंदगी भर उन्होंने; हो नहीं पाए हैं। अब अपने अहंकार को पुत्र के कंधों पर रख कर यात्रा करना चाहते थे। वह हो जाता। वह मर गया। कहने लगे कि अब मैं तो बिलकुल मरा ही जैसा हो गया हूं। मैंने कहा, अभी दूसरा बेटा है, उस पर कुछ इरादे बांधो! कहे, वह है तो जरूर, लेकिन उतना योग्य नहीं है।

जिस दिन उनके घर गया, पुत्र मर गया है, लेकिन वे सब तारों की गड्डी पास में लिए बैठे हैं! जब मैं उनके घर गया सांत्वना प्रकट करने कि न हों परेशान, तो गड्डी उन्होंने सरका दी। कहा कि देखें, राष्ट्रपति का भी तार आया, प्रधान मंत्री का भी तार आया। लड़के का मरना, आंसू बह रहे हैं। लेकिन राष्ट्रपति का तार आया है, उसकी चमक भी है आंखों में। आदमी का मन!

बाप बेटों पर यात्रा करना चाहते हैं। जो खुद नहीं कर पाए, अनफुलफिल्ड ड्रीम्स, अधूरे रह गए, अतृप्त सपने बच्चों पर पूरा करना चाहते हैं। तो इसलिए वे उनको बहिर्मुखी बनाएंगे ही; वे उनको छोड़ नहीं सकते। अंतर्मुखी वे हो जाएं, तो कठिनाई हो जाएगी।

जिंदगी का खयाल रखा, तो जिंदगी में उपयोगिता बहिर्मुखता की है। अगर मृत्यु का स्मरण रखा, तो उपयोगिता अंतर्मुखता की है। और ध्यान रखें, जिंदगी तो

चली जाएगी; मृत्यु बहुत थिर और स्थायी है। और जिंदगी का आखिरी पड़ाव मौत है। जो आखिरी पड़ाव को सम्हाल लेता है, वही आगे की यात्रा को सम्हालता है। और जो यहां बीच की व्यर्थ की बातों को सम्हाल रहा है, वह कुछ सम्हाल नहीं पाता, सिर्फ समय को खोता है। इसलिए हम बहिर्मुखी हो जाते हैं।

लेकिन जो बहिर्मुखी है, आज अगर हम उसे चाहें कि वह अंतर्मुखी हो जाए, तो बहुत कठिन है। जन्मों की यात्रा है उसकी बहिर्मुखता की। अगर हम कहें कि तू अंतर्मुखी हो जा, तो वह कहेगा कि असंभव मालूम होता है। फिर अगले जन्म तक प्रतीक्षा करनी पड़ेगी। लेकिन अगले जन्म में भी वह अंतर्मुखी हो नहीं पाएगा। क्योंकि इस जिंदगी का और जुड़ जाएगा बहिर्मुखता की यात्रा का हिस्सा। वह और भी बहिर्मुखी हो जाएगा।

इसलिए कोई जरूरत नहीं है कि बहिर्मुखी अंतर्मुखी हो, तभी धार्मिक हो सके। बहिर्मुखी बहिर्मुखी रहते हुए धार्मिक हो सकता है। उसकी धर्म की साधना में भेद होंगे। वही भेद कृष्ण स्पष्ट कर रहे हैं। वे कह रहे हैं, भेद यही है कि बहिर्मुखी कर्म को छोड़ नहीं सकेगा। कर्म को करे, फल को छोड़ दे। कर्म में दौड़े, फल को छोड़ दे। कर्म करे, कर्ता को भुला दे। बहिर्मुखी रहे, लेकिन इस बहिर्मुखी यात्रा को भी धन से हटाकर धर्म पर लगा दे। पदार्थ से हटा कर परमात्मा पर लगा दे। पद से हटा कर परमपद पर लगा दे। इतना करे। धीरे-धीरे वहीं पहुंच जाएगा, जहां अंतर्मुखी पहुंचता है।

अंतर्मुखी का मार्ग अलग होगा। यह बदलाहट कठिन है। लेकिन कभी-कभी बदलाहट होती है। असंभव नहीं है। मैंने कहा, साधारणतः बहिर्मुखी अंतर्मुखी नहीं बनाया जा सकता। अंतर्मुखी बहिर्मुखी नहीं बनाया जा सकता। लेकिन कभी-कभी बदलाहट होती है।

बदलाहट दो कारणों से होती है। या तो कोई इतना बहिर्मुखी हो कि उसके जीवन में अंतर्मुखता न के बराबर, शून्य शेष रह जाए। सिर्फ बहिर्मुखी ही हो जाए। धन ही धन, धन ही धन; मकान, धन, दौलत, यश, इसी-इसी में डूब जाए। इतना डूब जाए, और उसी डूबे में कोई इतना बड़ा धक्का, कोई इतना बड़ा

शॉक आ जाए कि सब छितर-बितर हो जाए, तो एकदम से कनवर्शन होता है। इतना बड़ा धक्का आए कि उसके बाहर के बनाए हुए सारे महल ताश के पत्तों की तरह एकदम गिर जाएं। सब राख हो जाए। इतने बड़े धक्के में संभावना है कि वह एकदम लौट जाए।

लेकिन अगर छोटा-मोटा बहिर्मुखी होगा, तो नहीं लौटेगा। आखिरी एक्सट्रीम पर गया हुआ बहिर्मुखी होगा, तो लौट सकता है। अंत पर पहुंच गया हो, जो भी पाने जैसा था पा लिया हो, और फिर सब जमीन पर गिरकर मिट्टी में मिल जाए। तो ऐसा आदमी—अब आगे तो कोई उपाय बचता नहीं—पीछे लौट जाता है।

लेकिन अगर पूरा बहिर्मुखी न हो, पचहत्तर परसेंट हो, तो अभी पच्चीस परसेंट आगे यात्रा बाकी रहती है। वह सोचता है, कोई बात नहीं। इस मध्यावधि चुनाव में नहीं आए, कोई फिकर नहीं। डेढ़ साल और रुक जाओ। और रुक जाओ, डेढ़ साल और प्रतीक्षा करो। फिर एक दांव लगाया जाए। अभी मोरारजी तक नहीं थके हैं। अभी डेढ़ साल के बाद दांव लगाने की आकांक्षा है! बहिर्मुखता अगर पूरी हो, तो भी किसी बड़ी दुर्घटना के क्षण में—दुर्घटना के क्षण में—व्यक्ति सब छोड़ देता है, कि ठीक है, जाने दो। मिट्टी हो गया जो किया। ठीक उलटे पर लौट जाता है।

इसलिए कभी कोई वाल्मीकि गहन पाप करते-करते क्षण भर में संत हो जाता है। बहिर्मुखी है पूरा; अंतर्मुखी हो जाता है। एक गहन घटना घट गई, एक बहुत बड़ा शॉक, जो सोचा भी नहीं था। वाल्मीकि को खयाल न था। वाल्मीकि तो बाद में हुए। तब तो उनका नाम बाल्या भील था। काम था, डकैती, हत्या।

एक साधु को लूट लिया। पर उस साधु ने कहा कि तुम इतना उपद्रव, इतनी लूट-खसोट, यह सब करते हो। किसके लिए? मुझे मारना जरूर। रस्सी से बांधकर एक वृक्ष से कस दिया। कहा, मारना जरूर। लेकिन इतना जवाब तो दे दो! क्योंकि मेरा तो काम पूरा हो गया, साधु ने कहा, मेरे मरने से कोई फर्क नहीं पड़ता। लेकिन इतना तो बता दो कि यह करते किसलिए हो? उसने कहा, अपने घर वालों के लिए। तो उस साधु ने कहा, मुझे यहां बांध जाओ और जरा घर

वालों से पूछ कर आओ कि इस हत्या का जो फल होगा, उसके लिए वे बंटाने को राजी हैं? भागीदार होंगे?

आदमी शांत और सीधा मालूम पड़ता था। मरने को तैयार था। भागता नहीं था। सीधा बंध कर खड़ा हो गया था। बाल्या ने सोचा, पूछ लूं। हर्ज क्या है! लौट कर घर जाकर पत्नी से पूछा कि मैं इतनी हत्याएं करता हूं, इतने डाके डालता हूं। कल अगर इसके फल में मुझे नरक जाना पड़े, तो कौन-कौन मेरे साथ चलेगा? पत्नी ने कहा, यह तुम जानो। यह तुम्हारा काम! इससे हमारा क्या लेना-देना? हमें तो तुम पत्नी बना कर घर ले आए हो। दो रोटी दे देते हो, काफी है। तुम कहां से रोटी लाते हो, यह तुम जानो। तुम कैसे रोटी लाते हो, यह तुम्हारा काम है। पिता से पूछा। पिता ने कहा कि मुझ बूढ़े को क्यों फंसाते हो? तुम्हारा काम, तुम जानो! बूढ़ा आदमी हूं, मुझे दो रोटी देते हो, इतना तुम्हारा कर्तव्य है बेटे होने की तरह।

सारा भवन गिर गया उसका। सारी हत्याएं आंख के सामने खड़ी हो गईं, सारे डाके। जिनके लिए किए थे, वे भागीदार बनने को राजी नहीं हैं! लौट पड़ा। आदमी बदल गया। कोई सोच नहीं सकता था, इस डकैत और लुटेरे से रामायण का जन्म होगा। लौट गया बिलकुल। बात ही खतम हो गई। वह जिस साधु से उसको संदेश मिला था, वह साधु तो पीछे पड़ गया होगा, वाल्मीकि और भी आगे निकल गया।

क्या हुआ? एक दुर्घटना। एक ऐसा धक्का, जिसमें सारा मकान जिस बुनियाद पर खड़ा था, वह ढह गया। कभी ऐसा कनवर्शन...।

इसी को मैं कनवर्शन कहता हूं। हिंदू मुसलमान हो जाए, इसको मैं कनवर्शन नहीं कहता। यह निपट नासमझी है। ईसाई हिंदू हो जाए, यह पागलपन है। इसमें कोई मतलब नहीं है। ये सब पोलिटिकल स्टंट हैं कि कोई हिंदू को ईसाई बनाता रहे; कोई ईसाई को हिंदू बनाता रहे। कोई आर्यसमाजी किसी को शुद्ध करे; कोई किसी को अशुद्ध करे। यह सब पागलपन है।

एक ही कनवर्शन है, और वह कनवर्शन है, संसार से चित्त हट जाए और परमात्मा की तरफ चला जाए। एक ही रूपांतरण है, और कोई रूपांतरण नहीं है।

ऐसे क्षणों में कभी होता है कि बहिर्मुखी एकदम अंतर्मुखी हो जाता है। लेकिन यह कभी-कभी होता है। मुश्किल से होता है। इसका हिसाब नहीं रखना चाहिए। यह एक्सेप्शनल है, अपवाद है। इसको नियम नहीं बनाना चाहिए। नियम तो यही है कि आप जो हैं, उसका ही उपयोग करके धर्म की यात्रा पर निकलें। प्रतीक्षा न करें कि अंतर्मुखी हो जाएंगे, तब।

इसमें एक-दो बातें और खयाल में ले लें।

साधारणतः आदमी बीच में होते हैं, न पूरे अंतर्मुखी होते हैं, न पूरे बहिर्मुखी होते हैं; मीडियाकर होते हैं। इनकी बड़ी तकलीफ होती है। इनकी जिंदगी में सब कुछ कुनकुना, ल्यूकवार्म होता है। न तो इतना उबलता कि भाप बन जाए, न इतना ठंडा होता कि बर्फ बन जाए। बस कुनकुना रहता है! दोनों तरफ यात्रा हो सकती है। पानी बहुत ठंडा हो जाए, तो बर्फ हो जाता है; पानी नहीं रह जाता। उबल जाए, भाप बन जाए, तो फिर पानी नहीं रह जाता। लेकिन कुनकुना बना रहे—न इधर, न उधर—वह पानी ही बना रहता है। न कभी वह सौ डिग्री तक पहुंचता है कि भाप बनकर उड़ जाए आकाश में। न कभी वह इतने शून्य डिग्री के नीचे पहुंचता है कि जमकर पानी बर्फ हो जाए।

अंतर्मुखता भी एक छोर है, बहिर्मुखता दूसरा छोर है। दोनों छोरों में से कहीं से भी छलांग लग सकती है। लेकिन बीच में से कहीं छलांग नहीं लग सकती। इसलिए बीच के लोग सबसे ज्यादा तकलीफ में पड़ जाते हैं। फिर भी बीच में भी बहुत कम लोग हैं, न के बराबर। और जिसकी समझ में आ जाए कि मैं बीच में हूं, उसे भी देखना चाहिए कि उसका झुकाव क्या है। अगर बहिर्मुखता का है, तो ठीक है। अंतर्मुखता का है, तो ठीक है। और अपनी नियति और अपने व्यक्तित्व को, अपने साइकोलाजिकल टाइप को ठीक से समझकर उसके अनुकूल साधना पद्धति को चुन लेना चाहिए।

यहां कृष्ण दो की बात कर रहे हैं, कर्म-संन्यास और कर्म-त्याग। इन दो में से कोई भी एक चुन लेना चाहिए। क्या चुनते हैं, इससे फर्क नहीं पड़ता। कहां पहुंचते हैं, असली सवाल यही है।

कृष्ण का व्यक्तित्व ?

हां, पूछते हैं, कृष्ण का व्यक्तित्व कैसा है ? यह थोड़ा कठिन है। यह थोड़ा कठिन इसलिए है कि कृष्ण के पास व्यक्तित्व नहीं है। इसलिए कठिन है।

जो पहुंच जाता है, उसके पास व्यक्तित्व खो जाता है। व्यक्तित्व उनके पास होते हैं, जो यात्रा में हैं। मंजिल पर व्यक्तित्व नहीं होते। मंजिल पर तो परमात्मा ही बचता है। व्यक्तित्व यात्रा में होते हैं। जैसे वाहन! मैं बैलगाड़ी पर बैठा हूं, आप हवाई जहाज पर बैठे हैं, कोई रेलगाड़ी में बैठा है, कोई मोटरगाड़ी में बैठा है। ये वाहन तो यात्रा में होते हैं। मंजिल पर पहुंचे कि वाहन से उतर जाता है आदमी। फिर न हवाई जहाज में होते हैं आप, न बैलगाड़ी में होते हैं। बैलगाड़ी भी गई, हवाई जहाज भी गया, मंजिल आ गई।

कृष्ण जैसे लोग मंजिल पर खड़े हुए लोग हैं। ये व्यक्तित्व से उतर गए। व्यक्तित्व गया। उसी व्यक्ति को हम अवतार कहते हैं, जिसका व्यक्तित्व नहीं है। इसको समझ लें। उसी व्यक्ति को अवतार कहते हैं, जिसका कोई व्यक्तित्व नहीं है। जब अपना व्यक्तित्व नहीं होता, तभी तो परमात्मा प्रकट होता है। जब तक अपना व्यक्तित्व होता है, तब तक प्रकट नहीं होता।

कृष्ण तो बांसुरी की तरह हैं। अपना कोई स्वर नहीं है। परमात्मा जो बजा दे, वही। बांसुरी को कुछ गाना नहीं है। बांसुरी के पास अपना गीत गाने को नहीं है। बांसुरी तो पोली है, बांस का टुकड़ा है पोला। बस, परमात्मा जो बजा दे, वही बज जाएगा। कृष्ण जैसे व्यक्ति इसीलिए अवतार हैं, व्यक्ति नहीं हैं। पर्सनैलिटी गई। शून्य की भांति हैं खाली, रिक्त। अपना कुछ भी नहीं बचा। अब तो परमात्मा जो करवा ले। इसलिए कृष्ण के पास व्यक्तित्व नहीं है, न बहिर्मुखी, न अंतर्मुखी। कृष्ण के पास व्यक्तित्व ही नहीं है।

इसमें एक खयाल और ले लें।

महावीर भी जब ज्ञान को उपलब्ध हो जाते हैं, तो उनके पास कोई व्यक्तित्व नहीं बचता। बुद्ध भी जब ज्ञान को उपलब्ध हो जाते हैं, तो उनके पास भी कोई

व्यक्तित्व नहीं बचता। लेकिन महावीर की जो साधना पद्धति है, उस साधना पद्धति के कारण एक व्यक्तित्व हमें मालूम पड़ता है। उनका कोई व्यक्तित्व बचता नहीं, लेकिन साधना पद्धति का एक व्यक्तित्व हमें मालूम पड़ता है। बुद्ध का भी एक व्यक्तित्व मालूम पड़ता है। उनकी भी एक साधना पद्धति है।

कृष्ण इस मामले में बहुत विशिष्ट हैं। उनकी एक साधना पद्धति नहीं है। वे समस्त साधना पद्धतियों की बात करते हैं। इसलिए उनका कोई व्यक्तित्व भी मालूम नहीं पड़ता। इसलिए कृष्ण को कोई जैसा चाहे, वैसा देख ले सकता है। भागवतकार कुछ और अर्थों में देखते हैं कृष्ण को; कवि कुछ और अर्थों में देखते हैं। केशव से पूछें, तो कुछ और कहेगा। सूर से पूछें, तो कुछ और कहेंगे। गीता के कृष्ण कुछ और मालूम होते हैं, भागवत के कुछ और मालूम होते हैं! हजार तरह की बातें उनके व्यक्तित्व से झलकती हैं। शून्य हैं। कोई एक साधना की पद्धति नहीं है।

इसीलिए राम को हमने कभी पूर्णावतार नहीं कहा। क्योंकि राम की एक विशिष्ट साधना पद्धति है, जीवन की एक व्यवस्था है। वह व्यवस्था ही उनका व्यक्तित्व मालूम पड़ती है। वे हमारे जगत से संबंधित होते हैं एक विशेष व्यक्तित्व को बीच में लेकर। कृष्ण हमसे सीधे संबंधित हैं; कोई व्यक्तित्व नहीं है। नग्न! कोई वस्त्र साथ में नहीं है। कोई मर्यादा नहीं, कोई सीमा नहीं।

इसलिए इस देश में हमने किसी को पूर्ण अवतार नहीं कहा सिवाय कृष्ण के। उसका कारण है। पूर्ण प्रकट हो रहा है उनसे। व्यक्तित्व से सदा अपूर्ण प्रकट होता है, चुना हुआ प्रकट होता है।

खतरे हैं पूर्ण प्रकट करने में। खतरा सबसे बड़ा तो यह है कि बहुत मिसअंडरस्टैंडिंग पैदा होगी। महावीर के संबंध में इतनी गलतफहमी नहीं हो सकती, क्योंकि उनकी रूप-रेखा साफ है। वे जो कहते हैं, वह एक साधना है। बुद्ध के संबंध में भ्रांति नहीं हो सकती, वे एक साधना हैं।

राम के संबंध में भ्रांति नहीं हो सकती; बात साफ है। राम प्रेडिक्टेबल हैं। अगर हमें पता भी न हो, अगर रामायण का एक पन्ना खो जाए, बिलकुल खो

जाए, तो उस पन्ने को हम फिर से लिख सकते हैं। आगे के पन्ने और पीछे के पन्ने बता देंगे कि इस आदमी ने बीच में क्या किया होगा। प्रेडिक्टेबल है। अगर रामायण का एक अध्याय खतम हो जाए, तो फिर से लिखा जा सकता है; इसमें अड़चन नहीं आएगी। क्योंकि राम का व्यक्तित्व एक लीक में बंधा हुआ है, सीधा है। हम जानते हैं कि दो और दो चार हुए हैं, इतना सीधा है।

लेकिन कृष्ण के मामले में तय नहीं है। अगर एक अध्याय खो जाए, तो उसको दुबारा नहीं लिखा जा सकता, जब तक कृष्ण फिर से पैदा न हों। उसको कोई पूरा नहीं कर सकेगा। क्योंकि कुछ नहीं कहा जा सकता, यह आदमी क्या करेगा। यह बांसुरी बजाएगा बीच में, कि युद्ध में लड़ेगा, कि सखियों के साथ नाचेगा, कि स्त्रियों के कपड़े उठा कर वृक्ष पर चढ़ जाएगा! बीच में क्या करेगा, कुछ पक्का नहीं है। बीच में कुछ भी हो सकता है। अनप्रेडिक्टेबल है।

पूर्ण आदमी सदा ही भविष्यवाणी के बाहर होगा। और इसलिए पूर्ण व्यक्ति को समझना कठिन होगा। इसलिए कृष्ण को मानने वाले, प्रेम करने वाले बहुत हैं, लेकिन फिर भी कृष्ण को मानने वाले न के बराबर हैं।

कृष्ण को मानना बहुत दुरूह है, बहुत कठिन है। इसलिए जो भी मानता है, वह भी चुन लेता है। वह भी पूरे कृष्ण को नहीं मानता, वह भी चुनाव कर लेता है। कुछ लोग हैं, जो बाल-कृष्ण को मानते हैं। वे युवा-कृष्ण की बिलकुल बात ही नहीं करते। वे कहते हैं, हमारे तो बाल-गोपाल भले हैं। क्योंकि वह बाद का कृष्ण खतरनाक मालूम पड़ता है। तो वे तो कहते हैं, छोटा कन्हैया। उससे ही वे अपना काम चला लेते हैं। उनका डर अपना है। क्योंकि बाद में वह जो कृष्ण जवान हो जाता है और जवान होकर जो करता है, वह उनके लिए घबड़ाने वाला है।

अब सूरदास कैसे जवान कृष्ण को मानें! वे तो स्त्रियों को देखकर आंख फोड़ लिए! बड़ी कठिनाई है। कृष्ण और सूर के बीच, जवान कृष्ण और सूर के बीच तालमेल नहीं हो सकता। क्योंकि कहां सूरदास! देखा कि आंख भटकाती है वासना में, फोड़ दो आंख। आंख फोड़ दी! और कहां कृष्ण कि पूरी आंखें नचा

कर बांसुरी बजा सकते हैं। और कहां सूरदास, आंख फोड़ कर बैठ गए। सूरदास कहेंगे कि बाद का कृष्ण भरोसे का नहीं है। अपना बाल-कृष्ण ठीक है। वह सूरदास की सीमा है। इसलिए बाल-कृष्ण से अपना काम चला लेंगे।

अब अगर कोई केशव को कहे कि बाल-कृष्ण से काम चला लो—दही की मटकी तोड़े, यह करे, वह करे—वे कहेंगे, उसमें कुछ रस नहीं है। उसमें कोई खास बात नहीं है। केशव के लिए तो युवा कृष्ण, यौवन के पूरे राग-रंग में नाचता हुआ। क्योंकि केशव कहते हैं कि जो परमात्मा राग-रंग में पूरा न नाच सके, वह अभी कमजोर है। अभी उसे भी भय है क्या? आदमी भयभीत हो, समझ में आ जाए। परमात्मा भी भयभीत हो, तो फिर समझ में नहीं आता। वह तो अभय होकर...।

तो केशव बच्चे कृष्ण को छोड़ देंगे, युवा कृष्ण की कथा के आस-पास उनके सब गीत रचे जाएंगे। वह जो गीत-गोविंद का रूप होगा, वह युवा का होगा। वह राग-रंग है, युवा काव्य है, सौंदर्य है, संगीत है, वह सब उसमें आएगा।

ये अपने-अपने चुनाव होंगे। और कृष्ण इतने विराट हैं कि पूरा पचाने की हिम्मत न के बराबर होती है। थोड़ा-थोड़ा अपना जितना पच सके, आदमी चुन लेता है।

लेकिन मेरा कहना है, जब भी कोई चुनेगा, तब वह खंड कर देगा। और खंडित कृष्ण का कोई अर्थ नहीं होता। अखंड कृष्ण का ही कुछ अर्थ है। इसलिए मैं कहता हूं कि मानने वाले बहुत हैं, फिर भी मानने वाले न के बराबर हैं। क्योंकि जो पूरे अखंड कृष्ण को जान पाए, वही मान पाएगा, अन्यथा नहीं मान सकता है।

तो कृष्ण का कोई अपना व्यक्तित्व नहीं है। कृष्ण के सब व्यक्तित्व अपने हैं। इसलिए कृष्ण के हमने कितने नाम रखे, खयाल किया! इतने नाम रखे कृष्ण के, जिसका हिसाब नहीं। जितने नाम हो सकते हैं, सब कृष्ण के रख दिए। क्योंकि इतने आदमी इसमें झलके एक साथ! इतने व्यक्तित्व इसमें दिखाई पड़े।

कौन सोच सकता है कि जो आदमी बांसुरी बजाने जैसे कोमल जगत में जीता हो, वह आदमी चक्र लेकर खड़ा हो जाएगा! कोई सोच नहीं सकता कि जिन अंगुलियों ने बांसुरी बजाई हो, वे हत्या का चक्र भी हाथ ले सकती हैं! ये अंगुलियां बड़ी अजीब हैं! इनका व्यक्तित्व क्या है? बांसुरी बजाने वाली अंगुलियां चक्र हाथ में नहीं ले सकती हैं। सुदर्शन लेकर हत्या का इंतजाम करना, अचूक हत्या का इंतजाम करना, बांसुरी बजाने वाली अंगुलियों का काम नहीं है! इन अंगुलियों का कोई व्यक्तित्व अगर होता, तो यह मुश्किल था।

हम सोच भी नहीं सकते कि बुद्ध या महावीर या जीसस चक्र लेकर खड़े हो जाएंगे। सोच भी नहीं सकते। लेकिन कृष्ण सोचे जा सकते हैं। इनकंसिवेबल हैं, सोचना कठिन पड़ता है, लेकिन वे कर सकते हैं।

यह जो व्यक्ति है, इसके पास अपना कोई निजी व्यक्तित्व नहीं है। इसलिए इस मुल्क के समझदार लोगों ने इसे पूर्ण अवतार कहा। पूर्ण अवतार इसीलिए कि जिसके पास अपनी कोई धारणा नहीं, जिसके पास अपना कोई वाहन नहीं, जिसके पास अपना कुछ भी नहीं है; पूरा परमात्मा जैसा प्रकट होना चाहे, हो सकता है। जो जरा भी बाधा नहीं देगा।

अगर राम से परमात्मा कहे कि जरा नाचो, तो राम कहेंगे, ठहरिए! यह हमसे न हो सकेगा। नाचना! तो राम परमात्मा से कहेंगे, सम्हालिए। इतना आगे हम न जा सकेंगे। यह हमसे न होगा। राम परमात्मा में भी चुनाव कर लेंगे। वे कहेंगे, इतना हम प्रकट कर सकते हैं, इसके आगे हमसे प्रकट न होगा। हमारी सीमा है। लेकिन कृष्ण से कुछ भी कहे, वे राजी हो जाएंगे। राजी क्या, वे देर ही नहीं लगाएंगे। वे नाचने लगेंगे!

यह जो कृष्ण की स्थिति है, यह एक व्यक्तित्व-मुक्त, ट्रांस-पर्सनैलिटी, यह व्यक्तित्व–अतीत उनकी स्थिति है। और इसीलिए उनको हम पूर्ण कह पाए।

ब्रह्मण्याधाय कर्माणि सङ्गं त्यक्त्वा करोति यः।

लिप्यते न स पापेन पद्मपत्रमिवाम्भसा।।10।।

जो पुरुष सब कर्मों को परमात्मा में अर्पण करके और आसक्ति को त्यागकर कर्म करता है, वह पुरुष जल से कमल के पत्ते की सदृश पाप से लिपायमान नहीं होता।

परमात्मा को समर्पण करके समस्त कर्मों को जीता है जो पुरुष, वह कमल के पत्तों की भांति जल में रहते हुए भी जल से, पाप से लिप्त नहीं होता है।

दो-तीन छोटी-सी बातें खयाल में ले लेनी जरूरी हैं। पहली बात, परमात्मा को समर्पित कर देता है जो!

हम भी परमात्मा को समर्पित करना चाहते हैं। कभी-कभी करते हैं, लेकिन केवल अपनी असफलताएं! सफलताएं कभी भी नहीं। केवल पराजय, जीत कभी भी नहीं। केवल दुख, सुख कभी भी नहीं।

कोई हार जाता है, तो कहता है, भाग्य। और कोई जीत जाता है, तो कहता है, मैं। कोई टूट जाता है, गिर जाता है, तो कहता है, अवसर, समय। सफल हो जाता है, तो कहता है, मैं। सफलताएं सब मैं को समर्पित कर देते हैं; असफलताएं सब परमात्मा को समर्पित कर देते हैं! दुख आते हैं, तो परमात्मा की तरफ हाथ उठाकर कहते हैं कि क्यों देता है दुख! सुख आते हैं, तो अकड़ कर निकलते हैं कि देखा, सुख निर्मित कर लिया!

इसलिए कृष्ण कहते हैं, सब समर्पित कर देता है जो।

समर्पित तो हम भी करते हैं, सब नहीं, चुन-चुन कर समर्पित करते हैं। सब! कह देता है, हार तेरी, जीत तेरी। कह देता है, तू ही है, मैं नहीं। कह देता है, फल तेरे। न फल आएं, तो निष्फलता तेरी। मेरा कुछ भी नहीं। स्वभावतः, जो इतनी सामर्थ्य दिखा पाएगा...।

और ध्यान रहे, समर्पण से बड़ी सामर्थ्य नहीं है। समर्पण से बड़ा संकल्प भी नहीं है। समर्पण कमजोरों की दुनिया की बात नहीं है, समर्पण इस जगत में बड़ी से बड़ी शक्ति की घटना है।

जो कह देता है, सब तेरा, स्वभावतः उसी क्षण बाहर हो जाता है। स्वभावतः, उसी क्षण सारी झंझट के बाहर हो जाता है। फिर छुएगा कैसे! फिर पाप छुएंगे कैसे? जब कर्म ही नहीं छूता, तो पाप कैसे छुएंगे! पुण्य भी नहीं छुएंगे, ध्यान रखना। नहीं तो भूल होती है निरंतर गीता पढ़ने वालों को। वे सोचते हैं कि ऐसे आदमी को पाप नहीं छूते, पुण्य इकट्ठे करता चला जाता है! पुण्य भी नहीं छुएंगे। जिसे पाप नहीं छूते, उसे पुण्य छुएंगे? वह जो कमल का पत्ता होता है; क्या आप सोचते हैं, गंदा पानी उसको नहीं छूता, स्वच्छ पानी छू लेता है? क्या पानी में इत्र डाल देंगे, तो छू लेगा?

नहीं, जब कर्म ही नहीं छूते, तो न पाप छूता है, न पुण्य छूते हैं। कुछ भी नहीं छूता। वैसा आदमी अस्पर्शित, अनटच्ड जीवन से गुजर जाता है। बस, ठीक कमल के पत्ते की तरह। जल में ही होता है। पूरे समय जल की धार भी उस पर पड़ती है। कभी जल की लहरें छलांग मार कर उसकी छाती पर पड़ जाती हैं। बूंदें चमकने लगती हैं उसकी छाती पर मोतियों की तरह। लेकिन अस्पर्शित; पत्ते को छू नहीं पातीं। पड़ी रहती हैं ऊपर, तो पड़ी रहें। परमात्मा को समर्पित। सागर जाने, सागर की लहरें जानें। जब वापस लेना होगा हवा के झोंकों को, फिर उतर जाएंगी बूंदें। लेकिन पत्ता अस्पर्शित रह जाता है।

ठीक ऐसे ही, जो पुरुष कर देता सब कर्म समर्पित प्रभु को, वह भी अस्पर्शित जीवन में यात्रा करता है। और जिसे न पाप छुएं और न पुण्य, उसकी ताजगी, उसका क्वांरापन, उसकी वर्जिनिटी...। सच पूछें, तो वही क्वांरा है। जिसे छू जाएं पाप और पुण्य, वह क्वांरा न रहा।

ईसाइयों की कथा है कि जीसस क्वांरी लड़की से पैदा हुए। ईसाई समझाने में बड़ी मुश्किल में पड़ते हैं कि कैसे पैदा हुए होंगे क्वांरी लड़की से! बड़ी मुश्किल में रहे हैं। ईसाइयों को बड़ी कठिनाई आई है कि कैसे समझाएं कि क्वांरी लड़की से पैदा हुए होंगे।

काश! जीसस को समझाने वालों को पता होता कि कर्मों के बाहर कमल के पत्ते की तरह भी रहा जा सकता है। अगर कर्मों के बाहर रहा जा सकता है, तो संभोग के क्षण में भी संभोग के बाहर रहा जा सकता है। अगर संभोग के क्षण

में संभोग के बाहर रहा जा सके; वह व्यक्ति कहीं भी संभोग में सम्मिलित न हो, न पुरुष, न स्त्री; संभोग बाहर घटती घटना हो, परमात्मा को समर्पित; तो निश्चित कहना पड़ेगा कि यह बेटा वर्जिन मां का है; क्वांरी मां का बेटा है।

और मुझे लगता है कि जीसस क्वांरी मां से ही पैदा हुए होंगे। सच तो यह है कि जीसस के संबंध में यह बात दुनिया को पता चल गई। कृष्ण भी क्वांरी मां से पैदा होंगे। महावीर और बुद्ध भी क्वांरी मां से पैदा होंगे। क्योंकि इतना पवित्र पुत्र जिस मां से पैदा हो, उस मां को अगर क्वांरापन न हो, तो पैदा हो नहीं सकता।

पर क्वांरेपन का बहुत गहरा अर्थ है—अस्पर्शित, कृत्य के बाहर। कर्म परमात्मा को समर्पित है तब। तब कोई भी व्यक्ति इस जीवन से ऐसे गुजर जाता है, जैसे आया ही न हो। ऐसे गुजर जाता है कि जैसे हवा का झोंका आया और निकल गया। जैसा आया, वैसा ही निकल गया।

यह सूत्र, निष्काम कर्मयोगी हो कोई या कोई कर्म-त्याग के संन्यास में जी रहा हो, दोनों के लिए सार्थक है। एक ही बात स्मरण रखने की है, सारे कर्म परमात्मा को समर्पित!

वही है धार्मिक, जो कहता है कि करने वाला परमात्मा है। वही है अधार्मिक, जो कहता है, करने वाला मैं हूं। अगर आपने प्रार्थना करने में भी यह कहा कि मैंने प्रार्थना की है, तो आप अधार्मिक हो गए। आपने पूजा करके भी यह कहा ि क मैंने पूजा की है, तो आप अधार्मिक हो गए! जहां कृत्य का भाव स्वयं से जुड़ा, अधर्म आ गया। और जहां कृत्य परमात्मा पर छोड़ दिया, वहीं धर्म है।

आज इतना ही! फिर कल हम बात करेंगे।

पांच मिनट बैठे रहेंगे, वैसे ही जैसे कमल का पत्ता पानी में बैठा रहता है। थोड़ा इस कीर्तन को इस कीर्तन की लहरों को उछल जाने दें आपके पास। शायद कुछ बूंद पड़ी रह जाएं! बैठे रहें पांच मिनट। इतनी देर बैठे रहे हैं, पांच मिनट जल्दी न करें। कोई एकाध जन बीच में उठता है, दूसरों को तकलीफ होती है। तो पांच मिनट भजन का आनंद लें, और फिर चुपचाप चले जाएं।

छठवां प्रवचन

अहंकार की छाया है ममत्व

कायेन मनसा बुद्ध्या केवलैरिन्द्रियैरपि।
योगिनः कर्म कुर्वन्ति सङ्गं त्यक्त्वात्मशुद्धये।।11।।

इसलिए निष्काम कर्मयोगी ममत्व बुद्धिरहित केवल इंद्रिय, मन, बुद्धि और शरीर द्वारा भी आसक्ति को त्यागकर अंतःकरण की शुद्धि के लिए कर्म करते हैं।

ममत्व बुद्धि को त्याग कर अंतःकरण की शुद्धि के लिए, जो जानते हैं, वे पुरुष शरीर, मन, इंद्रियों से काम करते हैं।

इस संबंध में दो-तीन बातें खयाल में ले लेनी चाहिए।

एक, मनुष्य ने जो भी किया है अनंत जीवन में, आज तक, इस घड़ी तक, उस कर्म का एक बड़ा जाल है। और आज ही मैं सब करना बंद कर दूं, तो भी मेरे पिछले अतीत जन्मों के कर्मों का जाल टूट नहीं जाता है। उसका मोमेंटम है। जैसे मैं साइकिल चला रहा हूं। पैडल बंद कर दिए हैं, अब नहीं चला रहा हूं,

लेकिन साइकिल चली जा रही है—मोमेंटम है। दो मील से चलाता हुआ आ रहा हूं, साइकिल के चाकों ने गति पकड़ ली है। अगर दो-चार-पांच मिनट मैं बंद भी कर दूं, तो भी साइकिल चलती चली जाती है। फिर अगर उतार हो जीवन में, तब तो मीलों भी चली जा सकती है। चढ़ाव हो, तो जल्दी रुक जाएगी।

और जीवन में हमारे उतार है, चढ़ाव नहीं है। जैसे हम जीते हैं, वह सदा ही उतार में जीते हैं—और नीचे, और नीचे, और नीचे। बच्चे शिखर पर होते हैं, बूढ़े घाटियों में पहुंच जाते हैं। होना नहीं चाहिए। होना चाहिए उलटा, होता यही है। बच्चे एकदम पवित्र सुगंध लेकर आते हैं, बूढ़े सिवाय दुर्गंध के और कुछ भी लेकर जाते हुए मालूम नहीं पड़ते हैं। जिंदगी में हम कमाते कम, लुटते ज्यादा हैं। पाते कम, खोते ज्यादा हैं।

जिंदगी एक उतार है हमारी। रोज हम नीचे उतरते जाते हैं। कल जिसने चोरी की थी, वह आज और भी ज्यादा चोरी करेगा। कल जो झूठ बोला था, आज वह और भी ज्यादा झूठ बोलेगा। कल जो क्रोधी था, वह आज और क्रोधी हो जाएगा। और रोज यह क्रोध, यह हिंसा, यह घृणा, यह काम, यह वासना, रोज बढ़ते चले जाएंगे। फिर मन एक निश्चित आदत बना लेता है। फिर अपनी आदतों को दोहराए जाता है, बढ़ाए चला जाता है।

हम उतार पर हैं। बच्चे श्रद्धा से भरे होते हैं, बूढ़े चालाकी से भर जाते हैं। बच्चे सरल होते, बूढ़े जटिल हो जाते हैं। जिंदगी के सारे अनुभव उन्हें और गड्ढों में पहुंचा देते हैं।

तो हम उतार पर हैं, एक तो यह बात खयाल में ले लें। और अनंत जन्मों का हमारे कर्मों का मोमेंटम है, गति है। अगर मैं आज सारे काम बंद भी कर दूं, तो कोई अंतर नहीं पड़ता; मेरा मन फिर भी उतरता चला जाएगा।

इसलिए कृष्ण ने इसमें एक बहुत अदभुत बात कही। उन्होंने कहा है कि ऐसे पुरुष, जो निष्काम कर्म में जीते हैं, वे अपने पिछले कर्मों की जो गति है, उसे काटने के लिए कर्म में रत होते हैं। वह जो उन्होंने गति दी है पिछले जन्मों में अपने कर्मों की, वह जो किया है, उसे अनडन करने के लिए, उसे पोंछ डालने के लिए, कर्म में रत होते हैं।

अगर उन्होंने क्रोध किया है अतीत जन्मों में, तो वे क्षमा के कर्म में लग जाते हैं। अगर उन्होंने कठोरता और क्रूरता की है, तो वे करुणा के कृत्य में लीन हो जाते हैं। अगर उन्होंने वासना और कामना में ही जीवन को बिताया है अनंत-अनंत बार, तो अब वे सेवा में जीवन को लगा देते हैं। ठीक जो उन्होंने किया है अब तक, उससे बिलकुल विपरीत, उतार की तरफ जाने वाला नहीं, चढ़ाव की तरफ जाने वाला कर्म वे शुरू कर देते हैं।

लेकिन उसमें भी एक शर्त कृष्ण की है। और वह जिसे खयाल में न रहेगी, वह भूल में पड़ सकता है। वह शर्त यह है कि ममत्व को छोड़कर! क्योंकि कोई आदमी ममत्व के साथ, और ऊपर की यात्रा करना चाहे, तो गलती में है, यह असंभव है।

ममत्व नीचे की यात्रा पर सहयोगी है, ममत्व ऊपर की यात्रा पर बाधा है। कर्म निर्मित करने हों, तो ममत्व कीमिया है, केमिस्ट्री है। उसके बिना कर्म निर्मित नहीं होते। और कर्म काटने हों, तो ममत्व तत्काल ही अलग कर देना जरूरी है, अन्यथा कर्म कटते नहीं।

ममत्व से अर्थ क्या है? ममत्व से अर्थ है, एक तो हूं मैं, जैसे मैं खड़ा हो जाऊं धूप में, तो एक तो मैं हूं जो खड़ा हूं, और धूप में मेरी एक छाया बनेगी। वह छाया मेरे चारों तरफ, जहां मैं जाऊंगा, घूमती रहेगी। मैं तो ईगो है और ममत्व ईगो की छाया है, अहंकार की छाया है। मैं तो मेरा खयाल है कि मैं हूं; और मैं अकेला नहीं हो सकता, इसलिए मैं मेरे के एक जाल को फैलाता हूं अपने चारों तरफ।

मेरे के बिना मैं के खड़े होने में बड़ी कठिनाई है। इसलिए मेरे की छाया जितनी बड़ी हो, उतना ही लगता है कि मैं बड़ा हूं। मेरा धन, मेरे मित्र, मेरा परिवार, मेरा मकान, मेरा महल, मेरे पद जितने बड़े हों...।

मैंने सुना है, एक दिन सुबह-सुबह एक लोमड़ी शिकार के लिए निकली है। चली है शिकार को। देखा है कि उसकी बड़ी लंबी छाया बनती है। सूरज निकल रहा है पीछे, बड़ी लंबी छाया है! उस लोमड़ी ने अपनी छाया देखी और सोचा, आज तो एक ऊंट शिकार को मिल जाए, तभी काम चलेगा! स्वभावतः,

इतनी बड़ी छाया बनती है, तो लोमड़ी छोटी नहीं हो सकती! लोमड़ी के तर्क में कहीं कोई गलती नहीं है। गणित ठीक है। इतनी बड़ी छाया बन रही है कि एक ऊंट मिले शिकार में, तो ही काम चल सकेगा, लोमड़ी ने सोचा।

दिनभर खोजते दोपहर हो गई है। शिकार मिला नहीं। सूरज सिर पर आ गया है। लोमड़ी भूखी है। नीचे की तरफ देखा, छाया बड़ी छोटी बनती है, न के बराबर। उसने कहा, क्या हुआ! क्या भूख में मैं इतनी सिकुड़ गई? अब तो एक चींटी भी मिल जाए, तो शायद काम चल जाए!

लोमड़ी का तर्क ठीक है। हम अपनी छाया से ही सोचते हैं कि हम कितने बड़े हैं। छाया को नाप लेते हैं, सोच लेते हैं कि इतने बड़े हैं। अगर छाया बड़ी है मेरे की—मेरा मकान बड़ा है, तो मैं बड़ा; और अगर मेरा मकान छोटा है, तो मैं छोटा। मेरे धन का ढेर बड़ा है, तो मैं बड़ा; और मेरे धन का ढेर छोटा है, तो मैं छोटा। मुझे नमस्कार करने वाले लोग ज्यादा हैं, तो मैं बड़ा; और मुझे नमस्कार करने वाले लोग थोड़े हैं, तो मैं छोटा! छाया!

और जिंदगी के शुरू में सभी को वही भूल होती है, जो उस लोमड़ी को हुई थी। जब जिंदगी शुरू होती है, तो हर आदमी सोचता है कि मैं! मेरे जैसा कोई भी नहीं। सारी जमीन भी छोटी पड़ेगी। और जब जिंदगी अंत होने के करीब आती है, तो पता चलता है कि अब तो कुछ भी नहीं रहा, छाया सिकुड़ गई है!

हम छाया को देखकर जीते हैं, इसलिए हम छाया को बढ़ाते रहते हैं, बड़ा करने की कोशिश में लगे रहते हैं। मेरे का अर्थ है, मैं की छाया, शैडो आफ दि ईगो। मैं तो झूठा है। ध्यान रहे, कोई भी झूठ खड़ा करना हो, तो और पच्चीस झूठ का सहारा लेना पड़ता है। सत्य को खड़ा करना हो, तो सत्य अकेला खड़ा हो जाता है, इंडिपेन्डेंट, स्वतंत्र। कोई झूठ अकेला खड़ा नहीं होता। किसी झूठ को आप अकेला कभी खड़ा नहीं कर सकते; उसको तो बैसाखियां लगानी पड़ती हैं और नये झूठों की।

झूठ को खड़ा करना हो, तो पच्चीस झूठों का जाल खड़ा करना पड़ता है। और ऐसा नहीं है कि बात यहीं समाप्त हो जाती है। वे जो पच्चीस झूठ आपने खड़े

किए, प्रत्येक उनमें से एक के लिए भी पच्चीस। और यह इनफिनिट रिग्रेस है। और यह रोज करते रहना पड़ेगा।

मैं बड़ा से बड़ा झूठ है मनुष्य की जिंदगी में। अगर इस अस्तित्व में किसी को मैं कहने का हक हो सकता है न्यायसंगत, तो वह सिवाय परमात्मा के और किसी को नहीं हो सकता है। लेकिन उसने कभी कहा नहीं कि मैं हूं। लोग बहुत दफे चिल्लाकर पूछते हैं, कहां हो तुम? तो भी बोलता नहीं। लोग खोजने भी निकल जाते हैं, पहाड़ की कंदराओं को खोद डालते हैं, नदियों के उदगम तक चले जाते हैं, सारी जमीन छान डालते हैं, आकाश-पाताल एक कर देते हैं, फिर भी उसका पता नहीं चलता कि कहां है वह!

जिसे अधिकार है कहने का कि कह सके मैं, वह चुप है। और जिन्हें कोई अधिकार नहीं है, वे जिंदगीभर सुबह से सांझ तक बोलते रहते हैं—मैं, मैं, मैं। शायद इसीलिए परमात्मा नहीं बोलता, क्योंकि वह आश्वस्त है कि है। और हम इसीलिए बोलते हैं कि हमें कोई भरोसा नहीं है। बोल-बोल कर भरोसा पैदा करते रहते हैं कि हूं! चौबीस घंटे दोहरा-दोहरा कर भरोसा पैदा करते रहते हैं अपने ही मन में, आटोहिप्नोटिक, खुद को सम्मोहित करते रहते हैं कि मैं हूं। इसलिए अगर कोई आपके मैं को जरा-सी भी चोट पहुंचा दे, तो आप तिलमिला उठते हैं। क्योंकि आपका झूठ बिखर सकता है।

इस मैं के बड़े झूठ को खड़ा करने के लिए मेरे का जाल फैलाना पड़ता है, उसको कृष्ण ममत्व कहते हैं। मेरे का जाल।

मैं अकेला खड़ा नहीं रह सकता। अगर आपसे आपका मकान छीन लिया जाए, तो आप यह मत सोचना कि सिर्फ मकान छिना, आपके मैं की भी दीवालें गिर गई हैं। अगर आपसे आपका धन छीन लिया जाए, तो सिर्फ तिजोड़ी खाली नहीं होती, आप भी खाली हो जाते हैं। आपसे आपका पद छीन लिया जाए, तो पद ही नहीं छिनता, आपके भीतर की अकड़ भी छिन जाती है।

वह मैं मेरे के छिनने से क्षीण होता है। मेरे के बढ़ने से बड़ा होता है। तो जिसे भी धोखे में रखना है अपने को कि मैं हूं, उसे मेरे को बनाए जाना चाहिए,

बढ़ाए जाना चाहिए। और जिसे धोखा तोड़ना हो, उसे ममत्व को छोड़कर देखना चाहिए कि मेरे को छोड़कर मैं बचता हूं?

जिसने मेरे को छोड़ा, वह अचानक पाता है, मैं भी खो गया। और जब तक मैं न खो जाए, तब तक कर्मों की धारा बंद नहीं होती। और जब तक मेरा न खो जाए और मैं न खो जाए, तब तक ऊर्ध्व यात्रा, ऊपर की यात्रा शुरू नहीं होती। मैं का पत्थर हमारी गर्दन में लटका हुआ हमें नीचे डुबाए चला जाता है।

अहंकार से बड़ा पाप नहीं है। बाकी सारे पाप उसी से पैदा होते हैं। संततियां हैं। मूल अहंकार है। फिर लोभ, और क्रोध, और काम, सब उस अहंकार के आस-पास जन्म लेते चले जाते हैं।

इसलिए कृष्ण कहते हैं, ममत्व को छोड़ दे जो!

मेरा क्या है? हाथ, जब मैं विदा होऊंगा, बिलकुल खाली होंगे। और जिसे मैं ले जा न सकूंगा, वह मेरा कैसे है? और जिसे मैं मेरा कह रहा हूं, वह मेरे पहले भी था; मैं उसे लाया नहीं, वह मेरा कैसे है? और जिसे मैं मेरा कह रहा हूं, मुझसे पहले न मालूम कितने लोगों ने उसे मेरा कहा है। वे सब खो गए। वह अभी भी बना है। हम भी खो जाएंगे, वह फिर भी बना रहेगा।

जमीन को हम कहते हैं, मेरी जमीन। उस जमीन ने हमारे जैसे बहुत-से पागल देखे हैं। जिन्होंने मेरे की घोषणा की, लड़े, कटे और मिट्टी में खो गए। वह जमीन हंसती होगी कि दावेदार खोते नहीं! वही पुराना दावा जारी रहता है! कितने लोग दावेदार हो चुके हैं उस जमीन के टुकड़े के, जिसके आप भी दावेदार हैं! कितने लोगों ने नहीं कहा कि मेरा है। फिर वे सब गेरे का दावा करने वाले लोग खो गए; वह जमीन अपनी जगह पड़ी है। वह जमीन हंसती होगी, जब आप अपने घर पर तख्ती लगाते होंगे कि मेरी जमीन, तब जमीन जरूर मुस्कुराती होगी कि फिर कोई पागल आ गया! फिर वही भूल!

इस दुनिया में नई भूलें करने वाले लोग तक खोजना मुश्किल हैं। लोग पुरानी भूलें ही किए चले जाते हैं। नई भूल करना है भी मुश्किल। आदमी सब भूलें कर चुका है; हजारों बार कर चुका है।

कृष्ण कहते हैं, ममत्व छूट जाए, कर्म जारी रहे, तो ऊर्ध्व यात्रा शुरू हो जाती है। अतीत के कर्म कटते हैं और आदमी ऊपर उठता है।

लेकिन ममत्व बहुत गहरा है। धन का तो है ही, पद का तो है ही; ज्ञान का और त्याग तक का ममत्व होता है। आदमी कहता है, मैं इतना जानता हूं। जानने पर भी मेरे को हावी कर लेता है। हद हो गई! ममत्व अज्ञान का हो, तो समझ में आ सकता है। ज्ञान का भी ममत्व!

इसलिए उपनिषद कहते हैं कि अज्ञानी तो भटकते ही हैं अंधकार में, कभी-कभी ज्ञानी महा अंधकार में भटक जाते हैं। अगर किसी ने ज्ञान पर कहा कि मेरा, तो वह अज्ञानी से भी लंबी भटकन में पड़ जाएगा। क्योंकि अज्ञानी क्षमा किया जा सकता है; ज्ञानी क्षमा नहीं किया जा सकता।

त्याग को भी लोग कहते हैं, मेरा। आदमी बहुत अदभुत है। एक आदमी कहता है, धन मेरा; एक आदमी कहता है कि धन मेरा था, अब त्याग मेरा है। मैंने लाख रुपये त्याग कर दिए! अब वह त्याग पर भी मेरे होने का दावा करता है। धन पर कोई दावा करे, समझ में आता है; पागल है। लेकिन त्याग का भी कोई दावा करे, तब तो महा पागल है। एक आदमी कहता है, मेरे पास लाख रुपये हैं। अकड़ कर चलता है रास्ते पर। दूसरा आदमी कहता है, मैंने लाख रुपये त्याग कर दिए हैं। वह और भी ज्यादा अकड़ कर चलता है रास्ते पर। त्याग भी मेरा! तब लगता है कि आदमी के पागलपन की कोई सीमा नहीं है और अहंकार की तरकीबों का कोई अंत नहीं है। वह कहीं से भी रास्ता खोज लेता है।

इस पृथ्वी पर जो मान ले कि मैं अज्ञानी हूं, समझना कि उसने ज्ञान का बहुत बड़ा कदम उठाया। जो मान ले कि मैं भोगी हूं, समझना कि उसने त्याग का बहुत बड़ा कदम उठाया। क्योंकि यह मान्यता, यह समझ विनम्र कर जाती है और अहंकार को तोड़ती है। लेकिन इस पृथ्वी पर कोई मानने को राजी नहीं है कि मैं अज्ञानी हूं।

मैंने सुना है कि एक ज्ञानी एक चर्च में गया, एक पादरी। और जो भी धर्मशास्त्र पढ़ लेते हैं, वे ज्ञानी हो जाते हैं! ज्ञानी होना बड़ा सरल है! है नहीं, मान

लेना बहुत सरल है। उस पादरी को खयाल है कि मैं जानता हूं। आते ही उसने पहली धाक लोगों पर जमा देनी चाही। उसने खड़े होकर लोगों से कहा कि मैं तुमको समझाऊंगा बाद में, पहले मैं यह पूछ लूं कि तुम में कोई अज्ञानी हो, तो खड़ा हो जाए।

कौन खड़ा होता! लोग एक-दूसरे की तरफ देखने लगे। जैसे मैं आपसे पूछूं कि कोई अज्ञानी हो, तो खड़ा हो जाए। तो जो जिसको अज्ञानी समझता होगा—अपने को छोड़ कर ही समझेगा सदा—वह उसकी तरफ देखेगा कि फलां खड़ा हो रहा है कि नहीं? अब तक खड़ा नहीं हुआ! पत्नी पति की तरफ देखेगी, पति पत्नी की तरफ देखेगा; बाप बेटे की तरफ देखेगा, बेटा बाप की तरफ देखेगा कि अभी तक खड़े नहीं हो रहे! कोई खड़ा नहीं होगा।

कोई खड़ा नहीं हुआ। उस पादरी ने कहा, कोई भी अज्ञानी नहीं है? धक्का लगा उसे। क्योंकि वह सोचता था, वह ज्ञानी है। और जब कोई भी खड़ा नहीं होता, तो सभी ज्ञानी हैं! तभी एक डरा हुआ सा आदमी, बहुत दीन-हीन सा आदमी झिझकता हुआ, चुपचाप उठ कर खड़ा हो गया। उस पादरी ने कहा, आश्चर्य! चलो, एक आदमी तो अज्ञानी मिला। क्या तुम अपने को अज्ञानी समझते हो? उसने कहा कि नहीं महानुभाव, आपको अकेला खड़ा देख कर मुझे बड़ी शर्म मालूम पड़ती है, इसलिए मैं खड़ा हो गया हूं। आप अकेले ही खड़े हैं! अच्छा नहीं मालूम पड़ता, शिष्टाचार नहीं मालूम पड़ता। आप अजनबी हैं, बाहर से आए हैं। इसलिए मैं खड़ा हो गया हूं, अज्ञानी मैं नहीं हूं।

इस पृथ्वी पर कोई अपने को अज्ञानी मानने को राजी नहीं है। कोई अपने को भोगी मानने को राजी नहीं है। कोई अपने को अहंकारी मानने को राजी नहीं है। कोई अपने को ममत्व से घिरा है, ऐसा मानने को राजी नहीं है। और सब ऐसे हैं। और जब बीमारी अस्वीकार की जाए, तो उसे ठीक करना मुश्किल हो जाता है। बीमारी स्वीकार की जाए, तो उसका इलाज हो सकता है, निदान हो सकता है, चिकित्सा हो सकती है।

देख लेना ठीक से। कृष्ण कहते हैं, ममत्व को छोड़ देता है जो!

पर ममत्व को मानना पहले कि ममत्व है आपकी जिंदगी में, तभी छोड़ सकेंगे। जो बहुत चालाक हैं, वे कहेंगे, छोड़ना क्या है! ममत्व तो हमारी जिंदगी में है ही नहीं। धोखा पक्का हो गया।

ममत्व है। लगता है, कोई मेरा है—चाहे पत्नी, चाहे पिता, चाहे मां, चाहे बेटा, चाहे मित्र, चाहे शत्रु—मेरा है! शत्रु तक से ममत्व होता है। इसलिए ध्यान रखना, जब शत्रु मरता है, तब भी आप कुछ कम हो जाते हैं, समथिंग लेस। क्योंकि उसकी वजह से भी आपमें कुछ था। वह भी आपको कुछ बल देता था। उसके खिलाफ लड़कर भी कुछ कमाई चलती थी। वह भी आपके ममत्व का हिस्सा था।

ममत्व जो छोड़ दे, फिर भी कर्म में संलग्न हो। इंद्रियों और शरीर के कर्मों को करता चला जाए, इसलिए ताकि पिछले कर्मों की गति कटे और कर्म-बंधन से मुक्ति हो, ऐसे व्यक्ति को कृष्ण निष्काम कर्मयोगी कहते हैं।

युक्तः कर्मफलं त्यक्त्वा शान्तिमाप्नोति नैष्ठिकीम्।
अयुक्तः कामकारेण फलै सक्तो निबध्यते।।12।।

इसी से निष्काम कर्मयोगी कर्मों के फल को परमेश्वर के अर्पण करके भगवत प्राप्ति रूप शांति को प्राप्त होता है। और सकामी पुरुष फल में आसक्त हुआ कामना के द्वारा बंधता है।

दो ही प्रकार के वर्ग हैं जगत में, दो ही प्रकार के लोग हैं जगत में, सकामी और निष्कामी। आध्यात्मिक अर्थों में दो ही विभाजन हो सकते हैं। वे, जो कर्म में लीन होते हैं तभी, जब फल की आकांक्षा से उत्प्रेरित होते हैं। जब तक फल की आकांक्षा का तेल न मिले, तब तक उनके कर्म की ज्योति जलती नहीं। फ्यूल जो है, वह फल की आकांक्षा से मिलता है। वह जो ईंधन है, उसके बिना उनकी कर्म की अग्नि जलती नहीं। उनके कर्म की अग्नि को जरूरी है कि ईंधन मिले फल की आकांक्षा का।

और ध्यान रहे, फल की आकांक्षा बड़ी गीली चीज है; सूखी चीज नहीं है। होगी ही गीली। क्योंकि सूखी चीज भविष्य में कभी नहीं होती। सूखी चीज

सदा अतीत में होती है। भविष्य में तो गीली आकांक्षाएं होती हैं। हो सकता है, हो भी जाएं; हो सकता है, न भी हों। पता नहीं क्या मार्ग लें, क्या फल आए। कुछ पक्का नहीं होता।

भविष्य बहुत गीला है। गीली लकड़ी की तरह है; मुड़ेगा; मुड़ सकता है। अतीत सूखा होता है, सूखी लकड़ी की तरह; मुड़ नहीं सकता। भविष्य की आकांक्षाओं को जो ईंधन बनाते हैं अपने जीवन की कर्म-अग्नि में, धुएं से भर जाते हैं। गीला है ईंधन। हाथ में फल नहीं लगता है, सिर्फ धुआं लगता है—दुख—आंखों में आंसू भर जाते हैं धुएं से, और कुछ परिणाम नहीं लगता है हाथ में।

एक तो इस तरह के लोग हैं जो कर्म में इंच भर भी न चलेंगे, जब तक फल उनको खींचे न। फल उनको ऐसे ही न खींचे, जैसे कि कोई जानवर की गर्दन में रस्सी बांध कर खींचता है। क्या आपको पता है कि पशु हम जानवर को इसीलिए कहते हैं। पशु संस्कृत का बहुत अदभुत शब्द है। उसका अर्थ है, जिसे खींचना हो, तो गले में पाश बांधना पड़ता है, उसको पशु कहते हैं। जिसे खींचने के लिए पाश बांधना पड़े, वह पशु। इसलिए बहुत पुराने ज्ञानी हमको पशु ही कहेंगे। जो भी भविष्य की आकांक्षा से बंधे हुए चलते हैं, वे पशु हैं।

पशु का मतलब, कर्म से नहीं चलते, फल से बंधे हुए चलते हैं। गर्दन फंसी है एक जाल में। भविष्य के हाथ में है वह रस्सी। वह खींच रहा है। या तो भविष्य खींचे, तो हम चलते हैं; कोई हमारी गर्दन में रस्सी बांध ले। और या अतीत धक्का दे, तो हम चलते हैं। जैसे कोई जानवर को पीछे से लकड़ी मारे या कोई बाहर से रस्सी खींचे आगे से। या तो कोई पुल करे या पुश करे, तो ही जानवर चले।

तो पुराने ज्ञानी कहते हैं कि वह आदमी पशु है, जो या तो अतीत के कर्मों के धक्के की वजह से चलता है और या भविष्य की आकांक्षाओं के पाश में बंध कर खिंचता है। वह आदमी नहीं है अभी।

आदमी कौन है? आदमी वह है, जो अतीत के धक्के को भी नहीं

मानता और जो भविष्य की आकांक्षा को नहीं मानता, जो वर्तमान के कर्म में जीता है। जो अतीत के धक्के को भी स्वीकार नहीं करता और जो भविष्य के आकर्षण को भी स्वीकार नहीं करता। जो कहता है, मैं तो अभी, यह जो क्षण मिला है, इसमें जीऊंगा।

लेकिन यह जीना तभी संभव है, जब कोई अतीत को और भविष्य को परमात्मा पर समर्पित कर दे। अन्यथा अतीत धक्के मारेगा, अन्यथा भविष्य खींचेगा।

आदमी बहुत कमजोर है। आदमी स्वभावतः बहुत सीमित शक्ति का है। आदमी भविष्य को और अतीत को बिना परमात्मा के सहारे के छोड़ना बहुत मुश्किल पाएगा। लेकिन परमात्मा को समर्पित करके आसान हो जाती है बात। छोड़ देता है कि जो तेरी मर्जी होगी, कल वह हो जाएगा। अभी जो समय मुझे मिला है, वह मैं काम में लगा देता हूं। और मेरा आनंद इतना ही है कि मैंने काम किया; फल से मेरा कोई प्रयोजन नहीं है।

आनंद जिसका कर्म बन जाता है! लेकिन तभी बन पाता है, जब कोई प्रभु पर समर्पित करने की सामर्थ्य रखता है। इसलिए कृष्ण कहते हैं, फल की आकांक्षा को छोड़ कर, निष्काम होकर प्रभु को समर्पित कर देता है जो सारा जीवन, वही आनंद को उपलब्ध होता है। कामीजन, सकामीजन कभी आनंद को उपलब्ध नहीं होते। दुख का धुआं ही उनका फलश्रुति है।

लेकिन हम तो अगर मंदिर में परमात्मा पर कुछ समर्पण भी करने जाएं, तो सकाम होते हैं। प्रार्थना भी हम मुफ्त में नहीं करते; प्रार्थना में भी हम कुछ पाना चाहते हैं! हाथ भी जोड़ते हैं परमात्मा को, तो शर्त, कंडीशन होती है। कुछ मिल जाए। जिसे कुछ नहीं चाहिए, वह मंदिर जाता नहीं। जाता ही तब है कोई, जब उसे कुछ चाहिए।

और ध्यान रहे, जब कोई कुछ मांगने मंदिर जाता है, तो मंदिर पहुंच ही नहीं पाता। मंदिर पहुंच ही नहीं सकता है। मंदिर के द्वार पर ही निष्काम हो जाए जो, वही भीतर प्रवेश कर सकता है।

आप कहेंगे, हम तो मंदिर में रोज प्रवेश कर जाते हैं।

आप मकान में प्रवेश करते हैं, मंदिर में नहीं। मंदिर और मकान में बड़ा फर्क है। जिस मकान में भी आप निष्काम प्रवेश कर जाएं, वह मंदिर हो जाता है। और मंदिर में भी सकाम प्रवेश कर जाएं, वह मकान हो जाता है।

यह आप पर निर्भर करता है कि जहां आप प्रवेश कर रहे हैं, वह मंदिर है या मकान। जिस भूमि पर आप निष्काम होकर खड़े हो जाएं, वह तीर्थ हो जाती है। और जिस भूमि पर आप सकाम होकर खड़े हो जाएं, वह पाप हो जाती है। भूमि पर निर्भर नहीं है यह। यह आप पर निर्भर है। लेकिन हम तो पूरे समय कामवासना से ही जीते हैं। कुछ भी करेंगे...।

एक मित्र कल मेरे पास आए। उन्होंने कहा कि इस भजन-कीर्तन से क्या मिलेगा? मैं भी करना चाहता हूं, लेकिन मिलेगा क्या? स्वाभाविक। न मिले, तो नाहक परेशान होने से कोई सार नहीं। मैंने उनसे कहा कि जब तक मिलने का खयाल है, तब तक कीर्तन न कर पाओगे। क्योंकि मिलने के खयाल से तो कीर्तन का कोई संबंध ही नहीं जुड़ता। फिर दूकान करो।

कीर्तन का तो अर्थ ही यह है कि कुछ घड़ी ऐसी भी है, जब हम कुछ भी नहीं पाना चाहते। कुछ दस क्षण के लिए हम ऐसे जीना चाहते हैं कि कुछ पाना नहीं, नॉन-परपजिव, कोई प्रयोजन नहीं है। जीवन मिला है, इसके आनंद में, इसके उत्सव में नाच रहे हैं। श्वास चल रही है, इसके आनंद-उत्सव में नाच रहे हैं। परमात्मा ने हमें भी इस योग्य समझा कि जीवन दे, इसकी खुशी में नाच रहे हैं। कुछ पाने के लिए नहीं, धन्यवाद की तरह, एक आभार, ग्रेटिटयूड की तरह। कीर्तन एक आभार है, थैंक्स गिविंग। कुछ पाने के लिए प्रयोजन नहीं है। कुछ मिलेगा नहीं उससे।

ऐसा जब मैं कहता हूं, कुछ मिलेगा नहीं उससे, तो आप यह मत समझ लेना कि जो कीर्तन करते हैं, उन्हें कुछ मिलता नहीं है। ऐसा मत समझ लेना। जब मैं कहता हूं, कुछ मिलेगा नहीं, तो मैं यह कहता हूं कि कीर्तन में आना हो, तो मिलने का खयाल छोड़ कर आना। जो आ जाता है, उसे तो बहुत मिलता है, जिसका कोई हिसाब नहीं है। लेकिन उसका खयाल रख कर जो आएगा, उसको नहीं मिलेगा। यह कठिनाई है।

अगर आप यह खयाल रख कर आए कि बहुत कुछ मिलेगा, तो आप खाली हाथ लौट जाएंगे। और अगर आप खाली मन आए; कुछ लेने नहीं, सिर्फ प्रभु को धन्यवाद देने, बेशर्त; ह्रदय भर जाएगा किसी अनूठे आनंद से। एक नया ही द्वार खुल जाएगा।

ध्यान रहे, कृष्ण यह नहीं कह रहे हैं कि जो निष्काम कर्म करता है, उसे फल मिलता नहीं है। इस भूल में मत पड़ जाना कि उसको फल नहीं मिलता। और इस भूल में भी मत पड़ जाना कि जो सकाम कर्म करता है, उसको फल मिलता है। हालत बिलकुल उलटी है।

जो सकाम जीता है, उसे फल कभी नहीं मिलता। और जो निष्काम जीता है, उसके जीवन पर प्रतिपल फल की वर्षा होती है! लेकिन बड़ा उलटा नियम है जिंदगी का। जो मांगता है, वह भिखारी की तरह मांगता रहता है, उसे कभी नहीं मिलता। और जो नहीं मांगता, वह सम्राट की तरह खड़ा हो जाता है और सब उसे मिल जाता है।

जीसस ने कहा है, जो बचाएगा, वह खो देगा; और जो खो देगा, वह पा लेगा।

अजीब-सी बात कही है! जो बचाएगा, वह खो देगा। हम सब बचा रहे हैं। आखिर में खाली, शून्य हाथ में रह आएगा। और जो खो देगा, वह पा लेगा। उससे फिर कुछ छीना नहीं जा सकता है।

कृष्ण की बात को भी ठीक से समझ लें। वे कहते हैं, दो तरह के लोग हैं। एक कामना से जीने वाले, सकामी। कुछ भी करेंगे, पहले पक्का कर लेंगे, फल क्या मिलेगा! प्रेम तक करने जाएंगे, तो पहले पक्का कर लेंगे, फल क्या मिलेगा! प्रार्थना करने जाएंगे, तो पहले पक्का कर लेंगे कि फल क्या मिलेगा! फल पहले, फिर कुछ कदम उठाएंगे। इन्हें फल कभी नहीं मिलेगा। मेहनत ये बहुत करेंगे। दौड़ेंगे बहुत, पहुंचेंगे कहीं भी नहीं। इनकी हालत करीब-करीब वैसी होगी...।

मुझे याद आता है कि मेरे गांव के पास वर्ष में कोई दो-तीन बार मेला भरता था। और बचपन से ही एक बात मेरी समझ में कभी भी नहीं आई कि उस मेले में लकड़ी के घोड़ों की चकरी लगती थी। और जितने भी लोग जाते, उस पर

बैठते; पैसे खर्च करते; उस चक्कर में गोल चक्कर खाते। बच्चे चक्कर खाते थे, तो ठीक। एक दिन मैंने देखा कि मेरे स्कूल के शिक्षक भी उस पर बैठकर चक्कर खा रहे हैं! मैं बहुत हैरान हुआ। मैंने जाकर उनसे पूछा—काफी चक्कर वे ले चुके, उनकी जेब के सब पैसे खाली हो गए उस चक्कर में—मैंने उनसे पूछा कि आप पहुंचे कहां? चले तो बहुत। उन्होंने कहा, पहुंचे! लकड़ी के घोड़े पर बैठ कर चकरी में घूम रहे हैं। पहुंच कहीं भी नहीं रहे, सिर्फ चकरा रहे हैं।

अनेक को उतर कर चक्कर खाते देखा। किसी को वामिट होते देखी। समझ में मेरे कभी न आया कि यह हो क्या रहा है! लेकिन अब धीरे-धीरे समझ में आता है कि वह मेले की चकरी तो बहुत छोटी है, उस पर तो कभी कोई बैठता है। संसार की चकरी पर सब बैठे रहते हैं। कहीं पहुंचते नहीं। हालांकि हर पल लगता है कि अब पहुंचे, अब पहुंचे! घोड़ा बढ़ता ही चला जाता है। लगता है, अब पहुंचे, अब पहुंचे। कहीं पहुंचते नहीं। चक्कर खाकर नीचे गिर पड़ते हैं। और लकड़ी के घोड़े की चकरी पर से तो उतर कर अपने घर वापस लौट आते हैं; लेकिन जिंदगी की चकरी से जब चक्कर खाकर गिरते हैं, तो कब्र में वापस पहुंचते हैं; घर-वर नहीं पहुंचते।

जिंदगी भर कामना दौड़ाती है—लकड़ी के घोड़े ही हैं; कहीं पहुंचाते नहीं—दौड़ाती है। शायद आपको खयाल न हो, यह संस्कृत का शब्द संसार बहुत अदभुत है। इसका मतलब होता है, चक्कर, दि व्हील। वह जो भारत के राष्ट्रीय ध्वज पर व्हील बना हुआ है, वह नेहरू को पता नहीं था, नहीं तो वे कभी न बनाते। उनको पता नहीं था कि वह बुद्ध का प्रतीक है। और अशोक ने अपने स्तंभ पर खुदवाया था इसलिए कि यह संसार चकरी की तरह है। इस पर बैठ कर घूमते रहोगे सदा, पहुंचोगे कहीं नहीं। उनको पता नहीं था, नहीं तो वे कभी न बनवाते, क्योंकि दिल्ली में तो सिर्फ चकरी वाले ही लोग इकट्ठे होते हैं। जिनको अपने गांव छोटे पड़ते हैं, उनको जरा बड़े घोड़े चाहिए। दिल्ली में काफी सर्कस चलता है बड़े घोड़ों वाला! उस पर बैठ कर वे चक्कर खाते रहते हैं। पांच साल के बाद फिर जनता से कहते हैं कि हमें पहुंचाओ; हमें फिर चक्कर खाना है!

यह पूरा का पूरा संसार सकाम चक्कर है, ए व्हील ऑफ डिजायरिंग। बस, इच्छा होती है, यह मिल जाएगा, यह मिल जाएगा। चक्कर लगा लेते हैं, मिलता कभी कुछ नहीं है। मरते हुए आदमी से पूछो कि क्या मिला?

मैंने उस शिक्षक से पूछा था, कहां पहुंचे? वे चौंक कर खड़े हो गए। उन्होंने मुझसे उलटा ही कहा। उन्होंने कहा कि अभी तुम न समझ सकोगे, तुम्हारी उम्र कम है।

उन्होंने मुझसे कहा, अभी तुम न समझ सकोगे, तुम्हारी उम्र कम है। मैं अभी तक नहीं समझा। अभी भी गांव जाता हूं, तो उनके पास जाता हूं कि अब जरा मेरी उम्र तो काफी हो गई, अब समझा दें। उस चकरी पर आप बैठे थे, कहां पहुंचे? अब मुझसे इस बार मैं गया, तो वे कहने लगे, छोड़ो भी उस बकवास को। तीस साल हो गए! मैंने कहा, उस वक्त आपने कहा था कि उम्र कम है। अब तीस साल...। कब? कहीं ऐसा न हो कि दुबारा मैं आऊं और आप न बचें, क्योंकि आपकी उम्र अब अस्सी साल होती है। मुझे कब बताइएगा कि आप पहुंचे कहां थे उस चकरी पर बैठकर!

वे मुझे देखते हैं कि डर जाते हैं! वे समझते हैं कि मैं आया, वह चकरी का सवाल उठेगा। एक दफा मैंने उनको बैठा देख लिया! अभी तक इतनी हिम्मत नहीं जुटा पाए कि वे मुझसे कह दें कि कहीं नहीं पहुंचा। इतना कमजोर है आदमी! एक दफा मुझसे कह दें, झंझट मिट जाए। मैं तो नहीं छोडूंगा। मैं तो जब भी जाता हूं, पहले उनके घर पहुंचता हूं कि अब बता दें। एक साल और बीत गया। अभी तक मेरी समझ में नहीं आया कि आप कहां पहुंचे थे।

वह आदमी शक्तिशाली है, जो कमजोरी को स्वीकार कर लेता है, क्योंकि तब कमजोरी के पार हुआ जा सकता है। सकाम दौड़ता है बहुत, पहुंचता कहीं भी नहीं है, सिवाय दुख के। निष्काम कहीं भी नहीं पहुंचना चाहता है, और जहां खड़ा होता है, वही से पहुंच जाता है।

तो यह मत सोचना आप कि निष्काम व्यक्ति को फल नहीं मिलता। निष्काम को ही फल मिलता है। लेकिन निष्काम फल चाहता नहीं। वह कर्म को पूरा कर लेता है और चुप रह जाता है। परमात्मा पर छोड़ देता है।

इतने भरोसे से जो समर्पण कर सकता है परमात्मा पर, वह अगर निष्फल चला जाए, तो इस पृथ्वी पर धर्म की फिर कोई जगह नहीं है। जो इतने भरोसे से परमात्मा पर छोड़ देता है कि करूंगा मैं और सो जाऊंगा, फल तेरे ऊपर रहा। अगर वह भी निष्फल चला जाए, तो फिर इस पृथ्वी पर धर्म की कोई भी जगह नहीं है।

लेकिन वह कभी निष्फल नहीं गया। इसलिए धर्म का कितना ही घास होता चला जाए, धर्म मर नहीं सकता। और धर्म का कितना ही विरोध होता रहे, कोई न कोई उसे फिर जगा लेता है, फिर पुनरुज्जीवित कर देता है।

जिसको भी जिंदगी में इस राज का पता चल जाता है कि बिना मांगे मिलता है और मांगने से नहीं मिलता, वही व्यक्ति धार्मिक हो जाता है। और जब तक आपको इस सीक्रेट का पता नहीं है, आप चाहे हिंदू हों, चाहे मुसलमान, चाहे जैन, चाहे ईसाई, चाहे आप कोई भी हों; मंदिर जाते हों, मस्जिद जाते हों— कुछ भी न होगा।

जिस दिन आपको यह पता चल जाएगा कि जो नहीं मांगता, उसे मिलता है। जो प्रभु पर छोड़ देता है, वह पा लेता है। और जो अपने ही हाथ में सब कुंजी रखता है, वह सब गंवा देता है। जब तक आपको इसका पता नहीं है। तब तक आपकी जिंदगी में धर्म का अवतरण नहीं हो सकता है।

इस सूत्र में कृष्ण ने धर्म की बुनियादी ज्कीद्ध, कुंजी की बात कही है।

प्रश्नः आपने पिछली चर्चा में कहा है कि प्रार्थना बहिर्मुखी लोगों की साधना है और ध्यान अंतर्मुखी लोगों की साधना है। तब तो आज के इस बहिर्मुखी युग को प्रार्थना की साधना में ले जाना चाहिए। लेकिन आप तो ध्यान का आंदोलन चलाते हैं! आपकी नई ध्यान पद्धति अंतर्मुखी व बहिर्मुखी व्यक्तित्व के लिए किस ढंग से संबंधित है? इन दोनों बातों पर प्रकाश डालें।

निश्चित ही, ध्यान अंतर्मुखी व्यक्ति की यात्रा रही है और प्रार्थना बहिर्मुखी व्यक्ति की यात्रा रही है। लेकिन ध्यान के हजारों मार्ग संभव हो सकते हैं और

प्रार्थना के भी हजारों रूप संभव हो सकते हैं। और ऐसा भी नहीं है कि ध्यान के जितने रूप आज तक रहे हैं, उनसे और ज्यादा रूप नहीं हो सकते। और ऐसा भी नहीं है कि जितनी प्रार्थनाओं की पद्धतियां अब तक खोजी गई हैं, उससे और ज्यादा पद्धतियां नहीं खोजी जा सकती हैं।

मैं जिस ध्यान की पद्धति की बात करता हूं, वह बहुत गहरे अर्थों में दोनों का जोड़ है। मैं जिसे ध्यान कहता हूं, वह दोनों का जोड़ है। उसमें तीन हिस्से बहिर्मुखी व्यक्ति के लिए हैं और चौथा हिस्सा अंतर्मुखी व्यक्ति के लिए है। जो तीन हिस्से उस ध्यान के कर लेगा बहिर्मुखी व्यक्ति भी, वह भी वहीं पहुंच जाएगा, जहां अंतर्मुखी व्यक्ति पहुंचता है। और अंतर्मुखी व्यक्ति को पहले तीन हिस्सों को करने की जरूरत ही नहीं पड़ेगी, वह पहले ही हिस्से से चौथे में छलांग लगा जाएगा।

ध्यान की ऐसी प्रक्रिया संभव है, जिसमें बहिर्मुखी और अंतर्मुखी दोनों के लिए द्वार खोजा जा सके। और प्रार्थना भी ऐसी खोजी जा सकती है, जिसमें अंतर्मुखी और बहिर्मुखी दोनों के लिए द्वार खोजा जा सके।

उदाहरण के लिए, आपने यहां कीर्तन देखा है। इस कीर्तन में अंतर्मुखी भी सम्मिलित हो सकता है, बहिर्मुखी भी सम्मिलित हो सकता है। लेकिन थोड़ी ही देर में फर्क पड़ने शुरू हो जाएंगे। बहिर्मुखी नृत्य में गहरा बढ़ता चला जाएगा। उसकी आवाज प्रकट होने लगेगी, उसका गीत झरने लगेगा, उसका नृत्य बढ़ने लगेगा। अंतर्मुखी अगर गीत से शुरू भी करेगा, थोड़ी देर में गीत खो जाएगा। नृत्य से शुरू भी करेगा, थोड़ी देर में नृत्य खो जाएगा। अंततः वह गिर पड़ेगा, चुप हो जाएगा, मौन में डूब जाएगा।

बहिर्मुखी नृत्य की चरम स्थिति में जो अनुभव करेगा, वही अंतर्मुखी गिर कर, बिलकुल मुर्दे की भांति पड़कर अनुभव करेगा। दोनों अपनी-अपनी यात्रा पर निकल जाएंगे।

और मेरी अपनी समझ ऐसी है कि भविष्य के लिए ऐसी विधियां खोजी जानीं चाहिए, जो विधियां दोनों के लिए उपयोगी हो सकें; और जिस भांति का व्यक्ति भी उसमें प्रवेश करे, वह अपने लिए द्वार खोज ले।

यह कीर्तन है। इसमें अंतर्मुखी थोड़ी ही देर में गाना छोड़ देगा, नाचना छोड़ देगा, डूब जाएगा, खो जाएगा कहीं। बहिर्मुखी नाच में गहरा चला जाएगा, और इतना गहरा चला जाएगा, आखिर में नाच ही बचेगा, नाचने वाला खो जाएगा। तब फिर वह भी वहीं पहुंच जाएगा, जहां वह नाच खो गया और एक आदमी शून्य हो गया। फिर नाच ही रह गया और नृत्य करने वाला खो गया, वह भी भीतर शून्य हो गया। दोनों की परम स्थिति एक हो जाएगी। लेकिन दोनों एक ही विधि से प्रवेश कर पा सकते हैं।

ठीक ऐसा ही मेरा ध्यान भी है। उसमें तीन चरण एक्सट्रोवर्ट हैं। पहले चरण में गहरी श्वास है, वह बहिर्मुखी के लिए बड़ी उपयोगी है। दूसरे चरण में नृत्य है, कूदना है, चिल्लाना है, वह भी बहिर्मुखी के लिए बड़ा उपयोगी है। तीसरे चरण में, मैं कौन हूं, इसकी इंकायरी, जिज्ञासा है। जोर से पूछना है, मैं कौन हूं। वह भी बहिर्मुखी के लिए बहुत उपयोगी है। और चौथे में बिलकुल मौन हो जाना है।

पूछेंगे आप कि चार चरणों में एक रखा सिर्फ अंतर्मुखी के लिए, तीन रखे बहिर्मुखी के लिए? क्योंकि मैं कहता हूं कि आज का युग बहिर्मुखी है। सौ आदमी करने आएंगे, तो मुश्किल है कि पच्चीस भी अंतर्मुखी हों, पचहत्तर तो बहिर्मुखी—निन्यानबे की संभावना है बहिर्मुखी होने की और एक की अंतर्मुखी होने की। उसके लिए भी जगह बना रखी है।

इसलिए अंतर्मुखी व्यक्ति जब मेरे पास आता है, तो वह कहता है, सांस लेते बनती ही नहीं; नाचते बनता ही नहीं; पूछूं किससे? कौन पूछे? कौन पूछे, मैं कौन हूं! वह कहता है, हमें तो सीधा चौथे में जाना अच्छा लगता है। मैं उसको कहता हूं, चौथे में चले जाओ।

लेकिन बहिर्मुखी व्यक्ति से कहें कि चुपचाप बैठ जाओ; वह कहेगा, मुश्किल मालूम पड़ता है। कैसे चुपचाप बैठे जाएं? कुछ तो चलता ही रहता है! तो मैं उससे कहता हूं, पहले खूब चला लो। चिल्लाओ जोर से। रोओ, कूदो, नाचो, गाओ। खूब चला लो। इतना चला लो कि तुम्हारा चलने का जो मन है,

उसको पूरी-पूरी तृप्ति मिल जाए। उसी तृप्ति के मार्ग से पहुंचो वहां, जहां चलना ठहर जाता है।

मेरी पद्धति में बहिर्मुखी अंतर्मुखी दोनों के लिए समान प्रवेश है।

ये जो अंतर्मुखता और बहिर्मुखता के मार्ग हैं, ये कोई विपरीत मार्ग नहीं हैं। भिन्न-भिन्न प्रकार के लोगों के लिए एक ही जगह पहुंचा देने वाले मार्ग हैं।

प्रश्न : इस गीता ज्ञान यज्ञ से नाचने-गाने का क्या संबंध है, इसे और स्पष्ट कीजिए। और इस संकीर्तन में नाचना अस्तव्यस्त, डिसआर्डरली और मनमाना क्यों है, इसे भी साफ करें।

स्वभावतः, ऐसा खयाल और मित्रों को भी उठा। उन्होंने भी मुझे पूछा है कि गीता ज्ञान यज्ञ से कीर्तन का, धुन का, नृत्य का क्या संबंध? और फिर नृत्य भी हो, तो व्यवस्थित हो, तालबद्ध हो! डिसआर्डरली, अव्यवस्थित, अराजक, केआटिक, इसका क्या मतलब है?

इसका मतलब है।

एक तो मैं आपको यह जाहिर कर दूं कि जो गीता मैं समझा रहा हूं, आप समझने से ही समझ लेंगे, ऐसा मेरा भरोसा नहीं। समझने से केवल बुद्धि तक बात पहुंचती है, हृदय तक नहीं पहुंचती। और गीता जिसे समझनी हो, वह अगर सिर्फ बुद्धि से समझने चलेगा, तो पंडित तो हो जाएगा, ज्ञानी नहीं हो पाएगा। इंटलेक्ट बता सकती है, क्या अर्थ है। विश्लेषण कर सकती है। तोड़-तोड़ कर तर्क व्यवस्था दे सकती है, लेकिन हृदय को छूती नहीं। तर्क से हृदय के फूल खिलते नहीं। और न ही तर्क और बुद्धि से हृदय की वीणा की झंकार पैदा होती है।

जानता हूं भलीभांति कि आज की दुनिया में कोई उपाय नहीं है कि आपसे बुद्धि के द्वारा कहा जाए। बुद्धि से कहना पड़ेगा, इसलिए घंटे सवा घंटे आपके साथ बुद्धि के साथ मेहनत करता हूं आपकी। और आखिर में बिलकुल निर्बुद्धि एक काम करवाता हूं। बिलकुल बुद्धिहीन! सिर्फ यही आपको खबर देने के लिए

कि बुद्धि से जो नहीं हो सकेगा, वह बुद्धि को छोड़ कर हो पाता है। और यह भी खबर देने के लिए कि घंटे भर मैंने आपकी बुद्धि को समझाने की कोशिश की, जिनकी समझ में आ गया होगा, उनको इस नृत्य में भी समझ में आना चाहिए। और अगर समझ में इसमें न आए, तो उनके पास केवल बौद्धिक शब्द पहुंचे और कुछ भी नहीं पहुंचा है।

अगर मेरी बातें समझ में आई हैं, तो आपका हृदय खुलेगा, नाचना चाहेगा, प्रफुल्लित होगा, प्रमुदित होगा। आप यही सोचते हुए नहीं जाएंगे कि जो बोला, वह तर्कयुक्त मालूम होता है। आप ऐसा अनुभव करते जाएंगे कि जो बोला, वह हृदय को स्पर्शित करता मालूम पड़ता है।

हृदय को स्पर्शित करना और बात है। इसलिए चाहता हूं कि अंत हृदय की किसी घटना से हो। इसलिए यहां चाहा कि दस मिनट, पांच मिनट भूल जाएं विचार को, शब्द को; घंटे भर मैं बोलता हूं, छोड़ें उसे। शब्द असमर्थ हैं। शब्द की असमर्थता आपको बताना चाहता हूं। और यह भी बताना चाहता हूं कि शायद जो मैं न कह पाया होऊं, जो कृष्ण भी न कह पाए हों, वह इन नाचते हुए संन्यासियों के नृत्य से आपको उसकी झलक मिल जाए।

और ध्यान रहे, अर्जुन नहीं समझ पाया कृष्ण से जितना, उतना कृष्ण से गोपियां समझ गईं। लेकिन गोपियों को कृष्ण ने कोई गीता नहीं कही थी। उनके साथ नाच लिए थे। गोपियों से कोई गीता नहीं कही, बांसुरी बजाकर नाच लिए थे किसी वंशी वट में, यमुना के तट पर। और गोपियां जितना समझीं,उतना अर्जुन नहीं समझ पाया। अर्जुन को गीता कही है। बड़ा बौद्धिक कम्युनिकेशन है, बड़ा बुद्धिगत संवाद है।

आपसे मैं भी बुद्धि की बात कहता हूं, लेकिन कृष्ण का और भी गहरा पहलू है, वह भी आपसे छूट न जाए। गीता पढ़ने वाले लोगों से अक्सर छूट जाता है। कृष्ण सिर्फ गीता कहने वाले कृष्ण ही नहीं हैं, कृष्ण नाचने वाले कृष्ण भी हैं। और वह उनका असली, और ज्यादा गहरा, और ज्यादा महत्वपूर्ण रूप है।

गीता न भी कही होती, तो कोई और भी कह सकता था, यह मैं आपसे कहता हूं। गीता बुद्ध भी कह सकते हैं, महावीर भी कह सकते हैं, क्राइस्ट भी

कह सकते हैं। अगर कृष्ण ने गीता न कही होती, तो कोई और कह सकता था। लेकिन अगर कृष्ण न नाचे होते, तो न बुद्ध नाच सकते, न महावीर नाच सकते, न जीसस नाच सकते। वह अधूरा रह गया होता। वह बात और किसी से होनी मुश्किल थी।

इसलिए कृष्ण के व्यक्तित्व का जो गहरा रूप है, वह तो उनका नाचता हुआ, बांसुरी बजाता हुआ रूप है। गीता सुनकर कहीं ऐसा खयाल न हो कि गीता सिर्फ एक दर्शन शास्त्र का विवेचन है, एक मेटाफिजिक्स है। गीता सुनकर ऐसा भी लगे कि वह एक जीवन-संगीत भी है। ऐसा भी लगे कि वह नाचने की एक कला भी है।

इसलिए मैंने जान कर, कंसीडर्डली, पीछे पांच-सात मिनट--पांच-सात मिनट आपके अधैर्य को देख कर; नहीं तो मैं तो चाहता कि घंटे भर चर्चा हो, तो घंटे भर नृत्य हो। लेकिन आपकी हिम्मत बहुत कमजोर है, इसलिए पांच मिनट! पांच मिनट में ही कई की दम टूट जाती है, वे भागने की तैयारी में हो जाते हैं। उन्हें पता नहीं कि क्या हो रहा है। उन्हें पता नहीं कि क्या बंट रहा है। उन्हें पता नहीं कि क्या घटना घट रही है। उसे पांच मिनट प्रेम से देख लें; उसे पी जाएं। और मैं आपसे कहता हूं कि जो मेरे समझाने से नहीं हो सका होगा, जो कृष्ण के कहने से नहीं हो सका होगा, वह भी उस नृत्य से हो सकता है।

अव्यवस्थित इसलिए कि व्यवस्था का संबंध बुद्धि से है। हृदय का व्यवस्था से कोई संबंध नहीं है। जिस दिन नृत्य व्यवस्थित हो जाता है, बौद्धिक हो जाता है, इंटेलेक्चुअल हो जाता है। एक-एक पद है, एक-एक चाप है। सब इंतजाम है। वह गणित हो जाता है। शास्त्रीय संगीत बिलकुल मैथमेटिकल है। वह गणित है। कहना चाहिए, वह गणित ही है।

यह कोई संगीत नहीं है, यह कोई गणित नहीं है। यह तो हृदय का उन्मेष है। हृदय के उन्मेष में हिसाब नहीं होता। गणित में दो और दो चार होते हैं, प्रेम में जरूरी नहीं है। प्रेम में दो और दो पांच भी हो सकते हैं। प्रेम के पास हिसाब नहीं है। ये तो प्रेम में आए हुए संन्यासी हैं, वे नाच रहे हैं।

मुझे कहा किसी ने कि इनको थोड़ी ट्रेनिंग दे देनी चाहिए कि ये थोड़ा ढंग से नाचें। तो ट्रेनिंग से नाचने वाले तो सारी दुनिया में बहुत हैं; कोई कमी है! सो तो आप जाकर थिएटर में देख आते हैं; सब ट्रेनिंग से नाच चल रहा है। लेकिन ट्रेनिंग से जब कोई नाचता है, तो शरीर ही नाचता है; हृदय नहीं नाचता। ट्रेनिंग से कहीं नाच हुए हैं? हां, नाच हो जाएगा, लेकिन वह वेश्या का होगा, अभिनेता का होगा, एक्टर का होगा, एक्ट्रेस का होगा। संन्यासी का नहीं होगा।

संन्यासी के नृत्य में कुछ भेद है। वह नृत्य नहीं है, वह हृदय का उन्मेष है। कुछ चीज भीतर भर गई है, वह बाहर बह रही है। शरीर नहीं सम्हलता, इसलिए नाच रहा है।

यह नृत्य कोई लय-तालबद्ध व्यवस्था नहीं है, इसलिए डिसआर्डरली है। इसमें कोई व्यवस्था नहीं है। व्यवस्था होनी भी नहीं चाहिए, तभी उसकी मौज है, तभी उसकी नैसर्गिकता है, तभी उसकी स्पांटेनिटी है, और तभी आप उसमें भीतर प्रवेश कर पाएंगे। आज मैंने यह कहा, तो जरा आज फिर गौर से देखना आप। आप शायद सोचते होंगे कि ठीक है...।

एक मित्र आए, वे बोले, हम तो कीर्तन बीस साल से करते-करते थक गए। कुछ होता नहीं। होगा भी नहीं। क्योंकि कीर्तन कोई किया थोड़े ही जाता है। होना चाहिए। वह आनंद की अभिव्यक्ति बननी चाहिए। वे कहते हैं, हमें कीर्तन बीस साल हो गए करते-करते, कुछ हुआ नहीं। तो वे कुछ फल की आकांक्षा से कर रहे होंगे; कीर्तन सकाम हो गया। वे सोच रहे होंगे, कुछ हो जाए।

ये संन्यासी जो यहां बैठे हैं, कुछ होने के लिए नहीं कर रहे हैं। इनका आनंद है। गीता घंटे भर सुनी। अगर इतने आनंद से भी हृदय न भर जाए, कि नाच लें पांच मिनट और फिर विदा हो जाएं, तो बेकार गई बात।

इसलिए जानकर यह अव्यवस्थित है। यह अव्यवस्थित ही रहेगा। फिर भी आपके डर से, आपकी मौजूदगी से नये संन्यासी कोई आते हैं, तो वे तो हिम्मत भी नहीं जुटा पाते हैं। वे धीमे-धीमे करते रहते हैं। लेकिन मैं चाहता हूं कि दो-चार वर्ष में पूरे मुल्क में इस हवा को फैलाऊंगा। पूरे मुल्क

में क्यों, सारी दुनिया के कोने-कोने तक फैलाने जैसी है। और वह जो फेस्टिव डायमेंशन है मनुष्य के उत्साह का, उमंग का; उत्सव का जो आयाम है चित्त का, वह खुलना चाहिए।

धर्म बहुत गंभीर हो गया है। और जितना गंभीर होगा धर्म, उतना रुग्ण और बीमार होगा। गंभीर शकलों को मंदिरों से विदा कर दो। मंदिर नृत्य के और जीवन के उत्सव के स्थल हों, तो हम धर्म को वापस ला पाएंगे।

गंभीर चेहरे, बीमार, घबड़ाए हुए, जिंदगी से परेशान, पीड़ित—नहीं, मंदिर को बेरौनक कर गए हैं। मंदिर तो जीवन के नृत्य का क्षण है। वहां तो जिंदगी की सारी गंभीरता बाजार में छोड़ कर चले जाना चाहिए। वहां तो नाचते हुए ही जाना चाहिए। वहां तो नाचना चाहिए घड़ी भर सब भूल कर, लोग-लिहाज, लाज-लज्जा, सब भूल कर।

कल एक महिला ने मुझे खबर दी कि कोई बूढ़ी महिला पीछे कह रही थी कि यह क्या पाप हो रहा है! स्त्री और पुरुष साथ नाच रहे हैं! कृष्ण को न समझ पाएगी ऐसी बुद्धि। अगर नृत्य और कीर्तन में भी स्त्री-पुरुष का खयाल बना रहे, तो अच्छा है कि नृत्य-कीर्तन मत करो। इतना भी न भूलता हो! दूसरे का शरीर न भूलता हो, तो अपना शरीर कैसे भूलेगा? अगर इसका भी खयाल बना रहे कि पास में स्त्री खड़ी है, इसलिए बच-बच कर नाचो, तो मत नाचना। क्योंकि फिर अपने शरीर का खयाल भूलने वाला नहीं है।

कोई तो घड़ी हो, जहां आप शरीर न रह जाएं और सिर्फ वही रह जाएं, जो भीतर हैं। वहां न कोई स्त्री है, न कोई पुरुष है। किसी घड़ी में तो सब भूल जाना चाहिए। लेकिन हमारे मंदिर में भी स्त्री-पुरुषों के फासले बने हुए हैं। स्त्रियां अलग बैठी हैं, पुरुष अलग बैठे हैं!

सुनी है न आपने घटना मीरा की कि जब वह गई वृंदावन, तो मंदिर के पुजारी ने भीतर न आने दिया। उसने कहा कि मैं स्त्री को देखता ही नहीं। तो मीरा ने खबर भिजवाई कि गोस्वामी को कहो कि मैं तो सोचती थी, एक ही पुरुष है, कृष्ण! तुम दूसरे पुरुष कहां से आ गए?

क्षमा मांगी आकर कि माफ कर दो। भूल हो गई।

ये नासमझियां धर्म के नाम पर बहुत हैं। ये तोड़ने जैसी हैं। उन्मुक्त! किसी घड़ी में तो जीवन के सारे थोथे नियमों को एक तरफ रखकर डूब जाएं। और फिर देखने वाली दृष्टि कैसी बेहूदी है! जिस स्त्री को, जिस पुरुष को यहां कीर्तन नहीं दिखाई पड़ा, कृष्ण का नाम नहीं सुनाई पड़ा, हरिनाम नहीं सुनाई पड़ा, उसे दिखाई पड़ा कि एक औरत एक पुरुष के पास नाच रही है! उस स्त्री की बुद्धि कितनी है! उस स्त्री की समझ कैसी है! और जिसने मुझे खबर दी उसने कहा कि वह वृद्धा थी। अगर वृद्ध होकर भी अभी यौन के इतने अंतर भूले नहीं, तो फिर कब? कब्र के बाद? अरथी उठ जाएगी तब? कब होगा? ये भेद कब गिरेंगे? ये कहीं तो गिर जाने चाहिए।

इसलिए अव्यवस्थित है, कोई व्यवस्था नहीं है। हरिनाम की कोई व्यवस्था नहीं होती, सिर्फ आनंद होता है। अराजक है, केआटिक है। जानकर है, क्योंकि जितना अराजक होगा, उतने ही भीतर के बंधन गिरेंगे। और भीतर जो छिपी आत्मा है, वह प्रकट हो सकेगी।

और किसी पाने की आकांक्षा से नहीं है। सिर्फ प्रभु को धन्यवाद देने की आकांक्षा है। घंटे भर सुनी गीता; हृदय के कहीं फूल खिले; कहीं कोई वीणा का तार छुआ और बजा; कहीं कोई भीतर बुझा हुआ दीया जला, तो बाद में पांच मिनट परमात्मा को धन्यवाद देकर विदा हो जाना चाहिए। इसलिए कि यह भी समझ हमारी कहां, तेरी ही है! उसको ही समर्पित करके चले जाना चाहिए। यह भी हम कहां समझ पाते! तूने समझाना चाहा, तो हम समझ गए। तूने दिखाना चाहा, तो दिखाई पड़ गया। तूने इशारा किया, तो इशारा मिल गया। तुझे धन्यवाद दे देते हैं और चले जाते हैं।

थैंक्स गिविंग है। यह सिर्फ आभार है। और आज तो मैं आपसे कहूंगा, अपनी जगह बैठकर ही डोलें और ताली बजाएं और प्रभु का नाम लें। और एक भी आदमी जाए न।

एक सूत्र और ले लें।

सर्वकर्माणि मनसा संन्यस्यास्ते सुखं वशी।
नवद्वारे पुरे देही नैव कुर्वन्न कारयन्।।13।।

और हे अर्जुन, वश में है अंतःकरण जिसके, ऐसा सांख्ययोग का आचरण करने वाला पुरुष निःसंदेह न करता हुआ और न करवाता हुआ, नौ द्वारों वाले शरीररूप घर में सब कर्मों को मन से त्याग कर, अर्थात इंद्रियां इंद्रियों के अर्थों में बर्तती हैं, ऐसा मानता हुआ आनंदपूर्वक, सच्चिदानंदघन परमात्मा के स्वरूप में स्थित रहता है।

इसमें एक ही नई बात कही है, वह समझ लें।

कहा है, अंतःकरण वश में हुआ जिसका! इस संबंध में हमने बात की है। न करता है, न कराता हुआ, सच्चिदानंद परमात्मा में सदा स्थित रहता है। यह आखिरी बात इस सूत्र में नई है।

ऐसा व्यक्ति, ऐसे ज्ञान को उपलब्ध, इंद्रियों से अपने को भिन्न जानता है जो, वासनाएं जिसके अंतःकरण को अशुद्ध और कुरूप और दुर्गंधित नहीं करतीं; कर्म करता हुआ भी जानता नहीं, मानता नहीं कि मैं कर्म करता हूं। प्रभु ही करता है। कराता हुआ भी नहीं मानता कि मैं कराता हूं। प्रभु ही कराता है। ऐसा पुरुष प्रतिपल, हर घड़ी, सोते-जागते, उठते-बैठते सच्चिदानंद परमात्मा में ही स्थिर रहता है। एक क्षण को भी वह हटता नहीं वहां से। हटे तो हम भी नहीं हैं, लेकिन हमें इसका पता नहीं है, उसे पता होता है। हटे तो हम भी नहीं हैं। सच्चिदानंद परमात्मा हमारा स्वरूप है।

लेकिन हमारी हालत वैसी है, जैसा मैंने सुना है, एक मछली ने एक दिन जाकर सागर की रानी मछली से पूछा कि यह सागर कहां है? बहुत सुनती हूं चर्चा! मछलियां बड़ी बात करती हैं! पुरखों से सुनी है यह बात कि सागर है कोई। पर कहां है? सागर कहां है?

स्वभावतः, मछली सागर में ही पैदा होती है, सागर में ही जीती है और सागर में ही समाप्त हो जाती है। जो इतना निकट है और सदा निकट है, वह

दिखाई नहीं पड़ता। जो बहुत ऑबियस है, जो बिलकुल सदा ही साथ है, वह दिखाई नहीं पड़ता। दिखाई पड़ने के लिए बीच-बीच में खो जाना जरूरी है।

मछली को सागर से निकालो, तब उसे पता चलता है कि सागर कहां है। डाल दो तट पर मछली को निकाल कर, तब तड़फन आती है। तब पता चलता है, सागर कहां है। अन्यथा सागर में रही मछली को कभी पता नहीं चलता कि सागर कहां है। पता चलेगा भी कैसे? दूरी चाहिए पता चलने को। पर्सपेक्टिव चाहिए, फासला चाहिए। थोड़ा फासला हो तो पता चलता है, नहीं तो पता नहीं चलता।

तो सागर की मछली को पता न हो, आश्चर्य नहीं है। हमको भी पता नहीं है कि हम परमात्मा में ही जीते, पैदा होते, जन्मते, बड़े होते, बिखरते, विसर्जित होते हैं। और सागर की मछली तो कोशिश करने से कभी किनारे पर भी आ सकती है। हम परमात्मा के किनारे पर कभी नहीं आ सकते, क्योंकि कोई किनारा है ही नहीं। इसीलिए तो हमें पता नहीं चलता कि परमात्मा कहां है।

लोग पूछते हैं, परमात्मा कहां है? अगर परमात्मा कोई चीज होती, तो बताई जा सकती थी, यह रही। एक पत्थर भी बताया जा सकता है, यह रहा; और परमात्मा नहीं बताया जा सकता कि कहां है! क्योंकि परमात्मा कहां है, यह पूछना ही गलत है। परमात्मा का मतलब ही यह होता है कि जो सब जगह है, जो सब कहीं है, एवरीव्हेयर। हर कहीं है जो, उसका नाम परमात्मा है।

इसका यह मतलब भी होता है कि जैसे हम दूसरी चीजों को बता सकते हैं कि यह रही, ऐसे हम परमात्मा को नहीं बता सकते। इसलिए, हम यह भी कह सकते हैं कि परमात्मा का मतलब है, वही, जो कहीं भी नहीं है, नोव्हेयर। कहीं नहीं बता सकते कि यह रहा। कहीं भी अंगुली निर्देश नहीं कर सकती कि यह रहा। सब चीजों को बता सकते हैं, यह रही, परमात्मा को नहीं बता सकते। अगर परमात्मा को बताना हो, तो अंगुली के इशारे से नहीं बता सकते; मुट्ठी बंद करके बताना पड़ेगा कि यह रहा। अंगुली से इशारा करेंगे, तो गलती हो जाएगी। क्योंकि फिर अंगुली के अतिरिक्त जो इशारे

छूट गए, वहां कौन होगा? वहां भी वही है। भीतर भी वही है, बाहर भी वही है। सब जगह वही है।

परमात्मा का अर्थ है, अस्तित्व, दि एक्झिस्टेंस। हम भी उसी में जीते हैं, लेकिन हमें पता नहीं है। लेकिन जिस व्यक्ति ने अंतःकरण को शुद्ध कर लिया, उसे इसका पता हो जाता है। ठीक ऐसे ही पता हो जाता है, जैसे कि दर्पण पर धूल जमी हो और चेहरा न बनता हो। और किसी ने दर्पण को साफ कर लिया और चेहरा बन जाए। और दर्पण में दिखाई पड़ जाए कि अरे, मैं तो यह रहा! लेकिन जब धूल जमी थी, तब भी दर्पण पूरा दर्पण था। धूल हट गई, तब भी दर्पण वही दर्पण है। लेकिन जब धूल पड़ी थी, तो चेहरा बन नहीं पाता था, प्रतिफलित नहीं होता था; अब प्रतिफलित होता है।

शुद्ध अंतःकरण मिरर लाइक, दर्पण के जैसा हो जाता है। इसलिए कृष्ण ने कहा, जिसका अंतःकरण शुद्ध है! जिसके अंतःकरण से सारी फलाकांक्षा की धूल हट गई, वासनाओं का सब जाल हट गया, कूड़ा-कर्कट सब फेंक दिया उठा कर, कर्ता का बोझ हटा दिया, सब परमात्मा पर छोड़ दिया। इतना शुद्ध और हलका हुआ अंतःकरण, शांत और मौन, निर्भार हुआ अंतःकरण, जानता है प्रतिपल कि मैं सच्चिदानंद परमात्मा में हूं। होता ही उसी में है सदा। लेकिन अब जानता है। अब ध्यानपूर्वक जानता है। अभी सोया हुआ था, अब जाग कर जानता है।

जैसे आप सोए हों। सूरज की रोशनी बरसती है चारों तरफ, आप सोए हैं। आपकी बंद पलकों पर सूरज की रोशनी टपकती है, लेकिन आपको कोई भी पता नहीं, आप सोए हैं, सूरज चारों तरफ बरस रहा है। आपके खून में सूरज की गर्मी जा रही है, आपके भीतर तक। आपका हृदय सूरज की गर्मी में धड़क रहा है। सब तरफ सूरज है, बाहर और भीतर, लेकिन आपको कोई पता नहीं है; आप सोए हैं।

फिर एक आदमी उठ आया और उसने जाना और अब वह पाता है कि हर घड़ी सूरज में है। सोया हुआ भी सूरज में है, जागा हुआ भी सूरज में है। लेकिन सोए हुए को पता नहीं है, कांशसनेस नहीं है।

अंतःकरण जिसका शुद्ध होता है, वह जानता है प्रतिपल, मैं परमात्मा में हूं। और जिसको यह पता चल जाए कि प्रतिपल मैं परमात्मा में हूं, स्वभावतः सच्चिदानंद की तिहरी घटना उसके जीवन में घट जाती है।

ये सत, चित, आनंद, तीन शब्द हैं। यह भारत की मनीषा ने जो श्रेष्ठतम नवनीत निकाला है सारे जीवन के अनुभव से, उनका इन तीन शब्दों में जोड़ है।

सत! सत का अर्थ है, एक्झिस्टेंस; जिसका अस्तित्व है। चित! चित का अर्थ है, कांशसनेस, जिसमें चेतना है। आनंद! आनंद का अर्थ है, ब्लिस; जो सदा ही आनंद में है। ये तीन शब्द भारत की समस्त साधना की निष्पत्तियां हैं।

अस्तित्व है किसका? पत्थर का? पानी का, जमीन का? आदमी का? दिखाई पड़ता है, है नहीं। क्योंकि आज है और कल नहीं हो जाएगा। भारत उसको अस्तित्व कहता है, जो सदा है। जो बदल जाता है, उसके अस्तित्व को अस्तित्व नहीं कहता। उसके अस्तित्व का कोई मतलब नहीं है। अस्तित्व उसका है, जो अपरिवर्तनीय, नित्य है। वही है अस्तित्ववान। बाकी तो सब खेल है छाया का।

बच्चे थे आप, फिर जवान हो गए, फिर बूढ़े हो गए। न तो बचपन का कोई अस्तित्व है; बचपन भी एक फेज है; एक्झिस्टेंस नहीं, चेंज! बचपन एक परिवर्तन है। इसे जरा समझें।

हम कहते हैं एक आदमी से, यह बच्चा है। कहना नहीं चाहिए। वैज्ञानिक नहीं है कहना। साइंटिफिक नहीं है। क्योंकि बच्चा है, ऐसा कहने से लगता है, कोई चीज स्टैटिक, ठहरी हुई है। कहना चाहिए, बच्चा हो रहा है। जवान हो रहा है। है की स्थिति में तो कोई जवान नहीं होता, नहीं तो बूढ़ा हो ही नहीं सकेगा फिर। बूढ़ा भी बूढ़ा नहीं होता। बूढ़ा भी होता रहता है। नदी बहती है, तो हम कहते हैं, नदी बह रही है। कहते हैं, नदी है। कहना नहीं चाहिए है, है। कहना चाहिए, नदी हो रही है।

इस जगत में इज़, है शब्द ठीक नहीं है। गलत है। सब चीजें हो रही हैं। हम कहते हैं, वृक्ष है। जब हम कहते हैं, है, तब वृक्ष कुछ और हो गया।

एक नई पत्ती निकल गई होगी। एक पुरानी पत्ती टपक गई होगी। एक फूल खिल गया होगा। एक कली आ गई होगी। जब तक हमने कहा, है, तब तक वृक्ष बदल गया।

बुद्ध के पास एक आदमी मिलने आया और उसने कहा कि अब मैं जाता हूं। बड़ी कृपा की आपने। फिर आऊंगा कभी। बुद्ध ने कहा, तुम दुबारा अब न आ सकोगे। और तुमसे मैं कहता हूं कि तुम जो आए थे, वही तुम जा भी नहीं रहे हो। घंटे भर में गंगा का बहुत पानी बह चुका है।

यहां कुछ भी ठहरा हुआ नहीं है। इसलिए परमात्मा को हम कहते हैं, एक्झिस्टेंस; और जगत को कहते हैं, चेंज। संसार है परिवर्तन और परमात्मा है अस्तित्व। सत का अर्थ है, वह जो सदा है।

जिस व्यक्ति का अंतःकरण शुद्ध हुआ, वह जानता है, मैं सदा हूं। न मैं कभी पैदा हुआ और न कभी मरूंगा। न मैं बच्चा हूं, न मैं बूढ़ा हूं, न मैं जवान हूं। मैं वह हूं, जो सदा है, जो कभी परिवर्तित नहीं होता है।

दूसरा शब्द है, चित। चित का अर्थ है, चैतन्य। जो व्यक्ति जितना शुद्ध होकर भीतर झांकता है, उतना ही पाता है कि वहां चेतना ही चेतना है; वहां कोई मूर्च्छा नहीं। और जब कोई अपने भीतर देख लेता है कि सब चैतन्य है, उसे बाहर भी चैतन्य दिखाई पड़ने लगता है।

ध्यान रहे, जो हम भीतर हैं, वही हमें बाहर दिखाई पड़ता है। चोर को चोर दिखाई पड़ते हैं बाहर। ईमानदार को ईमानदार दिखाई पड़ते हैं बाहर। बाहर हमें वही दिखाई पड़ता है, जो हम भीतर हैं। चूंकि भीतर हम मूर्च्छित हैं, इसलिए बाहर हमें पदार्थ दिखाई पड़ता है। जब हम भीतर चेतना को अनुभव करते हैं शुद्ध अंतःकरण में, तो बाहर भी चेतना का सागर दिखाई पड़ने लगता है। तब सब चीजें चेतन हैं। तब पत्थर भी जीवंत और चेतन है। तब इस जगत में कुछ भी जड़ नहीं है। तो ऐसा व्यक्ति सदा चेतना में थिर होता है।

और तीसरी बात है, आनंद। जिसे पता चल गया अस्तित्व का, उसका दुख मिट जाता है। दुख परिवर्तन में है। जहां परिवर्तन है, वहीं दुख है। और जहां

परिवर्तन नहीं है, वहीं आनंद है। जिस व्यक्ति को पता चल गया कि परिवर्तन के बाहर हूं मैं, उसके जीवन से दुख विदा हो जाता है।

मूर्च्छा में दुख है। जहां बेहोशी है, वहां दुख है। ध्यान रखें, इसलिए दुखी आदमी शराब पीने लगते हैं। और शराबी आदमी दुखी हो जाते हैं। जहां-जहां दुख है, वहां-वहां बेहोशी की तलाश होती है। और जहां-जहां बेहोशी है, वहां-वहां दुख बढ़ता चला जाता है, विसियस सर्किल की तरह। इसलिए दुखी आदमी शराब पीने लगेगा। दुनिया में जितना दुख बढ़ेगा, उतनी शराब बढ़ेगी। जितनी शराब बढ़ेगी, उतना दुख बढ़ेगा। और एक-दूसरे को बढ़ाते चले जाएंगे। जितना ही आदमी होश से भरता है, उतना ही दुख के बाहर हो जाता है।

नित्य का पता चल जाए, चैतन्य का अनुभव हो जाए, आनंद की घटना घट जाती है। और ध्यान रहे, यह आनंद किसी से मिलता नहीं। यह फर्क है। सुख किसी से मिलता है। आनंद किसी से मिलता नहीं है, भीतर से आता है। सुख सदा बाहर से आता है। सुख सदा किसी पर निर्भर होता है। आनंद सदा ही स्वतंत्र होता है। इसलिए सुख के लिए दूसरे का मोहताज होना पड़ता है। आनंद के लिए किसी का मोहताज होने की जरूरत नहीं है।

अगर मुझे सुखी होना है, तो मुझे समाज में किसी के साथ होना पड़ेगा। और अगर मुझे आनंदित होना है, तो मैं अकेला भी हो सकता हूं। अगर इस पृथ्वी पर मैं अकेला रह जाऊं और आप सब कहीं विदा हो जाएं, तो मैं सुखी तो नहीं हो सकता, आनंदित हो सकता हूं।

लेकिन ध्यान रहे, जिनसे हमें सुख मिलता है, उनसे ही दुख मिलता है। जिसे आनंद मिलता है, उसे दुख का उपाय नहीं रह जाता।

एक बात अंतिम। आप सोच न पाएंगे, मनुष्य की भाषा में सब भाषाओं के विपरीत शब्द हैं, आनंद के विपरीत कोई शब्द नहीं है। सुख का ठीक पैरेलल दुख है। खड़ा है सामने। प्रेम के पैरेलल, समानांतर खड़ी है घृणा। दया के समानांतर खड़ी है क्रूरता। सबके समानांतर कोई खड़ा है। आनंद अकेला शब्द

है। क्योंकि आनंद स्वनिर्भर है, द्वंद्व के बाहर है, अद्वैत है। सुख-दुख, प्रेम-घृणा, सब द्वंद्व के भीतर हैं, द्वैत हैं।

इसलिए कृष्ण कहते हैं, अंतःकरण शुद्ध हुआ जिसका, वह सच्चिदानंद परमात्मा में स्थिर, सदा स्थिर होता है।

शेष कल हम बात करेंगे। पर बैठे रहें। पांच मिनट अब उस आनंद की खबर को अपने भीतर समा जाने दें। देखें। ताली बजाएं। गा सकें, गाएं। बैठे-बैठे डोल सकें, डोलें। इस आनंद को लें और फिर पांच मिनट बाद चुपचाप विदा हो जाएं।

सातवां प्रवचन

माया अर्थात सम्मोहन

न कर्तृत्वं न कर्माणि लोकस्य सृजति प्रभुः।
न कर्मफलसंयोगं स्वभावस्तु प्रवर्तते।।14।।

और परमेश्वर भी भूतप्राणियों के न कर्तापन को और न कर्मों को तथा न कर्मों के फल के संयोग को वास्तव में रचता है। किंतु परमात्मा के सकाश से प्रकृति ही बर्तती है, अर्थात गुण ही गुणों में बर्त रहे हैं।

परमात्मा स्रष्टा तो है, लेकिन कर्ता नहीं है। इस सूत्र में कृष्ण ने बहुत ही महत्वपूर्ण बात कही है, परमात्मा स्रष्टा तो है, लेकिन कर्ता नहीं है। कर्ता इसलिए नहीं कि परमात्मा को यह स्मरण भी नहीं है—स्मरण हो भी नहीं सकता है—कि मैं हूं। मैं का खयाल ही तू के विरोध में पैदा होता है। तू हो, तो ही मैं पैदा होता है। परमात्मा के लिए तू जैसा अस्तित्व में कुछ भी नहीं है। इसलिए मैं का कोई खयाल परमात्मा को पैदा नहीं हो सकता है।

मैं के लिए जरूरी है कि तू सामने खड़ा हो। तू के खिलाफ, तू के विरोध में, तू के साथ-सहयोग में मैं निर्मित होता है। परमात्मा के मैं का, अहंकार के

निर्माण का कोई भी उपाय नहीं है। इसलिए कर्ता का कोई खयाल परमात्मा को नहीं हो सकता। लेकिन स्रष्टा वह है। और स्रष्टा से अर्थ है कि जीवन की सारी सृजन-धारा उससे ही बहती है। सारा जीवन उससे ही जन्मता और उसी में लीन होता है। लेकिन इस स्रष्टा की बात को भी थोड़ा-सा समझ लेना जरूरी होगा।

स्रष्टा भी बहुत तरह से हो सकता है कोई। एक मूर्तिकार एक मूर्ति का निर्माण करता है। मूर्ति बनती जाती है, मूर्तिकार से अलग होती चली जाती है। जब मूर्ति बन जाती है, तो मूर्तिकार अलग होता है, मूर्ति अलग होती है। मूर्तिकार मर भी जाए, तो जरूरी नहीं कि मूर्ति मरे। मूर्तिकार के बाद भी मूर्ति जिंदा रह सकती है। मूर्तिकार ने जो सृष्टि की, वह सृष्टि अपने से अन्य है, अलग है, बाहर है। मूर्तिकार बनाएगा जरूर, लेकिन मूर्तिकार पृथक है।

एक नृत्यकार नाचता है। एक नर्तक नाचता है। वह भी सृजन करता है नृत्य का। लेकिन नृत्य नर्तक से अलग नहीं होता है। नर्तक चला गया, नृत्य भी चला गया। नर्तक मर जाएगा, तो नृत्य भी मर जाएगा। नर्तक ठहर जाएगा, तो नृत्य भी ठहर जाएगा। नृत्य नर्तक से भिन्न कहीं भी नहीं है, फिर भी भिन्न है। इस अर्थ में तो भिन्न नहीं है नर्तक से नृत्य, जिस अर्थ में मूर्ति मूर्तिकार से भिन्न होती है। लेकिन फिर भी भिन्न है। भिन्न इसलिए है कि नर्तक तो नृत्य के बिना हो सकता है, लेकिन नृत्य नर्तक के बिना नहीं हो सकता। नर्तक नृत्य के बिना हो सकता है, लेकिन नृत्य नर्तक के बिना नहीं हो सकता।

मूर्तिकार और मूर्ति में जो भेद है, वैसा भेद तो नृत्यकार और नर्तक में नहीं है, लेकिन पूरा अभेद भी नहीं है। एक भी नहीं हैं दोनों। क्योंकि नृत्यकार हो सकता है, नृत्य न हो, लेकिन नृत्य नहीं हो सकेगा। ठीक ऐसे ही, जैसे सागर हो सकता है, लहर न हो। लेकिन लहर नहीं हो सकती सागर के बिना। सागर के होने में कोई कठिनाई नहीं है बिना लहर के। लेकिन लहर सागर के बिना नहीं हो सकती है। इसलिए सागर और लहर एक भी हैं और एक नहीं भी हैं।

परमात्मा का जगत से जो संबंध है, वह नर्तक जैसा है। इसलिए अगर हिंदुओं ने नटराज की धारणा की, तो बड़ी कीमती है। नाचते हुए परमात्मा की

धारणा की है। नृत्य करते शिव को सोचा, तो बहुत गहरा है। शायद पृथ्वी पर नृत्य करते हुए परमात्मा की धारणा हिंदू धर्म के अतिरिक्त और कहीं भी नहीं है। जहां भी लोगों ने परमात्मा की सृष्टि की बात सोची है, वहां सृष्टि मूर्ति और मूर्तिकार वाली सोची है, नृत्य और नर्तक वाली नहीं।

लोग उदाहरण देते हैं कि जैसे कुम्हार घड़े को बनाता है। नहीं, परमात्मा इस तरह जगत को नहीं बनाता है। परमात्मा इसी तरह जगत को बनाता है, जैसे नर्तक नृत्य को बनाता है—एक। पूरे समय डूबा हुआ नृत्य में और फिर भी अलग। क्योंकि चाहे तो नृत्य को छोड़ दे और अलग खड़ा हो जाए। नृत्य बचेगा नहीं उसके बिना। नर्तक उसके बिना बच सकता है। इसलिए नृत्य नर्तक पर निर्भर है, नर्तक नृत्य पर निर्भर नहीं है।

परमात्मा और प्रकृति के बीच नर्तक और नृत्य जैसा संबंध है। प्रकृति निर्भर है परमात्मा पर। परमात्मा प्रकृति पर निर्भर नहीं है। परमात्मा न हो, तो प्रकृति खो जाएगी, शून्य हो जाएगी। लेकिन परमात्मा प्रकृति के बिना भी हो सकता है। भेद भी है और अभेद भी, भिन्नता भी है और अभिन्नता भी, दोनों एक साथ।

प्रकृति के बीच परमात्मा वैसे ही है, जैसे नृत्य के बीच नर्तक है। लेकिन जब नर्तक नाचता है, तो शरीर का उपयोग करता है। शरीर की सीमाएं शुरू हो जाती हैं। पैर थक जाएगा, जरूरी नहीं कि नर्तक थके। पैर टूट भी सकता है, जरूरी नहीं कि नर्तक टूटे। पैर चलने से थकेगा, पैर की सीमा है। हो सकता है, नर्तक अभी न थका हो। नर्तक नृत्य करते शरीर के भीतर कैटेलिटिक एजेंट की तरह है। कैटेलिटिक एजेंट की बात थोड़ी खयाल में ले लें, तो कृष्ण का सूत्र समझ में आएगा।

विज्ञान में कैटेलिटिक एजेंट का बड़ा मूल्य है, अर्थ है। कैटेलिटिक एजेंट से ऐसे तत्वों का प्रयोजन है, जो स्वयं भाग तो नहीं लेते किसी क्रिया में, लेकिन उनके बिना क्रिया हो भी नहीं सकती। जैसे कि हाइड्रोजन और आक्सीजन को हम मिला दें, तो पानी नहीं बनेगा। बनना चाहिए, क्योंकि हाइड्रोजन और

आक्सीजन के अतिरिक्त पानी में और कुछ भी नहीं होता। हाइड्रोजन और आक्सीजन को मौजूद कर देने से पानी नहीं बनेगा। बनना चाहिए। क्योंकि पानी को अगर हम तोड़ें, तो सिवाय हाइड्रोजन और आक्सीजन के कुछ भी नहीं होता।

फिर पानी कैसे बनेगा? अगर हाइड्रोजन और आक्सीजन के बीच में बिजली कौंधा दें, तो पानी बनेगा।

बिजली क्या करती है कौंधकर? वैज्ञानिक कहते हैं, बिजली कुछ भी नहीं करती; सिर्फ उसकी मौजूदगी, प्रेजेंस कुछ करती है। सिर्फ मौजूदगी! बिजली कुछ नहीं करती, सिर्फ उसकी मौजूदगी कुछ करती है। सिर्फ मौजूदगी। ध्यान रहे, बिजली कर्ता नहीं बनती; कुछ करती नहीं। सिर्फ मौजूदगी; बस उसके मौजूद होने में, उसकी मौजूदगी की छाया में हाइड्रोजन और आक्सीजन मिलकर पानी बन जाते हैं।

इसीलिए अगर हम पानी को तोड़ें, तो हाइड्रोजन और आक्सीजन तो हमको मिलेंगे, लेकिन बिजली नहीं मिलेगी। क्योंकि बिजली कृत्य में प्रवेश नहीं करती। लेकिन बड़े मजे की बात यह है कि बिजली अगर मौजूद न हो, तो हाइड्रोजन और आक्सीजन मिलते भी नहीं हैं। इनके मिलन के लिए बिजली की मौजूदगी जरूरी है। अब इस मौजूदगी को हम क्या कहें? इस मौजूदगी ने कुछ किया जरूर, फिर भी कुछ भी नहीं किया; कर्ता नहीं है।

परमात्मा को इस सूत्र में कृष्ण बिलकुल कैटेलिटिक एजेंट कह रहे हैं। वे यह कह रहे हैं कि सारी प्रकृति बर्तती है। यद्यपि परमात्मा की मौजूदगी के बिना प्रकृति बर्त नहीं सकेगी। फिर भी परमात्मा की मौजूदगी में प्रकृति ही बर्तती है, परमात्मा नहीं बर्तता।

जैसे मैंने उदाहरण के लिए कल आपको कहा था, उसे थोड़ा गहरे में देख लें। आपको भूख लगी है। मैंने आपसे कहा, भूख आपको नहीं लगती, पेट को लगती है। निश्चित ही भूख आपको नहीं लगती, पेट को लगती है। आपको सिर्फ पता चलता है कि पेट को भूख लगी। लेकिन अगर आप शरीर के बाहर हों, तो फिर पेट को भूख लग सकती है या नहीं? आप मर गए समझिए। शरीर अब भी

है, पेट अब भी है। भूख अब भी लगनी चाहिए; क्योंकि पेट को भूख लगती थी, आपको तो लगती नहीं थी। आप अब नहीं हैं, पेट को भूख अब नहीं लगती है। यद्यपि इससे यह मतलब नहीं कि आपको भूख लगती थी। आपकी मौजूदगी पेट को भूख लगने के लिए जरूरी थी। अन्यथा उसको भूख भी नहीं लगती। फिर भी भूख आपको नहीं लगती थी, भूख पेट को ही लगती थी।

सारी प्रकृति बर्तती है अपने-अपने गुणधर्म से, परमात्मा की मौजूदगी में। सिर्फ उसकी प्रेजेंस काफी है। बस वह है, और प्रकृति बर्तती चली जाती है। लेकिन बर्तन का कोई भी कृत्य परमात्मा को कर्ता नहीं बनाता है। कर्ता और स्रष्टा में मैं यही फर्क कर रहा हूं। उसके बिना सृष्टि चल नहीं सकती, इसलिए उसे मैं स्रष्टा कहता हूं। वह सृष्टि को चलाता नहीं रोज-रोज, इसलिए उसे मैं कर्ता नहीं कहता हूं।

कृष्ण के इस सूत्र में उन्होंने कहा है, जो जानते हैं, वे जानते हैं कि प्रकृति अपने गुणधर्म से काम करती रहती है।

पानी भाप बनता रहता है। परमात्मा पानी को भाप नहीं बनाता। लेकिन परमात्मा की मौजूदगी के बिना पानी भाप नहीं बनेगा। पानी भाप बनकर बादल बन जाएगा। बादल सर्द होंगे, बरसा होगी। पहाड़ों पर पानी गिरेगा। गंगाओं से बहेगा। सागर में पहुंचेगा। फिर बादल बनेंगे। यह चलता रहेगा। बीज वृक्षों से गिरेंगे जमीन में, फिर अंकुर आएंगे। परमात्मा किसी बीज को अंकुर बनाता नहीं, लेकिन परमात्मा के बिना कोई बीज अंकुरित नहीं हो सकता है। उसकी मौजूदगी। लेकिन मौजूदगी का यह जो कैटेलिटिक एजेंट का खयाल है, इसे एक तरफ से और समझें।

पश्चिम में एक वैज्ञानिक है, जीन पियागेट। उसने मां और बेटे के बीच, मां और बच्चे के बीच, जीवनभर क्या-क्या होता है, इसका ही अध्ध्नन किया है। वह कुछ अजीब नतीजों पर पहुंचा है, वह मैं आपसे कहना चाहूंगा। वे भी कैटेलिटिक एजेंट जैसे नतीजे हैं। लेकिन कैटेलिटिक एजेंट तो पदार्थ की बात है। मां का संबंध और बेटे का संबंध पदार्थ की बात नहीं, चेतना की घटना है।

जीन पियागेट का कहना है कि मां से बच्चे को दूध मिलता है, यह तो हम जानते हैं। लेकिन कुछ और भी मिलता है, जो हमारी पकड़ में नहीं आता। क्योंकि पियागेट ने ऐसे बहुत-से प्रयोग किए, जिनमें बच्चे को मां से अलग कर लिया। सब दिया, जो मां से मिलता था। दूध दिया। सेवा दी। सब दिया। लेकिन फिर भी मां से जो बच्चा अलग हुआ, उसकी ग्रोथ रुक गई, उसका विकास रुक गया। उसके विकास में कोई बाधा पड़ गई। वह रुग्ण और बीमार रहने लगा।

चालीस साल के निरंतर अध्ययन के बाद पियागेट यह कहता है कि मां की मौजूदगी, प्रेजेंस कुछ करती है। सिर्फ उसकी मौजूदगी। बच्चा खेल रहा है बाहर। मां बैठी है अपने मकान के भीतर। मां भीतर मौजूद है, बच्चा कुछ और है। सिर्फ मौजूदगी, एक मिल्यू, एक हवा मां की मौजूदगी की!

अरब में एक बहुत पुरानी कहावत है कि चूंकि परमात्मा सब जगह नहीं हो सकता था, इसलिए उसने माताओं का निर्माण किया। बहुत बढ़िया कहावत है। चूंकि परमात्मा सब जगह कहां-कहां आता, इसलिए उसने बहुत-सी मां बना दीं, ताकि परमात्मा की मौजूदगी मां से बह सके।

मां से कुछ बहता है, जो इम्मैटीरियल है, पदार्थगत नहीं है। जिसको नापा नहीं जा सकता है। कोई ऊष्मा, कोई प्रीति, कोई स्नेह की धार—शायद किसी दिन हम जान लें।

बहुत-सी चीजें हैं, जो हमारे चारों तरफ हैं, अभी हम नाप नहीं पाए। जमीन में ग्रेविटेशन है, हम जानते हैं। पत्थर को ऊपर फेंकें, नीचे आ जाता है। लेकिन अभी तक ग्रेविटेशन नापा नहीं जा सका कि है क्या! यह जमीन की जो कशिश है, यह क्या है! चांद पर हम पहुंच गए हैं, लेकिन अभी कशिश के मामले में हम कहीं नहीं पहुंचे हैं। अभी हमें पता नहीं कि यह कशिश क्या है, जमीन जो खींचती है।

पियागेट कहता है कि मां और बेटे के बीच भी ठीक ऐसी ही कशिश है, कोई ग्रेविटेशन है। जिससे बेटा वंचित हो जाए, तो हमें पता नहीं चलेगा, लेकिन सूखना शुरू हो जाएगा, मुर्झाना शुरू हो जाएगा।

कोई आश्चर्य नहीं है कि अमेरिका में जिस दिन से परिवार शिथिल हुआ और मां और बेटे के संबंध क्षीण हुए, उसी दिन से अमेरिका विक्षिप्त होता जा रहा है। पचास सालों में अमेरिका रोज पागलपन के करीब गया है। और अब मनोवैज्ञानिक कहते हैं कि उस पागलपन का सबसे बड़ा कारण यह है कि मां और बेटे के बीच संबंध की जो धारा थी, वह क्षीण हो गई।

अमेरिका की स्त्री बच्चे को दूध पिलाने को राजी नहीं है। क्योंकि वैज्ञानिक कहते हैं, इतना ही दूध तो बोतल से भी पिलाया जा सकता है। और कोई हैरानी नहीं है कि मां के स्तन से भी अच्छा स्तन बनाया जा सकता है। इसमें कोई अड़चन नहीं है। लेकिन फिर भी उसके भीतर से जो अनजानी धारा बहती थी, वह जो कैटेलिटिक एजेंट था मदरहुड का, मातृत्व का, वह नहीं पैदा किया जा सकता। दूध के साथ वह भी बहता था। अभी हमारे पास नापने का उसे कोई उपाय नहीं है।

लेकिन हम आज नहीं कल...रोज-रोज जितनी हमारी समझ बढ़ती है, यह बात साफ होती चली जाती है कि मानवीय संबंधों में भी कुछ बहता है। जब भी ऐसा कोई बहाव होता है, तभी हमें प्रेम का अनुभव होता है। और जब परमात्मा और हमारे बीच ऐसा कोई बहाव होता है, तो हमें प्रार्थना का अनुभव होता है। ये दोनों अनुभव किसी अदृश्य मौजूदगी के अनुभव हैं।

लेकिन कृष्ण कहते हैं, परमात्मा कुछ करता नहीं।

ध्यान रहे, करना उसे पड़ता है, जो कमजोर हो। करना कमजोरी का लक्षण है। जो शक्तिशाली है, उसकी मौजूदगी ही करती है।

एक शिक्षक क्लास में आता है और आकर डंडा बजाकर विद्यार्थियों को कहता है कि देखो, मैं आ गया। मैं तुम्हारा शिक्षक हूं। चुप हो जाओ! यह शिक्षक कमजोर है। सच में जब कोई शिक्षक कमरे में आता है, तो सन्नाटा छा जाता है, उसकी मौजूदगी से। कहना पड़े, तो शिक्षक है ही नहीं।

इसलिए पुराने सूत्र यह नहीं कहते कि गुरु को आदर करो। पुराने सूत्र कहते हैं, जिसको आदर करना ही पड़ता है, उसका नाम गुरु है।

जिस गुरु को आदर करने के लिए कहना पड़े, वह गुरु नहीं है। जो गुरु कहे, मुझे आदर करो, वह दो कौड़ी के योग्य है। वह कोई गुरु-वुरु नहीं है। गुरु है ही वह कि आप न भी चाहें कि आदर करो, तो भी आदर करना ही पड़े। उसकी मौजूदगी, तत्काल भीतर से कुछ बहना शुरू हो जाए। नहीं; वह चाहता भी नहीं। नहीं; वह कहता भी नहीं। उसे पता भी नहीं है कि कोई उसे आदर करे। लेकिन उसकी मौजूदगी, और आदर बहना शुरू हो जाता है।

परमात्मा परम शक्ति का नाम है। अगर उसको भी कुछ करके करना पड़े, तो कमजोर है। कृष्ण कहते हैं, वह कुछ करता नहीं है। वह है, इतना ही काफी है। उसका होना पर्याप्त है। पर्याप्त से थोड़ा ज्यादा ही है। और प्रकृति काम करती चली जाती है। उसकी मौजूदगी में सारा काम चलता चला जाता है।

लेकिन प्रकृति बर्तती है अपने गुणों से, अपने नियमों से। इसलिए जो ज्ञान को उपलब्ध हो जाता है, जो इस मौलिक तत्व को और आधार को समझ लेता है, वह फिर मैं करता हूं, इस भ्रांति से छूट जाता है।

इतना बड़ा विराट अस्तित्व चल रहा है बिना कर्ता के, तो मेरी छोटी-सी गृहस्थी बिना कर्ता के नहीं चल पाएगी? इतने चांद-तारे यात्राएं कर रहे हैं बिना कर्ता के! रोज सुबह सूरज उग आता है। हर वर्ष वसंत आ जाता है। अरबों-खरबों वर्षों से पृथ्वियां घूमती हैं, निर्मित होती हैं, मिटती हैं। अनंत तारों का जाल चलता रहता है। बिना किसी कर्ता के इतना सब चल रहा है। लेकिन मैं कहता हूं, मेरी दुकान बिना कर्ता के कैसे चलेगी!

जो व्यक्ति इस मूल आधार को समझ लेता है कि इतना विराट अस्तित्व चलता चला जा रहा है, तो मेरे क्षुद्र कामों में मैं नाहक ही कर्ता को पकड़ कर बैठा हुआ हूं। इतना विराट चल सकता है कर्ता से मुक्त होकर, तो मैं भी चल सकता हूं। जिस व्यक्ति को यह स्मरण आ गया, वह संन्यासी है। जिस व्यक्ति को यह स्मरण आ गया कि इतना विराट चलता है बिना कर्ता के, तो अब मैं भी बिना कर्ता के चलता हूं। उठूंगा सुबह, दुकान पर जाकर बैठ जाऊंगा। काम कर लूंगा। भूख लगेगी, खाना खा लूंगा। नींद आएगी, सो जाऊंगा। लेकिन अब मैं कर्ता नहीं

रहूंगा। प्रकृति करेगी, मैं देखता रहूंगा। बाधा भी नहीं डालूंगा। क्योंकि जो बाधा डालेगा, वह भी कर्ता हो जाएगा।

आपको नींद आ रही है और आपने कहा, हम न सोएंगे, तो भी आप कर्ता हो गए। सुबह नींद आ रही है और आप जबर्दस्ती बोले कि हम तो ब्रह्ममुहूर्त में उठ कर रहेंगे, तो भी कर्ता हो गए।

जीवन को सहज, जैसा जीवन है, उसको कर्ता को छोड़ कर प्रकृति पर छोड़ देने वाला व्यक्ति संन्यासी है। कृष्ण उसी निष्काम कर्मयोगी की बात कर रहे हैं।

लेकिन हमारे मन में बड़ी-बड़ी भ्रांत धारणाएं हैं। आज दोपहर एक बहुत मजेदार बात हुई। एक महिला मुझे मिलने आई। आते ही उसने एक चांटा मेरे मुंह पर मार दिया। मैंने उससे पूछा, और क्या कहना है? तो उसने कहा, दूसरा गाल भी मेरे सामने करिए। मैंने दूसरा गाल भी उसके सामने कर दिया। उसने दूसरा चांटा भी मार दिया। मैंने कहा, और क्या कहना है? उसने कहा कि नहीं, और कुछ नहीं कहना। मैं तो आपकी परीक्षा लेने आई थी। मैंने कहा, मेरे शरीर को चांटा मार कर मेरी परीक्षा कैसे होगी? उससे नहीं कहा, क्योंकि जिसकी शरीर पर बुद्धि अटकी हो, उससे कुछ भी कहना कठिन है।

मेरे शरीर को चोट पहुंचा कर मेरी परीक्षा कैसे होगी? लेकिन हमारा भरोसा शरीर पर है। तुम मुझे छुरा भी मारोगे, तो भी शरीर अपना काम जो करता है, कर लेगा। चांटा मारोगे, तो मेरे गाल पर हाथ का निशान बन जाएगा। शरीर अपना काम बर्त लेगा। अगर मेरे भीतर खयाल हो कि मुझे मारा गया, तो उपद्रव भीतर तक प्रवेश कर जाएगा। अन्यथा मैं देखूंगा कि मेरे शरीर को मारा गया। शरीर को मारा गया; शरीर को जो करना है, वह अपना कर लेगा।

और हैरानी की बात है कि शरीर चुपचाप अपने नियम में बर्तकर अपनी जगह वापस लौट जाता है। प्रकृति बड़ी शांति से अपना काम कर लेती है। उसके हाथ का निशान बन गया था, थोड़ी देर बाद मैंने देखा, वह खो गया; शरीर उसे पी गया। लेकिन अगर मैं कर्ता बन जाऊं, मुझे मारा गया या मैं मारूं या उत्तर दूं या

कुछ करूं, तो फिर उपद्रव शुरू हुआ। लेकिन हमारी पकड़ शरीर की भाषा से, प्रकृति की भाषा से ऊपर नहीं उठती।

अगर मुझे मजाक करना होता, तो एक चांटा मैं भी उसे मार सकता था। मजाक करना होता! लेकिन गरीब नासमझ औरत, उसके साथ मजाक करनी ठीक भी नहीं। लेकिन हम भाषा कौन-सी समझते हैं!

जब वह चली गई, तो मुझे खयाल आया। एक फकीर हुआ, नसरुद्दीन। उसके पास एक गधा था, जिस पर वह यात्रा करता रहता था। एक दिन पड़ोस का एक आदमी उसका गधा मांगने आया और उसने नसरुद्दीन से कहा कि अपना गधा मुझे दे दें; बहुत जरूरी काम है। नसरुद्दीन ने कहा कि गधा तो कोई और उधार मांग ले गया है। लेकिन तभी—गधा ही तो ठहरा—पीछे से अस्तबल से गधे ने आवाज दी। वह आदमी क्रोध से भर गया। उसने कहा कि धोखा देते हैं मुझे? गधा अंदर बंधा हुआ मालूम पड़ता है। नसरुद्दीन ने कहा, क्या मतलब तुम्हारा? मेरी बात नहीं मानते; गधे की बात मानते हो? मैं कहता हूं, मेरा तुम्हें भरोसा नहीं आता। गधा आवाज देता है, उसका तुम्हें भरोसा आता है! किस तरह की भाषा समझते हो? आदमी हो कि गधे?

मैं जो कह रहा हूं, वह समझ में नहीं आएगा। मेरे शरीर को एक चांटा मार कर कोई परीक्षा लेने आता है। लेकिन शरीर सवारी से ज्यादा नहीं है, गधे से ज्यादा नहीं है। पर कुछ लोग उसकी ही भाषा समझते हैं।

प्रकृति की भाषा से ऊपर हम नहीं उठ पाते, इसलिए परमात्मा की हमें कोई झलक भी नहीं मिल पाती है। परमात्मा की झलक लेनी हो, तो प्रकृति की भाषा से थोड़ा पार जाना पड़ेगा। और यह चारों तरफ जो भी हमें दिखाई पड़ रहा है, सब प्रकृति का खेल है। जो भी हमारी आंख में दिखाई पड़ता है, जो भी हमारे कान में सुनाई पड़ता है, जिस भी हम हाथ से छूते हैं, वह सब प्रकृति का खेल है। प्रकृति अपने गुणधर्म से बरत रही है। अगर इतने पर ही कोई रुक गया, तो वह कभी परमात्मा की झलक को उपलब्ध न होगा।

इसलिए कृष्ण कहते हैं, उसकी झलक को अगर उपलब्ध होना हो, तो यह प्रकृति का काम है, ऐसा समझ कर गहरे में इसे प्रकृति को ही करने दो।

तुम मत करो। तुम कर्ता मत रह जाओ, तुम सिर्फ द्रष्टा हो जाओ; साक्षी हो जाओ कि प्रकृति ऐसा कर रही है। तुम सिर्फ देखते रहो एक दर्शक की भांति। और धीरे-धीरे-धीरे वह द्वार खुल जाएगा, जहां से, जिसने कभी कुछ नहीं किया, यद्यपि जिसके बिना कभी कुछ नहीं हुआ, उस परमात्मा की प्रतिमा झलकनी शुरू हो जाएगी।

प्रश्न : आपने पिछली एक चर्चा में कहा है कि परमात्मा अर्थात अस्तित्व, एक्झिस्टेंस, समग्रता, टोटेलिटी। लेकिन इस श्लोक में भूतप्राणी और परमात्मा, या प्रकृति और परमात्मा ऐसे दो अलग-अलग विभाग कैसे कहे गए हैं, इसके क्या कारण हैं?

वही, जैसा मैंने कहा, नृत्य और नृत्यकार। अगर हम नृत्यकार की तरफ से देखें, तो दोनों एक हैं। लेकिन अगर नृत्य की तरफ से देखें, तो दोनों एक नहीं हैं। जैसे लहर और सागर। सागर की तरफ से देखें, तो दोनों एक हैं। लहर की तरफ से देखें, तो दोनों एक नहीं हैं।

तो यदि हम परमात्मा की तरफ से देखें, तब तो प्रकृति है ही नहीं; वही है। लेकिन अगर प्रकृति की तरफ से देखें, तो प्रकृति है।

ये जो भेद हैं, सब भेद मनुष्य की बुद्धि से निर्मित हैं—सब भेद। और अगर कृष्ण जैसे व्यक्ति को भी समझाना हो किसी को—कृष्ण भलीभांति जानते हैं अभेद को, नहीं कोई भेद है, एक ही है। लेकिन समझना हो किसी को, तो तत्काल दो करने पड़ेंगे।

यह बहुत समझने जैसी बात है। जैसे कि कांच के एक प्रिज्म में से हम सूरज की किरण को निकालें, तो सात टुकड़ों में बंट जाती है। किरण तो एक होती है, लेकिन तत्काल प्रिज्म में से निकलते ही के साथ सात हो जाती है।

कभी पानी में एक लकड़ी के डंडे को डालकर देखें। डंडा सीधा हो, पानी में जाते ही तिरछा दिखाई पड़ने लगता है। बाहर निकालें, फिर सीधा हो गया। फिर

पानी में डालें, फिर तिरछा हो गया! क्या, बात क्या है? डंडा तिरछा हो जाता है? हो नहीं जाता। लेकिन पानी के माध्यम में किरणों का प्रवाह, किरणों की धारा और दिशा थोड़ी-सी झुक जाती है पानी की मौजूदगी से, इसलिए डंडा तिरछा दिखाई देने लगता है। और आप दस दफे निकाल कर देख लें कि डंडा सीधा है, ग्यारहवीं बार फिर डालें, तो भी तिरछा ही दिखाई पड़ेगा। आप यह मत सोचना कि हम दस बार देख लिए कि सीधा है, इसलिए ग्यारहवीं बार धोखा नहीं होगा, अब की दफे सीधा दिखाई पड़ेगा। तिरछा ही दिखाई पड़ेगा।

बुद्धि का एक माध्यम है। समझाया तो जाता है बुद्धि से और समझा भी जाता है बुद्धि से। सत्य है अद्वैत, लेकिन समझ सदा द्वैत की होती है। ट्रूथ इज़ नॉन-डुअल; अंडरस्टैंडिंग इज़ आलवेज डुअल। सत्य तो है एक, लेकिन समझ सदा होती है द्वैत की। समझाना हो, तो दो करने ही पड़ेंगे। असल में जब भी कोई किसी को समझाता है, तभी दो हो गए। समझाने वाला और समझने वाला जहां आ गए, वहां दो आ गए। कोई समझा रहा है, कोई समझ रहा है—दो हो गए।

एक फकीर का मुझे स्मरण आता है। एक झेन फकीर बांकेई के पास एक आदमी गया और उसने कहा कि मुझे कुछ सत्य के संबंध में कहो। बांकेई बैठा रहा; कुछ भी न बोला। उस आदमी ने समझा कि शायद बहरा मालूम पड़ता है। जोर से कहा कि मुझे सत्य के संबंध में कुछ कहिए! लेकिन बांकेई वैसे ही बैठा रहा। लगा कि वज्र बहरा मालूम होता है। हिलाया जोर से बांकेई को उस आदमी ने। बांकेई हिल गया। उसने कहा कि मैं पूछ रहा हूं सत्य के संबंध में। बांकेई ने कहा, मुझे सुनाई पड़ता है। उस आदमी ने कहा, जवाब क्यों नहीं देते? तो बांकेई ने कहा, अगर मैं जवाब दूं, तो द्वैत हो जाएगा। और अगर मैं चुप रहूं, तो तुम समझोगे नहीं। तुमने मुझे बड़ी मुश्किल में डाल दिया है।

कृष्ण को अगर अद्वैत की ओर इशारा करना हो, तो मौन रह जाना पड़े। लेकिन अर्जुन की समझ के बाहर होगा मौन। और भाषा जब भी विचार शुरू करती है, तभी टूट शुरू हो जाती है। तोड़ना ही पड़ेगा। अनिवार्य रूप से बुद्धि खंडन करती है, खंड करती है, एनालिसिस करती है, टुकड़े करती है।

इसीलिए तो विज्ञान की जो पद्धति है, वह एनालिसिस है। तोड़ो, खंड-खंड करते जाओ, और तोड़ते चले जाओ। हर चीज को, जिसको भी समझना हो, तोड़ना पड़ेगा।

अभी पचास साल पहले डाक्टर होता था, तो वह पूरे आदमी का डाक्टर होता था। वह आपकी बीमारी का इलाज कम करता था, बीमार का इलाज ज्यादा करता था। आपसे परिचित होता था भलीभांति। मरीज को पूरी तरह पहचानता था। आज हालत बिलकुल बदल गई है। अगर बाएं कान में दर्द है, तो एक डाक्टर के पास जाइए; दाएं कान में दर्द है, तो दूसरे डाक्टर के पास जाइए। उसको आपसे मतलब नहीं है। बस, उस कान के टुकड़े से मतलब है। बाकी मरीज बेकार है; हो या न हो। वह अपने कान की जांच कर लेगा।

इसलिए आज मरीज की कोई चिकित्सा नहीं होती, सिर्फ बीमारी की चिकित्सा होती है। और इनमें बड़ा फर्क है। टु ट्रीट ए डिसीज एंड टु ट्रीट ए पेशेंट, बहुत फर्क बातें हैं। क्योंकि जब मरीज की चिकित्सा करनी हो, तो करुणा की जरूरत पड़ती है। और जब सिर्फ बीमारी की चिकित्सा करनी हो, तो यांत्रिकता पर्याप्त है। स्पेशलिस्ट जो है, वह कान की जांच करके और लिख देगा कि क्या गड़बड़ है।

विज्ञान जैसे विकसित होगा, चीजें खंड-खंड होती चली जाएंगी। विज्ञान की प्रक्रिया बुद्धि की प्रक्रिया है। धर्म जैसे विकसित होगा, चीजें जुड़ती चली जाएंगी, खंड इकट्ठे होते जाएंगे। विज्ञान का मैथड है एनालिसिस, धर्म का मैथड है सिंथीसिस, जोड़ते चले जाओ। इसलिए धर्म जब परम स्थिति को उपलब्ध होता है, तो एक ही रह जाता है। और विज्ञान जब परम स्थिति को उपलब्ध होता है, तो परमाणु हाथ में रह जाते हैं, अनंत परमाणु। और जब धर्म विकसित होता है, तो अनंत अद्वैत, एक ही हाथ में रह जाता है।

कृष्ण की कठिनाई है, और वह सब कृष्णों की कठिनाई है, चाहे वे कहीं पैदा हुए हों—जेरूसलम में, कि मक्का में, कि चीन में, कि तिब्बत में—कहीं भी पैदा हुआ हो कोई जानता हुआ आदमी, उसकी कठिनाई यही है कि बुद्धि से कहते ही दो करने पड़ते हैं।

इसलिए कृष्ण दो कर रहे हैं, अर्जुन की तरफ से—इस बात को स्मरण रखना—लहर की तरफ से दो कर रहे हैं। कह रहे हैं कि प्रकृति है एक अर्जुन! यह सारा काम प्रकृति कर रही है। इतना तू समझ और द्रष्टा हो जा। अगर अर्जुन द्रष्टा हो जाए, तो एक दिन वह पाएगा कि न कोई प्रकृति है, न कोई परमात्मा है, एक ही है। जैसे कि हम एक आदमी से कहें कि ये जो लहरें तुझे दिखाई पड़ रही हैं, ये सागर नहीं हैं।

आपको खयाल नहीं होगा; आप सागर के किनारे बहुत बार गए होंगे, लेकिन लहरों को देखकर लौट आए और समझा कि सागर को देख कर आ रहे हैं। सागर को आपने कभी नहीं देखा होगा; सिर्फ लहरों को देखा है। सागर की छाती पर लहरें ही होती हैं, सागर नहीं होता। लेकिन कहते यही हैं कि हम सागर को देखकर चले आ रहे हैं। सागर का दर्शन कर आए। दर्शन किया है सिर्फ लहरों का। सागर बड़ी गहरी चीज है; लहरें बड़ी उथली चीज हैं। कहां लहरों का उथलापन और कहां सागर की गहराई! पर लहरों को हम सागर समझ लेते हैं।

आप अगर मेरे पास आएं और कहें कि मैं सागर का दर्शन करके आ रहा हूं, तो मैं कहूंगा, ध्यान रखो, सागर और लहरें दो चीज हैं। तुम लहरों का दर्शन करके आ रहे हो, उसको सागर मत समझ लेना। सागर बहुत बड़ा है। बहुत गहरे, भीतर छिपा है। और अगर सागर को देखना हो, तो तब देखना, जब लहरें बिलकुल शांत हों। तब तुम झांक पाओगे सागर में।

आप मुझसे कह सकते हैं कि बड़ी गलत बात आप कह रहे हैं। सागर और लहरें तो एक ही हैं! लेकिन यह उसका अनुभव है, जिसने सागर को जाना। जिसने लहरों को जाना, उसका यह अनुभव नहीं है।

तो कृष्ण की कठिनाई है। वे तो सागर को जानते हुए खड़े हैं। लेकिन अर्जुन तो लहरों पर जी रहा है। उससे वे कहते हैं कि जिसे तू जान रहा है, वह प्रकृति है। इस लहरों की उथल-पुथल को, इस लहरों की अशांति को तू सागर मत समझ लेना। यह सागर का हृदय नहीं है। सागर के हृदय को तो पता ही नहीं

है कि कहीं लहरें भी उठ रही हैं। सागर के गहरे में तो पता भी नहीं है। वहां कभी कोई लहर उठी ही नहीं है। इसलिए दो हिस्सों में तोड़ लेना पड़ता है।

ज्ञान में सब द्वैत गलत है। अज्ञान में सब अद्वैत समझ के बाहर है। अज्ञान में अद्वैत समझ के अतीत है, पार है। ज्ञान में द्वैत विदा हो जाता है, बचता नहीं।

फिर क्या किया जाए? जब ज्ञानी अज्ञानी से बोले, तो क्या करे? मजबूरी में अज्ञानी की भाषा का ही उपयोग करना पड़ता है, इस आशा में कि उसी भाषा का उपयोग करके क्रमशः इशारा करते हुए, किसी घड़ी धक्का दिया जा सकेगा।

एक बच्चे को हम सिखाने बैठते हैं। उससे हम कहते हैं कि ग गणेश का। अब सेकुलर गवर्नमेंट आ गई, तो अब हम कहते हैं, ग गधे का! धर्मनिरपेक्ष राज्य हो गया, अब गणेश को तो उपयोग कर नहीं सकते! गधा सेकुलर है, धर्मनिरपेक्ष! गणेश तो धार्मिक बात हो जाएगी। इसलिए बदलना पड़ा किताबों में। पर गधे से या गणेश से ग का क्या लेना-देना? फिर बच्चा बड़ा हो जाएगा, तो हर बार जब भी पढ़ेगा कुछ, तो क्या पढ़ेगा कि ग गणेश का, ग गधे का? भूल जाएंगे। गधे भी भूल जाएंगे, गणेश भी भूल जाएंगे। ग बचेगा। मुक्त हो जाएगा, जिससे जोड़कर बताया था। लेकिन बताते वक्त बहुत जरूरी था।

अगर हम बच्चे को बिना किसी प्रतीक के बताना चाहें, तो बता न सकेंगे। और अगर बड़ा होकर भी बच्चा प्रतीक को पकड़े रहे, तो गलती हो गई; वह पागल हो गया। दोनों करने पड़ेंगे। प्रतीक से यात्रा शुरू करनी पड़ेगी, और एक घड़ी आएगी, जब प्रतीक छीन लेना पड़ेगा।

तो कृष्ण द्वैत की बात करेंगे, करते रहेंगे, करते रहेंगे। और जब लगेगा कि अर्जुन उस जगह आया, जहां द्वैत छीना जा सकता है, तो अद्वैत की बात भी करेंगे। उस इशारे की प्रतीक्षा करनी पड़ेगी। लेकिन इस घड़ी तक, अभी तक अर्जुन पर भरोसा नहीं किया जा सकता है। इसलिए कृष्ण प्रकृति और परमात्मा, दो की बात कर रहे हैं।

नादत्ते कस्यचित्पापं न चैव सुकृतं विभुः।
अज्ञानेनावृतं ज्ञानं तेन मुह्यंति जन्तवः।।15।।

और सर्वव्यापी परमात्मा न किसी के पापकर्म को और न किसी के शुभकर्म को भी ग्रहण करता है, किंतु माया के द्वारा ज्ञान ढंका हुआ है। इससे सब जीव मोहित हो रहे हैं।

और न ही वह परम शक्ति किसी के पाप या किसी के पुण्य या अशुभ या शुभ कर्मों को ग्रहण करती है। उस परम शक्ति को शुभ-अशुभ का भी कोई परिणाम, कोई प्रभाव नहीं होता है। लेकिन हम, वे जो अज्ञान से दबे हैं, वे जो स्वप्न में खोए हैं, वे उस स्वप्न और अज्ञान और माया में डूबे हुए, पाप और पुण्य के जाल में घूमते रहते हैं। इसमें दो-तीन बातें समझ लेने जैसी हैं।

पहली बात तो यह कि पाप और पुण्य केवल उसी के जीवन की धारणाएं हैं, जिसे खयाल है कि मैं कर्ता हूं। इसे ठीक से खयाल में ले लें। जो मानता है, मैं कर्ता हूं, करने वाला हूं, फिर उसे यह भी मानना पड़ेगा कि मैंने बुरा किया, अच्छा किया। अगर परमात्मा कर्ता नहीं है, तो अच्छे-बुरे का सवाल नहीं उठता है। जो आदमी मानता है कि मैंने किया, फिर वह दूसरी चीज से न बच सकेगा कि जो उसने किया, वह ठीक था, गलत था, सही था, शुभ था, अशुभ था!

कर्म को मान लिया कि मैंने किया, तो फिर नैतिकता से बचना असंभव है। फिर नीति आएगी। क्योंकि कोई भी कर्म सिर्फ कर्म नहीं है। वह अच्छा है या बुरा है। और कर्ता के साथ जुड़ते ही आप अच्छे और बुरे के साथ भी जुड़ जाते हैं। अच्छे और बुरे से हमारा संबंध कर्ता के बिना नहीं होता। जिस क्षण हमने सोचा कि मैंने किया, उसी क्षण हमारा कर्म विभाजन हो गया, अच्छे या बुरे का निर्णय हमारे साथ जुड़ गया। तो परमात्मा तक अच्छा और बुरा नहीं पहुंच पाता, क्योंकि कर्ता की कोई धारणा वहां नहीं है।

ऐसा समझें कि पानी हमने बहाया। जहां गड्ढा होगा, वहां पानी भर जाता है। गड्ढा न हो, तो पानी उस तरफ नहीं जाता। कर्ता का गड्ढा भीतर हो, तो ही

अच्छे और बुरे कर्म उसमें भर पाते हैं। वह न हो, तो नहीं भर पाते हैं। कर्ता एक गड्ढे का काम करता है। परमात्मा के पास कोई गड्ढा नहीं है, जिसमें कोई कर्म भर जाए। कर्ता नहीं है। परमात्मा की तो बात दूर, हममें से भी कोई अगर कर्ता न रह जाए, तो न कुछ अच्छा है, न कुछ बुरा है। बात ही समाप्त हो गई। अच्छे और बुरे का खयाल तभी तक है, जब तक हमें भी खयाल है कि मैं कर्ता हूं।

मुझे निरंतर प्रीतिकर रही है एक घटना। कलकत्ते के एक मुहल्ले में एक नाटक चलता था। पुरानी बात है। एक बड़े बुद्धिमान आदमी विद्यासागर देखने गए हैं। सामने ही बैठे हैं। प्रतिष्ठित, नगर के जाने-माने पंडित हैं। सामने बैठे हैं। फिर नाटक कुछ ऐसा है, कथा कुछ ऐसी है कि उसमें एक पात्र है, जो एक स्त्री को निरंतर सता रहा है, परेशान कर रहा है। बढ़ती जाती है कहानी। उस स्त्री की परेशानी और उस आदमी के हमले और आक्रमण भी बढ़ते चले जाते हैं। और फिर एक दिन एक अंधेरी गली में उसने उस स्त्री को पकड़ ही लिया। बस, फिर बरदाश्त के बाहर हो गया विद्यासागर के। छलांग लगाकर मंच पर चढ़ गए, निकाला जूता और पीटने लगे उस आदमी को!

लेकिन उस आदमी ने विद्यासागर से भी ज्यादा बुद्धिमानी का परिचय दिया। उसने सिर झुकाकर उनका जूता सिर पर ले लिया। जूता हाथ में लेकर जनता से कहा कि इतना बड़ा पुरस्कार मुझे कभी नहीं मिला। मैं सोच नहीं सकता था कि विद्यासागर जैसा बुद्धिमान आदमी मेरे अभिनय को वास्तविक समझ लेगा!

विद्यासागर को तो पसीना छूट गया। खयाल आया कि नाटक देख रहे थे! नाटक था; कर्ता बन गए। दर्शक न रह पाए। भूल गए। समझा कि स्त्री की इज्जत जा रही है, तो बचाने कूद पड़े। बहुत उस आदमी से कहा, जूता वापस कर दो। माफ कर दो। उसने कहा, यह मेरा पुरस्कार है। इसे तो मैं घर में सम्हाल कर रखूंगा। क्योंकि मैंने सोचा भी नहीं था कि इतना कुशल हो सकेगा मेरा अभिनय कि आप धोखे में आ जाएं।

क्या, हुआ क्या? विद्यासागर को बचाने का खयाल पकड़ गया। कर्ता आ गया कहीं से, सात्विक अहंकार। बुरा नहीं था, पायस ईगोइज्म। बड़ा शुद्ध अहंकार रहा होगा। लेकिन अहंकार कितना ही शुद्ध हो, जहर कितना ही शुद्ध हो, जहर ही है। शुद्ध जहर और खतरनाक है। आजकल तो मिलता नहीं शुद्ध जहर।

मैंने सुना है, एक आदमी ने जहर खा लिया और सो गया। सुबह पाया कि सब ठीक है। वापस गया। दुकानदार को उसने कहा कि कैसा जहर दिया? उसने कहा, भई हम क्या करें, अडल्ट्रेशन! जहर शुद्ध अब कहां मिलता है!

लेकिन अहंकार तो शुद्ध मिलता है। जिनको हम अच्छे लोग कहते हैं, उनके पास शुद्ध अहंकार होता है। जिनको हम बुरे लोग कहते हैं, उनके पास अशुद्ध अहंकार होता है। जिनको हम अच्छे लोग कहते हैं, हम चाहे कहें या न कहें, जो अपने को अच्छे लोग समझते हैं, उनके पास बड़ा सूक्ष्म और पैना अहंकार होता है। सूक्ष्म, सुई की तरह। पता भी नहीं चलता कि कहां पड़ा है, लेकिन चुभता रहता है।

विद्यासागर कूद पड़े। भीतर लगा होगा, बचाऊं। स्त्री की इज्जत चली जा रही है! लेकिन उस अभिनेता ने ठीक ही कहा। क्योंकि ये जूते अभिनय में नहीं पड़े थे; ये जूते तो वास्तविक पड़े थे एक अर्थ में। स्त्री को सताना तो अभिनय था, एक्टिंग था। लेकिन विद्यासागर के जूते जो अभिनेता को पड़े थे, ये तो वास्तविक थे। लेकिन उस अभिनेता ने इनको भी अभिनय में लिया। और उसने कहा कि बड़ी कृपा है कि पुरस्कार दिया। विद्यासागर अभिनय को वास्तविक समझ लिए, उसने वास्तविक को भी अभिनय माना। इसलिए फिर जूते का लगना बुरा और भला न रहा। और विद्यासागर के बाबत निर्णय लेने की कोई जरूरत न रही कि उन्होंने बुरा किया कि अच्छा किया।

जहां कर्ता है, वहां शुभ और अशुभ पैदा होते हैं। जहां कर्ता नहीं, वहां शुभ और अशुभ पैदा नहीं होते हैं। कृष्ण कहते हैं कि परमात्मा तक हमारे शुभ और अशुभ कुछ भी नहीं पहुंचते। हम ही परेशान हैं, अपनी ही माया में।

यह माया क्या है जिसमें हम परेशान हैं? इस माया शब्द को थोड़ा वैज्ञानिक रूप से समझना जरूरी है।

अंग्रेजी में एक शब्द है, हिप्नोसिस। मैं माया का अर्थ हिप्नोसिस करता हूं, सम्मोहन। माया का अर्थ इलूजन नहीं करता, माया का अर्थ भ्रम नहीं है। माया का अर्थ है, सम्मोहन। माया का अर्थ है, हिप्नोटाइज्ड हो जाना।

कभी आपने अगर किसी हिप्नोटिस्ट को देखा है, मैक्स कोली या किसी को देखा है; नहीं तो घर में छोटा-मोटा प्रयोग खुद भी कर सकते हैं, तो आपकी समझ में आएगा कि माया क्या है।

अगर एक व्यक्ति सुझाव देकर, सजेशन देकर बेहोश कर दिया जाए, और कोई भी सहयोग करे तो बेहोश हो जाता है। घर जाकर प्रयोग करके देखें। अगर पत्नी आपकी मानती हो—जसकी संभावना बहुत कम है—तो उसे लिटा दें और सुझाव दें कि तू बेहोश हो रही है। और सहयोग कर। और अगर न मानती हो, तो खुद लेट जाएं और उससे कहें कि तू मुझको सुझाव दे—जिसकी संभावना ज्यादा है—और मानें। पांच-सात मिनट में आप बेहोश हो जाएंगे। या जिसको आप बेहोश करना चाहते हैं, वह बेहोश हो जाएगा। इंडयूस्ड स्लीप पैदा हो जाएगी। पैदा की हुई नींद में चले जाएंगे। उस नींद में चेतन मन खो जाता है, अचेतन मन रह जाता है।

मन के दो हिस्से हैं। चेतन बहुत छोटा-सा हिस्सा है, दसवां भाग। अचेतन, अनकांशस नौ हिस्से का नाम है; और एक हिस्सा चेतन है। जैसे बर्फ के टुकड़े को पानी में डाल दें, तो जितना ऊपर रहता है, उतना चेतन; और जितना नीचे डूब जाता है, उतना अचेतन। नौ हिस्से भीतर अंधेरे में पड़े हैं। एक हिस्सा भर थोड़ा-सा होश में भरा हुआ है। सुझाव से वह एक हिस्सा भी नीचे डूब जाता है। बरफ का टुकड़ा पूरा पानी में डूब जाता है।

अचेतन मन की एक खूबी है कि वह तर्क नहीं करता, विचार नहीं करता, सोच नहीं करता। जो भी कहा जाए, उसे मानता है। बस, मान लेता है। बड़ा श्रद्धालु है! जो बेहोश हो गया, उससे अब आप कुछ भी कहिए। उससे

आप कहिए कि अब तुम आदमी नहीं हो, घोड़े हो गए। घोड़े की आवाज करो! तो वह हिनहिनाने लगेगा। उसका मन मान लेता है कि मैं घोड़ा हो गया। अब उसको खयाल भी नहीं रहा कि वह आदमी है। वह घोड़े की तरह हिनहिनाने लगेगा। उसके मुंह में प्याज डाल दो और कहना कि यह बहुत सुगंधित मिठाई का टुकड़ा डाल रहे हैं। वह प्याज की दुर्गंध उसे नहीं आएगी, उसे सुगंधित मिठाई मालूम पड़ेगी। वह बड़े रस से लेगा और कहेगा, बहुत मीठी है, बड़ी सुगंधित है।

अचेतन मन में हमारे, मूर्च्छित मन में हमारे, कुछ भी हो जाने की संभावना है। जो भी हम होना चाहें, वह हम हो जा सकते हैं। यह तो आपने कोशिश करके सम्मोहन पैदा किया, लेकिन जन्म के साथ हम अनंत जन्मों के सजेशन साथ लेकर आते हैं। उनका एक गहरा सम्मोहन हमारे पीछे अचेतन में दबा रहता है। अनंत जन्मों में हम जो संस्कार इकट्ठे करते हैं, वे हमारे अनकांशस माइंड में, अचेतन मन में इकट्ठे हैं। वे इकट्ठे संस्कार भीतर से धक्का देते रहते हैं। हमसे कहते रहते हैं, यह करो, यह करो। यह हो जाओ, यह हो जाओ, यह बन जाओ। वे हमारे भीतर से हमें पूरे समय धक्का दे रहे हैं।

जब आप क्रोध से भरते हैं, तो आपने कई बार तय किया है कि अब दुबारा क्रोध नहीं करूंगा। लेकिन फिर जब क्रोध का मौका आता है, तो सब भूल जाते हैं कि वह तय किया हुआ क्या हुआ! फिर क्रोध आ जाता है। फिर तय करते हैं, अब क्रोध नहीं करूंगा। शर्म भी नहीं खाते कि अब तय नहीं करना चाहिए। कितनी बार तय कर चुके! अब कम से कम तय करना ही छोड़ो। फिर तय करते हैं कि अब क्रोध नहीं करेंगे। फिर कल सुबह!

आदमी की स्मृति बड़ी कमजोर है। वह भूल जाता है, कितनी दफे तय कर चुका। अब तो मुझे खोजना चाहिए कि तय कर लेता हूं, फिर भी करता हूं, इसका मतलब क्या है? इसका मतलब यह है कि आपके अचेतन से क्रोध आता है और निर्णय तो चेतन में होता है। तो चेतन का निर्णय काम नहीं करता। ऊपर-ऊपर निर्णय होता है, भीतर तो जन्मों का क्रोध भरा है। जब वह फूटता है, सब निर्णय

वगैरह दो कौड़ी के अलग हट जाते हैं, वह फूट कर बाहर आ जाता है। वह सम्मोहित क्रोध है; वह माया है।

कितनी बार तय किया है कि ब्रह्मचर्य से रहेंगे! लेकिन वह सब बह जाता, वह कहीं बचता नहीं। जन्मों-जन्मों की यात्रा में कामवासना गहरी होती चली गई है, वह बड़ी भीतर बैठ गई है, वह सम्मोहक है।

मैं एक युवक पर प्रयोग कर रहा था। उसे मैंने बेहोश किया। और मैंने उसे बेहोशी में पोस्ट-हिप्नोटिक सजेशन के लिए कहा कि जब तू होश में आ जाएगा, तब यह जो तकिया रखा हुआ है तेरे पास, तू इसे बिना छाती से लगाए, बिना चूमे नहीं रहेगा, इसका तू चुंबन लेकर रहेगा। यह बड़ा प्यारा तकिया है। इससे ज्यादा सुंदर न तो कोई स्त्री है पृथ्वी पर, न कोई पुरुष है। यह मैंने उसे बेहोशी में कहा। मान लिया उसने। उसने तकिए पर हाथ फिरा कर देखा। मैंने कहा, देखता है कितनी सुकोमल त्वचा है इसकी! इस तकिए की चमड़ी कितनी सुकोमल है! उसने कहा, हां, बहुत सुकोमल है। कितनी गुदगुदी है! उसने कहा, बहुत गुदगुदी है। मैंने कहा, होश में आने के बीस मिनट बाद तू रुक न सकेगा। इस तकिए को छाती से लगा कर रहेगा और चुंबन भी लेगा।

फिर उसे होश में ला दिया गया। दस-पांच मित्र बैठ कर इसको देखते थे। फिर वह होश में आ गया, सब बातचीत करने लगा। सब तरह से सब दस मित्रों ने जांच कर ली कि वह बराबर होश में आ गया है। बाथरूम गया; लौट कर आया। उससे एक गणित करवाया; उसने जोड़ करके बताया। किताब पढ़वाई। किताब पढ़ कर उसने बताई। उसने कहा, यह सब क्या करवा रहे हैं! वह बिलकुल होश में है। लेकिन बस, अठारह मिनट के बाद, जैसे बीस मिनट करीब घड़ी आने लगी, उसकी बेचैनी बढ़ने लगी और माथे पर पसीना आने लगा। वही पसीना, जो कोई पुरुष किसी स्त्री के सामने प्रेम निवेदन करते वक्त अनुभव करता है। अब वह तकिए से जुड़ गया है अचेतन में।

अब हम सारे लोग, और वह तकिया मेरे पीछे रखा है, वे सज्जन मेरे बगल में बैठे हैं। लेकिन अब उनका किसी में रस नहीं है। वे चोरी-चोरी से उस

तकिए को बार-बार देखने लगे हैं! वैसे ही जैसे कि कोई किसी के प्रेम की माया में पड़ता है, तो सारी दुनिया बैठी रहे, कोई नहीं दिखाई पड़ता! सम्मोहन है। बिलकुल अचेतन की बेहोशी है।

मैंने तकिया और दूर हटा दिया। जब मैंने तकिया छुआ, तो उसको वैसी ही चोट लगी, जैसे कोई किसी की प्रेयसी को छू दे। उसके चेहरे पर सारा भाव झलक गया। फिर मैं उठा, और जैसे ही बीस मिनट करीब आने को थे, मैं तकिए को उठा कर जाकर अलमारी में बंद करने लगा। वह भागा हुआ मेरे पास आया और बिलकुल होश के बाहर उसने तकिया छीना, चूमा और छाती से लगाया।

सारे लोग हंसने लगे। उन्होंने कहा, तुम यह क्या कर रहे हो? वह रोने लगा। उसने कहा, मेरी भी समझ में नहीं आ रहा है कि मैं क्या कर रहा हूं। लेकिन अब मुझे बड़ी राहत, बड़ी रिलीफ मिली। कुछ ऐसी बेचैनी हो रही थी कि इसको बिना किए रुक ही नहीं सकता; इस तकिए को छाती से लगाना ही पड़े। मैं बिलकुल पागल हूं!

उसे कुछ पता नहीं कि बेहोशी में उसे क्या कहा गया है।

क्या स्त्री और पुरुष के बीच जो आकर्षण है, वह ऐसा ही नहीं है! लेकिन किसी ने आपको सम्मोहित नहीं किया। आप ही सम्मोहित हैं अनंत जन्मों की यात्रा से। प्रकृति का ही सम्मोहन है। इसको माया—पुराना शब्द है इसके लिए माया, नया शब्द है हिप्नोसिस।

माया से आवृत, अपने ही चक्कर में डूबा हुआ आदमी भटकता रहता है स्वप्न में। एक ड्रीमलैंड बनाया हुआ है अपना-अपना। खोए हैं अपने-अपने सपनों में। कोई पैसे से सम्मोहित है। तो देखें, जब पैसा वह देखता है, तो कैसे उसके प्राण! छोटे-मोटे लोगों की बात छोड़ दें। जो पैसे के बड़े त्यागी मालूम पड़ते हैं, उनको भी अगर बहुत गौर से देखें, तो पाएंगे कि वे हिप्नोटाइज्ड हैं पैसे से।

अभी खान अब्दुल गफ्फार उर्फ सरहदी गांधी भारत होकर गए। वे तो गांधीजी के प्रतिनिधि आदमी हैं। लेकिन अभी उनकी कमेटी के आदमी ने खबर

दी है, टी.एन.सिंह ने, कि वह रात जो दिन में उनको थैली मिलती थी, जब थैली मिलती थी, तब तो वे ऐसा दिखाते थे कि कोई बात नहीं; लेकिन रात दरवाजा बंद करके दो बजे रात तक रुपया गिनते थे! उस आदमी ने लिखा है कि मैं तो जब उनको पहली दफे दिल्ली के एयर पोर्ट पर स्वागत करने गया था—रिसेप्शन कमेटी का आदमी है—तो जब मैंने उन्हें पोटली हाथ में दबाए हुए उतरते देखा, तो मेरे हृदय में बड़ा भाव उठा था कि कितना सीधा-सादा आदमी है। लेकिन जब रात मैंने दो-दो तीन-तीन बजे तक उन्हें दरवाजा बंद करके रुपये गिनते देखा, तब मुझे बड़ी हैरानी हुई कि क्या बात है!

जब वे गए, तब भी पोटली उनके हाथ में थी। वही पोटली, जिसे लेकर वे आए थे। दिल्ली के एयर पोर्ट पर तब भी वही पोटली थी विदा करने वालों को। लेकिन टी.एन.सिंह ने कहा कि लेकिन तब मुझे धोखा नहीं हो सका, क्योंकि बाईस सूटकेस एयर पोर्ट पर थे, जो पीछे आ रहे थे। और अस्सी लाख का वायदा किया था उनको उनके मित्रों ने, कि भारत से भेंट करेंगे। लेकिन चालीस लाख ही हो पाया, इसलिए बड़े नाराज गए कि सिर्फ चालीस लाख!

आदमी की पकड़ बड़ी हैरानी की है! त्याग भी करता हुआ दिखाई पड़ता हुआ आदमी जरूर नहीं कि हिप्नोसिस के बाहर हो। त्याग भी एंटी हिप्नोटिक हो सकता है, वह भी सम्मोहन का ही विपरीत वर्ग हो सकता है। अक्सर ऐसा होता है। पैसे को पकड़ने वाले, पैसे को छोड़ने वाले—सम्मोहित होते हैं। शरीर को पकड़ने वाले, शरीर को छोड़ने वाले—सम्मोहित होते हैं।

सम्मोहन के बाहर जो जाग जाता है, एक अवेकनिंग, होश से भर जाता है कि यह सब प्रकृति का खेल है और इस खेल में मैं इतना लीन होकर डूब जाऊं, तो पागल हूं। और एक-एक इंच पर जागने लगता है। तो जब वह किसी स्त्री से या किसी पुरुष से आकर्षित होकर उसके हाथ को छूता है, तब जानता है कि यह शरीर और शरीर का कोई आंतरिक आकर्षण मालूम होता है। मैं दूर खड़े होकर देखता रहूं।

कभी इसको प्रयोग करके देखें। कभी अपनी प्रेयसी के हाथ में हाथ रखकर आंख बंद करके साक्षी रह जाएं कि हाथ में हाथ मैं नहीं रखे हूं; हाथ ही हाथ पर पड़ा है। और तब थोड़ी देर में सिवाय पसीने के हाथ में कुछ भी नहीं रह जाएगा। लेकिन अगर सम्मोहन रहा, तो पसीने में भी सुगंध आती है! कवियों से पूछें न।

हमारी पृथ्वी पर कवियों से ज्यादा हिप्नोटाइज्ड आदमी खोजना मुश्किल है। वे पसीने में भी गुलाब के इत्र को खोज लेते हैं! आंखों में कमल खोज लेते हैं! पैरों में कमल खोज लेते हैं। पागलपन की भी कुछ हद होती है। सम्मोहित! क्या-क्या खोज लेते हैं! जो कहीं नहीं है, वह सब उन्हें दिखाई पड़ने लगता है उनकी हिप्नोसिस में, उनके भीतर के सम्मोहन में। ऐसा भी नहीं है कि उनको दिखाई नहीं पड़ता। उनको दिखाई पड़ने लगता है। प्रोजेक्शन शुरू हो जाता है।

किसी के प्रेम में अगर आप गिरे हों, तो पता होगा कि कैसा प्रोजेक्शन शुरू होता है। दिनभर उसी का नाम गूंजने लगता है। किसी के भी पैर की आहट सुनाई पड़े, पता लगता है, वही आ रहा है। कोई दरवाजा खटखटा दे, लगता है कि उसी की खबर आ गई। हवा दरवाजा खटखटा जाए, तो लगता है कि पोस्टमैन आ गया, चिट्ठी आ गई।

फिर जब डिसइलुजनमेंट होता है, प्रेम जा चुका होता है, सम्मोहन टूट जाता है, तब? तब उस आदमी की शकल देखने जैसी भी नहीं लगती। तब वह रास्ते पर मिल जाए, तो ऐसा लगता है, कैसे बच कर निकल जाएं! क्या हो जाता है? वही आदमी है! उसी के पदचाप संगीत से मधुर मालूम होते थे। उसी के पदचाप आज सुनने में अत्यंत कर्णकटु हो गए! उसी के शब्द ओंठों से निकलते थे, तो लगता था, अमृत में भीग कर आते हैं। आज उसके ओंठों से सिवाय जहर के कुछ और मिलता हुआ मालूम नहीं पड़ता है। उसी की आंखें कल गिरती थीं, तो लगता था कि आशीर्वाद बरस रहे हैं। आज उसकी आंखों में सिवाय तिरस्कार और घृणा के कुछ भी दिखाई नहीं पड़ता। हो क्या गया? वही आंख है, वही

आदमी है। भीतर की हिप्नोसिस उखड़ गई। भीतर का सम्मोहन उखड़ गया, टूट गया, विजड़ित हो गया।

कृष्ण कहते हैं, प्रकृति की माया, प्रकृति की हिप्नोसिस में डूबा हुआ आदमी अपने ही अच्छे और बुरे के सोच-विचार में भटकता रहता है।

समझें, एक रात आपने सपना देखा कि चोरी की है। और एक रात आपने सपना देखा कि साधु हो गए हैं। सुबह जब उठते हैं, तो क्या चोरी का जो सपना था, वह बुरा; और साधु का जो सपना था, वह अच्छा! सुबह जागकर दोनों सपने हो जाते हैं। न कुछ अच्छा रह जाता है, न बुरा रह जाता है। दोनों सपने हो जाते हैं।

संत उसे ही कहते हैं, जो अच्छे और बुरे दोनों के सपने के बाहर आ गया। और जो कहता है कि वह भी सपना है, यह भी सपना है। बुरा भी, अच्छा भी, दोनों सम्मोहन हैं।

इस सम्मोहन से कोई जाग जाए, तो ही—तो ही केवल—जीवन में वह परम घटना घटती है, जिसकी ओर कृष्ण इशारा कर रहे हैं।

प्रश्न : माया और परमात्मा में क्या भिन्नता है? माया से ज्ञान कैसे व क्यों ढंकता है?

माया और परमात्मा में क्या भिन्नता है?

जो माया में डूबे हैं, उन्हें तो बड़ी भिन्नता है। जैसे जो रात सपने में डूबा है, उसे तो सपने में और जागने में बड़ी भिन्नता है। लेकिन जो जाग गया, उसे सपने में और जागने में भिन्नता नहीं होती, क्योंकि जाग कर सपना बचता ही नहीं। भिन्नता किससे? इसको ठीक से समझ लें।

एक रस्सी पड़ी है और मुझे सांप दिखाई पड़ रहा है। तो जब तक मुझे सांप दिखाई पड़ रहा है, तब तक तो रस्सी और सांप में बड़ी भिन्नता है। क्योंकि रस्सी को देख कर मैं भागूंगा नहीं, सांप को देख कर भागूंगा। रस्सी को देख कर डरूंगा नहीं, सांप को देख कर डरूंगा। रस्सी को देख कर मारने

की तैयारी नहीं करूंगा, सांप को देख कर मारने की तैयारी करूंगा। सांप पैर पर पड़ जाए, तो मर भी जा सकता हूं। रस्सी पैर पर पड़ जाए, तो मरने का कोई सवाल ही नहीं है।

जिस आदमी को अंधेरे में रस्सी सांप जैसी दिखाई पड़ रही है, उससे अगर आप कहो कि रस्सी और सांप सब एक हैं; बेफिकरी से जा। तो वह कहेगा, माफ करो। रस्सी और सांप एक नहीं हैं! रस्सी भी सांप दिखाई पड़ रही हो, तो भी उसके लिए तो सांप ही है।

सांपों का जो लोग अध्ययन करते हैं, वे कहते हैं कि सत्तानबे परसेंट सांप में जहर ही नहीं होता। सिर्फ सौ में तीन सांपों में जहर होता है। लेकिन जिन सांपों में जहर नहीं होता, उनके काटे हुए लोग भी मर जाते हैं। अब जहर होता ही नहीं, तो बड़ा चमत्कार है। जब जहर नहीं है, तो यह आदमी काटने से मर क्यों गया?

आदमी सांप के जहर से कम मरता है। सांप ने काटा, इस सम्मोहन से मरता है। इसीलिए तो जहर उतारने वाले जहर उतार देते हैं। जहर वगैरह कोई नहीं उतारता। अगर सांप बिना जहर का रहा, तो मंत्र वगैरह काम कर जाते हैं। और सत्तानबे परसेंट सांप बिना जहर के हैं। इसलिए बड़ी आसानी से उतर जाता है। कठिनाई नहीं पड़ती। इतना भरोसा भर दिलाना है कि उतार दिया। चढ़ा तो था ही नहीं! उतर जाता है! लेकिन जरूरी नहीं है कि न उतारा, तो नहीं मरता आदमी। आदमी मर सकता था। इसलिए काम तो पूरा हुआ, आदमी को बचाया तो है ही।

इसलिए मैं मंत्र के खिलाफ में नहीं हूं। जब तक नकली सांप से मरने वाले लोग हैं, तब तक नकली मंत्र से जिलाने वाले लोगों की जरूरत रहेगी। जरूरत है। रस्सी पर भी पैर पड़ जाए और अगर आपको खयाल है कि सांप है, तो मौत हो सकती है। आपके लिए फर्क है।

मैंने सुना है, एक गांव में एक फकीर रहता है गांव के बाहर। और एक काली छाया अंदर जा रही है। उस फकीर ने पूछा, तू कौन है? उसने कहा, मैं मौत हूं। तू इस गांव में किसलिए जा रही है? उसने कहा कि गांव में प्लेग आ रही है और मुझे दस हजार आदमी मारने हैं!

महीने भर में कोई पचास हजार आदमी मर गए। फकीर ने कहा, हद हो गई! आदमी झूठ बोलते हैं, बोलते हैं; लेकिन मौत भी झूठ बोलने लगी! अब तो परमात्मा का भी भरोसा करना ठीक नहीं है। पता नहीं, वह भी झूठ बोलने लगा हो!

जागता रहा कि कब लौटे, तो पकडूं। एक रात मौत वापस लौटती थी। कहा, ठहर। हद हो गई! इतना झूठ! मुझसे कहा, दस हजार लोग मारने हैं। पचास हजार तो मर चुके! उस मौत ने कहा, मैंने दस हजार मारे हैं; बाकी अपने आप मर गए। बाकी घबड़ाहट में मर गए। मेरा कोई हाथ नहीं है। बाकी यह समझ कर कि प्लेग आई, मर गए। दस हजार मारकर मैं जा रही हूं, बाकी चालीस हजार अपने आप मरे हैं। और आगे भी मरें, तो मेरा कोई जिम्मा नहीं है।

रस्सी और सांप एक नहीं हैं उसे, जिसे रस्सी सांप दिखाई पड़ रही है। जगत जिन्हें दिखाई पड़ रहा है अभी, उनसे यह कहना कि माया और परमात्मा एक हैं, बड़ा कठिन है समझना। कैसे एक हो सकते हैं? एक नहीं हैं।

जगत दिखाई पड़ रहा है, तब तक परमात्मा है ही नहीं। एक का सवाल कहां है! माया ही है। नींद है गहरी; वही है। जिस दिन नींद से कोई जागता है, तो परमात्मा ही बचता है, जगत नहीं बचता।

इसलिए एक बहुत कठिन पहेली है यह। बहुत कठिन पहेली है। पहेली इसलिए कठिन है कि जिन लोगों ने जाना, उन्होंने कहा, परमात्मा ही है, जगत नहीं है। पर हम, जो जानते हैं, जगत है, उनसे पूछते ही गए कि कुछ तो बताओ! जगत है तो ही। शंकर कहते हैं कि जगत माया है। माया मतलब, नहीं है। पर हम पूछते हैं, हम कैसे मान लें कि माया है। पैर में कांटा गड़ता है, तो खून निकलता है!

योरोप में एक विचारक हुआ, इंग्लैंड में, बर्कले। वह भी कहता था शंकर की तरह कि सब जगत इलूजन है, एपियरेंस है, दिखावा है, कुछ है नहीं। वह डाक्टर जानसन के साथ एक दिन सुबह घूमने निकला। और उसने डाक्टर जानसन से भी कहा कि सब जगत माया है।

जानसन बहुत यथार्थवादी। उसने एक पत्थर उठा कर बर्कले के पैर पर पटक दिया। लहूलुहान हो गया पैर। बर्कले पैर पकड़ कर बैठ गए। जानसन

खड़ा है बगल में। वह कहता है कि जब सब माया है, तो पैर किसलिए पकड़ कर बैठे हो! पत्थर है ही नहीं।

शंकर से लोग पूछते हैं कि जगत माया है, कैसे मानें? तुम भी तो भिक्षा मांगते हो। भूख लगती है। खाना भी खाते हो। सोते भी हो। कैसे मानें? शंकर का वश चले, तो शंकर कहें, जगत है ही नहीं। लेकिन लोग, जिनसे उन्हें बात करनी है, वे कहते हैं, जगत है। परमात्मा नहीं है तुम्हारा। कहीं दिखाई नहीं पड़ता! जगत तो दिखाई पड़ता है। उलटी बातें कहते हो। जो है, उसको कहते हो, नहीं है। और जो नहीं है, उसको कहते हो, है। तो शंकर क्या कहें? शंकर कहते हैं, परमात्मा तो है। यह जगत नहीं है, लेकिन तुम्हें दिखाई पड़ता है।

माया का अर्थ है, जो नहीं है और दिखाई पड़ता है। जिस दिन तुम जानोगे उसे, जो है, उस दिन जो दिखाई पड़ता था और नहीं था, वह खो जाएगा, तिरोहित हो जाएगा। संबंध कभी जोड़ना नहीं पड़ेगा।

जब तक जगत है, जगत है; परमात्मा नहीं है। संबंध का कोई सवाल नहीं है। जिस दिन परमात्मा होता है, परमात्मा ही होता है; जगत नहीं होता। संबंध का कोई सवाल नहीं है।

इसलिए परमात्मा और माया के बीच कोई भी संबंध नहीं है, रिलेटेड नहीं हैं। संबंध हो नहीं सकता। एक सत्य और एक असत्य के बीच संबंध हो कैसे सकता है? नदी पर अगर हमें एक ब्रिज बनाना हो, एक सेतु, एक पुल बनाना हो; एक किनारा सच हो और दूसरा किनारा झूठ हो, पुल बना सकते हैं आप? कैसे बनाइएगा पुल? सच्चे किनारे पर एक हिस्सा पुल का रख जाएगा, पर दूसरे हिस्से को कहां रखिएगा? और अगर दूसरा हिस्सा झूठ पर भी रखा जा सकता है, तो फिर सच का भी शक हो जाएगा।

माया और ब्रह्म दोनों कभी आमने-सामने खड़े नहीं होते किसी मनुष्य के अनुभव में, लेकिन इस तरह के मनुष्य आमने-सामने खड़े हो जाते हैं, एक का अनुभव ब्रह्म का और एक का अनुभव माया का। वे आमने-सामने बातचीत करते हैं। तब इन दो शब्दों का उपयोग करना पड़ता है। वह जो ब्रह्म को जानता है, उसे मानना तो पड़ता है कि जगत है, क्योंकि सामने वाला कह

रहा है कि है। इस चर्चा को आगे नहीं बढ़ाया जा सकता, अगर वह कह दे कि नहीं ही है। तब भी सामने वाला कहेगा कि जिसको तुम इतने जोर से कहते हो, नहीं है, वह कुछ तो होना चाहिए, नहीं तो इतने जोर की जरूरत क्या है? जब तुम कहते हो, नहीं है, तो तुम किस चीज को कह रहे हो कि नहीं है। किसी चीज को तो नहीं कह रहे हो! मान लो, नहीं है जगत; लेकिन जिससे कह रहे हो, वह तो है! यह कठिनाई है।

संसार और सत्य, माया और ब्रह्म, आमने-सामने एनकाउंटर उनका कभी होता नहीं। उनका कभी कोई मिलन नहीं होता। उनके बीच कोई संबंध नहीं है। माया का मतलब ही है कि जो नहीं है और दिखाई पड़ता है।

सांप दिखाई पड़ रहा है और नहीं है; रस्सी है। अब बड़ी कठिनाई है कि वह कहां से आ रहा है! क्यों दिखाई पड़ रहा है! कृष्ण कहेंगे, वह तुम्हारा प्रोजेक्शन है, तुम्हारी माया है। तुमने ही किसी भय के क्षण में, डर के क्षण में रस्सी को सांप समझ लिया है। वहां कहीं है नहीं।

रस्सी और सांप के बीच क्या संबंध है? कोई संबंध नहीं है। क्योंकि जो उठा लेगा जाकर रस्सी, देखेगा, रस्सी है, उसके लिए सांप खो गया। संबंध कैसे बनाएगा? जिसको रस्सी नहीं दिखाई पड़ती, सांप दिखाई पड़ता है, उसके पास रस्सी नहीं है। संबंध कैसे बनाएगा?

ब्रह्म और माया के बीच कोई भी संबंध नहीं है। माया है ही नहीं सिवाय प्रोजेक्शन के, प्रक्षेपण के। मन की कल्पनाओं की क्षमता है कि हम फैलाव कर लेते हैं। फैलाव बड़ा कर ले सकते हैं। इतना फैल सकता है, जिसका कोई हिसाब नहीं है। उसमें हम जीते हैं।

एक छोटी-सी कहानी और आज की बात मैं पूरी करूं।

हमारा सपना कितनी ही बार टूटे, हम फिर सम्हाल लेते हैं। रोज टूटता है। सुबह टूटता है, दोपहर टूटता है, सांझ टूटता है, हम फिर थेगड़े लगा लेते हैं। हम बड़े कुशल कारीगर हैं अपने सपने में थेगड़े लगाने में। एक इच्छा हार जाती है, कुछ नहीं पाते। तत्काल दूसरी इच्छा निर्मित कर लेते हैं। कारण

खोज लेते हैं, इसलिए हार हो गई! अगली बार ऐसा नहीं होगा। एक आशा खंडित हो जाती है, दूसरी आशा तत्काल निर्मित कर लेते हैं। जिंदगी रोज, यथार्थ रोज हमारे प्रोजेक्शन को तोड़ता है, लेकिन हम बनाए चले जाते हैं, निर्मित किए चले जाते हैं!

मैंने सुना है, सांझ एक धनपति अपने दरवाजे को बंद करने के ही करीब है कि उसके चपरासी ने फिर भीतर आकर कहा कि सुनिए, चौबीस, दो दर्जन बीमा एजेंटों को हम आज दिन भर में बाहर निकाल चुके हैं। पच्चीसवां हाजिर है। कहता है, भीतर आने दें। चौबीस लोगों को भगाया जा चुका है। उस धनपति को भी दया आ गई। उसने कहा, अच्छा, उस पच्चीसवें को आ जाने दो। अब दरवाजा बंद ही होने के करीब है।

वह अंदर आया। धनपति ने उसे देखा और कहा कि तुम सौभाग्यशाली हो। क्योंकि चौबीस, दो दर्जन बीमा एजेंट आज मैं दरवाजे के बाहर से ही भगा चुका हूं। तुम्हें पता है! तुम सौभाग्यशाली हो। तुम्हें भीतर आने दिया। उस आदमी ने कहा कि आई नो वेरी वेल सर, बिकाज आई एम देम! मुझे अच्छी तरह पता है, क्योंकि वे चौबीस आदमी मैं ही हूं।

वह आदमी चौबीस दफे आ चुका है दिन भर में। वह एक ही आदमी है। मुझे भलीभांति पता है, वह मैं ही हूं। मालिक तो हैरान हो गया। उसने कहा, चकित करते हो तुम। तुम अभी तक थके नहीं? उस बीमा एजेंट ने कहा कि कौन कब थकता है?

कोई थकता नहीं। कितनी ही आशाएं निराशाएं हों, फिर भी लगता है कि शायद एक मौका और! एक बार और! जाल को हम फैलाए चले जाते हैं। मौत भी सामने आ जाए, तो भी हम मौत के पार प्रोजेक्शन को फैलाए चले जाते हैं। मरता हुआ आदमी सोचता है, गाय को दान कर दें, स्वर्ग में इंतजाम हो जाएगा। प्रोजेक्शन फैला रहे हैं अभी भी। मौत दरवाजे पर खड़ी है, लेकिन उनकी फिल्म का प्रोजेक्टर अभी भी काम कर रहा है। वह बंद नहीं हो रहा है। वे अभी फैलाए चले जा रहे हैं! वे सोच रहे हैं कि चार आने किसी ब्राह्मण को दे दें, तो भगवान को बता सकेंगे कि चार आने एक ब्राह्मण को दिए थे,

जरा अच्छी-सी जगह! और अगर आपके मकान में ही हो सके, तो बहुत अच्छा है। यहीं ठहरा लें!

लंदन में, लंदन युनिवर्सिटी का मेडिकल हास्पिटल है। हर तीन महीने में वहां एक अजीब घटना घटती है। उस हास्पिटल की हर तीन महीने में ट्रस्टीज की बैठक होती है।

अगर कभी आप उस बैठक को देखें, तो बहुत हैरान होंगे। थोड़ी देर में चकित हो जाएंगे। आप देखेंगे कि प्रेसिडेंट की जगह जो आदमी प्रेसिडेंट की चेयर पर बैठा हुआ है, कुर्सी पर बैठा हुआ है अध्यक्ष की, न तो हिलता, न तो डुलता, न उसकी पुतली हिलती। बहुत हैरान होंगे। थोड़ी देर में आपको शक होगा कि वह आदमी जिंदा है या मरा हुआ! जब आप पास जाएंगे, तो पाएंगे, वह तो मुर्दा है। लाश रखी है सौ साल से!

जरेमी बैंथम नाम के आदमी ने वह हास्पिटल बनाया था। फिर वह अपनी वसीयत में लिख गया कि यह मैं मरने के बाद भी बरदाश्त नहीं कर सकता कि मैं अस्पताल बनाऊं और अध्यक्षता कोई और करे। इसलिए मेरी लाश को यहां रखना। और मैं ही अध्यक्षता करूंगा, जब भी ट्रस्टीज की बैठक होगी। प्रेसिडेंट मैं ही रहूंगा।

तो अभी भी उसकी लाश रखी हुई है। सामने प्रेसिडेंट की तख्ती उसके रखी रहती है। हर बार जब ट्रस्टीज की बैठक पूरी होती है और किसी मसले पर वोटिंग होती है, तो उनको लिखना पड़ता है, दि प्रेसिडेंट इज़ प्रेजेंट, बट नॉट वोटिंग। मौजूद हैं सभापति, लेकिन वोट नहीं कर रहे हैं! यह सौ साल से चल रहा है।

आदमी का पागलपन! ऐसा हमारा सारा मन है। इसको हम फैलाए चले जाते हैं। इस मन से जागे बिना कोई प्रभु की यात्रा पर नहीं निकला है।

आज इतना। लेकिन पांच मिनट बैठे रहेंगे। मुर्दा आदमी बैठे हैं, तो जिंदा आदमी को तो बैठे रहना चाहिए। इट मैटर्स नॉट इफ यू डोंट वोट, मगर बैठें! कोई फर्क नहीं पड़ता। लेकिन जो वोट कर सकते हों, वे ताली बजाएं और भजन में साथ दें।

आठवां प्रवचन

तीन सूत्र—आत्म-ज्ञान के लिए

ज्ञानेन तु तदज्ञानं येषां नाशितमात्मनः।
तेषामादित्यवज्ज्ञानं प्रकाशयति तत्परम्।।16।।

परंतु जिनका वह अंतःकरण का अज्ञान, आत्मज्ञान द्वारा नाश हो गया है, उनका वह ज्ञान सूर्य के सदृश उस सच्चिदानंदघन परमात्मा को प्रकाशता है।

जगत एक रहस्य है। रहस्य इसलिए कि इस जगत में अंधकार, जो कि नहीं है, प्रकाश को ढंक लेता है, जो कि है। इस जगत में मृत्यु, जो कि नहीं है, जीवन को धोखा दे देती है, कि है।

जीवन है, और मृत्यु नहीं है। प्रकाश है, और अंधकार नहीं है। फिर भी, अंधकार प्रकाश को ढंके हुए मालूम पड़ता है। फिर भी रोज-रोज जीवन मरता हुआ दिखाई पड़ता है। इसलिए कहता हूं, जीवन एक रहस्य, एक मिस्ट्री है। और उस रहस्य का मूल इसी पहेली में है।

रोज देखते हैं अंधेरे को आप। कभी सोचा भी नहीं होगा कि अंधेरे का कोई अस्तित्व नहीं है। अंधेरा एक्झिस्टेंशियल नहीं है। फिर भी होता है। रास्ता

भटक जाते हैं अंधेरे में। गड्ढे में गिर सकते हैं अंधेरे में। चोर लूट ले सकते हैं अंधेरे में। छुरा भोंका जा सकता है अंधेरे में। अंधेरे में सब कुछ हो सकता है—और अंधेरा नहीं है! टकरा सकते हैं, सिर फूट सकता है—और अंधेरा नहीं है। पर अंधेरे में यह सब हो सकता है।

जब मैं कहता हूं, अंधेरा नहीं है, तो थोड़ा ठीक से समझ लें।

प्रकाश तो है, इसलिए प्रकाश को बुझा सकते हैं, जला सकते हैं। लेकिन अंधेरे को बुझा भी नहीं सकते, जला भी नहीं सकते। चाहें कि दुश्मन के घर पर अंधेरा फेंक दें, तो फेंक भी नहीं सकते। कभी आपने सोचा है कि अंधेरे के साथ कुछ भी करना संभव नहीं है!

और जब रात आप चाहते हैं कि कमरे में अंधेरा भर जाए, तो आप अंधेरे को नहीं बुलाते, केवल प्रकाश को बुझाते हैं। प्रकाश बुझा नहीं कि अंधेरा है। और जब सुबह आप अंधेरे को अलग करना चाहते हैं, या रात अंधेरे को अलग करना चाहते हैं, तो अंधेरे को धक्का नहीं देते, प्रकाश को जलाते हैं। और प्रकाश जला कि अंधेरा नहीं है।

अंधेरा सिर्फ प्रकाश की अनुपस्थिति है, गैर-मौजूदगी है, एब्सेंस है। अंधेरे का अपना कोई विधायक अस्तित्व नहीं है। अस्तित्व तो प्रकाश का है। या प्रकाश का अस्तित्व नहीं है। जहां प्रकाश नहीं है, वहां अंधेरा मालूम पड़ता है। अंधेरा कोई वस्तु नहीं है। अंधेरे में कोई थिंगहुड, कोई वस्तुगत पदार्थ अंधेरे में नहीं है। फिर भी अंधेरा है तो।

ठीक ऐसे ही आत्म-ज्ञान है। और आत्म-अज्ञान का कोई अस्तित्व नहीं है। लेकिन फिर भी आत्म-अज्ञान से हम भरे हुए हैं। और आत्म-अज्ञान में चिंतित हैं, पीड़ित हैं, परेशान हैं, दुखी हैं, नर्क भोग रहे हैं। जब कि आत्म-अज्ञान का वैसा ही कोई अस्तित्व नहीं है, जैसे अंधेरे का कोई अस्तित्व नहीं है।

आत्मा स्वयं ज्ञान है, इसलिए आत्म-अज्ञान का कोई अस्तित्व हो नहीं सकता। आत्मा ही ज्ञान है। ज्ञान आत्मा का आंतरिक स्वभाव है। इसलिए आत्मा बिना ज्ञान के कभी हो नहीं सकती। और अगर आत्मा बिना ज्ञान के होगी, तो

पदार्थ में और आत्मा में फर्क क्या होगा? आत्मा का अर्थ ही यह है कि जो ज्ञान है। आत्मा कभी भी ज्ञान के बिना नहीं हो सकती। ज्ञान और आत्मा पर्यायवाची हैं, सिनानिम। एक ही मतलब है दोनों बात का।

फिर आत्म-अज्ञान का क्या मतलब होगा? ये शब्द तो विरोधी हैं! आत्म-अज्ञान हो ही नहीं सकता। जहां आत्मा है, वहां अज्ञान कैसे होगा? क्योंकि आत्मा ज्ञान है। लेकिन फिर भी आत्म-अज्ञान है। क्या, हुआ क्या है? जो ज्ञान है आत्मा, वह किस चीज से ढंक गई है?

कृष्ण कहते हैं, संसार माया से ढंका; आत्मा आत्म-अज्ञान से ढंकी; ज्ञान अविद्या से ढंका।

क्या इसका अर्थ है? क्या समझें इससे?

इससे सिर्फ एक बात समझ लेने जैसी है। आत्मा तो ज्ञान है, लेकिन ज्ञान यदि चाहे तो सो सकता है; ज्ञान यदि चाहे तो जाग सकता है। सोया हुआ ज्ञान भी ज्ञान है; जागा हुआ ज्ञान भी ज्ञान है। लेकिन सोए हुए ज्ञान के चारों तरफ अज्ञान इकट्ठा हो जाता है। सोया हुआ ज्ञान ऐसे है, जैसे कि आपके खीसे में लाइटर पड़ा हुआ है अनजला; जलने की पूरी क्षमता लिए हुए है। माचिस की काड़ी रखी है अनजली, प्रज्वलित होने को किसी भी क्षण तत्पर। आग छिपी है, सोई है। चारों तरफ अंधेरा है, माचिस रखी है। चारों तरफ अंधेरा है। माचिस से कोई रोशनी निकलती नहीं है। लेकिन माचिस से रोशनी निकल सकती है। और जब निकलती है, तब अंधेरा टूट जाता है। और जब निकलती है, तो इसका यह मतलब नहीं कि आसमान से आ गई। माचिस में थी, तो ही निकली, अन्यथा निकल न सकती। फिर क्या, फर्क क्या है?

आत्म-अज्ञान और आत्म-ज्ञान में फर्क? आत्म-अज्ञान और आत्म-ज्ञान सिर्फ नींद के और जागने का फर्क है। इसलिए हम बुद्ध को कहते हैं, बुद्ध। नाम उनका नहीं है। नाम तो उनका था, सिद्धार्थ गौतम। बुद्ध का मतलब होता है, दि अवेकंड, जो जाग गया। गौतम सिद्धार्थ को हम कहते हैं, बुद्ध। इसलिए कहते हैं कि जो जाग गया। महावीर को हम कहते हैं, जिन। जिन का अर्थ है, जिसने अपने को जीत लिया।

जागना जीतना बन जाता है और सोना हार बन जाती है। जागने में विजय है और निद्रा में पराजय है। बड़ी से बड़ी शक्ति भी सोई हो, तो छोटी से छोटी शक्ति से पराजित हो जाती है। एक पहलवान सोया हो, एक छोटा बच्चा उसकी छाती में छुरा भोंक सकता है। एक हाथी सोया हो, एक छोटी-सी चींटी उसकी नाक में चली जाए, तो मौत हो सकती है।

आत्मा बड़ी विराट शक्ति है, बड़ी प्रज्वलित अग्नि है। लेकिन सोई हो, तो क्रोध जैसी ना-कुछ चीज हावी हो जाती है। काम जैसी ना-कुछ शक्ति हावी हो जाती है। अंधेरा जो बिलकुल नहीं है, घेर लेता है उसको, जो बहुत है, गहरे में है, सदा है, कभी खोती नहीं है। विराट से विराट शक्ति सोई हो, तो क्षुद्र से क्षुद्र शक्ति से हार जाती है।

हमारी हार हमारी नींद है। हमारा आत्म-अज्ञान हमारी तंद्रा है, स्लीपीनेस। हम सब नींद में चलते हुए लोग हैं। इसलिए आत्मा, जो कि कभी अज्ञानी नहीं है, वह भी अज्ञान से ढंकी हुई है। दीया है बुझा हुआ, सोया हुआ। तेल भी है, बाती भी है, माचिस भी है, आग भी जल सकती है। पर सब अंधकार है।

आदमी में वह सब मौजूद है, जो रोशनी बन जाए। सब मौजूद है। कोई भी कमी नहीं। परमात्मा प्रत्येक व्यक्ति को पूर्ण ही भेजता है। और हम सब अपूर्ण जीते हैं और अपूर्ण ही मरते हैं। बल्कि और हैरानी की बात है, जितने पूर्ण पैदा होते हैं, उससे भी ज्यादा अपूर्ण होकर मरते हैं। बच्चा जो संपदा लेकर आता है, बूढ़ा उसे भी गंवाकर विदा हो जाता है। क्या होता है?

हमारी नींद और गहरी होती चली जाती है। जीवन में हमारी तंद्रा और बढ़ती चली जाती है। बचपन में हम जितने होश में होते हैं, जवानी में उतने होश में नहीं होते। जवानी में बड़ी तंद्रा पकड़ लेती है। वह तंद्रा है काम की, सेक्स की। मूर्च्छा है, वासना है, वह पकड़ लेती है।

बुढ़ापे में हम और भी डूब जाते हैं। बुढ़ापे में कौन सी तंद्रा पकड़ती है? जवानी में कामवासना गहरा अंधकार बन कर व्यक्ति को पकड़ लेती है। फिर वह जो भी करता है, उसी वासना के लिए करता है। धन कमाए, पद कमाए, यश कमाए, वह सब समर्पित है काम के लिए, सेक्स के लिए, वासना के लिए।

जवानी में आदमी काम की तंद्रा में डूबा और सोया रहता है। बुढ़ापे में काम तो विदा हो जाता है, क्योंकि इंद्रियां शिथिल होने लगती हैं। शरीर मरने के करीब आने लगता है। इसलिए बुढ़ापे में जीवन का मोह पकड़ता है; लस्ट फॉर लाइफ पकड़ती है। जीवेषणा पकड़ती है कि मैं मर न जाऊं; मैं बचा रहूं; मैं किसी भी तरह बचा रहूं।

इसलिए बूढ़ा आदमी, जिस तरह जवान आदमी दूसरे को जन्म देने के लिए लालायित होता है, बूढ़ा आदमी अपने को बचाने के लिए लालायित रहता है। दूसरे को जन्म देने की वासना काम बन जाती है; और अपने को बचाने की वासना लोभ बन जाती है। जवानी की बीमारी, काम; बुढ़ापे की बीमारी, लोभ। और अगर बूढ़ा आदमी किसी जवान को समझाता भी है कि काम से बचो, तो जो कारण बताता है, वे लोभ के होते हैं—कि बर्बाद हो जाएगा; धन खो जाएगा; स्वास्थ्य खो जाएगा। जो भी कारण बूढ़े आदमी देते हैं जवानों को, वह लोभ उनके पीछे बुनियाद होती है। काम है पीड़ा, जवानी का अंधकार; और लोभ है, बुढ़ापे की पीड़ा। बूढ़ा आदमी लोभी से लोभी होता चला जाता है।

मैंने सुना है कि किसी एक महानगरी के एक बड़े राजपथ पर एक भिखारी भीख मांगता रहता था। सुबह जब वह आता, तब वह कुछ अपने बगल में छिपाए रहता। दोपहर तक नहीं निकालता था। एक तख्ती छिपाए रखता था अपने कपड़ों में। दोपहर तक मांगता रहता लोगों से चिल्ला-चिल्ला कर; फिर दोपहर तक थक जाता। तो वह तख्ती निकाल कर अपने सामने रखकर पीछे चुप बैठ जाता। तख्ती पर लिखा होता था, आई एम डेफ एंड डंब, मैं गूंगा और बहरा हूं। थक जाता दोपहर तक। फिर चिल्लाने की ताकत न रहती, तो गूंगा और बहरा हो जाता। शराब पीने की उसे आदत थी।

सभी भिखारियों को होती है। सिर्फ सम्राट बच सकते हैं। और अगर सम्राट भी पीते हों, तो जानना कि भिखारी हैं। और अगर भिखारी भी न पीते हों, तो जानना कि सम्राट हैं। असल में जो आदमी दुखी है, वह अपने को बेहोश करने से नहीं बच सकता। और दुखी कौन होता है इस जगत में? दुखी वही होता है, जिसकी आकांक्षाएं बहुत हैं। आकांक्षाएं तृप्त नहीं होतीं; दुख आता है।

भिखारी की बड़ी आकांक्षाएं हैं। दोपहर तक बहुत मांगता। रोज इरादे करके आता था कि आज करोड़ मांग लूंगा, कि अरब रुपये मांग लूंगा। कि आज तो कोई सम्राट निकलेगा, और सोने-चांदी की बरसा हो जाएगी। लेकिन कुछ न होता, वही तांबे के ठीकरे दो-चार गिरते। परेशान हो जाता दोपहर तक; शराब पीना शुरू कर देता। सांझ होते-होते, सूरज ढलते-ढलते तक, वह इतना बेहोश होने लगता कि आखिरी होश में, आखिरी वक्त वह अपनी तख्ती उलटी करके रख देता।

रिवर्सिबल साइनबोर्ड था वह! उस पर दोनों तरफ लिखा हुआ था। दूसरी तरफ लिखा हुआ था, आई एम पैरालाइज्ड, मुझे लकवा लग गया है। बेहोश होकर गिर जाता। सुबह मांगता रहता; दोपहर गूंगा-बहरा हो जाता; सांझ नशे में डूब जाता। आखिरी काम वह इतना कर देता नशे में गिरने के पहले, तख्ती उलट कर रख देता।

करीब-करीब जिंदगी ऐसी ही बीतती है। बचपन बड़ी आशाओं से भरा हुआ है। बड़ी आशाओं से भरा हुआ है, सब मिल जाएगा। बड़े कल्पना के फूल और सपनों के गीत। और फिर जवानी आती है। और तब एक-एक चीज डिसइलुजन होने लगती है, एक-एक चीज का भ्रम टूटने लगता है। बुढ़ापा आने के पहले-पहले आदमी की सारी इंद्रियां गूंगी और बहरी हो जाती हैं। फिर बेहोशी और तंद्रा पकड़नी शुरू कर देती है। मरने के पहले अधिकतम लोग पैरालाइज्ड हो जाते हैं, पैरालाइज्ड सब अर्थों में। बहुत गहरे अर्थों में लकवा लग जाता है।

मरने के बहुत पहले बहुत लोग मर जाते हैं। मरने तक जिंदा रहने वाले बहुत कम लोग हैं जमीन पर। मरने तक जिंदा रहने वाले बहुत कम लोग हैं, मरने के बहुत पहले मर जाते हैं! कुछ लोग तीस साल की उम्र में मर जाते हैं, कुछ लोग चालीस साल की उम्र में। यह बात दूसरी है कि दफनाया जाता है कोई सत्तर साल में, कोई अस्सी साल में। दफनाने में और मरने में अक्सर फासला होता है। और जो आदमी मरने तक जिंदा है—उतना ही ताजा, जैसा बचपन में ताजा था, उतना ही प्रफुल्लित—उसे मौत भी न मार पाएगी। मौत आकर गुजर जाएगी और वह मौत के पार भी जिंदा खड़ा रह जाएगा।

लेकिन नींद रोज बढ़ती है। ठीक सुबह जब हम उठते हैं, तो ताजे होते हैं; दोपहर थक गए होते हैं, तंद्रा उतरनी शुरू हो जाती है; सांझ थक जाते हैं, गिर जाते हैं, सो जाते हैं। हर बार, हर जिंदगी में यही सुबह, यही दोपहर, यही सांझ। अंतहीन यही चलता है। बचपन, जवानी, बुढ़ापा; फिर डूबा सूरज; फिर गिर गए बेहोश होकर मिट्टी में। फिर उठेंगे; फिर गिरेंगे। और इस नींद से जागने का हमें कोई खयाल नहीं आता।

कृष्ण कहते हैं, जो जाग जाता है, उसकी आत्मा का ज्ञान अभिव्यक्त हो उठता है; आत्म-अज्ञान गिर जाता है। और ऐसा व्यक्ति ही केवल इस अस्तित्व में परमात्मा को देख पा सकता है। ऐसे ही व्यक्ति को केवल परमात्मा का अनुभव हो सकता है।

सोए हुए आदमी को अपना ही अनुभव नहीं होता, परमात्मा का अनुभव तो बहुत दूर की बात है। नींद में दबे हुए आदमी को अपना ही पता नहीं, परमात्मा का पता तो बहुत कठिन है। लेकिन बहुत लोग हैं, जिन्हें अपना पता नहीं और जो परमात्मा को खोजने निकल जाते हैं। उनकी खोज कभी पूरी नहीं होगी।

आत्म-ज्ञान परमात्म-ज्ञान का द्वार है। और जिसे स्वयं का पता चल गया, दूर नहीं है परमात्मा अब; अब बिलकुल निकट है। अब दर्पण तो मिल ही गया; अब परमात्मा की झलक को पकड़ लेना कठिन नहीं है; पकड़ ही जाएगी। परमात्मा तो सब तरफ मौजूद है। एक दफा हृदय का दर्पण साफ, स्वच्छ...।

अंतःकरण शुद्ध हो जिसका, कृष्ण कहते हैं। शुद्ध और साफ—परमात्मा की झलक पकड़नी शुरू हो जाती है। और फिर ऐसा नहीं है कि उसे देखने कहीं बद्री-केदार या काबा या मक्का या जेरुसलम जाना पड़ता है। जहां हैं आप, वहीं उसकी तस्वीर है। जो भी आप देखते हैं, उसमें वही है। न देखें, आंख बंद कर लें, तो भी वही है। सो जाएं, तो बाहर से शरीर ही सोता है फिर। भीतर तो वह जाग कर जानता ही रहता है, देखता ही रहता है। हम जागकर भी सोते हैं, आत्म-ज्ञानी सोया हुआ भी जागता ही रहता है।

इसलिए कृष्ण कहते हैं, आत्म-अज्ञान की जो तंद्रा है, जिसने घेर लिया है, उसे हटा देना पड़े, तोड़ देना पड़े।

कैसे तोड़ें उसे? अगर अंधेरे को हटाना हो, तो क्या करें? अंधेरे को काटें तलवार लाकर? नहीं कटेगा। होता तो कट जाता। अंधेरा नहीं कटेगा तलवार से। दीये को जलाएं; दीये की ज्योति को बड़ा करें। अगर आत्म-अज्ञान मिटाना है, तो आत्म-अज्ञान की फिकर ही न करें। आत्म-ज्ञान को जगाएं और बढ़ाएं। किन चीजों से आत्म-ज्ञान बढ़ता है?

एक, दो-तीन सूत्र आपसे कहना चाहूंगा। एक—संकल्प, विल। जिस व्यक्ति को भी आत्म-ज्ञान की ज्योति को जगाना है, उसे संकल्प के सूत्र को पकड़ लेना चाहिए। संकल्प तेल है, उसके बिना दीया नहीं जलेगा भीतर का। संकल्प के बिना आत्म-ज्ञान का दीया नहीं जलेगा। और संकल्प हममें बिलकुल भी नहीं है। है ही नहीं।

एक मित्र परसों आए और उन्होंने कहा, संन्यास तो मैं लेना चाहता हूं, लेकिन ये गेरुए वस्त्र मैं सिर्फ घर में ही पहनूंगा, बाहर नहीं। बाहर क्यों नहीं पहनिएगा! उन्होंने कहा, लोग क्या कहेंगे!

लोग क्या कहेंगे! पब्लिक ओपीनियन हमारी आत्मा बन गई है। लोग क्या कहेंगे! घर में छिप कर कोई संन्यासी हो सकता है? कि घर में दरवाजा बंद करके हम गेरुए कपड़े पहन लें। काफी बहादुरी है! तो फिर ऐसा क्यों नहीं करते कि मरते वक्त पहन लेना और कब्र में चले जाना! तो दुबारा लौट कर कोई कुछ कह नहीं सकेगा।

इतनी संकल्पहीनता! इतनी कमजोरी! इतना मन हीन, इतना दीन कि कोई क्या कहेगा! इतनी परतंत्रता कि लोग क्या कहेंगे इस पर! तो फिर आत्मा को जगाना बहुत कठिन हो जाएगा। बहुत कठिन हो जाएगा। यह तो बड़ी छोटी-सी बात है। कपड़े तो आपकी मौज है अपनी। इतनी भी स्वतंत्रता नहीं मनुष्य को कि कपड़े खुद पहन ले जो उसे पहनने हैं? इसके लिए भी दूसरे से पूछने जाना पड़ेगा? तो फिर आप हैं या नहीं? और बड़े मजे की बात यह है कि जिनसे आप डर रहे हैं, वे आपसे डर रहे हैं। जिनसे आप डर रहे हैं, वे आपसे डर रहे हैं!

मैंने सुना है कि मुल्ला नसरुद्दीन एक दिन सांझ एक कब्र के पास कब्रगाह की दीवाल पर बैठा हुआ था। उसने किताब पढ़ी थी, डान क्विक्जोट के

संबंध की किताब पढ़ी थी। किताब में उसने पढ़ा था कि कई बार अकेले में दुश्मन हमला कर देता है। और-और बातें पढ़ी थीं। सांझ ढल रही थी, सूरज उतर रहा था नीचे। देखा उसने कि गांव के बाहर कुछ लोग बैंड-बाजा बजाते हुए, तलवारें लिए चले आ रहे हैं। उसने समझा कि हुआ खतरा; दिखता है, दुश्मन आ रहे हैं! अभी किताब से भरा हुआ था। सोच लिया कि दुश्मन आ रहे हैं। भाग कर कब्रगाह के अंदर चला गया। देखा, कहां छिपूं? एक नई कब्र किसी ने खोदी थी। मुर्दे को लेने गए होंगे। सोचा उसने कि इसी में लेट जाऊं, जब तक ये लोग निकल जाएंगे। वह उस गड्ढे में लेट गया।

उसे कूदते और भागते उन लोगों ने भी देखा, जो आ रहे थे। वे कोई दुश्मन न थे, न कोई शत्रु थे। वह एक बरात थी, दूसरे गांव जा रही थी। वे भी हैरान हुए कि यह आदमी इतनी तेजी से भागा! क्या हुआ! वे लोग दीवाल पर चढ़ कर झांके। नसरुद्दीन पक्का समझ गया कि समझ ठीक थी! आ गए वे लोग। अंदर भी आ रहे हैं! वह आंख बंद करके पड़ रहा।

जब उन लोगों ने देखा कि यह आदमी जाग रहा है, जिंदा है और कब्र में लेटा है और हमें देखकर आंख भी बंद कर ली, तो बेचारे दीवाल से उतर कर अंदर आए। जब वे अंदर आए, तो उसने कहा, हो गया फैसला! उसने श्वास भी रोक ली।

उन्होंने उसे आकर हिलाया और कहा कि यह क्या कर रहे हैं आप? जिंदा होकर कब्र में क्यों पड़े हैं? क्या है कारण आपके भागने का? आप भागे क्यों? डरे क्यों? इतने घबड़ा क्यों रहे हैं? कंप क्यों रहे हैं? नसरुद्दीन ने कहा, अब यह मत पूछो। मैं तुमसे पूछना चाहता हूं कि तुम मेरे पीछे क्यों पड़े हो? तुम यहां क्यों आए? उन्होंने कहा, यही तो हम तुमसे पूछना चाहते हैं कि तुम यहां क्यों कब्र में छिपे हो? नसरुद्दीन ने कहा, खतम करो बात को। आई एम हियर बिकाज ऑफ यू, एंड यू आर हियर बिकाज ऑफ मी। छोड़ो। जाने दो। मैं तुम्हारी वजह से यहां हूं, तुम मेरी वजह से यहां हो। और बेवजह है सारा मामला!

हम दूसरों से डर रहे हैं, दूसरे हमसे डर रहे हैं! सब एक-दूसरे से डरे हैं।

नहीं; ऐसे आत्मा पैदा न होगी। संकल्प का पहला लक्षण यह है कि मुझे

जो ठीक लगता है, वह मैं करूंगा। जो मुझे गलत लगता है, वह मैं नहीं करूंगा। चाहे सारी दुनिया कहती हो, करो, तो नहीं करूंगा। और जो मुझे ठीक लगता है, वह मैं करूंगा; चाहे सारी दुनिया कहती हो कि मत करो, तो भी मैं करूंगा।

इस जगत में केवल उन्हीं लोगों की आत्माएं विकसित होती हैं, जो भीड़ के व्यर्थ भय से मुक्त हो जाते हैं।

संकल्प पहला सूत्र है आत्म-ज्ञान को बढ़ाने के लिए, विल पॉवर।

दूसरा सूत्र है, साहस। हम रोज टालते रहते हैं। रोज टालते रहते हैं, कल करेंगे, परसों करेंगे। सोचते हैं, अभी ठीक समय नहीं आया। असली बात दूसरी होती है। साहस नहीं जुटा पाते हैं, तो अपने को धोखा देते हैं। यह भी समझने की तैयारी नहीं होती कि मैं दुस्साहसी नहीं हूं, साहसी नहीं हूं; कमजोर हूं। यह भी कोई समझ ले, तो मैं कहता हूं, बड़ा साहस है। जो आदमी यह समझ ले कि मैं साहसी नहीं हूं, उसने भी बहुत बड़ा साहस किया। लेकिन हम अपने को साहसी भी समझे जाते हैं और कल पर छोड़े जाते हैं; कल करेंगे, परसों करेंगे। इस आशा में कि नहीं, कर तो हम सकते ही हैं; कल कर लेंगे, परसों कर लेंगे। पोस्टपोनमेंट करते जाते हैं।

साहस का मतलब है, जो ठीक लगे, उसे अभी और आज और यहीं करना शुरू कर देना, क्योंकि कल का कोई भी भरोसा नहीं है। कल आएगा भी, इसका भी कुछ पक्का नहीं है। और साहस का मतलब इतना ही नहीं होता है कि अंधेरे में आप चले जाते हैं, तो बड़े साहसी हैं। साहस का मतलब यह भी नहीं होता है कि किसी से जूझ जाते हैं, लड़ जाते हैं, तो बड़े साहसी हैं। साहस का गहरा आध्यात्मिक अर्थ होता है, अज्ञात में छलांग, अननोन में उतर जाने का साहस।

जो जाना-माना है, उसमें तो हम बड़े मजे से चले जाते हैं। अज्ञात, अननोन में नहीं जा पाते। और ध्यान रहे, परमात्मा अज्ञात है। और ध्यान रहे, आत्मा बिलकुल अज्ञात है, अननोन है। अनजान मार्ग है। अनजान राह है। अपरिचित सागर है। नक्शा पास में नहीं। अकेले जाना है। साथ कोई जा नहीं सकता।

ध्यान रहे, साहस का यह भी मतलब है, दि करेज टु बी अलोन, अकेले होने की हिम्मत। क्योंकि बाहर तो हम सबके साथ हो सकते हैं, भीतर हमें अकेला ही होना पड़ेगा।

अगर इतना साहस नहीं है अकेले होने का, तो आप कभी भी आत्म-ज्ञान को उपलब्ध न हो सकेंगे। क्योंकि आत्म-ज्ञान में कंपनी, साथी-संगी नहीं हो सकते। अकेले ही होना पड़ेगा। जो आदमी कहता है कि हम तो अकेले न हो सकेंगे, कोई न कोई साथ चाहिए, वह सारी दुनिया की यात्रा कर सकता है, चांद पर भी जा सकता है, कल मंगल पर भी चला जाएगा, लेकिन अपने भीतर नहीं जा सकेगा। क्योंकि वहां अकेले ही जाया जा सकता है, दूसरे के साथ का कोई उपाय नहीं है। साहस का यही अर्थ है।

और तीसरी बात। जो लोग जिंदगी की क्षुद्रतम, अति क्षुद्रतम बातों में ऊर्जा को गंवाते रहते हैं, वे कभी भी आत्म-ज्ञान को उपलब्ध न हो सकेंगे। पहला सूत्र, संकल्प; दूसरा सूत्र, साहस; और तीसरा सूत्र, संयम।

जो लोग जीवन की ऊर्जा को व्यर्थ गंवाते रहते हैं, दिन में इतना गंवा देते हैं कि उनके पास कुछ बचता नहीं कि उस शक्ति पर सवार होकर भीतर जा सकें। जिस दीये में छेद हो, और तेल टपक जाता हो। जिस नाव में छेद हो, और पानी भर जाता हो। जिस बाल्टी में छेद हो, और कुएं में डाल कर पानी खींचना चाहते हों। वैसी फिर आपकी हालत है। चौबीस घंटे गंवाते हैं। फिर इतना बचता नहीं!

मेरे पास लोग आते हैं, वे कहते हैं, हम ध्यान को बैठते हैं, तो नींद आ जाती है। आ ही जाएगी। ताकत भी तो बचनी चाहिए थोड़ी-बहुत। लास्ट आइटम समझा हुआ है ध्यान को! जब सब कर चुके, सब तरह की बेवकूफियां निपटा चुके—लड़ चुके, झगड़ चुके, क्रोध कर चुके; प्रेम-घृणा, मित्रता-शत्रुता—सब कर चुके, कौड़ी-कौड़ी पर सब गंवा चुके। जब कुछ भी नहीं बचता करने को, रद्दी में दो पैसे का खरीदा हुआ अखबार भी दिन में दस दफे चढ़ चुके। रेडियो का नाब कई दफा खोल चुके, बंद कर चुके। वही बकवास

पत्नी से, बेटे से, जो हजार दफा हो चुकी है, कर चुके। जब कुछ भी नहीं बचता है करने को, तब एक आदमी सोचता है कि चलो, अब ध्यान कर लें। तब वह आंख बंद करके बैठ जाता है!

इतनी इंपोटेंस से, इतने शक्ति-दौर्बल्य से कभी ध्यान नहीं होने वाला है। भीतर आप नहीं जाएंगे, नींद में चले जाएंगे। शक्ति चाहिए भीतर की यात्रा के लिए भी। इसलिए आत्म-ज्ञान की तरफ जाने वाले व्यक्ति को समझना चाहिए, एक-एक कण शक्ति का मूल्य चुका रहे हैं आप, और बहुत महंगा मूल्य चुका रहे हैं।

जब एक आदमी किसी पर क्रोध से भर कर आग से भर जाता है, तब उसे पता नहीं कि वह क्या गंवा रहा है! उसे कुछ भी पता नहीं कि वह क्या खो रहा है! इतनी शक्ति पर, जिसमें उसने सिर्फ चार गालियां फेंकीं, इतनी शक्ति को लेकर तो वह गहरे ध्यान में कूद सकता था।

एक आदमी ताश खेल कर क्या गंवा रहा है, उसे पता नहीं। एक आदमी शतरंज के घोड़ों पर, हाथियों पर लगा हुआ है। वह क्या गंवा रहा है, उसे पता नहीं। एक आदमी सिगरेट पीकर धुआं निकाल रहा है बाहर-भीतर। वह क्या गंवा रहा है, उसे पता नहीं। इतनी शक्ति से तो भीतर की यात्रा हो सकती थी।

और ध्यान रहे, बूंद-बूंद चुक कर सागर चुक जाते हैं। और आदमी के पास, इस शरीर के कारण, सीमित शक्ति है। जीवन बहुत जल्दी रिक्त हो जाता है।

तीन सूत्र आपसे कहता हूं। इन तीन सूत्रों का यदि खयाल रहे—संकल्प, विल; साहस, करेज; संयम, कंजरवेशन—अगर ये तीन सूत्र खयाल में रह जाएं, ये तीन स अगर खयाल में रह जाएं, तो आपका आत्म-ज्ञान भभक कर जल सकता है। और उस क्षण में आत्म-अज्ञान विलीन हो जाता है। और जो जानता है स्वयं को...।

ये तीन सूत्र खयाल में हों, तो आत्म-अज्ञान कट जाता है। जो शेष रह जाता है, वह आत्म-ज्ञान की ज्योति है। उस ज्योति की निर्मलता में, उस ज्योति के दर्पण में ही प्रभु की छवि पकड़ी जाती है, वही कृष्ण इस सूत्र में कहे हैं।

तद्बुद्धयस्तदात्मानस्तन्निष्ठास्तत्परायणाः।
गच्छन्त्यपुनरावृत्तिं ज्ञाननिर्धूतकल्मषाः।।17।।

और हे अर्जुन, तद्रूप है बुद्धि जिनकी तथा तद्रूप है मन जिनका और उस सच्चिदानंदघन परमात्मा में ही निरंतर एकीभाव से स्थिति है जिनकी, ऐसे तत्परायण पुरुष ज्ञान के द्वारा पापरहित हुए अपुनरावृत्ति को अर्थात परमगति को प्राप्त होते हैं।

जिनकी वृत्ति, जिनकी चेतना परमात्मा से तदरूप हो गई, एक हो गई, तादात्म्य को पा गई है; जिनकी अपनी छोटी-सी ज्योति परमात्मा के परम सूर्य के साथ एक हो गई, एकतान हो गई है; जिनका अपना छोटा-सा वीणा का स्वर उसके परम नाद के साथ संयुक्त हो गया है—ऐसे पुरुष वापस नहीं लौटते हैं; उनका पुनरागमन नहीं होता है। ऐसे पुरुष पॉइंट ऑफ नो रिटर्न, उस जगह पहुंच जाते हैं, जहां से वापसी नहीं है, जहां से पीछे नहीं गिरना पड़ता है, जहां से वापस अंधकार में और अज्ञान में नहीं डूब जाना पड़ता है।

इसमें दो-तीन बातें खयाल में ले लेनी चाहिए।

एक तो, परमात्मा की झलक मिल जाती है बहुत बार, लेकिन तदरूपता नहीं मिलती। परमात्मा की झलक मिल जाती है बहुत बार, लेकिन परमात्मा से एकता नहीं सधती। झलक ऐसी मिल जाती है कि जैसे कोई व्यक्ति जमीन से छलांग लगाए, तो एक क्षण को जमीन के ग्रेविटेशन के बाहर हो जाता है, एक क्षण को जमीन की कशिश के बाहर हो जाता है। लेकिन क्षण भर को! हो भी नहीं पाता कि वापस जमीन उसे अपने पास बुला लेती है। फिर लौट आता है।

जैसे रात अंधेरे में बिजली कौंध जाए। अमावस की रात हो, भादों की रात हो, अंधेरा हो—बिजली कौंध जाए। एक क्षण को झलक में सब दिखाई पड़ जाता है; और दिखाई भी नहीं पड़ा कि घनघोर अंधकार छा जाता है। और ध्यान रहे, बिजली के बाद जब अंधकार छाता है, तो बिजली के पहले वाले अंधकार से ज्यादा घना होता है। आंखें और चौंधिया गई होती हैं।

बहुत बार परमात्मा की एक झलक मिल जाती है, लेकिन झलक से तदरूपता नहीं होती है। इसलिए कृष्ण कहते हैं, जो तदरूप हो गया! ऐसा नहीं कि परमात्मा को जान लिया, बल्कि ऐसा कि जो परमात्मा हो गया। ऐसा नहीं है कि दूर से एक झलक ले ली, बल्कि ऐसा कि अब कोई फासला न बचा। अब वही हो गए, उसी के साथ एक हो गए। तब पुनरागमन नहीं है। फिर पुनरावर्तन नहीं होता। फिर लौटना नहीं होता।

साधक को बहुत बार झलक मिल जाती है! और झलक से सावधान रहने की जरूरत है, कि जो झलक को तदरूपता समझ लेगा, उसकी जिंदगी और गहन अंधकार में पड़ सकती है।

झलक और तदरूपता में क्या फर्क है? झलक में आप मौजूद होते हैं, और परमात्मा का अनुभव होता है। तदरूपता में आप मिट जाते हैं, और परमात्मा का अनुभव होता है। तदरूपता में परमात्मा ही होता है, आप नहीं होते। झलक में आप होते हैं, परमात्मा क्षण भर को दिखाई पड़ता है। यह क्षण भर को दिखाई कभी-कभी अनायास भी पड़ जाता है। अनायास!

एडमंड बर्क ने लिखा है कि गुजर रहा था एक रास्ते से और बस अचानक—न कोई साधना, न कोई उपाय, न कोई प्रयास, बस अचानक—अचानक लगा कि चारों तरफ प्रकाश हो गया है। यह भी अचानक नहीं है। बर्क को लगा, अचानक हो गया है। यह भी पिछले जन्मों की चेष्टाओं का कहीं कोई छिपा हुआ कण है, जो भभक उठा किसी संगत स्थिति को पाकर।

कभी-कभी हिमालय की ऊंचाई पर गए हुए साधक को अचानक...। इसलिए हिमालय का इतना आकर्षण पैदा हो गया। उसका कारण है। हिमालय के शुभ्र, श्वेत शिखर दूर तक फैले हुए हैं। किसी क्षण में सूर्य की चमकती हुई किरणों में स्वर्ण हो जाते हैं। लोग छूट गए दूर। समाज छूट गया दूर। जमीन का गोरखधंधा, दिन-रात की बातचीत, दिन-रात की दुनिया, दैनंदिन व्यवहार छूट गया दूर। शीतल है सब। ठंडा है सब। क्रोधित हो सकें, इतना भी शरीर गर्म नहीं। रक्तचाप नीचे आ गया। चारों तरफ फैले हुए शुभ्र शिखर, सूर्य की चमकती हुई

किरणों में स्वर्ण हो गए हैं। उस क्षण में कभी मन उस दशा में आ जाता है, प्राकृतिक कारण से ही, कि एक क्षण को ऐसा लगता है, चारों ओर परमात्मा है।

लेकिन इस झलक को तादात्म्य नहीं कहा जा सकता। और यह झलक और-और उपायों से भी मिल सकती है। लेकिन झलक सदा ही एक अनुभव की तरह, एक एक्सपीरिएंस की तरह मालूम होगी। लगेगा कि मेरे पास एक अनुभव और बढ़ गया। मैं नहीं मिटूंगा। मैं बना रहूंगा। मेरी पुरानी स्मृति बनी रहेगी। मेरी कंटिन्यूटी बनी रहेगी। मेरी पुरानी स्मृति में मैं एक स्मृति और जोड़ दूंगा कि मैंने परमात्मा की झलक भी पाई।

ऐसे आदमी का अहंकार और मजबूत हो जाएगा। वह कहता फिरेगा कि मैंने परमात्मा को जान लिया। लेकिन परमात्मा पर जोर कम, मैंने जान लिया, इस पर जोर उसका ज्यादा होगा। और अगर मैं पर ज्यादा जोर है, तो अंधेरा और बढ़ गया।

इसलिए कृष्ण ने बहुत स्पष्ट कहा, तदरूप हो जाता है जो!

वही केवल वापस नहीं लौटता। तदरूप का अर्थ है, परमात्मा से एक ही हो जाता है। इसलिए जिसने सच में ही परमात्मा के साथ तदरूपता पाई, वह यह नहीं कहेगा कि मैंने परमात्मा जाना। वह कहेगा, मैं तो मिट गया। अब परमात्मा ही है। मैं तो हूं ही नहीं। वह यह नहीं कहेगा, मुझे परमात्मा का अनुभव हुआ। वह कहेगा कि मैं जब तक था, तब तक तो अनुभव हुआ ही नहीं। जब मैं नहीं था, तब अनुभव हुआ। मुझे नहीं हुआ।

ध्यान रहे, मैं का और परमात्मा का वास्तविक मिलन कभी भी नहीं होता। मैं और परमात्मा वस्तुतः कभी आमने-सामने नहीं होते। एक झलक हो सकती है। लेकिन परमात्मा के सामने मैं तदरूप अगर हो जाए, पूर्ण रूप से खड़ा हो जाए, तो तत्काल गिर जाता है और विलीन हो जाता है।

कबीर ने कहा है कि जब तक खोजता था, तब तक वह मिला नहीं। क्योंकि मैं था खोजने वाला। फिर खोजते-खोजते मैं खो गया, तब वह मिला। जब मैं न बचा, तब वह मिला। और जब तक मैं था, तब तक वह मिला नहीं।

तदरूपता का अर्थ है, ईगोलेसनेस। खो जाए मेरा भाव कि मैं हूं। आ जाए यह स्थिति कि परमात्मा ही है। फिर लौटना नहीं है। क्योंकि लौटेंगे किसको लेकर अब? वह तो खो गया, जो लौट सकता था।

इस जगत की सारी यात्रा अहंकार की यात्रा है, आना और जाना। ध्यान रहे, जन्मों की लंबी कथा, आत्मा की नहीं, अहंकार की कथा है। अहंकार ही आता और जाता। आत्मा न तो आती और न जाती। एक बार भी जिसने यह जान लिया, उसका आवागमन गया। उसके लिए लौटने का कोई उपाय न रहा; सब सेतु गिर गए। खंडित हो गए मार्ग। लौटने वाला ही खो गया। इस स्थिति को परम मुक्ति कहा कृष्ण ने।

परम मुक्ति का अर्थ है, मैं की मुक्ति नहीं, मैं से मुक्ति। फिर से दोहराता हूं। परम मुक्ति का अर्थ है, मैं की मुक्ति नहीं, मैं से मुक्ति।

हम सबके मन में ऐसा ही होता है कि मुक्त हो जाएंगे, तो मोक्ष में बड़े आनंद से रहेंगे। मुक्त हो जाएंगे, तो कोई दुख न रहेगा; हम तो रहेंगे! मुक्त हो जाएंगे, तो कोई पीड़ा न रहेगी, कोई बंधन न रहेगा; हम तो रहेंगे! लेकिन ध्यान रहे, सबसे बड़ी पीड़ा और सबसे बड़ा बंधन मेरा होना है।

इसलिए जो लोग ऐसा सोचते हैं कि मोक्ष में सुख ही सुख होगा और हम होंगे और सुख ही सुख होगा, वे गलती में हैं। अगर आप होंगे, तो दुख ही दुख होगा। अगर आपको अपने को बचाना हो, तो नरक बहुत ही सुगम, सुविधापूर्ण, सुरक्षित जगह है। अगर स्वयं को बचाना हो, तो नरक बहुत ही सुव्यवस्थित बचाव है।

अगर मैं को बचाना है, तो नरक की यात्रा करनी चाहिए। वहां मैं बहुत प्रगाढ़ हो जाता है। उसी की प्रगाढ़ता से इतनी अग्नि जलती मालूम पड़ती है चारों तरफ-इतनी लपटें, इतना दुख, इतनी पीड़ा।

लेकिन कभी आपने सोचा कि आपके सारे दुख मैं के दुख हैं! कभी आपने कोई ऐसा दुख पाया है, जो मैं के बिना पाया हो? सब दुख मैं के दुख हैं। मैं के साथ आनंद का कोई उपाय नहीं है। मैं के साथ दुख आएगा ही छाया की

तरह। इसलिए अगर कोई अपने मैं को बचा कर स्वर्ग भी पहुंच गया, तो भूल हो रही है उससे; वह स्वर्ग आया नहीं होगा, नर्क ही आएगा।

सुना है मैंने कि एक दिन स्वर्ग के द्वार पर एक आदमी ने जाकर दस्तक दी। स्वर्ग के द्वारपाल ने दरवाजा खोला। कहा, आएं; स्वागत है। फिर दरवाजा बंद हो गया। एक और गरीब-सा आदमी, दीन-हीन सा आदमी, पहले से, बहुत पहले से आकर दरवाजे के बाहर खड़ा था। इतना दीन-हीन था कि दरवाजा खटखटाने की हिम्मत भी जुटा नहीं पाया था। यह देख कर कि दरवाजा खटखटाने से खुलता है, और अंदर कोई आदमी ले गया, उसकी भी हिम्मत बढ़ी। वह भी बाहर आया। तभी उसने देखा कि अंदर बैंड-बाजे बज रहे हैं और स्वागत-समारोह हो रहा है। शायद, जो आदमी भीतर गया है, उसका स्वागत-समारोह हो रहा होगा।

उसने भी हिम्मत करके द्वार खटखटाया। फिर द्वारपाल ने दरवाजा खोला। कहा, भीतर आ जाओ। भीतर गया। सोचा, अब बैंड-बाजे बजेंगे मेरे लिए भी। स्वागत-समारोह होगा। कुछ न हुआ। उसने द्वारपाल से पूछा, बैंड-बाजे कहां हैं? स्वागत कहां है? मेरे पहले कोई आया, उसका स्वागत हुआ। क्या यहां भी हम गरीबों के साथ ज्यादती और अन्याय चलता है?

द्वारपाल ने कहा, ऐसा नहीं है। तुम्हारे जैसे गरीब तो रोज यहां आते हैं। तुम्हारे जैसे विनम्र, जो दरवाजा नहीं खटखटाते और किनारे पर प्रतीक्षा करते रहते हैं; तुम्हारे जैसे विनम्र तो रोज आते हैं। यह जो आदमी अभी भीतर गया है, एक महापंडित है। यह बड़ा ज्ञानी था। ऐसे ज्ञानी सौ, दो सौ, चार सौ, पांच सौ वर्ष बीत जाते हैं, तब कभी-कभी आते हैं। इसलिए उसका स्वागत किया गया है। यह बड़ी रेयर घटना है। तुम्हारे जैसे विनम्र लोग तो रोज आते हैं। लेकिन ऐसा महापंडित कभी दो-चार सौ साल में एक बार आता है। इसलिए स्वागत किया गया है। यह जरा विशेष घटना थी।

वह बहुत हैरान हुआ। उसने कहा कि पंडित तो हम सोचते हैं कि सदा जाते होंगे। हम दीन-हीन, न समझने वाले नर्क में पड़ते होंगे! उस द्वारपाल ने कहा कि पृथ्वी में बहुत तरह की भूलों में यह एक भूल भी प्रचलित है।

पंडित को इतना खयाल होता है कि मैं जानता हूं कि स्वर्ग में प्रवेश बड़ा मुश्किल है। अज्ञानी भी एक बार प्रवेश कर सकता है, विनम्र हो तो। क्योंकि जो विनम्र है, वह अज्ञानी न रहा। क्योंकि जो विनम्र है, वह तभी हो सकता है, जब अहंकार को छोड़ने का सामर्थ्य आ गया हो।

ज्ञानी भी प्रवेश नहीं कर सकता, अगर अविनम्र है। क्योंकि जहां अविनम्रता है और अहंकार है, वहां तो ज्ञान का सिर्फ दंभ होगा, भ्रम होगा, ज्ञान हो नहीं सकता है।

मैं से जो मुक्त होने को तैयार है, वही केवल मोक्ष में प्रवेश पाता है। यह जो मैं से मुक्ति है—मैं की मुक्ति नहीं, मैं से मुक्ति—इसमें ही तदरूप हो जाता है आदमी। तदरूप! एक ही।

जिंदगी में कहां आपको तदरूपता दिखाई पड़ती है? कहीं आपने तदरूपता देखी जिंदगी में, जहां कोई चीज वही हो जाती हो, जो है? आग जलाते हैं। थोड़ी ही देर में—थोड़ी ही देर में—लकड़ियां जलती हैं और आग के साथ एक हो जाती हैं। राख पड़ी रह जाती है।

इसलिए अग्नि को बहुत पहले समस्त दुनिया के धर्मों ने एक प्रतीक की तरह चुन लिया। उसमें लकड़ी जल कर आग के साथ एक हो जाती है। इसलिए अग्नि यज्ञ बन गई। पारसियों ने अग्नि को चौबीस घंटे जला कर पवित्र पूजा का स्थल बना लिया। क्योंकि अग्नि में लकड़ी जल कर तदरूप होती रहती है।

ठीक ऐसे ही जब कोई अहंकार परमात्मा की आग में अपने को छोड़ कर जलता जाता है, जलता जाता है, जलने को राजी हो जाता है, तदरूप हो जाता है; तो ही—तो ही—उस जगह पहुंचता है, जहां से कोई वापसी नहीं है।

और उस जगह पहुंचे बिना जीवन में न कोई आनंद है, न कोई अमृत है, न कोई रस है, न कोई सौंदर्य है, न कोई संगीत है। उसी क्षण से संगीत शुरू होता, उसके पहले शोरगुल है। उसी क्षण से अमृत शुरू होता, उसके पहले मृत्यु ही मृत्यु की कथा है। उसी क्षण से प्रकाश शुरू होता, उसके पहले अंधकार और अंधकार है। उसी क्षण से जीवन उत्सव बनता।

जिस क्षण से मैं खोता हूं, उसी क्षण से जीवन एक फेस्टिविटी है—एक उत्सव, एक नृत्य, एक आनंदमग्नता, एक एक्सटेसी, एक समाधि, एक हर्षोन्माद। उसके पहले तो जीवन सिर्फ कांटों से चुभा हुआ है। उसके पहले तो जीवन सिर्फ बिंधा हुआ है पीड़ाओं से, संताप से, सड़ता हुआ। उसके पहले तो जीवन एक दुर्गंध है, और एक विसंगीत है; एक विक्षिप्तता, एक पागलपन है।

कृष्ण कहते हैं, ऐसा हो सकता है अर्जुन। अंतःकरण हो शुद्ध, आत्मा ने जागकर पाया हो ज्ञान, हो गई हो तदरूप परमात्मा के साथ; खो दी हो ज्योति ने अपने को परम प्रकाश में, तो फिर कोई लौटना नहीं है।

विद्याविनयसंपन्ने ब्राह्मणे गवि हस्तिनि।
शुनि चैव श्वपाके च पण्डिताः समदर्शिनः।।18।।
इहैव तैर्जितः सर्गो येषां साम्ये स्थितं मनः।
निर्दोषं हि समं ब्रह्म तस्माद् ब्रह्मणि ते स्थिताः।।19।।

ऐसे वे ज्ञानीजन विद्या और विनय युक्त ब्राह्मण में, तथा गौ, हाथी, कुत्ते और चांडाल में भी समभाव से देखने वाले ही होते हैं।

इसलिए जिनका मन समत्वभाव में स्थित है, उनके द्वारा इस जीवित अवस्था में ही संपूर्ण संसार जीत लिया गया, क्योंकि सच्चिदानंदघन परमात्मा निर्दोष और सम है। इससे वे सच्चिदानंदघन परमात्मा में ही स्थित हैं।

पाना हो जिसे प्रभु को, उसे प्रभु जैसा हो जाना पड़ेगा। पाने की एक ही शर्त है, जो पाना हो, उस जैसा ही हो जाना पड़ता है। यह शर्त गहरी है। और यह नियम शाश्वत है। और जीवन के समस्त तलों पर लागू है।

अगर किसी व्यक्ति को धन पाना है, तो थोड़े दिन में पाएंगे कि वह आदमी भी धातु का ठीकरा हो गया। अगर किसी व्यक्ति को पद पाना है, तो थोड़े दिन में पाएंगे कि उस आदमी में और कुर्सी की जड़ता में कोई फर्क नहीं रहा। असल में हमें जो भी पाना है, जाने-अनजाने हमें वही बन जाना पड़ता है। बिना बने, हम पा

नहीं सकते। हम वही पा सकते हैं, जो हम बनते हैं। जो भी हम चाहते हैं इस जगत में, इस जगत के पार, हम वही बन जाते हैं।

इसलिए आदमी के चेहरे पर, आंखों में, हाथों में, वह सब लिखा रहता है, वह जो उसकी खोज है, वह जो पाना चाहता है। आदमी को देख कर कहा जा सकता है, वह क्या पाना चाहता है। क्योंकि उसके सारे भावों पर, उसकी चमड़ी पर सब अंकित हो गया होता है।

परमात्मा को जिसे पाना है, उसे परमात्मा जैसा हो जाना पड़ेगा। परमात्मा के क्या मौलिक लक्षण हैं?

एक, कि परमात्मा सम है, विषम नहीं है। समता की स्थिति है परमात्मा, संतुलन की, दि एब्सोल्यूट बैलेंस। सब चीजें सम हैं परमात्मा में। कोई लहर भी नहीं है, जो विषमता लाती हो। सब! जैसे कि तराजू के दोनों पलड़े बिलकुल एक जगह पर हों, कंपन भी न होता है। जैसे वीणा के तार बिलकुल सधे हों। न बहुत ढीले हों, न बहुत खिंचे हों। ऐसी समता परमात्मा का स्वरूप है।

जिसे भी परमात्मा को पाना है, उसे समता की तरफ बढ़ना पड़ेगा। कोई चाहे कि मैं विषम रहकर और परमात्मा को पा लूं, तो नहीं पा सकेगा। विषम रह कर परमात्मा को पाना असंभव है।

इसीलिए जो आदमी क्रोध में, लोभ में, काम में, घृणा में, ईर्ष्या में डूबता है, वह परमात्मा की तरफ नहीं बढ़ पाएगा। क्योंकि ये सब चीजें मन को विषम करती हैं, उत्तेजित करती हैं, आंदोलन करती हैं, सम नहीं करती हैं। इसलिए जो आदमी करुणा में, प्रेम में, क्षमा में, दान में, दया में विकसित होगा, वह धीरे-धीरे परमात्मा की तरफ बढ़ेगा। क्योंकि दान है, दया है, क्षमा है, करुणा है, प्रेम है, ये भीतर समता को पैदा करवाते हैं।

क्या कभी आपने खयाल किया कि जब आप लोभ से भरते हैं, तो आपके भीतर का संतुलन डगमगा जाता है। पलड़े नीचे-ऊपर होने लगते हैं। लहरें उठ जाती हैं।

जिस चीज से आपके भीतर जितनी ज्यादा विषमता पैदा होती हो, जानना, वह उतनी ही अधर्म है। अधर्म की एक कसौटी है, जिससे उत्तेजना और विषमता

पैदा होती हो। धर्म की भी एक कसौटी है, जिससे समता और संतुलन निर्मित होता हो। ऐसी घड़ी भीतर आ जाए कि आपका हृदय दो पलड़ों की तरह ठहर जाए, तराजू सम हो जाए। कोई भी पल्ला न नीचे हो, न ऊपर हो। वजन किसी पर न रह जाए। दोनों पल्ले समान आ जाएं। ऐसी तराजू की स्थिति आ जाए सम, उसी क्षण परमात्मा से तदरूपता सधनी शुरू हो जाती है।

लेकिन हमारा मन सदा ही कहीं न कहीं झुका रहता है—किसी पक्ष में, किसी वृत्ति में, किसी लोभ में, किसी वासना में—कहीं न कहीं झुका रहता है। हम किसी के खिलाफ और किसी के पक्ष में झुके रहते हैं। किसी के विपरीत और किसी के अनुकूल झुके रहते हैं। किसी के विकर्षण में और किसी के आकर्षण में झुके रहते हैं। हम सदा ही झुके रहते हैं। और यह झुकाव चौबीस घंटे बदलता रहता है। चौबीस घंटे! हमें भी पक्का नहीं होता कि ऊंट सांझ तक किस करवट बैठेगा। दिन में बहुत करवट बदलते हैं।

यह जो चित्त की दशा है विषम, यह परमात्मा की तरफ ले जाने वाली नहीं बन सकती है।

परमात्मा है सम, समता। अगर वैज्ञानिक शब्दों में कहें, तो समत्व। परमात्मा शब्द को छोड़ा जा सकता है। इतना ही कहना काफी है कि जीवन का जो मूल स्वभाव है, वह समत्व है। वहां सब समान है।

जिस व्यक्ति को परमात्मा की यात्रा करनी है, उसे चौबीस घंटे ध्यान में रखना चाहिए कि वह समत्व खोता है या बढ़ाता है! ऊपर से बहुत अंतर नहीं पड़ता, असली सवाल भीतर जानकारी का है। ऊपर हो सकता है कि एक आदमी सम मालूम पड़े और भीतर विषम हो। इससे विपरीत भी हो सकता है। कृष्ण जैसा आदमी जब चक्र हाथ में ले ले सुदर्शन, तो बाहर से तो लोगों को लगेगा ही कि विषम हो गया, पर भीतर सम है।

असली सवाल भीतर है। इसलिए दूसरे का सवाल नहीं है। प्रत्येक को अपने भीतर देखते रहना चाहिए कि मैं समता को बढ़ाता हूं, गहराता हूं, घनी कर रहा हूं; या तोड़ रहा हूं, मिटा रहा हूं, नष्ट कर रहा हूं।

जैसे कोई आदमी बगीचे की तरफ जा रहा हो। अभी बगीचा बहुत दूर है, लेकिन जैसे-जैसे पास पहुंचता है, हवाएं ठंडी होने लगती हैं। हवाओं को ठंडा जान कर वह सोचता है कि मेरे कदम ठीक रास्ते पर पड़ रहे हैं। और पास पहुंचता है, अभी भी बगीचा दिखाई नहीं पड़ता, लेकिन फूलों की सुगंध आने लगती है। तो वह सोचता है कि मेरे कदम ठीक रास्ते पर पड़ रहे हैं।

ठीक ऐसे ही, अगर आपके भीतर समता का भाव आने लगे, तो आप समझना कि परमात्मा की तरफ कदम पड़ रहे हैं। और अगर विषमता का भाव आने लगे, तो समझना कि कदम विपरीत पड़ रहे हैं। हवाएं गर्म होने लगें, तो समझना कि बगीचे से उलटे जा रहे हैं। और सुगंध की जगह दुर्गंध से चित्त भरने लगे, तो समझना कि बगीचे के विपरीत जा रहे हैं।

इसलिए कृष्ण कहते हैं, समत्व को जो उपलब्ध हो जाए, वही उस परमात्मा से भी एक हो पाता है, तदरूप हो पाता है। और जब कोई उस परमात्मा से एक हो जाता है, तो हाथी में, घोड़े में, गाय में—किसी में भी—कृष्ण ने सारे नाम गिनाए, फिर वह परमात्मा को ही देखता है।

यह दूसरा भी एक महत्वपूर्ण नियम है जीवन का कि हम बाहर वही देखते हैं, जो हमारे भीतर गहरे में होता है। हम अपने से ज्यादा इस जगत में कभी कुछ नहीं देख पाते। बाहर हम वही देखते हैं, जो गहरे में हमारे भीतर होता है।

कोई आदमी आपके पास आता है। फौरन देखते हैं कि पता नहीं, रुपये मांगने तो नहीं आ गया! अभी उसने कुछ कहा नहीं है।

मैंने सुना है, एक आदमी ने किसी मित्र से रुपये मांगे, सौ रुपये मांगे। चौंक कर उस मित्र ने देखा। स्वभावतः, जैसा कि किसी से भी रुपये मांगो, जिस तरह वह देखता है, वैसे उसने देखा। सोचा कि गए! लेकिन सौ रुपये देना उसकी सामर्थ्य के भीतर था। मित्रता खोनी उसने ठीक नहीं समझी। सोचा, सौ रुपये जाएंगे, यही उचित है। सौ रुपये दे दिए।

लेकिन ठीक पंद्रह दिन बाद जो वायदा था, उस दिन, बारह बजे दोपहर का जैसा वचन था, उस आदमी ने लाकर सौ रुपये लौटा दिए। फिर उसने चौंक कर देखा। यह बिलकुल भरोसे के बाहर की बात थी।

लेकिन पंद्रह दिन बाद उसने फिर पांच सौ रुपये मांगे। अब उसकी हृदय की धड़कन बहुत बढ़ गई। लेकिन फिर भी उसकी सीमा के भीतर था, उसने पांच सौ रुपये दे दिए। और आश्चर्यों का आश्चर्य कि वह फिर पंद्रह दिन बाद, ठीक वक्त पर, जो समय तय था, उसने लाकर पांच सौ रुपये लौटा दिए। वह और भी चकित हो गया।

पंद्रह दिन बाद फिर उस आदमी ने हजार रुपये मांगे। उस मित्र ने कहा कि बस, अब बहुत हो गया! यू हैव फूल्ड मी ट्वाइस। थ्राइस, इट इज़ टू मच टु एक्सपेक्ट! दो दफे तुम मुझे मूर्ख बना चुके। लेकिन तीसरी बार, अब यह जरूरत से ज्यादा है। अब मैं हिम्मत नहीं कर सकता। उस आदमी ने कहा, मैंने तुम्हें कहां मूर्ख बनाया! दो दफे तो मैंने तुम्हें रुपये लौटा दिए। उस आदमी ने कहा कि तुमने लौटा दिए होंगे, लेकिन मैंने दो में से एक भी दफे नहीं सोचा था कि तुम लौटाओगे। तुम न लौटाते, तो मैं समझता कि मैं होशियार हूं। बात पक्की हो गई। जो मैंने जाना था, वह हो गया। तुमने लौटाए, उससे तो मैं मूर्ख बना। मैंने सोचा था, रुपये लौटेंगे नहीं, और तुमने लौटा दिए। एक दफे तुमने मूर्ख बना दिया। फिर भी दूसरी बार मैंने सोचा था कि रुपये लौटेंगे नहीं। फिर भी तुमने मुझे मूर्ख बना दिया। लेकिन अब क्षमा करो। अब बहुत ज्यादा है। तीन बार भरोसा करना बहुत मुश्किल है, उसने कहा कि अब मुझे तुम क्षमा कर दो! वह मित्र तो समझ ही नहीं पाया कि बात क्या है।

अक्सर ऐसा होता है। हम समझ ही नहीं पाते कि बात क्या है। दूसरा आदमी अपने भीतर से बात करता है, हम अपने भीतर से बात करते हैं। इसलिए दुनिया में संवाद बहुत कम होते हैं। सब अपने भीतर से बात करते हैं। और आप जब बात करते हैं, तो उससे बात नहीं करते, जो आपके सामने मौजूद है। आप उस इमेज से बात करते हैं, जो आप सोचते हैं कि आपके सामने मौजूद है।

पति कुछ कहता है, पत्नी कुछ समझती है। पत्नी कुछ कहती है, पति कुछ समझता है। पत्नी बहुत कहती है, यह मेरा मतलब ही नहीं, तब भी पति कुछ और समझता है। पति बहुत कहता है, यह मेरा कभी मतलब

नहीं, लेकिन पत्नी फिर भी कुछ और समझती है! बात क्या है? इस दुनिया में संवाद ही नहीं हो पाता।

हम वही समझते हैं, जो हम प्रोजेक्ट करते हैं। जब किसी कमरे में दो आदमी मिलते हैं, तो वहां दो आदमी नहीं मिलते; वहां छह आदमी मिलते हैं। कम से कम छह, ज्यादा हो सकते हैं! एक तो मैं, जैसा मैं हूं; और एक वह, जिससे मैं मिल रहा हूं, जैसा वह है। ये दो आदमी तो मुश्किल से मिलते हैं। इनका तो कोई मिलन होता ही नहीं, जैसे हम हैं। एक वह जैसा मैं दिखलाने की कोशिश करता हूं कि मैं हूं, और एक वह जैसा वह दिखलाने की कोशिश करता है कि वह है। इनका भी मिलन कभी-कभी होता है। एक वह, जैसा मैं समझता हूं कि वह है, और एक वह, जैसा वह समझता है कि मैं हूं, इन दोनों की मुलाकात होती है। तो छः आदमी! जब दो आदमी मिलें, तो समझ लेना, छः आदमी। उनमें दो जो मिलते हैं, बिलकुल झूठे होते हैं। उनसे जो कम झूठे हैं, वे कभी-कभी मिलते हैं। और जो आथेंटिक हैं, उनका कोई मिलन ही नहीं हो पाता। उसका कारण है।

हम दूसरे में वही देखते हैं, जो हमारे भीतर होता है। जो आदमी परमात्मा से तदरूप हो जाएगा, वह अपने चारों ओर परमात्मा को देखना शुरू कर देगा। इसके अलावा उपाय नहीं बचेगा। उपाय नहीं है फिर। देखेगा ही। क्योंकि जब भीतर परमात्मा दिखाई पड़ेगा, तो आपकी आंखों के पार भी परमात्मा दिखाई पड़ेगा। जब अपनी हड्डी के पार परमात्मा दिखाई पड़ेगा, तो दूसरे की हड्डी में भी छिपा वही दिखाई पड़ेगा। जब अपनी देह के भीतर उसका मंदिर मालूम पड़ेगा, तो दूसरे की देह के भीतर भी उसका मंदिर मालूम पड़ेगा।

इसलिए कृष्ण कहते हैं, सब में वह परमात्मा को देखना शुरू कर देता है।

हम तो अपने में ही नहीं देखते, तो दूसरे में देखने की तो बात बहुत मुश्किल है! सारी यात्रा अपने ही घर से शुरू करनी पड़ती है। अभी तो मुझे अपने में ही पता न चलता हो कि परमात्मा है, तो मैं आपमें कैसे देख सकूंगा? अपने भीतर तो पता चलता है, चोर है, बेईमान है। तो मैं दूसरे में भी चोर और बेईमान ही

देख सकता हूं। पढूंगा मैं, किताब आपकी होगी, लेकिन पढूंगा वही, जो मैं पढ़ सकता हूं। अर्थ मैं वही निकालूंगा, जो मैं निकाल सकता हूं।

इसलिए इस जगत में हर किताब गलत पढ़ी जाती है, हर आदमी गलत पढ़ा जाता है। पढ़ा ही जाएगा, क्योंकि पढ़ने वाला वही पढ़ सकता है।

बुद्ध ने कहा ह—एक रात ऐसा हुआ कि बुद्ध की सभा में, जैसे आज आप यहां इकट्ठे हैं, ऐसे ही हजारों लोग इकट्ठे थे—बुद्ध ने कहा कि सुनो भिक्षुओं, मैं जो कहता हूं, तुम वही नहीं समझोगे। तुम वही समझोगे, जो तुम समझ सकते हो। एक भिक्षु ने खड़े होकर कहा कि यह आप क्या कहते हैं! हम तो वही समझेंगे, जो आप कहते हैं। हम वह कैसे समझेंगे, जो आप नहीं कहते हैं? बुद्ध ने कहा, सुनो, कल रात ऐसा हुआ। कल रात भी तुम आए थे। कल रात एक चोर भी आया था; एक वेश्या भी आई थी। और जब रात अंतिम प्रवचन के बाद...।

जैसा मैं आपसे कहता हूं कि अब कीर्तन में डूब जाएं, ऐसा बुद्ध कहते थे, अब ध्यान में लग जाएं। लेकिन यह रोज-रोज क्या कहना। तो बुद्ध रोज इतना ही कह देते थे बोलने के बाद कि अब रात का जो आखिरी काम है, उसमें लग जाओ।

तो कल, बुद्ध ने कहा, जब मैंने कहा, अब रात के आखिरी काम में लग जाओ अर्थात ध्यान में चले जाओ, तो भिक्षु तो आंख बंद करके ध्यान में चले गए। चोर को खयाल आया कि रात काफी हो गई और काम में लगने का वक्त आ गया। और वेश्या को खयाल आया कि उठूं। ग्राहक आने शुरू हो गए होंगे।

बुद्ध ने कहा कि आखिरी काम में लग जाओ। जिसे ध्यान करना था, वह ध्यान में चला गया। जिसे चोरी करनी थी, वह चोरी करने चला गया। जिसे शरीर बेचना था, वह शरीर बेचने जा चुकी।

बुद्ध ने कहा, मैंने तो भिक्षुओ, एक ही बात कही थी, लेकिन तीन अर्थ हो गए।

नहीं; हम वही पढ़ लेते, वही समझ लेते, हम वही मान लेते, वही जान लेते, जो हमारे भीतर है। हमारा जगत हमारा प्रोजेक्शन है। एक-एक आदमी

अपनी दुनिया को अपने साथ लेकर चलता है। एक-एक आदमी अपनी दुनिया को अपने साथ लेकर चलता है। कोई भी चीज बाहर घटे, हमें अपनी ही बात याद आती है।

मैंने सुना है कि एक गांव में भूकंप आ गया। भूकंप जैसी चीज! एक आदमी रास्ते से गुजर रहा है—बहुत लोग गुजर रहे हैं—एक आदमी रास्ते से गुजर रहा है। भूकंप आया जोर से। मकान कंपने लगे। मकानों से चीजें नीचे गिरने लगीं। दूसरे लोग चिल्ला कर भागे कि हे राम! मर जाएंगे। उस आदमी ने कहा, हे भगवान! मुझे खयाल आया कि मेरी पत्नी ने मुझे चिट्ठी डालने को दी थी दो दिन पहले, और वह अभी तक मेरे खीसे में रखी है! भूकंप देख कर खयाल आया! पड़ोस वाले आदमी ने कहा कि तू यह क्या कह रहा है! भूकंप देख कर तुझे यह खयाल आया कि पत्नी ने चिट्ठी दी थी डालने को, वह अभी तक खीसे में रखी है! उसने कहा कि हां, क्योंकि अगर चिट्ठी नहीं डाली गई है, यह पता चल गया, तो मेरे घर में भूकंप आता है!

वह दूसरा आदमी समझ ही नहीं सका कि भूकंप से और चिट्ठी डालने का क्या संबंध हो सकता है। कोई भी तो संबंध नहीं है, इररिलेवेंट है। लेकिन किसी का हो सकता है। अपने-अपने घर की बात है! अपने-अपने अनुभव की बात है।

भूकंप से खयाल आया घर का कि चिट्ठी अभी तक डाली नहीं गई। भागा! लोग जान बचाने भागे। वह भी अपनी जान बचाने भागा! वह चिट्ठी लेकर जल्दी से भागा कि वह चिट्ठी डाल दे।

आदमी के भीतर एक जाल है। उसी जाल से वह सारे जगत को बाहर से नापता-जोखता है। इसलिए जब आपको कोई आदमी चोर मालूम पड़े, तो एक बार सोचना फिर से कि उसके चोर मालूम पड़ने में आपके भीतर का चोर तो सहयोगी नहीं हो रहा! और जब कोई आदमी बेईमान मालूम पड़े, तो सोचना भीतर से कि उसके बेईमान दिखाई पड़ने में आपके भीतर का बेईमान तो कारण नहीं बन रहा!

मैं यह नहीं कह रहा हूं कि बाहर लोग बेईमान नहीं हैं और चोर नहीं हैं। होंगे! उससे कोई प्रयोजन नहीं है। लेकिन जब आपको दिखाई पड़ता है, तो जरा

भीतर देखना कि आपके भीतर कोई कारण तो इस व्याख्या के लिए आधार नहीं है? और अगर हो, तो दूसरे के चोर होने से इतना नुकसान नहीं है, जितना दूसरे के चोर दिखाई पड़ने से नुकसान है। क्योंकि फिर इस जगत में आपको परमात्मा दिखाई पड़ना मुश्किल है। और दूसरा चोर होकर आपसे कुछ कीमती चीज नहीं छीन सकता, लेकिन आप दूसरे में चोर देखते हैं, इससे आप बहुत बड़ी कीमती चीज से वंचित रह जा सकते हैं। वह दूसरे में परमात्मा दिख सकता था, उससे आप वंचित रह जा सकते हैं।

इसलिए साधक के लिए कहता हूं, आखिरी बात! साधक निरंतर इस चेष्टा में रहेगा, पहला सूत्र मैंने कहा, समता की ओर बढ़ रहा हूं या नहीं। दूसरा सूत्र, साधक निरंतर इस चेष्टा में रहेगा कि दूसरे के भीतर कोई ऐसी शुभ चीज को देख ले, जिससे परमात्मा का स्मरण आ सके। अगर दूसरे के भीतर अशुभ को देखा, तो शैतान का स्मरण आ सकता है, परमात्मा का स्मरण नहीं आ सकता। दूसरे के भीतर मैं कोई चीज देख लूं, जिससे परमात्मा का स्मरण आ सके।

तिब्बत में एक फकीर हुआ, मिलरेपा। वह कहा करता था कि अधार्मिक आदमी मैं उसको कहता हूं, जिससे अगर हम कहें कि हमारे गांव में फलां-फलां आदमी बहुत अच्छी बांसुरी बजाता है, तो वह फौरन कहेगा कि छोड़ो भी; क्या खाक बांसुरी बजाएगा! वह निपट चोर रखा है। और धार्मिक आदमी मैं उसे कहता हूं, मिलरेपा कहता था कि अगर हम उससे कहें कि हमारे गांव में फलां आदमी चोर है, तो वह कहेगा, मान नहीं सकता; वह इतनी अच्छी बांसुरी बजाता है कि चोरी कैसे करता होगा!

एक ही आदमी के बाबत, जो चोरी करता है और बांसुरी बजाता है, अधार्मिक आदमी चोरी को चुन लेता है, बांसुरी को काट देता है; धार्मिक आदमी बांसुरी को चुन लेता है, चोरी को काट देता है। इससे चोर में कोई फर्क नहीं पड़ता, लेकिन देखने वाले व्याख्याकार में बुनियादी फर्क पड़ता है। क्योंकि जिसमें हम चोर देखते हैं, उसमें परमात्मा को देखना कठिन हो जाता है। और जिसमें हम

मधुर बांसुरी का संगीत सुनते हैं, उसमें परमात्मा को देखना सरल हो जाता है। और अगर दूसरे में चोर दिखेगा, तो भीतर विषमता आएगी। और दूसरे में अगर बजती हुई बांसुरी सुनाई पड़ेगी, तो भीतर समता आएगी।

ये दो सूत्र भी एक ही सूत्र के हिस्से हैं। अगर भीतर समता लानी हो, तो बाहर शुभ को देखना अनिवार्य है। और अगर भीतर विषमता लानी हो, तो बाहर अशुभ को देखना अनिवार्य है।

बाहर अशुभ को देखना छोड़ते चले जाएं। और ध्यान रखें, इस पृथ्वी पर बुरे से बुरा आदमी भी ऐसा नहीं है, जिसके भीतर शुभ की कोई किरण न हो। और यह भी ध्यान रखें, इस पृथ्वी पर भले से भला आदमी भी ऐसा नहीं है, जिसके भीतर कोई अशुभ न खोजा जा सके। आप पर निर्भर है। और जब आपको एक अशुभ मिल जाता है किसी में, तो उसमें दूसरे शुभ पर भरोसा करना कठिन हो जाता है। और जब आपको किसी में एक शुभ मिल जाता है, तो दूसरे शुभ के लिए भी द्वार खुल जाता है।

भीतर लानी हो समता, तो बाहर शुभ का दर्शन करना शुरू करें। जितना शुभ का दर्शन कर सकें बाहर, करें। उतनी समता घनी होगी।

भीतर समता, बाहर शुभ। और आप पाएंगे कि इन दोनों के बीच में प्रभु की किरण धीरे-धीरे उतरने लगी। और वह दिन भी दूर नहीं होगा कि जिस दिन समता और शुभ की पूर्ण स्थिति में प्रभु से तदरूपता हो जाती है।

अब हम पांच मिनट तदरूपता में हो जाएं प्रभु के साथ। इसको कीर्तन ही न समझें, तदरूपता समझें। परमात्मा ही नाचता है, ऐसा ही समझें। बैठे रहें, ताली बजाएं, गीत गाएं। वहीं बैठे-बैठे आनंदमग्न हो जाएं।

नौवां प्रवचन

अकंप चेतना

न प्रहृष्येत्प्रियं प्राप्य नोद्विजेत्प्राप्य चाप्रियम्।
स्थिरबुद्धिरसंमूढो ब्रह्मविद् ब्रह्मणि स्थितः।।20।।

और जो पुरुष प्रिय को प्राप्त होकर हर्षित नहीं हो और अप्रिय को प्राप्त होकर उद्वेगवान न हो, ऐसा स्थिर बुद्धि, संशयरहित, ब्रह्मवेत्ता पुरुष सच्चिदानंदघन परब्रह्म परमात्मा में एकीभाव से नित्य स्थित है।

प्रिय को जो प्रिय समझ कर आकर्षित न होता हो; अप्रिय को अप्रिय समझ कर जो विकर्षित न होता हो; जो न मोहित होता हो, न विराग से भर जाता हो; जो न तो किसी के द्वारा खींचा जा सके और न किसी के द्वारा विपरीत गति में डाला जा सके—ऐसे स्वयं में ठहर गए व्यक्तित्व को, ऐसी स्वयं में ठहर गई बुद्धि को कृष्ण कहते हैं, सच्चिदानंद परमात्मा की स्थिति में सदा ही निवास मिल जाता है।

इसमें दो-तीन बातें समझ लेने जैसी हैं।

किसे हम कहते हैं प्रिय? कौन-सी बात प्रीतिकर मालूम पड़ती है? कौन-सी बात अप्रीतिकर, अप्रिय मालूम पड़ती है? और किसी बात के प्रीतिकर मालूम पड़ने में और अप्रीतिकर मालूम पड़ने में कारण क्या होता है?

इंद्रियों को जो चीज तृप्ति देती मालूम पड़ती है—देती है या नहीं, यह दूसरी बात—इंद्रियों को जो चीज तृप्ति देती मालूम पड़ती है, वह प्रीतिकर लगती है। इंद्रियों को जो चीज तृप्ति देती नहीं मालूम पड़ती, उसके प्रति तिरस्कार शुरू हो जाता है। और इंद्रियों को जो चीज विधायक रूप से कष्ट देती मालूम पड़ने लगती है, वह अप्रीतिकर हो जाती है। फिर जरूरी नहीं है कि आज इंद्रियों को जो चीज प्रीतिकर मालूम पड़े, कल भी मालूम पड़े। और यह भी जरूरी नहीं है कि आज जो अप्रीतिकर मालूम पड़े, वह कल भी अप्रीतिकर मालूम पड़े। आज जो चीज इंद्रियों को प्रीतिकर मालूम पड़ती है, बहुत संभावना यही है कि कल वह प्रीतिकर मालूम नहीं पड़ेगी।

जब तक कुछ मिलता नहीं, तब तक आकर्षित करता है। जैसे ही मिलता है, व्यर्थ हो जाता है। सारा आकर्षण न मिले हुए का आकर्षण है। दूर के ढोल सुहावने मालूम पड़ते हैं। जैसे-जैसे जाते हैं पास, वैसे-वैसे आकर्षण क्षीण होने लगता है। और मिल ही जाए जो चीज चाही हो, तो क्षण भर को भला धोखा हो जाए, मिलने के क्षण में, लेकिन मिलते ही आकर्षण विदा होने लगता है। बहुत शीघ्र ही आकर्षण की जगह तिरस्कार, और तिरस्कार के बाद विकर्षण जगह बना लेता है।

सुना है मैंने, सिगमंड फ्रायड के एक शिष्य के पास एक व्यक्ति मनस चिकित्सा के लिए आया। उस व्यक्ति ने कहा, मैं बहुत परेशान हूं। एक स्वप्न मुझे बार-बार आता है। हर रोज, हर रात। और कभी तो रात में दो-चार बार भी आता है। मैं उस स्वप्न से इतना परेशान हो गया हूं कि कुछ रास्ता खोजने आपके पास आया हूं। मनोवैज्ञानिक ने कहा, क्या है वह स्वप्न? उस व्यक्ति ने कहा कि मैं बहुत हैरानी का सपना देखता हूं। हर रात नींद में, स्वप्न में पहुंच जाता हूं युवतियों के एक छात्रावास में। रोज, नियमित! और फिर धीरे से फुसफुसा कर कहा कि सारी युवतियां छात्रावास की नग्न घूमती मालूम पड़ती हैं!

मनोवैज्ञानिक ने कहा, घबड़ाओ मत। क्या तुम चाहते हो, यह स्वप्न बंद हो जाए? उस आदमी ने कहा, आप मुझे गलत समझे। मेरा पूरा स्वप्न तो सुन लें। लेकिन जैसे ही मैं दरवाजे में प्रवेश करने लगता हूं उस छात्रावास के, मेरी नींद खुल जाती है। कुछ ऐसा करें कि मेरी नींद दरवाजे में प्रवेश करते वक्त खुले न!

स्वभावतः, मनोवैज्ञानिक हैरान हुआ होगा। लेकिन वह आदमी ईमानदार रहा होगा। उसने कहा, सपना तोड़ना नहीं चाहता। लेकिन सपना पूरा ही नहीं हो पाता। भीतर प्रवेश करता हूं, दरवाजे पर पैर रखता हूं कि नींद टूट जाती है। छात्रावास खो जाता है; नग्न युवतियां खो जाती हैं। मनोवैज्ञानिक ने कहा कि हम कुछ कोशिश करें। सपना तोड़ना तो आसान था, लेकिन नींद को बचाना जरा कठिन है, फिर भी कोशिश करें।

उसे सम्मोहित किया। दो-चार दिन सम्मोहित करके, हिप्नोटाइज करके उसे सुझाव दिए।

चौथे दिन वह आदमी बहुत क्रोध में आया। आधी रात दरवाजे खटखटाए। मनोवैज्ञानिक ने कहा कि इतनी रात आने की क्या जरूरत? उसने कहा कि बहुत गलत किया तुमने। आज सपना नहीं टूटा। मैं भीतर भी प्रवेश कर गया। लेकिन मैं वापस चाहता हूं, वही सपना ठीक था, जो दरवाजे पर टूट जाता था।

उस मनोवैज्ञानिक ने कहा, क्यों वापस चाहते हो? उसने कहा कि कम से कम थोड़ा आकर्षण तो था; अब वह भी नहीं है। अभी तक एक आशा तो थी कि कभी यह सपना नहीं टूटेगा। आज नहीं टूटा है। लेकिन मिला तो कुछ भी नहीं! वरन मैंने कुछ खोया है। मेरा अधूरा सपना वापस लौटा दो।

आदमी जीवन में जो-जो सपने देखता है, जब तक देखता रहता है, तब तक प्रीतिकर होते हैं। जब सपने हाथ में आ जाते हैं, तो बड़े अप्रीतिकर हो जाते हैं।

जिस चीज को प्रेम करें, अगर प्रेम जारी रखना हो, तो जरा दूर ही रहना, निकट मत जाना। निकट गए कि प्रेम उजड़ जाएगा, विकर्षण जगह ले लेगा। क्योंकि सारा आकर्षण अनजान, अपरिचित, दूर जो है, आशा में है, होप। जितनी

ज्यादा आशा मिश्रित मालूम होती है, उतना आकर्षण मालूम होता है। हाथ में आ गए तथ्य विकर्षित हो जाते हैं। बहुत देर हाथ में रह गए तथ्य, फेंकने जैसे हो जाते हैं। जिसे चाहा था बहुत मांगों से, उससे दूर हटने की आकांक्षा पैदा हो जाती है। अप्रीतिकर हो जाता है वही, जो प्रीतिकर था।

इसलिए कृष्ण कहते हैं, जिन्हें लोग प्रीतिकर समझते हैं, जिन्हें लोग अप्रीतिकर समझते हैं...।

किन्हें समझते हैं लोग? दूर की आशाओं को लोग प्रीतिकर समझते हैं। इंद्रियों को प्रलोभन जहां से मिलता है, वहां प्रीतिकर मालूम होता है सब। जहां-जहां इंद्रियां पहुंच जाती हैं, वहीं अप्रीति बैठ जाती है; वहीं अंधेरा छा जाता है; वहीं हटने का मन हो जाता है। इसीलिए तो जो हम पा लेते हैं, बस वह बेकार हो जाता है। आंखें फिर कहीं और अटक जाती हैं।

लेकिन एक और अर्थ में भी इस बात को समझ लेना जरूरी है। कोई आपके गले में फूल की मालाएं डाल रहा है। प्रीतिकर लगता है। स्वागत, सम्मान, प्रतिष्ठा प्रीतिकर लगती है। कोई जूते की मालाएं डाल दे गले में, अप्रीतिकर लगता है।

कृष्ण कहते हैं, ये व्याख्याओं से जो भीतर आंदोलित हो जाता है, वह प्रभु की सतत आनंद की स्थिति में प्रवेश नहीं कर सकता। क्योंकि गले में डाले गए फूल कि गले में डाले गए कांटे, चेतना को इससे अंतर नहीं पड़ना चाहिए। चेतना को अंतर पड़ता है, इसका अर्थ यह हुआ कि बाहर के लोग आपको प्रभावित कर सकते हैं। और जब तक बाहर के लोग आपको प्रभावित कर सकते हैं, तब तक भीतर की धारा में प्रवेश नहीं होता।

बाहर से जो प्रभावित होगा, उसकी चेतना बाहर की तरफ बहती रहेगी। जब बाहर से कोई बिलकुल अप्रभावित, तटस्थ हो जाता है, तभी चेतना अंतर्गमन को उपलब्ध होती है।

जब मिले स्वागत, जब मिले सम्मान, जब प्रेम की वर्षा होती लगे, तब भी भीतर साक्षी रह जाना, देखना कि लोग फूल डाल रहे हैं। जब मिले

अपमान, जब बरसें गालियां, तब भी साक्षी रह जाना और जानना कि लोग कांटे फेंक रहे हैं, गालियां फेंक रहे हैं। लेकिन देखना भीतर यह कि स्वयं चलित तो नहीं हो जाते, स्वयं तो नहीं बह जाते फूलों और कांटों के साथ! स्वयं तो खड़े ही रह जाना भीतर।

ऐसे प्रत्येक अवसर को जो तटस्थ साक्षी का क्षण बना लेता है, वह धीरे-धीरे अंतर-समता को उपलब्ध होता है। धीरे-धीरे ही होती है यह बात। एक-एक कदम समता की तरफ उठाना पड़ता है। लेकिन जो कभी भी नहीं उठाएगा, वह कभी पहुंचेगा नहीं।

बहुत छोटे-छोटे मौकों पर—जब कोई गाली दे रहा हो, तब उसकी गाली पर से ध्यान हटाकर भीतर ध्यान देना कि मन चलित तो नहीं होता। और ध्यान देते ही मन ठहर जाएगा। यह बहुत मजे की बात है। जब कोई गाली देता है, तो हमारा ध्यान गाली देने वाले पर चला जाता है। अगर कृष्ण की बात समझनी हो, तो जब कोई गाली दे, तो ध्यान जिसको गाली दी गई है, उस पर ले जाना।

जैसे ही ध्यान भीतर जाएगा, हंसी आएगी। गाली बाहर रह जाएगी; गाली देने वाला बाहर रह जाएगा; आप किनारे पर खड़े हो जाएंगे। गाली से अछूते, कमल के पत्ते की तरह पानी में। चारों तरफ पानी है और आप अस्पर्शित, अनटच्ड रह जाएंगे। उस क्षण इतने आनंद की प्रतीति होगी, जिसका हिसाब नहीं।

जिसने भी गाली के क्षण में या सम्मान के क्षण में भीतर खड़े होने को पा लिया, जस्ट स्टैंडिंग को पा लिया, वह इतने अतिरेक आनंद से भर जाता है, जिसका कोई हिसाब नहीं। क्यों? क्योंकि पहली बार वह स्वतंत्र हुआ। अब कोई उसे बाहर से चलित नहीं कर सकता है। अब वह यंत्र नहीं है, मनुष्य हुआ। हम बटन दबाते हैं, बिजली जल जाती है। हम बटन दबाते हैं, बिजली बुझ जाती है। बिजली परतंत्र है, बटन दबाने से जलती और बुझती है। किसी ने गाली दी; हमारे भीतर दुख छा गया। किसी ने कहा कि आप तो बड़े महान हैं; हमारे भीतर खुशी की लहर दौड़ गई। तो हममें और बिजली में बहुत फर्क न हुआ, बटन दबाई...

अभी अमेरिका में कुछ मनोवैज्ञानिक, इरिक फ्रोम, डा.सर्ज और कुछ दूसरे मनोवैज्ञानिक एक छोटा-सा प्रयोग कर रहे हैं, जो मैं आपको याद दिलाना चाहूंगा। वह प्रयोग यह है कि हमारे मस्तिष्क में कुछ सेंटर्स हैं, कुछ केंद्र हैं, जिनमें अगर बिजली की धारा प्रवाहित की जाए, तो बड़ा प्रीतिकर लगता है। और दूसरे भी कुछ केंद्र हैं हमारे मस्तिष्क में, जिनमें बिजली की धारा प्रवाहित की जाए, तो बड़ा अप्रीतिकर लगता है। सिर्फ बिजली की धारा! तो इलेक्ट्रोड, बिजली का तार डाल देते हैं खोपड़ी के भीतर, और जिस हिस्से से इंद्रियां प्रीतिकर अनुभव करती हैं, उससे जोड़ देते हैं। बाहर बटन दबा देते हैं, वहां बिजली की धारा उस केंद्र को संचालित करने लगती है। आदमी बड़ा मुग्ध हो जाता है—मुग्ध। दुखद हिस्से को पकड़ा देते हैं तार को, आदमी बड़ा दुखी हो जाता है। आदमी ही नहीं जानवर भी!

अभी एक बिल्ली पर वे प्रयोग कर रहे थे। और उस बिल्ली को तार लगा दिया और उसके सामने बटन भी उसे सिखा दी दबानी। भीतर सुखद जहां अनुभव होती है बिजली की दौड़, उसमें तार लगा दिया और बिल्ली को बटन दबाना भी सिखा दिया। बहुत हैरान हो गए वे। बिल्ली ने चौबीस घंटे खाना-पीना-सोना सब बंद कर दिया। बस, वह बटन ही दबाती रही! उसने चौबीस घंटे में छह हजार बार बटन दबाया। और मनोवैज्ञानिकों का कहना है कि अगर हम उसे अलग न कर देते, तो वह मर जाती, लेकिन बटन दबाना बंद न करती। खाने-पीने की फुरसत न रही उसे!

जब आपको किसी से प्रीतिकर संबंध मालूम पड़ता है, कोई प्रियजन, तो अगर आप मनोवैज्ञानिक से अब पूछें, तो वह कहेगा, जब आप अपनी प्रेयसी से मिलते हैं या प्रेमी से मिलते हैं, तो आपके भीतर उसके शरीर से वह बिजली प्रवाहित होने लगती है, जो आपके विशेष केंद्रों को स्पर्श करती है। और कुछ नहीं होता। और आप उस बिल्ली से बहुत अच्छी हालत में नहीं हैं। और अगर बार-बार मन होता है कि प्रेयसी से मिलें, तो जो बिल्ली का तर्क है, वही तर्क आपका है कि बार-बार बटन को दबाएं!

आज नहीं कल, जिस दिन यह पूरे शरीर का फिजियोलाजिकल और केमिकल, यह जो हमारी व्यवस्था है शारीरिक और रासायनिक, इसका पूरा राज पता चल जाएगा, तो आप अपने खीसे में एक बटन रखकर दबाते रहना बैटरी को। उससे आपको सुखद और दुखद अनुभव होते रहेंगे!

इससे साफ होता है कि जिन लोगों ने आध्यात्मिक गहराइयों में जाकर यह कहा कि वही आदमी वास्तविक आनंद को उपलब्ध होगा, जो सुख और दुख दोनों के बीच थिर हो जाता है। वही आदमी शरीर के इस रासायनिक, शारीरिक, वैद्युतिक प्रवाह के सुख-दुख के भ्रम के ऊपर उठ पाता है। तटस्थ हो जाने की जरूरत है। दोनों के बीच एक-सा हो जाने की जरूरत है।

वह बिल्ली पागल हो गई। चौबीस घंटे बाद उसका स्विच तो अलग कर दिया गया, इलेक्ट्रोड अलग कर दिया गया, लेकिन वह पागल हो गई। उस दिन से उसको फिर दुनिया में कोई रस न रहा। न अब उसे चूहे पकड़ने में रस आता है; न अब उसे खाने में रस आता है; न उसे अब बिल्लियों से प्रेम बसाने में रस आता है। अब तो वह उसी कमरे में बार-बार आ जाती है, जहां उसको बटन दिया गया था और जहां उसने बटन दबाया था। वह पागल हो गई है। अब उसकी स्मृति भारी है। अब उतना तीव्र रस उसको किसी बात में नहीं आता है। विक्षिप्त है।

मैंने सुना है कि एक मनोवैज्ञानिक दो वर्षों से एक आदमी का इलाज कर रहा है। फिर एक दिन हजारों रुपये के खर्च, इलाज और चिकित्सा और मनोविश्लेषण के बाद उसने उस आदमी को कहा कि अब आप बिलकुल ठीक हो गए। धन्यवाद दो परमात्मा को कि आप अब बिलकुल ठीक हो गए हैं। अब आपको कभी भी महान होने का जो पागलपन पहले पकड़ा था, वह अब कभी भी नहीं पकड़ेगा। उस आदमी को पंडित जवाहरलाल नेहरू होने का भ्रम था। उस मनोवैज्ञानिक ने कहा, अब तुम्हें इस तरह के ग्रेंड्योर, इस तरह के महिमाशाली होने के पागलपन की बातें कभी नहीं पकड़ेंगी।

उस बीमार ने कहा, धन्यवाद प्रभु का और धन्यवाद तुम्हारा। तुमने बड़ी मेहनत ली। बड़ी कृपा है तुम्हारी कि मैं ठीक हो गया। क्या तुम्हारा फोन उपयोग

कर सकता हूं? चिकित्सक ने पूछा, किसको फोन करना है? उसने कहा, मैं जरा अपनी बेटी इंदिरा गांधी को खबर दूं कि मैं ठीक हो गया हूं। चिकित्सक तो दंग! उसने कहा, दो साल पर पानी फेर दिया तुमने! उस आदमी ने कहा, तुम्हें पता नहीं; कितना सुखद है पंडित जवाहरलाल नेहरू होना! पागल होना बेहतर! पंडित नेहरू होना छोड़ना बेहतर नहीं। मैं पागल रह सकता हूं, इतना सुखद है!

जो हमारा सुख है, हम उसके पीछे सभी पागल हो जाते हैं। दुख भी हमें पागल करता है, क्योंकि उससे हम भागते रहते हैं। सुख भी पागल करता है, क्योंकि उसकी हम मांग करते रहते हैं। और जब चेतना इस तरह प्रीतिकर-अप्रीतिकर के बीच डांवाडोल होती रहती है, तो थिर कैसे होगी? ठहरेगी कैसे? खड़ी कैसे होगी? फिर तो उसकी हालत ऐसी होती है, जैसे दीया तूफान और आंधी में झोंके लेता रहता है—कभी बाएं, कभी दाएं। कभी ठहर नहीं पाता।

कृष्ण जिस आदमी की बात कर रहे हैं, वह उस आदमी की बात है, जिसकी चेतना का दीया, जिसकी चेतना की ज्योति ठहर गई। ऐसे, जैसे बंद कमरे में जहां हवा के कोई झोंके न आते हों। ठहर गई ज्योति, रुक गई।

जिस दिन चेतना सम हो जाती है—न प्रीतिकर खींचता, न अप्रीतिकर हटाता; न दुखद कहता कि हटो, न सुखद कहता है कि आओ—और जब चेतना पर कोई भी बाहर के आंदोलन प्रभाव नहीं डालते हैं और चेतना बिलकुल ठहरकर खड़ी हो जाती है, उस खड़ी हुई चेतना में ही व्यक्ति सच्चिदानंद स्वरूप परमात्मा में थिर होता है।

इसे ऐसा समझ लें, डोलती हुई चेतना, उसी तरह है, जैसे कभी आपके रेडिओ का कांटा ढीला हो गया हो। आप घुमाते हों उसे, वह कोई स्टेशन पर टयून नहीं हो पाता हो; कहीं भी ठहर न पाता हो। हिलता हो, डुलता हो; दो-चार स्टेशन साथ-साथ पकड़ता हो। कुछ भी समझ-बूझ न पड़ता हो कि क्या हो रहा है।

चेतना जब तक डोलती है सुख और दुख के धक्कों में, झोंकों में, तब तक कभी भी टयूनिंग नहीं हो पाती परमात्मा से। जैसे ही खड़ी हो जाती है थिर, वैसे ही परमात्मा से संबंध जुड़ जाता है।

परमात्मा और व्यक्ति के बीच संबंध किसी भी क्षण हो सकता है, लेकिन व्यक्ति की चेतना के ठहरने की अनिवार्य शर्त है। परमात्मा तो सदा ठहरा हुआ है। हम भी ठहर जाएं, तो मिलन हो जाए। उस मिलन में ही सच्चिदानंद का अनुभव है। और इस मिलन के बाद कोई विरह नहीं है। सुख मिलेंगे, छूटेंगे। दुख मिलेंगे, छूटेंगे। परमात्मा मिला, तो फिर नहीं छूटता है। आनंद मिला, तो फिर नहीं छूटता है।

उसी की तलाश है सारे जीवन, उसी की खोज है। वह मिल जाए, जो मिलकर नहीं छूटता है। वह पा लिया जाए, जिसे पाने के बाद कुछ पाने को शेष नहीं रहता है। उसी की जन्मों-जन्मों की यात्रा है। लेकिन हर बार चूक जाते हैं। वह डोलती हुई चेतना, थिर नहीं हो पाती। और वह थिर क्यों नहीं हो पाती? प्रीतिकर और अप्रीतिकर में हम भटकते रहते हैं।

इसलिए कृष्ण कहते हैं, जागो! प्रीतिकर, अप्रीतिकर दोनों के बीच खड़े हो जाओ, मौन।

निश्चित ही कांटा चुभेगा, तो अप्रीतिकर लगेगा। कृष्ण को भी चुभेगा, तो भी लगेगा। फूल हाथ पर आएगा, तो अप्रीतिकर नहीं लगेगा। यह मत सोचना कि कृष्ण को हम कांटा गड़ाएंगे, तो खून नहीं बहेगा। कि कृष्ण को कांटा गड़ाएंगे, तो वे पत्थर हैं, उन्हें पता नहीं चलेगा। पता पूरा चलेगा। शरीर पूरी प्रतिक्रिया करेगा। शरीर में पीड़ा होगी, चुभन होगी। शरीर खबर भेजेगा मस्तिष्क को कि कांटा चुभता है, खून बहता है। लेकिन चेतना डांवाडोल नहीं होगी। चेतना कहेगी, ठीक है। आते हैं; जो किया जा सकता है, वह करेंगे। कांटे को निकालेंगे; मलहम-पट्टी करेंगे। लेकिन चेतना इससे विचलित नहीं होती है। चेतना ठहरी ही रह जाती है!

बुद्ध या महावीर की मूर्ति देखते हैं बैठी हुई! जैसे दीये की ज्योति ठहरी हो। इसलिए बुद्ध और महावीर और सारे जगत के उन सारे लोगों की, जिनकी चेतना ठहर गई, हमने पत्थर में मूर्तियां बनाईं। अकारण नहीं! पत्थर में बनाने का कारण था। पत्थर जितना ठहरा हुआ है, इतनी और कोई चीज ठहरी हुई नहीं है। तूफान आते हैं; जिस वृक्ष के नीचे मूर्ति रखी है बुद्ध की, वृक्ष हिल जाता है, कंप जाता

है। जड़ें कंप जाती हैं, पत्ते कंप जाते हैं, लेकिन मूर्ति है कि ठहरी रहती है। वह जो उनके भीतर थिर हो गई थी चेतना, उस थिरता के समानांतर खोजने के लिए हमने पत्थर खोजा। वहां सब ठहरा हुआ है।

अप्रीतिकर, प्रीतिकर के बीच ऐसे जो ठहर जाता है, वह पुरुष सच्चिदानंद के साथ एकलीनता, एकलयता को उपलब्ध होता है।

प्रश्नः इस श्लोक में कहा गया है कि प्रिय और अप्रिय अनुभवों में उद्वेगरहित, स्थिर बुद्धि व संशयरहित ब्रह्मवेत्ता पुरुष परमात्मा में एकीभाव से नित्य स्थित है। इसमें एक शब्द है, संशयरहित। तो प्रीतिकर और अप्रीतिकर अनुभवों में समता रखने वाला पुरुष कैसे संशयरहित होता है, इस पर कुछ कहें।

संशय भी चेतना के कंपन का नाम है। संशय की बात भी कृष्ण ने कही—संशयरहित की—जान कर। चेतना दो तरह से कंपती है। या तो भाव के द्वार से, इमोशन के द्वार से; या बुद्धि के द्वार से, इंटलेक्ट के द्वार से। चेतना के दो द्वार हैं, भाव या विचार। पहली बात कृष्ण ने कही कि प्रीतिकर और अप्रीतिकर के बीच थिर है जो। यह भाव के द्वार की बात है। भावना में न कंपे कोई। प्रीतिकर हो या अप्रीतिकर, यह हृदय की बात है। हृदय को प्रीतिकर लगता है, तो भी कंपन आ जाता; अप्रीतिकर लगता है, तो भी कंपन आ जाता। हृदय के द्वार से थिर हो जाए।

दूसरी बात भी कही कि संशयरहित हो। संशय, बुद्धि का कंपन है। बुद्धि जब कंपती है, तो प्रीतिकर-अप्रीतिकर से नहीं कंपती। बुद्धि जब कंपती है, तो ठीक या गलत, इससे कंपती है। हृदय कंपता है प्रीतिकर-अप्रीतिकर से। बुद्धि कंपती है, ठीक या गलत। ठीक में भी वह वैसा ही खड़ा रहे, गलत में भी वह वैसा ही खड़ा रहे। बुद्धि भी न कंपे, बुद्धि के द्वार से भी न कंपे।

एक व्यक्ति आपसे कहता है, ईश्वर है? बुद्धि तत्काल कहती है, है। किसी की बुद्धि कहती है, नहीं है। कंप गई। कंप गई! आस्तिक भी कंप गया, जिसने कहा, है। नास्तिक भी कंप गया, जिसने कहा, नहीं है। आस्तिक प्रीतिकर

ढंग से कंपा। नास्तिक अप्रीतिकर ढंग से कंपा। आस्तिक पक्ष में कंपा; नास्तिक विपक्ष में कंपा। लेकिन कंप गया।

कृष्ण उस धार्मिक की बात कर रहे हैं कि कोई कहता है, ईश्वर है, और बुद्धि संशय में नहीं पड़ती। इतना भी संशय नहीं करती कि है या नहीं। अकंपित रह जाती है।

परम आस्तिक का लक्षण तो यही है। परमात्मा के पक्ष में भी न कंपे, विपक्ष में भी न कंपे, वही व्यक्ति परमात्मा को उपलब्ध होता है। जरा कठिन है बात। अति कठिन है। परम आस्तिक, वस्तुतः आस्तिक वही है, जो परमात्मा है, इतना भी आग्रह नहीं करेगा। क्योंकि यह कंपन है। यह नहीं के विरोध में चले जाना है। यह नास्तिक से उलटा होना है, आस्तिक होना नहीं है। आस्तिक इतनी बड़ी घटना है कि नास्तिक को भी समा लेती है।

बुद्ध के पास एक व्यक्ति आया और उसने कहा कि मैं ईश्वर को नहीं मानता हूं, शांत हो सकता हूं? बुद्ध ने कहा, ईश्वर को मान ही कैसे सकोगे बिना शांत हुए? उस आदमी ने कहा, ईश्वर को नहीं मानता हूं, शांत हो सकता हूं? बुद्ध ने कहा, शांत हुए बिना ईश्वर को मान ही कैसे सकोगे? तो जो तुमसे कहता हो कि ईश्वर को पहले मान लो, वह गलत कहता है। ईश्वर को मान कर कोई दुनिया में शांत नहीं होता। क्योंकि जो शांत नहीं है, वह ईश्वर को मान ही नहीं सकता है। तुम शांत हो जाओ। उसने कहा, ईश्वर को मानने की कोई भी जरूरत नहीं है? बुद्ध ने कहा, कोई भी जरूरत नहीं है। तुम शांत हो जाओ, शांत हो जाने की जरूरत है।

शांति की साधना में लग गया वह व्यक्ति। वर्ष बीता। बुद्ध ने उससे पूछा, शांत हुए? उसने कहा, पूरी तरह शांत हो गया हूं। बुद्ध ने कहा, ईश्वर के संबंध में क्या खयाल है? उसने कहा, अब कोई खयाल न बनाऊंगा। अब मैं जानता हूं कि ईश्वर है, यह भी अशांत लोगों का खयाल था; ईश्वर नहीं है, यह भी अशांत लोगों का खयाल था। अब मैं कोई खयाल न बनाऊंगा। बुद्ध ने कहा, ईश्वर के संबंध में कुछ भी न कहोगे? उसने कहा कि अगर मेरी आंखें कह सकें, तो कहें। अगर मेरे चलते हुए पैर कह सकें, तो कहें। अगर मेरे हाथ कह सकें, तो

कहें। अगर मेरा अस्तित्व कह सके, तो कहे। मैं नहीं कहूंगा। और अगर ईश्वर है, तो पूरे प्राण, श्वास-श्वास कहेगी।

आस्तिकता भी एक संशय है, एक कंपन-पक्ष में। नास्तिकता भी एक संशय है, एक कंपन-विपक्ष में। धार्मिकता अकंप है, निष्कंप—न पक्ष, न विपक्ष। धार्मिकता आस्तिकता और नास्तिकता दोनों का ट्रांसेंडेंस है, दोनों के पार चले जाना है।

और ध्यान रहे, नास्तिक को कोई कितना ही समझाकर आस्तिक बना दे, बीमारी बदल जाती है, नास्तिक नहीं बदलता। आस्तिक को कोई कितना समझाकर नास्तिक बना दे, बीमारी बदल जाती है, आस्तिक नहीं बदलता। बीमारी के बदल जाने से स्वास्थ्य नहीं आता।

पक्ष बीमारी है, निष्पक्षता स्वास्थ्य है। पक्ष बीमारी है, निष्पक्षता स्वास्थ्य है। पक्ष यानी झुके, डोले, गए। कुछ चुन लिया। च्वाइस हो गई। चुनाव कर लिया। तटस्थ न रह सके। निष्पक्ष, यानी नहीं किया चुनाव, तटस्थ रहे।

हृदय के लिए प्रीतिकर और अप्रीतिकर कंपाते हैं। बुद्धि के लिए विश्वास और अविश्वास कंपाते हैं। विश्वास और अविश्वास में भी जो निःसंशय खड़ा है।

ध्यान रहे, आमतौर से लोग व्याख्या करते हैं निःसंशय की विश्वासी के लिए, कि जो विश्वास करता है दृढ़ता से, वह आदमी संशयरहित है। मैं नहीं करता हूं। मैं कहता हूं, जो आदमी कहता है, मैं दृढ़ता से विश्वास करता हूं, उसके भीतर संशय उतनी ही दृढ़ता से मौजूद है। उस संशय को ही दबाने के लिए वह दृढ़ता का पत्थर रख रहा है। जो आदमी कहता है, मैं पक्का विश्वास करता हूं; जानना कि वह डरा हुआ है अपने भीतर के अविश्वास से। उसको ही दबाने के लिए पक्के विश्वास की दीवाल खड़ी कर रहा है। जो आदमी सच में विश्वास करता है, पक्का-कच्चा नहीं करता।

जो आदमी आपसे कहे कि मैं पक्का! प्रेम करता हूं, समझना कि प्रेम पक्का नहीं है। क्योंकि पक्के का खयाल ही कच्चे वाले को आता है, नहीं तो

पक्के की कोई बात ही नहीं है। जो प्रेम करता है, वह तो शायद कह भी नहीं सकता कि मैं प्रेम करता हूं। इतना कहना भी उसे गलत मालूम पड़ेगा। अगर प्रेम ने खुद नहीं कह दिया है, तो अब शब्दों से और क्या कहा जा सकता है! अगर प्रेम खुद भी नहीं कह पाया, तो अब शब्दों से और क्या कहा जा सकता है!

इस पृथ्वी पर जिन्होंने सच में प्रेम किया है, उन्होंने शायद कहा ही नहीं। क्या कहें? अगर प्रेम ही नहीं कह पा रहा है, तो अब और हम क्या कह सकेंगे?

नहीं लेकिन; जो कहता है छाती ठोक कर कि मैं पक्का विश्वास दिलाता हूं, प्रेम मेरा सच्चा और पक्का है; उसके भीतर अगर हम थोड़ा प्रवेश करें, तो कहीं कच्चा और झूठा छिपा हुआ मिल जाएगा। उसी को दबाने के लिए वह इंतजाम कर रहा है। यह सेफ्टी मेजर है।

जब एक आदमी कहता है कि मेरा विश्वास पक्का है, जितना अकड़ कर कहे कि मेरा विश्वास पक्का है, उतना ही समझना कि वह खुद से डरा है। ये पक्के विश्वासी दूसरे की बात सुनने तक में डरेंगे। क्योंकि उनके भीतर छिपा हुआ डर है। वह कभी भी प्रकट हो सकता है। इसीलिए तो डाग्मेटिज्म पैदा होता है, मतांधता पैदा होती है। हर आदमी कहता है, मैं बिलकुल पक्का हूं। शक खुद ही है। जिसे शक नहीं है, वह निःसंशय है। जिसने शक को दबाया, उसने केवल संशय को दबाया है; वह निःसंशय नहीं है।

कृष्ण कहते हैं, संशयरहित! जिसके भीतर संशय ही नहीं है।

बड़ी इनोसेंट अवस्था है संशयरहितता की। विश्वास की बहुत निष्कपट अवस्था नहीं है, पक्के इंतजाम की, कैलकुलेटेड है। हिसाब-किताब है वहां। डरे हुए हैं भीतर की नास्तिकता से, इसलिए आस्तिकता को पकड़े हुए हैं। इसी डर से कि कहीं कोई नास्तिक की बात सुनाई न पड़ जाए, तो कान बंद किए हुए हैं!

सुना है न आपने, एक आदमी घंटाकर्ण, जो कान में घंटे बांधे रखता था कि कहीं कोई विपरीत बात सुनाई न पड़ जाए! वह घंटे अपने बजाता रहता कान के। न कान सुनेंगे, न सुनाई पड़ेगी। लेकिन बड़ा कमजोर आदमी रहा होगा। अगर विपरीत बात सुनने से इतना भय है, तो यह भय विपरीत बात से नहीं आता, अपने भीतर कहीं से आता है। कहीं छिपा है गहरे में।

संशयरहित कौन होगा? संशयरहित वही होगा, जो ठीक जैसे हृदय में प्रीति और अप्रीति के बीच तटस्थ होता है, ऐसे ही बुद्धि में विश्वास और अविश्वास के बीच तटस्थ होता है।

और इस दुनिया में हम किसी के विश्वास बदलवा नहीं सकते। बीमारी बदल सकते हैं। और अक्सर तो यह होता है कि बीमारी भी नहीं बदल पाते। कितना ही समझाओ, कोई किसी को इस दुनिया में कनविन्स कर पाता है? नहीं कर पाता।

समझाओ किसी को। जितना समझाओगे, वह उतना और मजबूत होता जाता है अपनी ही बात में। क्योंकि वह इतना इंतजाम और करता है कि यह आदमी हमला बोल रहा है। भीतर से उसको डर लगता है कि कहीं दीवाल कमजोर न पड़ जाए; वह और ईंट-पत्थर जोड़कर बड़ी दीवाल खड़ी कर लेता है; इंतजाम कर लेता है। समझाने वाले अक्सर उस आदमी को उसके पक्ष में और मजबूत कर जाते हैं। और कुछ नहीं करते। नास्तिक को समझाएं, तो नास्तिक और मजबूत नास्तिक हो जाता है। आस्तिक को समझाएं, तो आस्तिक और मजबूत आस्तिक हो जाता है। क्यों? क्योंकि उसे लगता है, हमला हो रहा है, इंतजाम करो।

मैंने सुना है कि एक आदमी का दिमाग खराब हुआ और खयाल पैदा हो गया कि वह मर गया है। जिंदा था, खयाल पैदा हो गया कि मर गया है। घर के लोग परेशान हो गए। समझा-समझा कर हैरान हो गए कि तुम जिंदा हो। लेकिन वह कहे, मैं कैसे मानूं, जब मैं मर ही चुका हूं! कैसे समझाएं इस आदमी को कि यह आदमी जिंदा है! लोग कहते कि हमें देखो, तुम्हारे सामने खड़े हैं। वह कहता कि तुम सब भी मर गए हो। भूत-प्रेत हैं। हम सब भूत-प्रेत हो गए हैं। कोई जिंदा नहीं है, सब मर चुके हैं। लोग कहते, हम तुमसे बोल रहे हैं। वह कहता, मैं सुन रहा हूं। लेकिन सब भूत-प्रेत हैं। कोई जिंदा है नहीं।

बड़े परेशान हो गए, तब उसको चिकित्सक के पास ले गए। चिकित्सक ने कहा, घबड़ाओ मत। हम कुछ इसे कनविन्स करने का उपाय करते हैं। इसे समझाएंगे। उस आदमी से कहा, आईने के सामने खड़े हो जाओ। वह आदमी आईने के सामने खड़ा हो गया। और उससे कहा, तीन घंटे तक मंत्र की तरह एक

ही बात कहते रहो, डेड मैन डू नॉट ब्लीड। मरे हुए आदमियों के शरीर से खून नहीं निकलता, तीन घंटे तक कहते रहो।

वह आदमी तीन घंटे तक कहता रहा, मरे हुए आदमी के शरीर से खून नहीं निकलता, डेड मेन डोंट ब्लीड। तीन घंटे के बाद चिकित्सक उसके पास गया, हाथ में चाकू मारा उस पागल के, खून बहने लगा। प्रसन्नता से हंस कर कहा कि देखो, इससे क्या सिद्ध होता है? व्हाट इज़ प्रूव्ड बाई दिस? हाथ से खून निकल रहा है! उस आदमी ने कहा कि दिस प्रूव्स दैट डेड मैन डू ब्लीड—इससे सिद्ध होता है कि मरे आदमी में से खून निकलता है। और क्या सिद्ध होता है!

सारे तर्क बेमानी हैं। सब तर्क विपरीत को, विरोध को और मजबूत कर जाते हैं। सोचते हैं, उस डाक्टर की क्या हालत हुई होगी! तीन घंटे की मेहनत एक वाक्य में उसने समाप्त कर दी!

दुनिया में कोई विवाद से कभी बात तय नहीं होती। क्यों नहीं होती तय? कोई सत्य की खोज में नहीं है, पक्ष की खोज में है। और जब पक्ष को कोई निर्मित करता है, तो वह सदा डरा रहता है, उसके भीतर विपरीत भी मौजूद रहता है। वह आपसे अपना बचाव कम करता है; अपने ही भीतर के एक्सप्लोजन, विस्फोट से बचाव करता है। तो वह इंतजाम मजबूत करता चला जाता है। आप दस तरकीबें लाते हैं, दस दलीलें लाते हैं कि ईश्वर है। वह भी दस दलीलें लाता है कि नहीं है। आप दस दलीलें लाते हैं कि ईश्वर नहीं है, आस्तिक दस दलीलें लाता है कि है। इसीलिए तो पांच-दस हजार साल से दुनिया में विवाद चलता है। किसी का संशय मिटता है विश्वास से, अविश्वास से? हिंदू से, मुसलमान से? ईसाई से? किसी का कोई संशय नहीं मिटता।

कृष्ण का अर्थ बहुत दूसरा है। वे कहते हैं कि अगर संशय मिटाना है, तो तुम पक्ष-विपक्ष में मत पड़ो। तुम मौन, दोनों से दूर खड़े हो जाओ। तुम कहो कि मुझे पता नहीं कि यह ठीक है या वह ठीक है। मैं निष्पक्ष खड़ा हो जाता हूं।

निष्पक्ष खड़े होना ठीक है। दो के बीच एक को चुनना ठीक नहीं, तीसरे बिंदु पर निष्पक्ष खड़े हो जाना ठीक है, निःसंशय। तब फिर कोई संशय नहीं होगा।

संशय तभी होता है, जब कोई विश्वास होता है। यह भी बात खयाल में ले लें। जिसने भी विश्वास को पकड़ा, उसको संदेह भी पकड़ेगा। अगर आपने पकड़ा कि ईश्वर है, तो पच्चीस तरह के संदेह उठेंगे, कैसा है? क्यों है? कब से हुआ? अगर आपने कहा, नहीं है, तो पच्चीस तरह के संदेह पकड़ेंगे कि फिर यह जगत कैसे है? यह जीवन क्यों चल रहा है? आदमी क्यों मरता-जीता है? सुखी-दुखी क्यों होता है? पकड़ते चले जाएंगे। लेकिन अगर आप कोई विश्वास, कोई अविश्वास न पकड़ें, तो आपको संशय पकड़ सकता है? संशय की कोई जगह न रही। संशय को टिकने के लिए विश्वास या अविश्वास की खूंटी चाहिए। दोनों न पकड़ें। कृष्ण कहते हैं, संशयरहित हो जाएंगे, निःसंशय हो जाएंगे।

प्रीतिकर-अप्रीतिकर से हृदय के द्वार पर तटस्थ हो जाएं; विश्वास-अविश्वास से बुद्धि के द्वार पर तटस्थ हो जाएं। ये दो तरह की तटस्थताएं भीतर उस ज्योति को सीधा कर देंगी, जो डोलती रहती है। उसके सीधे, निष्कंप होते ही सच्चिदानंद परमात्मा के साथ तालमेल, हार्मनी, संगीत निर्मित हो जाता है।

बाह्यस्पर्शेष्वसक्तात्मा विन्दत्यात्मनि यत्सुखम्।
स ब्रह्मयोगयुक्तात्मा सुखमक्षयमश्नुते।।21।।

और बाहर के विषयों में आसक्तिरहित पुरुष अंतःकरण में जो भगवत्ध्यान जनित आनंद है, उसको प्राप्त होता है और वह पुरुष सच्चिदानंदघन परब्रह्म परमात्मा रूप योग में एकीभाव से स्थित हुआ अक्षय आनंद को अनुभव करता है।

बाह्य विषयों में अनासक्त हुआ! वही बात एक दूसरे आयाम से पुनः कृष्ण कहते हैं।

कृष्ण जैसे व्यक्तियों की भी कठिनाइयां हैं। जो बात एक बार कही जा सकती है, वह भी हजार बार कहनी पड़ती है। फिर भी जरूरी नहीं है कि सुनने वाले ने सुनी हो। हजार बार कह कर भी डर यही है कि नहीं सुनी जाएगी।

बहुत-बहुत मार्गों से वे वही-वही, फिर-फिर अर्जुन से कहते हैं। शायद एक आयाम से समझ में न आई हो, दूसरे आयाम से समझ में आ जाए। शायद हृदय के द्वार से खयाल में न आई हो, बुद्धि के द्वार से खयाल में आ जाए। शायद हृदय और बुद्धि दोनों की बात गहरी पड़ गई हो, तो वस्तुओं के मार्ग से समझ में आ जाए।

आब्जेक्टिव वर्ल्ड है हमारे चारों तरफ; वस्तुओं का जगत है। दो वस्तुओं के बीच जो अनासक्त है! वस्तुओं के बीच, जहां इंद्रियां आकर्षित होकर टिकती हैं, आसक्ति के गेह बनाती हैं, घर बनाती हैं, वहां जो अनासक्त-भाव से जीता है, वह भी, वह भी वहीं पहुंच जाता है, सच्चिदानंद स्वरूप ब्रह्म में।

किसी भी द्वार से तटस्थ हो जाना सूत्र है। किसी भी व्यवस्था से च्वाइसलेस, चुनावरहित हो जाना मार्ग है। किसी भी ढंग, किसी भी विधि, किसी भी मार्ग से दो के बीच अकंप हो जाना सूत्र है—स्वर्ण सूत्र।

वस्तुएं भी निरंतर बुला रही हैं। मन आसक्त कब होता है? वस्तुओं को देखने से नहीं होता मन आसक्त। रास्ते से गुजरते हैं आप, दुकान पर दिखाई पड़ा है कुछ; शो रूम में, शो केस में कुछ दिखाई पड़ता है। दिखाई पड़ने से मन आसक्त नहीं होता। आंख खबर दे देती है कि देखते हैं, शो रूम में हीरे का हार है! आंख का खबर देना फर्ज है। आंख ठीक है, तो खबर देगी। जितनी ठीक है, उतनी ठीक खबर देगी। आंख खबर दे देती है मस्तिष्क को। मस्तिष्क भीतर मन को खबर दे देता है कि हार है। इतनी खबर से कहीं भी कोई आसक्ति नहीं हुई जा रही है।

लेकिन मन ने कहा, है, सुंदर है—शुरू हुई यात्रा। अभी बहुत सूक्ष्म है। कहा, सुंदर है—यात्रा शुरू हुई। क्योंकि सुंदर जैसे ही मन कहता है, मन के किसी कोने में धुआं उठने लगता है पाने का। जैसे ही कहा, सुंदर है, पाने की आकांक्षा ने निर्माण करना शुरू कर दिया। अभी आप कहेंगे कि नहीं अभी तो सिर्फ एक एस्थेटिक जजमेंट हुआ, एक सौंदर्यगत निर्णय किया। इसमें क्या बात है! कहा कि सुंदर है।

नहीं; लेकिन बहुत गहरे में, सूक्ष्म में जैसे ही कहा, सुंदर है—पहले हमें यही पता चलता है कि सुंदर है और फिर पता चलता है कि पाना है। लेकिन अगर स्थिति को ठीक से समझें, तो पहले मन के गहरे में इच्छा आ आती है, पाना है; और तब बुद्धि कहती है, सुंदर है। ऊपर से देखने पर पहले तो हमें यही पता चलता है कि सुंदर है। फिर पीछे से छाया की तरह सरकती हुई कोई वासना आती है और कहती है, पाओ! लेकिन आध्यात्मिक जितने खोजी हैं, वे कहते हैं कि पहले तो मन के गहरे में वासना सरक जाती है और कहती है, पाओ। उस खबर को सुन कर भीतर से मन कहता है, सुंदर है।

इसमें दो तरह समझ लें। मन को दो तरह की खबरें मिलती हैं। मन बीच में खड़ा है। बाहर शरीर है; भीतर आत्मा है। शरीर खबर देता है, हीरे का हार है सुंदर। शरीर खबर देता है, विषय की, वस्तु की। आत्मा के भीतर से खबर आती है, वासना की, वृत्ति की, चाह की—पाना है। दोनों का मिलन होता है मन पर, और आसक्ति निर्मित होती है।

अनासक्ति का अर्थ है, बाहर से तो खबर आए—आनी ही चाहिए, नहीं तो जीना असंभव हो जाएगा। अगर आंखें ठीक से न देखेंगी, कान ठीक से न सुनेंगे, हाथ ठीक से स्पर्श न करेंगे, तो जीना कठिन हो जाएगा। अस्वस्थ होगी वैसी देह। देह स्वस्थ होगी, तो खबर पूरी होगी। लेकिन भीतर से कोई वासना आकर मन के दरवाजे पर मिलेगी नहीं। बाहर से खबर आएगी। समझी जाएगी। सुनी जाएगी। आगे बढ़ जाया जाएगा। भीतर से कोई आया नहीं मिलने को; खबर बेकार चली गई।

और ध्यान रहे, एक क्षण को भी खबर बेकार चली जाए, तो फिर मिलन नहीं होगा। यह भी आप खयाल में ले लें। एक क्षण भी चूक हो जाए, क्रासिंग न हो पाए; बाहर से शरीर खबर लाए, इंद्रियां कहें, सुंदर है हार; और उसी क्षण भीतर अगर आप जागे रहें और देखते रहें कि कोई वासना आकर इस इनफर्मेशन, इस सूचना से मेल नहीं करती, तो बस एक क्षण में विदा हो जाएगी। वह एक क्षण ही चूक जाता है, बेहोश...।

वह क्षण हम कैसे चूकते हैं? उसके चूकने की भी व्यवस्था है। जैसे ही हार दिखाई पड़ा कि हमारी पूरी अटेंशन, पूरा ध्यान हार पर चला जाता है। वह जो भीतर से वासना आती है, वह अंधेरे में चुपचाप चली आती है। उसे कोई पहरेदार नहीं मिलता।

साधक के लिए इस प्रक्रिया से गुजरना पड़ता है। जब हीरे के हार की खबर दी आंखों ने, तब तत्काल आंख बंद करके ध्यान ले जाएं भीतर, कि भीतर से कौन आ रहा है! बाहर से तो खबर आ गई; अब भीतर से कौन आ रहा है! ध्यान को ले जाएं भीतर। देखें, कोई वृत्ति सरकती है? कोई मांग, कोई इच्छा पैदा होती है? भीतर पहुंच जाएं।

और बड़े मजे की बात है। बुद्ध ने कहा है कि जैसे किसी घर पर पहरेदार न हो, तो चोर घुस जाते हैं, ऐसे ही जिस आत्मा के द्वार पर ध्यान न हो, तो वृत्तियां घुस जाती हैं। जिस घर के द्वार पर पहरेदार न हो, तो चोर घुस जाते हैं! ध्यान पहरेदार है, अटेंशन।

तो कृष्ण कहते हैं, वस्तुओं में अनासक्त!

वस्तुओं में अनासक्त वही होगा, जो वृत्तियों के प्रति जागरूक है, जो वासना के प्रति होशपूर्वक है, जागा हुआ है। जो देखता है कि ठीक; आंख ने खबर दी कि हार सुंदर है। अब भीतर से क्या आता है, उसे देखता है। और अगर कोई व्यक्ति जाग कर वृत्तियों को देखने लगे, तो इंद्रियां खबर देती हैं, लेकिन वृत्तियों को उठने का मौका नहीं मिल पाता। एक क्षण की चूक-चूक हो गई। तब तक सूचना खो गई, और आपका होश आपकी शक्ति को बचा गया। आसक्ति निर्मित नहीं हुई।

वृत्ति और इंद्रिय की सूचना के मिलन से आसक्ति निर्मित होती है। इन दोनों का सेतु बन जाए, तो आसक्ति निर्मित होती है। इनका सेतु न बन पाए, तो अनासक्ति निर्मित हो जाती है।

वस्तुओं में जो अनासक्त है! वस्तुओं के बीच जो होशपूर्वक चल रहा है!

चारों तरफ हजार-हजार आकर्षण हैं। इंद्रियों पर लाखों आघात पड़ रहे हैं रोज। कहीं से आवाज कान में आती। कहीं से आंख में रोशनी आती। कहीं से

स्पर्श हाथ को मिलता। कहीं से गंध मिलती। कहीं से स्वाद का स्मरण आता। कहीं से कुछ, कहीं से कुछ।

चारों तरफ से अनंत-अनंत आघात पड़ रहे हैं आपके ऊपर। और आपकी वृत्तियां हैं कि तत्काल हर आघात को पकड़ लेती हैं। फिर वासना का और आसक्ति का गहन जाल निर्मित हो जाता है। फिर एक कारागृह बन जाता है भीतर, जिसमें आप बंद होकर जीते हैं। फिर जिंदगी दुख बन जाती है– मांग, मांग; भीख, भीख! यह चाहिए, यह चाहिए, यह चाहिए! और सब मिल जाए, फिर भी कुछ मिलता हुआ मालूम नहीं पड़ता। क्योंकि जब तक एक चीज मिल पाती है, तब तक वासना ने नये बीज बो लिए होते हैं और तब तक आसक्ति ने नये मार्ग बना लिए होते हैं। इधर मिल नहीं पाता, तब तक आप न मालूम और कितने बीज बो चुके!

फिर यह पूरी जिंदगी वृत्तियों के बीच, जैसे कि पानी की लहरों पर कोई कागज की नाव पड़ी हो, ऐसी हो जाती है। कागज की नाव सागर की लहरों पर! हर लहर धकाती है, हर लहर डुबाती है, धक्के और धक्के। फिर पूरा जीवन वृत्तियों की लहरों पर धक्के खाने में बीतता है। रोज करो पूरी आसक्ति, और नई आसक्ति निर्मित होती चली जाती है। जीवन एक दुख-स्वप्न से ज्यादा नहीं है।

इसलिए कृष्ण कहते हैं कि अगर आनंद की यात्रा करनी हो, अगर उस आनंद को पाना हो, जिसे हम प्रभु कहते, परमात्मा कहते, तो वृत्तियों को ठहराना, जगाना, चेतना को होश से भरना, वस्तुओं में आकर्षित मत होना, आसक्त मत बनना।

कैसे टूटेगी लेकिन यह आसक्ति? एक तो मैंने आपसे कहा कि जब भी आसक्ति निर्मित हो...।

ध्यान रहे, मन के जगत के लिए एक परम सूत्र आपसे कहता हूं, एक अल्टिमेट फार्मूला, और वह यह है कि मन के जगत में किसी चीज को मिटाना बहुत कठिन है, बनने न देना बहुत सरल है। मिटाना बहुत कठिन है, बनने न देना बहुत सरल है।

अभी मनोवैज्ञानिक और फिजियोलाजिस्ट, शरीरशास्त्री भी एक नियम पर पहुंच गए, जो कि योग की तो बहुत पुरानी खोज है, लेकिन अभी शरीरशास्त्रियों को पहली दफा खयाल में आया। वह भी मैं आपसे कहना चाहता हूं। वह यह खयाल में उनको आना शुरू हुआ, खासकर रूस में पावलव को यह खयाल में आया कि शरीर में दो तरह के यंत्र एक साथ काम कर रहे हैं। एक तो यंत्र है वालंटरी, स्वेच्छा से चलता है। एक ऐसी यांत्रिक व्यवस्था है, जो नॉन-वालंटरी है, स्वेच्छा के बाहर चलती है।

जैसे खून बह रहा है आपके शरीर में; आपकी स्वेच्छा का कोई हिस्सा नहीं है। आपको पता ही नहीं चलता; खून बहता रहता है। तीन सौ साल पहले तक तो यह भी पता नहीं था कि शरीर में खून बहता है। लोग समझते थे, भरा हुआ है; बहता नहीं है! बहने का कोई पता ही नहीं चलता। आपको पता चलता है कि खून बह रहा है शरीर में? बड़ी गति से बह रहा है! गंगा बहुत धीमी बह रही है। जब तक मैंने आपसे यह बात की, आपके पैर में जो खून था, वह सिर में आ गया। तेजी से बह रहा है। सतत गति है खून की। परिभ्रमण चल रहा है। उसी परिभ्रमण से वह स्वच्छ है, ताजा है।

यह खून आपकी स्वेच्छा के बाहर है। आपकी इच्छा नहीं चल सकती इसमें, वालंटरी नहीं है। लेकिन योग कहता है कि अगर थोड़े प्रयोग किए जाएं, तो यह भी स्वेच्छा के भीतर आ जाता है। और योग ने इस तरह के प्रयोग करके सारे जगत में दिखा दिए हैं। नाड़ी की गति कम-ज्यादा हो जाती है स्वेच्छा से, थोड़े अभ्यास से। आप भी थोड़ा प्रयोग करेंगे, तो सफल हो सकते हैं। बहुत कठिन नहीं है।

कभी नाड़ी अपनी नाप लें। पाया कि सौ चल रही है एक मिनट में। तब पांच मिनट बैठ कर संकल्प करें कि अब एक सौ पांच चले। पांच मिनट बाद फिर से नापें। और आप पाएंगे कि अब एक सौ पांच नहीं, तो एक सौ तीन तो चलने ही लगी। दो-चार-दस दिन में एक सौ पांच चलने लगेगी। फिर कम भी कर सकते हैं। तब थोड़ी-सी स्वेच्छा के भीतर आ गई। आपने संकल्प का थोड़ा विस्तार किया।

कुछ चीजें हमारी स्वेच्छा से चलती हैं। यह मेरा हाथ है; ऊपर उठाता हूं, नीचे गिराता हूं। मेरी इच्छा से उठता है। न उठाऊं, तो नहीं उठता है। अब एक नई बात खोज में आई है और वह यह कि कोई भी वृत्ति जो स्वेच्छा से उठाई जाती है, एक सीमा के बाद नॉन-वालंटरी हो जाती है। एक सीमा तक स्वेच्छा के भीतर होती है।

समझें, जैसे एक व्यक्ति को कामवासना भर गई। तो कामवासना एक सीमा तक स्वेच्छा के भीतर होती है। अगर आप इस स्वेच्छा की सीमा के भीतर जाग गए, तो आप कामवासना को शिथिल करके वापस सुला देंगे। लेकिन एक सीमा के बाद वह स्वेच्छा के बाहर चली जाती है। और जो नॉन-वालंटरी मैकेनिज्म है शरीर का, वह पकड़ लेता है। जब नॉन-वालंटरी मैकेनिज्म पकड़ लेता है, जब स्वेच्छा के बाहर का यंत्र पकड़ लेता है, तो फिर आपके हाथ के बाहर हो गई बात। अब आप नहीं रोक सकते। अब बात बाहर चली गई।

जब आपको क्रोध उठता है, जब उसकी पहली झलक भीतर आनी शुरू होती है कि उठा, अभी वह स्वेच्छा के भीतर है। लेकिन जब खून में एड्रिनल तत्व छूट गया और खून में जहर पहुंच गया और खून ने क्रोध को पकड़ लिया, फिर आपके हाथ के बाहर हो गया। लेकिन पहले, जब आप में क्रोध उठता है, तो थोड़ी देर तक एड्रिनल ग्रंथियां, जिनमें जहर भरा हुआ है आपके शरीर में, प्रतीक्षा करती हैं कि शायद यह आदमी अभी भी रुक जाए। शायद रुक जाए। आप नहीं रुकते, बढ़ते चले जाते हैं। फिर मजबूरी में जहर की ग्रंथियों को जहर छोड़ देना पड़ता है। जहर के छूटते ही अब आपके हाथ के बाहर हो गया।

ठीक वैसे ही कामवासना में भी वीर्य की ग्रंथियां एक सीमा तक प्रतीक्षा करती हैं कि शायद यह आदमी रुक जाए। एक सीमा के बाद जब देखती हैं कि यह आदमी रुकने वाला नहीं है, तो वीर्य की ग्रंथियां वीर्य को छोड़ देती हैं। फिर स्वेच्छा के बाहर हो गया।

शरीर की सारी व्यवस्था, मन की सारी व्यवस्था एक सीमा के बाद स्वेच्छा के बाहर हो जाती है। तो अगर आपको अनासक्त होना हो, तो जब स्वेच्छा के भीतर चल रहा है काम, तभी जाग जाना जरूरी है। जब स्वेच्छा के बाहर चला

गया, तब जागने से पछतावे के अतिरिक्त और कुछ भी नहीं है, प्रायश्चित्त के अतिरिक्त और कुछ भी नहीं है।

इसलिए जितने जल्दी हो सके, जैसे ही आपको लगे कि कोई चीज सुंदर मालूम पड़ी कि फौरन भीतर जाएं और देखें कि वासना और वृत्तियां उठ रही हैं। यही मौका है। जरा-सी चूक, और वृत्तियां आसक्ति को निर्मित कर लेंगी।

निर्मित आसक्ति को विघटित करना बहुत कठिन है, अनिर्मित आसक्ति को बनने देने से रोकना बहुत सरल है। जब तक नहीं बनी है, अगर जाग गए, तो नहीं बनेगी। बन गई, जाग भी गए, तो बहुत कठिनाई हो जाएगी। बहुत कांप्लेक्स, बहुत जटिल हो जाएगी। और यह हमेशा बेहतर है, प्रिवेंशन इज़ बेटर दैन क्योर। अच्छा है, रोक लें पहले, बजाय पीछे चिकित्सा करनी पड़े। अच्छा है, बीमारी पकड़े, उसके पहले सम्हल जाएं; बजाय इसके कि बीमारी पकड़ जाए और फिर बिस्तर पर लगें और चिकित्सा हो।

आसक्ति के निर्मित होने के पहले ही जाग जाना जरूरी है। कृष्ण तीसरी बात कहते हैं कि अर्जुन, अगर वस्तुओं में तू अनासक्त रह सके, तो भी वहीं पहुंच जाएगा।

एक अदभुत ग्रंथ है भारत में। और मैं समझता हूं, उस ग्रंथ से अदभुत ग्रंथ पृथ्वी पर दूसरा नहीं है। उस ग्रंथ का नाम है, विज्ञान भैरव। छोटी-सी किताब है। इससे छोटी किताब भी दुनिया में खोजनी मुश्किल है। कुल एक सौ बारह सूत्र हैं। हर सूत्र में एक ही बात है। हर सूत्र में एक ही बात! पहले सूत्र में जो बात कह दी है, वही एक सौ बारह बार दोहराई गई है—एक ही बात! और हर दो सूत्र में एक विधि पूरी हो जाती है।

पार्वती पूछ रही है शंकर से, शांत कैसे हो जाऊं? आनंद को कैसे उपलब्ध हो जाऊं? अमृत कैसे मिलेगा? और दो-दो पंक्तियों में शंकर उत्तर देते हैं। दो पंक्तियों में वे कहते हैं, बाहर जाती है श्वास, भीतर आती है श्वास। दोनों के बीच में ठहर जा; अमृत को उपलब्ध हो जाएगी। एक सूत्र पूरा हुआ। बाहर जाती है श्वास, भीतर आती है श्वास; दोनों के बीच ठहर कर देख ले, अमृत को उपलब्ध हो जाएगी।

पार्वती कहती है, समझ में नहीं आया। कुछ और कहें। और शंकर दो-दो सूत्र में कहते चले जाते हैं। हर बार पार्वती कहती है, नहीं समझ में आया। कुछ और कहें। फिर दो पंक्तियां। और हर पंक्ति का एक ही मतलब है, दो के बीच ठहर जा। हर पंक्ति का एक ही अर्थ है, दो के बीच ठहर जा। बाहर जाती श्वास, अंदर जाती श्वास। जन्म और मृत्यु; यह रहा जन्म, यह रही मौत; दोनों के बीच ठहर जा। पार्वती कहती है, समझ में कुछ आता नहीं। कुछ और कहें।

एक सौ बारह बार! पर एक ही बात, दो विरोधों के बीच में ठहर जा। प्रीतिकर-अप्रीतिकर, ठहर जा—अमृत की उपलब्धि। पक्ष-विपक्ष, ठहर जा—अमृत की उपलब्धि। आसक्ति-विरक्ति, ठहर जा—अमृत की उपलब्धि। दो के बीच, दो विपरीत के बीच जो ठहर जाए, वह गोल्डन मीन, स्वर्ण सेतु को उपलब्ध हो जाता है।

यह तीसरा सूत्र भी वही है। और आप भी अपने-अपने सूत्र खोज सकते हैं, कोई कठिनाई नहीं है। एक ही नियम है कि दो विपरीत के बीच ठहर जाना, तटस्थ हो जाना। सम्मान-अपमान, ठहर जाओ—मुक्ति। दुख-सुख, रुक जाओ—प्रभु में प्रवेश। मित्र-शत्रु, ठहर जाओ—सच्चिदानंद में गति।

कहीं से भी दो विपरीत को खोज लेना और दो के बीच में तटस्थ हो जाना। न इस तरफ झुकना, न उस तरफ। समस्त योग का सार इतना ही है, दो के बीच में जो ठहर जाता, वह जो दो के बाहर है, उसको उपलब्ध हो जाता है। द्वैत में जो तटस्थ हो जाता, अद्वैत में गति कर जाता है। द्वैत में ठहरी हुई चेतना अद्वैत में प्रतिष्ठित हो जाती है। द्वैत में भटकती चेतना, अद्वैत से च्युत हो जाती है। बस, इतना ही।

लेकिन मजबूरी है—चाहे शिव की हो, और चाहे कृष्ण की हो, या किसी और की हो—वही बात फिर-फिर कहनी पड़ती है। फिर-फिर कहनी पड़ती है। कहनी पड़ती है इसलिए, इस आशा में कि शायद इस मार्ग से खयाल में न आया हो, किसी और मार्ग से खयाल आ जाए।

एक सूत्र और।

ये हि संस्पर्शजा भोगा दुःखयोनय एव ते।
आद्यन्तवन्तः कौन्तेय न तेषु रमते बुधः।।22।।

और जो ये इंद्रिय तथा विषयों के संयोग से उत्पन्न होने वाले सब भोग हैं, वे यद्यपि विषयी पुरुषों को सुखरूप भासते हैं, तो भी निस्संदेह दुख के ही हेतु हैं, और आदि-अंत वाले अर्थात अनित्य हैं। इसलिए हे अर्जुन! बुद्धिमान विवेकी पुरुष उनमें नहीं रमता।

इंद्रियों और वासनाओं के मेल से प्रतीत होने वाले सुख अंततः दुख ही हैं। और शुरू होते हैं और समाप्त होते हैं; शाश्वत नहीं हैं, सनातन नहीं हैं; सदा साथ रहने वाले नहीं हैं। क्षणिक हैं। ऐसा जान लेने वाला पुरुष उनसे मुक्त होने लगता है।

दो बातें हैं। एक, जो हमें सुख जैसा भासता है, वह सुख नहीं है। भासता है निश्चित। है नहीं; उससे भी ज्यादा निश्चित। एपियरेंस, भासना किसी चीज का, तब तक पक्का पता नहीं चलता, जब तक उसके पास न जाएं। अंधेरी है रात, दूर से देखता हूं, दिखाई पड़ता है कि शायद कोई आदमी खड़ा है। और पास आता हूं, तो लगता है, नहीं, आदमी नहीं है; शायद लकड़ी का कोई डंडा पोता हुआ है! और पास आता हूं, तो लगता है, नहीं, लकड़ी का कोई डंडा नहीं, वृक्ष से कोई कपड़ा लटकता है। जैसे-जैसे पास आता हूं, वैसे-वैसे जो दूर से जाना था, वह बदलता है। अंतिम निर्णय तो वही होगा, जो ठेठ बिलकुल पास आकर होगा। दूर के निर्णय अंतिम नहीं माने जा सकते।

सुख जब तक नहीं मिलता, तब तक तो सुख मालूम पड़ता है। लेकिन मिलते से किसे मालूम पड़ता है! हाथ में आने पर किसे मालूम पड़ता है! हाथ में आने पर अचानक लगता है कि खो गया। निश्चित ही, पास का निर्णय ही अंतिम निर्णय है।

आपने भी अपनी जिंदगी में बहुत सुख पाए होंगे, लेकिन पाकर किस सुख को सुख पाया! पा भी नहीं पाते कि दूसरे सुख की तलाश शुरू कर देते हैं।

क्यों कर देते हैं? अगर सुख मिल गया, तो अब ठहर कर उसे भोग लो! सुख तो मिलता नहीं; ठहर कर भोगें क्या? फिर दिखाई पड़ता है, कल, भविष्य में; फिर दौड़ते हैं। वहां पहुंचते नहीं कि पाते हैं कि वहां भी खो गया!

सुख जब हाथ में आता है, तब निर्णायक रूप से तय होता है कि सुख नहीं है। और जब तक दूर रहता है, तब तक निश्चित मालूम पड़ता है कि सुख है। इंद्रधनुष जैसा है। दिखाई पड़ता है; लेकिन इंद्रधनुष के पास मत जाना। वह रेनबो वर्षा में बन जाता है आकाश में। कितना सुंदर! मन होता है कि बांधकर घर के बैठकखाने में लगा लें। जाना मत। वहां जाकर कुछ भी नहीं मिलेगा।

अगर पहुंच गए इंद्रधनुष के पास-पास भी न पहुंच सकेंगे, क्योंकि जैसे-जैसे पास पहुंचेंगे, वह खोने लगेगा—जब पास पहुंचेंगे, तो सिवाय भाप के बादलों के और उनमें से गुजरती सूरज की किरणों के वहां कुछ भी नहीं मिलेगा। कोई रंग नहीं, कोई रूप नहीं, कोई आकार नहीं। लेकिन कितना प्यारा लगता है इंद्रधनुष दूर से! कितना काव्य की तरह आकाश में खिंचा हुआ! कैसा मन करता है कि बांध लो घर में!

ध्यान रहे, जहां-जहां इंद्रधनुष दिखाई पड़ते हैं सुख के, वहां-वहां यही हालत है। जब पास जाएंगे, तो सिर्फ धुआं ही हाथ में लगता है। कुछ भी हाथ में नहीं मिलता!

कृष्ण कहते हैं, सुख प्रतीत होता है, सुख है नहीं। ऐसा जो समझ लेगा ठीक से, स्वभावतः उसकी वासना उठ कर, इंद्रियों से मिल कर आसक्ति बनना बंद कर देगी।

दूसरी बात वे कहते हैं, यह भी स्मरण रख अर्जुन, कि यह भी सुख जो कि दिखाई पड़ता है, न होने की हालत में है। अगर कोई इस भ्रम में भी पड़ता हो कि नहीं, है। जैसा कि अज्ञानी को लगता है कि है। वह कहेगा कि कितना ही समझाओ कि नहीं है, लेकिन मैं कैसे मानूं! मैं कैसे मानूं कि उस बड़े महल में पहुंच जाऊंगा, तो सुख नहीं होगा? यद्यपि वह कभी नहीं पूछता उस बड़े महल में रहने वाले से कि अगर बड़े महल में रहने वाले को सुख मिल गया है,

तो अबं वह किसके लिए दौड़ रहा है? अब उसे सुख ले लेना चाहिए। वह दौड़ रहा है; वह भागा हुआ है। उसे बड़े महल का पता ही नहीं है। बड़ा महल उन्हीं को दिखाई पड़ता है, जो झोपड़ों में हैं। जो बड़े महल में हैं, उनको दिखाई ही नहीं पड़ता। उनके लिए और बड़े महल हैं! वे दिखाई पड़ते हैं, जिनमें वे नहीं हैं। जहां वे नहीं हैं।

मन की आदत ऐसी है कि अगर आपका एक दांत टूट जाए, तो जीभ वहीं-वहीं जाती है, जहां दांत टूट गया है। बाकी दांतों को छोड़ देती है, जो हैं; और जो नहीं है, उसके साथ बड़ा लगाव बना लेती है। पता नहीं क्या दिमाग खराब हो जाता है जीभ का! और एक दफे देख लिया कि नहीं है, अब दुबारा क्या देखना? लेकिन जीभ है कि देखे चली जाती है। उन दांतों को कभी नहीं देखती, जो हैं। जो नहीं है, अभाव, एब्सेंस का जो गड्ढा बन जाता है, उसी में जीभ जाती है। मन भी जहां-जहां अभाव है, वहीं जाता है।

महल जिसके पास है, उसको महल नहीं दिखाई पड़ता। उसकी जीभ महल पर नहीं जाती। उसके लिए कहीं कोई और चीज है, जो नहीं है। उसकी जीभ वहां चली जाती है।

मैंने सुनी है एक इजिप्शियन कहानी। मैंने सुना है कि एक इजिप्शियन फकीर से परमात्मा प्रसन्न हो गया। बहुत प्रसन्न हो गया, तो उस फकीर को कहा कि तुझे जो चाहिए वह मांग ले। उसने कहा कि आपकी जो मर्जी हो! तो परमात्मा ने, कहते हैं, उसे एक फल दे दिया और कहा कि इसे जो खा लेगा, वह अमर हो जाएगा। लेकिन उस फकीर ने कहा कि दो आदमी खाएं, तो दो हो सकते हैं? परमात्मा ने कहा, नहीं, एक!

उस फकीर का अपने शिष्य से बड़ा प्रेम था। उसने सोचा कि अगर मैं अमर हो गया और शिष्य मर गया, कोई सार नहीं है। उसके बिना तो मेरा कोई सुख ही नहीं है। उसने शिष्य को कहा कि तू यह ले ले। तू अमर हो जा। पर उस शिष्य का एक लड़की से प्रेम था। उसने सोचा, मैं अकेला अमर हो गया, तो बिलकुल बेकार! वह उस लड़की को दे आया। पर उस लड़की का

गांव के एक सिपाही से प्रेम था। उसने कहा कि मैं अमर हो गई! वह उस सिपाही को दे आई। लेकिन उस सिपाही का लगाव राजा की स्त्री से लगा हुआ था। वह रात जाकर उसको दे आया। उस स्त्री ने सोचा कि मैं अगर खाकर अमर हो जाऊं, तो मेरे बेटे का क्या होगा? उसका भारी लगाव, उसने बेटे को दे दिया। बेटे का अपने बाप से बहुत प्रेम था। उसने कहा, मैं तो ठीक, लेकिन पिता बुजुर्ग हुए। उनकी मौत करीब है। मैं तो अभी इसके बिना भी बहुत दिन जी लूंगा। उसने पिता को दे दिया। लेकिन पिता फकीर का भक्त था; उसी फकीर का। उसने सोचा कि हमारे रहने न रहने का क्या सवाल! वह फकीर रहे जमीन पर, तो हजारों के काम आएगा। वह जाकर फकीर के चरणों में फल रखा। फकीर ने फल देखा। उसने कहा, यह फल आया कैसे तुम्हारे पास!

सब कहीं और जी रहे हैं। सब कहीं और! कोई वहां नहीं जी रहा है, जहां है। कहीं और! सब दौड़ रहे हैं किसी और के लिए। सब भागे हुए हैं; कोई खड़ा हुआ नहीं है। यह जो भागा हुआ पन है...।

अगर कृष्ण कहते हैं कि अज्ञानी ऐसा भी कहते हों कि नहीं, हमें मिला नहीं, हम कैसे मान लें! हो सकता है, अर्जुन मान ले; सब सुख उसने जाने हैं। आप शायद न मानें; बहुत सुख नहीं जाने हैं। क्या पता हमें, जो सुख हमें मिले नहीं, वे हैं या नहीं?

तो कृष्ण दूसरा सूत्र उनके लिए कहते हैं, जो मान न पाएं। जिन्होंने सुख न देखे हों, उनके लिए वे कहते हैं कि अगर सुख हों भी—हाइपोथेटिकली, बातचीत के लिए मान लें कि सुख है भी—तो भी सुख शुरू होता और समाप्त हो जाता है।

और ध्यान रहे, जो सुख शुरू होता है और समाप्त हो जाता है, वह अगर हो भी, तो परिणाम में सिवाय दुख के कुछ भी नहीं छोड़ जाएगा। क्योंकि सुख के बाद दुख की छाया हो जाएगी। ऐसे ही जैसे कभी रास्ते से गुजर रहे हों, अंधेरी रात हो, और जोर से कोई कार आपकी आंखों में प्रकाश डालती हुई गुजर जाए। पीछे और घनघोर अंधेरा हो जाता है। पहले कुछ दिखाई भी पड़ता था, अब वह भी दिखाई नहीं पड़ता।

सुख मिले भी, तो समाप्त होता है क्षण में। यह भी कृष्ण उनके लिए कह रहे हैं, जो नहीं जानते। जो जानते हैं, वे तो कहते हैं, एक क्षण को भी नहीं मिलता। लेकिन अज्ञानी के लिए इतना छोड़ते हैं कि शायद क्षणभर को मिले भी, तो शुरू हुआ कि समाप्त हुआ। इधर शुरू नहीं हुआ कि उधर समाप्त होना शुरू हो जाता है। इधर जन्मा नहीं कि उधर मरा। इधर लहर बनी नहीं कि बिखरी। इधर किरण उतरी नहीं कि खोई। आता भी नहीं है हाथ में कि जाने की तैयारी करके आता है। ऐसा सुख मिल भी जाए यदि, तो पीछे सिवाय दुख के घाव के कुछ भी नहीं छोड़ जाता है। ऐसा भी जो जान ले, वह भी विषयों, वृत्तियों के तालमेल को निर्मित नहीं होने देता। अनासक्त, वीतराग, स्वयं में ठहरा हुआ हो जाता है। और चेतना जहां ठहर जाती है अर्जुन, कृष्ण कहते हैं, वहीं परम सत्ता में प्रवेश कर जाती है।

आज इतना ही। बैठे रहेंगे। उठेगा कोई भी नहीं। पांच मिनट कीर्तन को पी जाएं, फिर चुपचाप चले जाएं।

दसवां प्रवचन

काम से राम तक

शक्नोतीहैव यः सोढुं प्राक्शरीरविमोक्षणात्।
कामक्रोधोद्भवं वेगं स युक्तः स सुखी नरः।।23।।

जो मनुष्य शरीर के नाश होने से पहले ही काम और क्रोध से उत्पन्न हुए वेग को सहन करने में समर्थ है, अर्थात काम-क्रोध को जिसने सदा के लिए जीत लिया है, वह मनुष्य इस लोक में योगी है और वही सुखी है।

जीवन में काम और क्रोध के वेग को जिस पुरुष ने जीत लिया, वह इस लोक में योगी है, परलोक में मुक्त है, वही आनंद को भी उपलब्ध है।

काम से अर्थ है, दूसरे से सुख लेने की आकांक्षा। जहां भी दूसरे से सुख लेने की आकांक्षा है, वहीं काम है।

काम बड़ी विराट घटना है। काम सिर्फ यौन नहीं है, सेक्स नहीं है; काम विराट घटना है। यौन भी काम के विराट जाल का छोटा-सा हिस्सा है।

जहां भी दूसरे से सुख पाने की इच्छा है, वहां दूसरे का शोषण करने के भी रास्ते निर्मित होते हैं। जब भी मैं किसी दूसरे से सुख लेना चाहता हूं, तभी

शोषण शुरू हो जाता है। और अगर कोई मेरे काम में, मेरे दूसरे से सुख पाने में बाधा बने, तो क्रोध उत्पन्न होता है। इसलिए कृष्ण ने काम और क्रोध को एक साथ ही इस सूत्र में कहा है। संयुक्त वेग हैं।

कामना में बाधा कोई खड़ी करे, काम के पूरे होने में कोई व्यवधान बने, कोई दीवाल बने, कोई आड़े आए, तो क्रोध जन्मता है। काम के वेग को जहां से भी रुकावट मिलती है, वहीं से लौट कर वह क्रोध बन जाता है। काम के वेग को यदि व्यवधान न मिले, रुकावट न मिले और काम का वेग अपनी इच्छा को पूरा कर ले, तो फ्रस्ट्रेशन, विषाद बन जाता है।

काम की तृप्ति पर, काम पूरा हो जाए, तो पीछे सिर्फ विषाद की कालिमा छूट जाती है, अंधेरा छूट जाता है। और काम पूरा न हो पाए, कोई व्यवधान डाल दे, तो काम लपट बन जाता है क्रोध की। क्रोध काम का ही अवरुद्ध रूप है; रुका हुआ रूप है। मैं चाहता था कुछ करना, नहीं कर सका, तो जिसने बाधा दी, उस पर मेरे काम की वासना क्रोध की अग्नि बन कर बरस पड़ती है।

मैंने कहा, काम बड़ी घटना है। अगर हम मनसशास्त्रियों से पूछें, तो वे कहते हैं कि मनुष्य काम के लिए ही जी रहा है। अगर हम फ्रायड से पूछें, तो वह कहेगा, काम ही मनुष्य का सब कुछ है, उसकी आत्मा है। और जहां तक साधारण मनुष्य का संबंध है, फ्रायड बिलकुल ही ठीक कहता है। धन भी कमाते हैं इसलिए कि काम खरीदा जा सके। यश भी पाते हैं इसलिए कि काम खरीदा जा सके। चौबीस घंटे दौड़ हमारी, गहरे में अगर खोजें, तो किसी से सुख पाने की दौड़ है।

सुना है मैंने कि फ्रेंक वू करके एक मनोचिकित्सक के पास एक आदमी आया है। अति क्रोध से पीड़ित है। क्रोध ही बीमारी है उसकी। क्रोध ने ही उसे जला डाला है भीतर। क्रोध ने उसे सुखा दिया है। उसके सारे रस-स्रोत विषाक्त हो गए हैं। आंखों में क्रोध के रेशे हैं। चेहरे पर क्रोध की रेखाएं हैं। नींद खो गई है। हिंसा ही हिंसा मन में घूमती है।

फ्रेंक वू उसे बिठाता है, और उसके मनोविश्लेषण के लिए एक छोटा-सा प्रयोग करता है। हाथ में उठाता है अपना रूमाल ऊंचा, और उस

आदमी से कहता है, इसे देखो। और रूमाल को छोड़ देता है। वह रूमाल नीचे गिर जाता है। फ्रेंक वू उस आदमी से कहता है, आंख बंद करो और मुझे बताओ कि रूमाल के गिरने से तुम्हें किस चीज का खयाल आया? तुम्हारे मन में पहला खयाल क्या उठता है रूमाल के गिरने से?

वह आदमी आंख बंद करता है और कहता है, आई एम रिमाइंडेड आफ सेक्स—मुझे तो कामवासना का खयाल आता है।

फ्रेंक वू थोड़ा हैरान हुआ, क्योंकि रूमाल के गिरने से कामवासना का क्या संबंध? फ्रेंक वू ने पास में पड़ी एक किताब उठाई और कहा, इसे मैं खोलता हूं; गौर से देखो। किताब खोल कर रखी, कहा, आंख बंद करो और मुझे कहो कि किताब खुलती देखकर तुम्हें क्या खयाल आता है?

उसने कहा, आई एम अगेन रिमाइंडेड आफ सेक्स—मुझे फिर कामवासना की ही याद आती है!

फ्रेंक वू और हैरान हुआ। उसने टेबल पर पड़ी हुई घंटी बजाई और कहा कि घंटी को ठीक से सुनो! आंख बंद करो। क्या याद आता है? उसने कहा, आई एम रिमाइंडेड आफ सेक्स—वही कामवासना का खयाल आता है!

फ्रेंक वू ने कहा, बड़ी हैरानी की बात है कि तीन बिलकुल अलग चीजें तुम्हें एक ही चीज की याद कैसे दिलाती हैं! रूमाल का गिरना, किताब का खुलना, घंटी का बजना—इतनी विभिन्न बातें हैं! तुम्हें इन तीनों में एक ही बात का खयाल आता है; कारण क्या है?

उस आदमी ने कहा, तुम्हारी चीजों से मुझे कोई संबंध नहीं। मुझे सिवाय सेक्स के और कोई खयाल आता ही नहीं। तुम्हारी चीजों से कोई संबंध नहीं है। तुम रूमाल गिराओ कि पत्थर गिराओ। तुम घंटी बजाओ कि घंटा बजाओ। तुम किताब खोलो कि बंद करो। इससे कोई फर्क नहीं पड़ता। मैं तो सिवाय काम के कुछ सोचता ही नहीं।

यह आदमी पागल मालूम पड़ेगा। लेकिन दुनिया में सौ में से निन्यानबे आदमी इस भांति के हैं। उन्हें पता हो या न पता हो। और जिन्हें पता है, उनकी तो चिकित्सा हो सकती है; जिन्हें पता नहीं है, वे बड़ी खतरनाक हालत में हैं।

हमें लगेगा कि यह तो बात ठीक नहीं है। रूमाल के गिरने से हमें क्यों खयाल आएगा? लेकिन अगर आप अपने मन का थोड़ा-सा अंतर्विश्लेषण करेंगे सुबह से रात सोने तक, थोड़ा भीतर झांक कर देखेंगे, तो आप हैरान होंगे कि कहीं अंतस्तल पर एक पर्त कामवासना की पूरे समय चलती रहती है।

मनोवैज्ञानिक उस राज को पकड़ लिए हैं, इसलिए सारी दुनिया के विज्ञापनदाताओं को उन्होंने कह दिया है कि आदमी को कोई भी चीज बेचनी हो, सेक्स के साथ जोड़ दो; बिकेगी। अन्यथा नहीं बिकेगी। कार बेचनी हो, तो एक नग्न स्त्री को कार के साथ खड़ा करो। कोई संबंध नहीं है। सिगरेट बेचनी हो, तो एक स्त्री को खड़ा करो। कुछ भी बेचना हो, तो नग्न स्त्री को बीच में लाओ। जिसका कोई भी संबंध नहीं है, तो भी खड़ा करो। क्यों? आदमी के मन की अंतर्धारा का पता चल गया है। हर चीज उसी की याद दिलाती है। तो अगर स्त्री को खड़ा कर दो, तो वह चीज उसके मन में गहरे संयुक्त हो जाएगी, गहरी उतर जाएगी। फिर वह चीज नहीं खरीदेगा। खरीदेगा चीज, और समझेगा कि किसी जाने-अनजाने रास्ते स्त्री खरीदी है।

यह काम से भरा हुआ चित्त अगर चौबीस घंटे क्रोध से भरता है, तो आश्चर्य नहीं है। यह काम चौबीस घंटे हजार बाधाएं पाता है, रुकावटें पाता है। यह पूरा नहीं हो पाता। पीड़ा देता है। भीतर उबल जाते हैं प्राण। ऊर्जा काम में बहना चाहती है, रुकावटें पाती है हजार तरह की। इसलिए तो जहां सुविधा बन जाएगी, वहां लोग रुकावटों को तोड़ना शुरू कर देंगे। जैसा अमेरिका में हुआ।

जब तक दुनिया गरीब थी, तो आदमी समाज से डरता था। क्योंकि भूखा मरेगा, अगर समाज के खिलाफ गया तो। नौकरी, रोजी-रोटी खो जाएगी। जिंदा रहना मुश्किल हो जाएगा। आज अमेरिका में धन काफी है। कोई भय नहीं रहा समाज का उतना। इसलिए सेक्स के संबंध में समाज के सारे नियम, सारी व्यवस्था टूटी जा रही है।

जितनी दुनिया समृद्ध होगी, उतनी सेक्स के मामले में सब सीमाएं तोड़ती चली जाएगी। इससे कुछ ऐसा नहीं है कि कुछ बड़ी उपलब्धि हो

जाएगी। एक तरफ अमेरिका जैसे समृद्ध समाज में सेक्स के सब व्यवधान टूट गए, और दूसरी तरफ विफलता और विषाद घना होता जाता है और आत्महत्याएं बढ़ती चली जाती हैं।

समाज के पास दो ही उपाय हैं। या तो वह आपकी काम की वासना को पूरा होने की खुली छूट दे दे; तो भी आप पागल हो जाएंगे—विषाद में, फ्रस्ट्रेशन में। जैसा अमेरिका में हुआ है। यौन के संबंध में पूरी स्वतंत्रता पैदा हो गई है। और इसका परिणाम यह हुआ कि यौन में रस भी कम हो गया; विरस हो गया; काम की गहराई भी खो गई; काम का मूल्य भी खो गया; और आदमी विषाद में खड़ा है। अब कोई दूसरा सेंसेशन चाहिए, कोई दूसरा वेग, कोई दूसरी उत्तेजना। वह दिखाई नहीं पड़ती।

इसलिए काम के विकृत रूप सारे पश्चिम में फैलने शुरू हो गए। होमोसेक्सुअलिटी इतने जोर से बढ़ती है, जैसा कि दुनिया में कभी भी नहीं बढ़ी थी। क्योंकि स्त्री के साथ पुरुष ने देख लिया, स्त्री ने पुरुष के साथ देख लिया। रस नहीं है कुछ बहुत। अब क्या करें! अब नये आविष्कार करने पड़ते हैं। विक्षिप्त आविष्कार पैदा होते हैं; विकृतियां, परवरशंस पैदा होते हैं।

अगर समाज बिलकुल खुला छोड़ दे सेक्स, तो परवर्ट होगा। और अगर समाज बिलकुल खुला न छोड़े, तो सप्रेशन होगा। और जितना दमन होगा, उतना क्रोध पैदा होगा। या तो काम को खुला छोड़ो, तो विषाद फैल जाता है; जीवन रसहीन हो जाता है। लोग थके-हारे, अर्थहीन हो जाते हैं। एंप्टीनेस पकड़ लेती है। सब रिक्त, कुछ भी नहीं है जिंदगी में। और यदि काम को रोको, तो क्रोध उत्पन्न होता है। क्रोध हजार-हजार रूपों में प्रकट होता है।

क्या आपको पता है कि आज से सौ साल पहले दुनिया में युवकों के विद्रोह कहीं भी नहीं थे। कोई दुनिया में नये तरह के यूथ पैदा नहीं हो गए हैं; कोई नये तरह के युवक पैदा नहीं हो गए हैं। दुनिया में युवक-विद्रोह कभी भी न था। युवकों ने कभी भी पत्थर मार कर न तो कालेज के कांच तोड़े थे, न स्कूल तोड़े थे, न आगें लगाई थीं, न बस और ट्राम जलाई थीं। न गुरुओं को, शिक्षकों को,

माता-पिताओं को इस तरह की चिंता में डाल दिया था। न समाज की सारी व्यवस्था को इस तरह अस्तव्यस्त कभी किया था। क्या बात है? युवक के भीतर कुछ नये हारमोन, कोई नई केमिस्ट्री हो गई? कोई नई बात पैदा हो गई?

युवक बिलकुल वैसे ही हैं, जैसे सदा थे। सिर्फ एक बात का फर्क पड़ा है, दुनिया से बाल-विवाह विदा हो गया। तेरह-चौदह साल में युवक कामवासना से भर जाता है। लेकिन समाज सब तरफ से रोक पैदा कर देता है। रोक पैदा कर देता है, क्रोध पैदा होता है। काम अवरुद्ध हुआ कि क्रोध पैदा हुआ। क्रोध पैदा हुआ कि विध्वंस होगा।

इसलिए सारी दुनिया में विध्वंस की लहर दौड़ गई है। युवक तोड़ रहे हैं उन चीजों को, उन्हीं चीजों को, जिनको उनके मां-बाप ने निर्मित किया उनके लिए। विश्वविद्यालय जलेंगे, बच नहीं सकते।

इसलिए अमेरिका के एक बहुत समझदार मनोवैज्ञानिक किन्से ने दस साल के अध्ययन के बाद यह कहा कि अगर दुनिया से युवक-विद्रोह खतम करना है, तो हमें बाल-विवाह पर वापस लौट जाना चाहिए।

बाल-विवाह पर कोई अमेरिकी मनोवैज्ञानिक कहेगा, वापस लौट जाना चाहिए! क्या कारण है? अगर काम अवरुद्ध होगा, तो क्रोध बनेगा। और क्रोध फिर हिंसा बनेगा, और जीवन को सब तरफ से तोड़ डालेगा।

लेकिन बाल-विवाह करने से दूसरी परेशानियां हैं। जैसे ही बाल-विवाह होना शुरू होता है, जैसे ही बच्चों का विवाह कर दिया जाए, वैसे ही उनके जीवन में क्रिएटिविटी खो जाती है; वे सृजन नहीं कर पाते। बच्चे ही पैदा करते हैं, फिर और कुछ सृजन नहीं करते। इसलिए बाल-विवाह वाले समाज आविष्कार नहीं कर पाते, वैज्ञानिक खोज नहीं कर पाते, हिमालय पर नहीं चढ़ पाते, चांद-तारों पर नहीं पहुंच पाते।

जहां बाल-विवाह होगा, वहां खोज, सृजन, क्रिएशन, सब बंद हो जाएगा। लेकिन जहां खोज होगी, क्रिएशन होगा, बाल-विवाह रुकेगा, वहां क्रोध और हिंसा की आग फैल जाएगी। फिर क्या किया जाए?

कृष्ण कुछ और ही सुझाव देते हैं। वे कहते हैं, न तो काम को खुला छोड़ देने से कोई हल है, न काम को रोक लेने से कोई हल है। काम और क्रोध दोनों वेग के अतीत, पार हो जाने में, दोनों के ऊपर उठ जाने में है। दोनों वेगों के बीच अलिप्त हो जाने में है; दोनों के साथ अनासक्त हो जाने में है।

जो व्यक्ति इस पृथ्वी पर इन दो वेगों के साथ अलिप्त होकर खड़ा हो जाता है, जिसे काम आंदोलित नहीं करता और जिसे क्रोध अग्नि की लपटों में नहीं डालता, ऐसा व्यक्ति यहां भी और परलोक में भी सुख को उपलब्ध होता है।

लेकिन हम तो दुख ही दुख को उपलब्ध होते हैं। इससे साफ समझ लेना चाहिए कि हमारी स्थिति बिलकुल प्रतिकूल होगी। हम ठीक उलटे होंगे कृष्ण के आदमी से। दुख ही दुख! दुख के जोड़ के अतिरिक्त और कुछ भी नहीं।

फ्रायड से मरते वक्त किसी ने पूछा कि तुमने जिंदगी भर इतने लोगों की मनस-चिकित्सा की। क्या तुम सोचते हो कि आदमी को मनस-चिकित्सा के द्वारा सुख तक पहुंचाया जा सकता है? ब्लिस उपलब्ध हो सकती है? फ्रायड ने जो बात कही, बहुत हैरानी की है। फ्रायड ने कहा कि नहीं; जैसा आदमी है, इस आदमी को सुख तक कभी नहीं पहुंचाया जा सकता। ज्यादा से ज्यादा सामान्य दुख तक आदमी पहुंचे, इतना इंतजाम किया जा सकता है—जनरल अनहैपिनेस! फ्रायड ने कहा, सुख तक तो किसी को नहीं पहुंचाया जा सकता। लोग बहुत दुख तक न जाएं, न्यूरोटिक अनहैपिनेस तक न जाएं; पागल न हो जाएं दुख में; साधारण बने रहें—इतने दुख तक पहुंचाया जा सकता है! जनरल अनहैपिनेस! बस, ज्यादा से ज्यादा जो हम कर सकते हैं, वह फ्रायड ने कहा, इतना कि हम इतने दुख तक आपको रोक सकते हैं, जितना सबको है।

अगर फ्रायड जैसा इस युग का मनीषी कहे कि अंतिम लक्ष्य इससे ज्यादा दिखाई नहीं पड़ता, तो हमें मनोविज्ञान के पूरे आधारों पर पुनर्विचार करना पड़ेगा। न्यूरोटिक अनहैपिनेस से हम उतार सकते हैं जनरल अनहैपिनेस तक! बस, इससे ज्यादा नहीं! इतना दुखी न होने देंगे कि आप पागलखाने चले जाओ। इतना दुखी न होने देंगे कि आत्महत्या कर लो। इतना दुखी न होने देंगे कि आप पागल

हो जाओ। बस इतना दुखी होने देंगे कि दुकान चलाते रहो, घर बच्चों को बड़ा करते रहो। इतना दुखी होने देंगे, जनरल अनहैपिनेस, जितने सभी लोग दुखी हैं। बस, इससे आगे नहीं। इससे आगे कुछ नहीं किया जा सकता।

अगर फ्रायड ऐसा कहता है, तो थोड़ा सोचने जैसा है। क्योंकि भारत के सारे मनसविद—चाहे कृष्ण, चाहे पतंजलि, चाहे कणाद, चाहे बुद्ध, चाहे महावीर, चाहे शंकर, चाहे नागार्जुन—वे सभी कहते हैं कि मनुष्य परम आनंद को उपलब्ध हो सकता है। और ऐसा वे प्रामाणिक रूप से कहते हैं, क्योंकि वे खुद उस परम आनंद में खड़े हुए हैं।

जरूर बुनियादों में कोई फर्क है, आधारभूत कोई तात्विक भेद है।

पश्चिम मानता है कि काम से आदमी मुक्त हो ही नहीं सकता। तो फिर दुख से भी मुक्त नहीं हो सकता। इतना पर्याप्त लक्ष्य है कि जनरल अनहैपिनेस रहे। ज्यादा न हो जाए; सामान्य रहे, नार्मल! पूरब मानता है कि मनुष्य काम की वासना से मुक्त हो सकता है। कैसे हो सकता है?

जब तक हमें खयाल में है कुछ गलत विधि, तब तक हम कितनी ही कोशिश करें, कोई परिणाम नहीं होगा। और कई बार ऐसा होता है कि गलत विधि पर हम वर्षों मेहनत करते रहें, श्रम बहुत करें, परिणाम कुछ न हो। ठीक चाबी हाथ में हो, तो क्षण भर में ताला खुल जाए।

सुना है मैंने, एक आदमी बहुत परेशान है। वह चिकित्सक के पास गया। वह कहता है, मेरी परेशानी यही है कि जब रात मैं बिस्तर के ऊपर सोता हूं, तो मुझे ऐसा लगता है कि बिस्तर के नीचे कोई है। फिर मैं नीचे चला जाता हूं सोने के लिए, देखता हूं, कोई नहीं है। लेकिन तब मुझे लगता है, ऊपर कोई है। फिर मैं ऊपर आता हूं, तब ऊपर किसी को नहीं पाता। पाता हूं कि अब नीचे कोई है। ऐसा रात भर मैं बिस्तर के ऊपर-नीचे होता रहता हूं। नींद मेरी नष्ट हो गई है। मैं पागल हुआ जा रहा हूं। मुझे छुटकारा दिलाओ। जानता हूं भलीभांति, नीचे जाकर पाता हूं, कोई नहीं है। लेकिन तब तक मुझे लगता है, ऊपर कोई है। अब मैं नीचे हूं, ऊपर का भरोसा कैसे करूं कि नहीं है? जाऊं, तभी पता चले। लेकिन जब तक ऊपर जाता हूं, तब तक लगता है, नीचे कोई है!

मनोवैज्ञानिक ने कहा, यह बहुत कठिन मामला है। दो वर्ष लग जाएंगे। फिर भी पक्का नहीं कहा जा सकता कि आप इस नासमझी के बाहर हो सकेंगे। कोशिश मैं करूंगा। सौ रुपए सप्ताह का खर्च होगा। हर सप्ताह दो बैठक मुझे तुम्हें देनी पड़ेंगी। और दो साल मेहनत चलेगी। उस आदमी ने कहा, इतनी मेरी आर्थिक हैसियत नहीं है। इतना लंबा इलाज मैं न करवा पाऊंगा। फिर भी मैं कोशिश करता हूं। पत्नी से जाकर बात कर लूं। कोई रास्ता बन जाए, तो मैं इलाज करवा लूं। मैं कल आपको खबर करूंगा।

लेकिन उस आदमी ने सात दिन तक कोई खबर न की। मनोवैज्ञानिक रास्ता देखता रहा। सातवें दिन उसने फोन किया कि क्या हुआ? आप आए नहीं! उसने कहा कि मैं बिलकुल ठीक हूं। हद हो गई! मेरी पत्नी ने इलाज कर दिया! मनोवैज्ञानिक ने कहा, कैसा इलाज किया होगा? क्या तुम ठीक हो गए? उस आदमी ने कहा, बिलकुल ठीक। तुम्हारी पत्नी ने क्या किया? मनोवैज्ञानिक हैरान हुआ; क्योंकि बीमारी खतरनाक थी और लंबी दिखाई पड़ती थी। उस आदमी ने कहा, मेरी पत्नी ने केवल बिस्तर के चारों पैर काट डाले; पलंग के चारों पैर काट दिए और कुछ नहीं किया। अब नीचे किसी के होने का उपाय ही नहीं रहा। अब मैं मजे से सो रहा हूं!

और मैं आपसे कहता हूं कि वह मनोवैज्ञानिक दो साल नहीं, दो सौ साल में भी उस आदमी को ठीक न कर पाता। कई बार जरा सा गलत रुख, और यात्रा कितनी ही हो, मंजिल फिर नहीं मिलती।

पश्चिम के मनोवैज्ञानिक कहते हैं, काम से मुक्त नहीं हुआ जा सकता। बस, यहां से पश्चिम की सारी जड़ सड़नी शुरू हो गई। यहीं पश्चिम बीमार पड़ गया। काम से मुक्त नहीं हुआ जा सकता, यह बात पचास साल में उन्होंने इतनी गहरी बिठा दी हर आदमी के मन में कि अब सच में ही मुक्त नहीं हुआ जाता। सेल्फ फुलफिलिंग प्रोफेसी हो गई वह। कह दिया कि नहीं हुआ जा सकता। आदमी तो चाहता ही था कि न हुआ जा सके, तो उत्तरदायित्व भी खो जाए, अपराध भी खो जाए। और अगर मैं कुछ गलत करूं, तो मैं कह सकूं, यह तो मनुष्य का स्वभाव है, कोई उपाय नहीं है, क्या कर सकता हूं!

लेकिन पूरब कहता है, काम से मुक्त हुआ जा सकता है। और आज नहीं कल पश्चिम को पूरब से इस सूत्र को पुनः सीखना ही पड़ेगा। अन्यथा पश्चिम मरेगा, अपनी ही नासमझी में दबकर मर जाएगा।

पूरब कहता है, हुआ जा सकता है। कृष्ण कहते हैं, हो जाया जा सकता है, हो सकते हो अर्जुन। कैसे?

जब तक भी मुझे अपने भीतर के आनंद का कोई पता नहीं है, तब तक स्वभावतः मैं दूसरे से सुख पाने पर निर्भर रहूंगा। जब तक मुझे भीतर कोई रस आता ही नहीं; जब तक आंख बंद करता हूं, भीतर कोई शांति, कोई आनंद की झलक नहीं मिलती—तब तक मैं किसी और के पास जाऊंगा कि कोई मुझे सुख दे दे।

और मजे की बात तो यह है कि जिसके पास मैं जाऊंगा, वह भी मेरे पास इसीलिए आया है कि मैं उसे सुख दे दूं! और दो भिखारी एक-दूसरे के सामने भिक्षापात्र रखकर बैठ जाएं, तो कुछ हल होने वाला है? कोई हल होने वाला नहीं है। हम सब ऐसे ही भिखारी हैं।

मैं किसी से सोचता हूं कि इससे मिलेगा सुख; उसके पीछे दौड़ता हूं। वह भी मेरे पीछे इसलिए दौड़ रहा है कि मुझसे मिलेगा सुख! हम दोनों लेने की तलाश में हैं, और दोनों के पास देने को नहीं है। देने को होता, अगर मेरे पास किसी को सुख देने को होता, तो सबसे पहले तो मैं ले लेता। अगर मेरे घर में कुआं होता और मैं प्यास अपनी बुझा सकता, तो मैं दूसरे की प्यास भी बुझाने के लिए कुएं पर बुला लेता। लेकिन मेरे घर में कुआं नहीं, मैं प्यासा मरा जा रहा हूं; और एक दूसरे आदमी के पीछे चल रहा हूं, इस आशा में कि उससे मेरी प्यास बुझ जाएगी! वह खुद भी मेरे घर इसीलिए आया हुआ है कि उसकी प्यास मुझसे बुझ जाएगी। न उसके घर कुआं है, न मेरे घर कुआं है! हम दोनों एक-दूसरे को धोखा दे रहे हैं।

मैं उसे ऐसा दिखाने की कोशिश कर रहा हूं कि मैं तुझे सुख दूंगा, क्योंकि इस तरह का आश्वासन अगर मैं न दिलाऊं, तो उससे मुझे सुख मिलने का रास्ता

नहीं बनेगा। वह मुझे धोखा दे रहा है कि मैं तुम्हें सुख दूंगा। वह भी इसीलिए धोखा दे रहा है, क्योंकि अगर वह ऐसा आश्वासन न दे, तो मुझसे सुख न पा सकेगा। और हम दोनों एक-दूसरे को धोखा दे रहे हैं।

इस जगत में हम सब एक-दूसरे को धोखा दे रहे हैं इस बात का कि सुख लिया—दिया जा सकेगा। वह संभव नहीं है। जिसके पास भीतर सुख नहीं है, वह किसी को दे नहीं सकता। जो हमारे पास है, वही हम दे सकते हैं। और जो हमारे पास है, वह देने के पहले हमें मिल गया होता है।

इस जगत में वह आदमी सुख दे सकता है, जिसके पास है। लेकिन हमारे पास तो कोई सुख नहीं है। काम से केवल वही व्यक्ति मुक्त होगा, जिसे आनंद के अंतर-स्रोत उपलब्ध हो जाएं, अन्यथा मुक्त नहीं होगा।

तो जब कृष्ण कहते हैं, काम और क्रोध से मुक्त हो जाता है जो, तो उसका अर्थ ही यह है। उसका अर्थ ही यह है कि जब भी मन में काम उठे—तो काम एक ऊर्जा है, एनर्जी है, बड़ी शक्ति है। इसीलिए तो प्रकृति काम-ऊर्जा को संतति के लिए, जन्म के लिए उपयोग में लाती है। बड़ी शक्ति है, विराट शक्ति है काम। जब काम उठे, आपके भीतर जब वासना उठे, किसी से सुख लेने की इच्छा उठे, तब आंख बंद करके दूसरे को भूल जाना और आपके ही भीतर वह ऊर्जा कहां उठ रही है, उस बिंदु पर ध्यान करना।

स्वभावतः, साधारणतः सेक्स सेंटर से ऊर्जा उठती है और बाहर फैल जाना चाहती है। यदि कोई व्यक्ति, जिस क्षण सेक्स की कामना मन को घेर ले, आंख बंद करके अपने सारे ध्यान को सेक्स के सेंटर पर ले जाए, तो दो क्षण में पाएगा कि काम की वासना तिरोहित हो गई। दो क्षण में! इससे ज्यादा वक्त नहीं लगेगा। और जैसे ही काम की वासना तिरोहित होगी, जो ऊर्जा उठ गई, उसका क्या होगा?

ऊर्जा सदा उपयोग में आती है। उठ जाए तो, कुछ न कुछ उपयोग होता है। जो शक्ति जाग गई, उसका क्या होगा? अब बाहर जाने का कोई मार्ग न रहा, तो शक्ति भीतर जाना शुरू हो जाती है। उस शक्ति के बहाव का नाम कुंडलिनी है।

उस शक्ति के भीतर बहने का नाम कुंडलिनी है। सेक्स के, यौन के केंद्र से शक्ति उठती है और रीढ़ के मार्ग से ऊपर की तरफ बहनी शुरू हो जाती है। जैसे कोई सर्प उठता हो।

यौन के केंद्र पर शक्ति का संग्रह है। या तो वहां से बाहर चली जाएगी, या वहां से भीतर चली जाएगी। वह द्वार है। अगर बाहर गई, तो या तो विषाद बनेगी, या क्रोध बनेगी। अगर भीतर गई, तो ठीक उलटी घटना बनेगी। अगर अवरुद्ध हो जाए, तो क्षमा बनेगी, जैसे बाहर अवरुद्ध होने से क्रोध बनती है। अगर भीतर अवरुद्ध हो जाए, तो क्षमा बनेगी। और जैसे बाहर पूरे होने से विषाद बनती है, अगर भीतर पूरी हो जाए, तो आनंद बनेगी।

खयाल रख लें, बाहर ऊर्जा जाए, पूरे लक्ष्य तक पहुंच जाए, तो विषाद फल बनेगा। भीतर उठे, और सहस्रार तक पहुंच जाए ऊपर तक, तो आनंद फलित होगा। अगर बाहर रुकावट बन जाए, तो क्रोध बनेगी; अगर भीतर कहीं रुकावट बन जाए, तो क्षमा बनेगी।

लेकिन हम तो बाहर से ही परिचित हैं। हम बाहर से ही परिचित हैं, हमें भीतर का कोई खयाल नहीं है।

कृष्ण क्यों इस बात को स्पष्ट नहीं कह रहे हैं, यह भी सोचने जैसा है। कृष्ण को अर्जुन को बताना चाहिए कि तू काम-केंद्र पर, सेक्स सेंटर पर ध्यान को केंद्रित कर। यह अर्जुन से कृष्ण क्यों नहीं कह रहे हैं? मैं इसे क्यों कह रहा हूं आपसे? उसका कारण है।

इस देश की एक व्यवस्था थी ब्रह्मचर्य आश्रम की। सारे बच्चे, जो भी गुरु के पास ब्रह्मचर्य के काल में आश्रम में रहते थे, उन सबको अनिवार्य रूप से सेक्स सेंटर पर ध्यान करना सिखा दिया जाता था। ब्रह्मचर्य की साधना ही थी वह। यह सामान्य ज्ञान की बात थी, इसलिए कृष्ण को इसे विशेष रूप से कहने की कोई जरूरत नहीं है। इतना ही वे कह सकते हैं कि अर्जुन, काम और क्रोध से जो मुक्त हो जाता है, वह इस पृथ्वी पर सुख को और उस लोक में भी आनंद को उपलब्ध होता है।

आपसे मुझे विस्तार से कहने की जरूरत है, क्योंकि वह जो ब्रह्मचर्य के आश्रम का काल था, वह हमारी जिंदगी से बिलकुल काट कर फेंक दिया गया है। हम गृहस्थ ही शुरू होते हैं, जो कि बहुत ही बेहूदी बात है। बच्चा भी गृहस्थ की तरह शुरू होता है, जो कि बड़ी गलत शुरुआत है। जीवन के सुनिश्चित आधार रखे ही नहीं जाते।

अर्जुन को भलीभांति पता है कि काम की ऊर्जा कैसे अंतर्प्रवाहित होती है, इसलिए उसको उल्लेख नहीं किया है। वह सभी को पता था। उसका उल्लेख करने की कोई जरूरत न थी। वह सामान्य ज्ञान था। वह ऐसा ही सामान्य ज्ञान था, जैसे मैं आपसे कहूं कि जाओ, कार ले जाओ। तो यह सामान्य ज्ञान है कि पेट्रोल डला लेना। इसको कहने की कोई जरूरत न पड़े। पेट्रोल न हो, तो कार नहीं जाएगी, यह सामान्य ज्ञान की बात है।

ठीक ऐसे ही जीवन की ऊर्जा भीतर कैसे यात्रा करती है, उसके मेडिटेशन की विधि सबको ज्ञात थी। वह हर बच्चे को जन्म के बाद पहली चीज थी। जैसे ही बच्चा होश में भरता, जो पहली चीज हम सिखाते थे, वह ब्रह्मचर्य था। जो पहला पाठ हम देते थे उसके जीवन में, वह ब्रह्मचर्य था। क्योंकि वही सबसे बड़ा पाठ है, जो जीवन की ऊर्जा को काम से हटाकर राम की तरफ ले जाता है।

काम है दूसरे पर निर्भरता, राम है स्वनिर्भरता। काम है बहिर्गमन, राम है अंतर्गमन। काम और राम के बीच हमारे सारे जीवन का आंदोलन है। जो बाहर ही दौड़ रहा है, उसे काम ही काम सुनाई पड़ता है। जो भीतर दौड़ रहा है, उसे राम ही राम सुनाई पड़ता है।

जैसे मैंने आपसे कही उस आदमी की बात—रूमाल गिराया, तो उसने कहा, आइ एम रिमाइंडेड ऑफ सेक्स। अगर किसी भक्त को, किसी साधक को रूमाल गिराओ, और पूछो कि किस चीज का स्मरण आया? वह कहेगा, राम का। घंटी बजाओ; पूछो, किस चीज का स्मरण आया? वह कहेगा, राम का। किताब खोलो; पूछो, किस चीज का स्मरण आया? वह कहेगा, राम का।

स्वामी रामतीर्थ हिंदुस्तान जब वापस लौटे, तो सरदार पूर्णसिंह नाम के एक बहुत विचारशील व्यक्ति उनके पास रात को रुकते थे। एक दिन बड़े हैरान

हुए। कमरे में कोई नहीं है। राम सोते हैं। पूर्णसिंह जाग गए हैं। कमरे में राम की ध्वनि आ रही है। और राम तो सोए हुए हैं। कमरे के बाहर जाकर पूर्णसिंह चक्कर लगा आए; कोई नहीं है। कहीं से कोई आवाज नहीं है। जितना कमरे से दूर गए, आवाज कम होती चली गई। कमरे में वापस लौट कर आए। रात के दो बजे हैं। जैसे कमरे के पास आए, आवाज बढ़ने लगी। तब अचानक उन्हें खयाल आया कि आवाज कहीं रामतीर्थ के पास से आ रही है। वे जितने पास आए, हैरान हो गए।

रामतीर्थ सो रहे हैं। नींद लगी है। रामतीर्थ के हाथ पर कान रखकर देखा, तो आवाज आ रही है, राम, राम। पैर पर कान रखकर देखा, तो आवाज आ रही है, राम, राम। बहुत घबड़ा गए कि यह क्या हो रहा है! शरीर आवाज दे रहा है! रोआं-रोआं आवाज दे रहा है!

संभव है। बिलकुल संभव है। शरीर बहुत संवेदनशील यंत्र है। जब आप कामवासना से भरे होते हैं, तब भी रोआं-रोआं खबर देता है, काम, काम। कामवासना से भरे हुए आदमी का हाथ छुएं। हाथ खबर देता है, काम। कामवासना से भरे आदमी की आंख में आंख डालें; खबर आती है, काम। कामवासना से भरे आदमी को कहीं से भी टटोलें; खबर आती है, काम।

राम से भी इतना ही भरा जा सकता है। और जब ऊर्जा अंतर्यात्रा बन कर सहस्त्रार पर पहुंच कर अंतर्गूंज पैदा करती है, अंतर्नाद पैदा करती है, तो उस व्यक्ति ने जिस शब्द का भी उपयोग करके यह यात्रा की हो—कृष्ण का, या राम का, या क्राइस्ट का, या अल्लाह का—वह शब्द उसके रोएं-रोएं से प्रस्फुटित होने लगता है; गूंजने लगता है। और जिनके पास सुनने के कान हैं, वे सुन सकते हैं। बड़े सूक्ष्म कान चाहिए।

अब अभी कहा गया आपको, एलिजाबेथ, जिसने कल रात ग्यारह बजे जाकर संन्यास लिया, वह कल यहां धुन में खड़ी थी। स्वभावतः, जैसा अमेरिकन दिमाग होता है, स्केप्टिकल है। परसों सुबह ही उसने मुझसे बात की कि मैं श्रद्धा बिलकुल नहीं कर सकती। मुझे तो बड़े संदेह उठते हैं। और भारतीय दिमाग से

मेरा कोई तालमेल नहीं बैठता। मुझे तो रेशनल, बुद्धिगत कोई बात समझ में आनी चाहिए। ये संन्यासी नाच रहे हैं, ये सब कर रहे हैं, यह मुझे बहुत अजीब लगता है। स्वभावतः! यह मुझे ठीक नहीं लगता। मैं नाच नहीं सकती हूं। कठोर थी परसों सुबह।

मैंने उससे कहा कि ठीक है। कोई चिंता मत कर। तू खड़े होकर देख। नाच मत। खड़े होकर सिर्फ देख। और दूसरे के लिए जजमेंट मत ले कि दूसरे क्या कर रहे हैं, क्योंकि दूसरे के भीतर हम प्रवेश नहीं कर सकते हैं। उसके भीतर क्या हो रहा है, हमें कुछ पता नहीं है।

परसों रात वह खड़ी रही, देखती रही। कल रात भी खड़ी होकर देखती रही। फिर अचानक कब उसकी ताली बजने लगी, उसे पता नहीं। फिर वह कब डोलने लगी, उसे पता नहीं। और कब यह नृत्य उसके लिए मिट गया और सिर्फ प्रकाश ही प्रकाश यहां शेष रह गया...।

रात ग्यारह बजे जब मेरे पास गई, तो उसे रोका गया कि इतनी रात नहीं, अब मैं सोने को हूं। उसने कहा कि इसी वक्त मुझे संन्यास लेना है। क्योंकि कल सुबह का क्या भरोसा? जो मुझे अनुभव हुआ है, मुझे इसी वक्त छलांग लगा देनी चाहिए। जो मैंने देखा है...।

वह मुझसे आकर बोली कि मुझे कुछ हुआ है, जो अनबिलीवेबल है; मैं अभी भी विश्वास नहीं कर सकती। क्योंकि मेरा दिमाग स्केप्टिकल, अभी भी मौजूद है। वह पीछे खड़ा है और कह रहा है कि ऐसा हो नहीं सकता। मेरा दिमाग कह रहा है, ऐसा हो नहीं सकता। लेकिन हुआ है, यह भी मैं जानती हूं। दोनों बातें एक साथ हैं। घटना घटी है, वह भी मैंने देखा। नहीं हो सकता है, यह भी मेरा दिमाग कहता है। लेकिन अगर किसी और को हुआ होता, तो मैं इनकार कर देती। अब इनकार करने का भी कोई उपाय नहीं है।

आप भी देखते हैं। नहीं देख पाते हैं। इतने लोग इकट्ठे हैं। एक को जो हुआ है, वह सब को हो सकता है; सबकी पोटेंशियलिटी है। लेकिन देखने वाली आंख, सुनने वाले कान तैयार होने चाहिए।

आज मैं कहूंगा कि जरा देखें! शांत, मौन, सिर्फ देखते रहें। जल्दी न करें। कितनी जल्दी है भागने की! पांच मिनट बाद सही। मौन। हो सकता है, जो उसे हुआ, वह आपको हो जाए। हो सकता है, आपको भी यहां नाचते हुए संन्यासियों के शरीर में ध्वनियां सुनाई पड़ने लगें। और उनके नृत्य की झलक के साथ प्रकाश दिखाई पड़ने लगे।

वह सब घटित हो रहा है। चारों तरफ परमात्मा हजार तरह से प्रकट होता है। लेकिन हम! हम अपने भीतर खोए रहते हैं—बहरे, अंधे। हमें कुछ सुनाई नहीं पड़ता। राम भी सुनाई पड़ सकता है, भीतर ऊर्जा जागी हो तो।

कभी आपने खयाल किया, संभोग के बाद स्त्री-पुरुष दोनों के शरीर से खास तरह की दुर्गंध निकलनी शुरू हो जाती है। लोग कहते हैं कि महावीर चलते, तो उनके शरीर से सुगंध निकलती। बिलकुल निकल सकती है।

जब शरीर की ऊर्जा बाहर जाती है, तो शरीर को दुर्गंध की स्थिति में छोड़ जाती है। और जब शरीर की ऊर्जा भीतर जाती है, तो शरीर को सुगंध की स्थिति में छोड़ जाती है।

ठीक बाहर जाती ऊर्जा से जो परिणाम होते हैं, उसके ठीक विपरीत भीतर जाती ऊर्जा से परिणाम होते हैं। बाहर है दुख; भीतर है सुख।

कृष्ण कहते हैं, इस पृथ्वी पर भी उस योगी को आनंद है; परलोक में उसकी मुक्ति है।

योऽन्तःसुखोऽन्तरारामस्तथान्तर्ज्योतिरेव यः।
स योगी ब्रह्मनिर्वाणं ब्रह्मभूतोऽधिगच्छति।।24।।

जो पुरुष निश्चय करके अंतरात्मा में ही सुख वाला है और आत्मा में ही आराम वाला है तथा जो आत्मा में ही ज्ञान वाला है, ऐसा वह ब्रह्म के साथ एकीभाव हुआ सांख्ययोगी ब्रह्म-निर्वाण को प्राप्त होता है।

जो आत्मा में ही विश्राम में जीता है, जो आत्मा में ही आनंद को अनुभव करता है, जो आत्मा में ही ज्ञान को पाता है, जिसके जीवन का सब कुछ उसकी आत्मा है! इसे दो-तीन मार्गों से खयाल में लेना जरूरी है।

हमारा सब कुछ सदा ही आत्मा के बाहर होता है। सुख, बाहर; ज्ञान, बाहर। कोई देगा, तो हमें मिलेगा। कोई नहीं देगा, तो हम अज्ञानी रह जाएंगे। युनिवर्सिटी, कालेज ज्ञान देंगे, तो हम ज्ञानी हो जाएंगे। इसीलिए तो सारी दुनिया पढ़े-लिखे अज्ञानियों से भरती चली जाती है!

दूसरे से मिलेगा—चाहे ज्ञान हो, चाहे सुख हो, चाहे शांति हो—दूसरे से मिलेगी। सब कुछ आएगा सदा दूसरे से। अपने भीतर कुछ भी नहीं है। तो हम बिलकुल खाली हैं? कोई कंटेंट नहीं भीतर! कंटेनर हैं, सिर्फ एक डब्बा हैं खाली, जिसके भीतर कुछ भी नहीं है! भिक्षापात्र हैं! दूसरे जो डाल देंगे, वही भर जाएगा; वही हमारी संपदा है! तो दूसरे कहां से ले आएंगे? वे भी खाली हैं। वे भी हमारे जैसे ही रिक्त डब्बे हैं। तो फिर हम एक-दूसरे को प्रवंचना देते रहते हैं।

न तो दूसरे से मिलता है सुख, न दूसरे से मिलता है ज्ञान। दूसरे से मिल सकता है सुख का आभास, और अंततः दुख। दूसरे से मिल सकती हैं सूचनाएं, अंततः अज्ञान को छिपाने वाली; और कुछ भी नहीं। इनफर्मेशन मिल सकती है दूसरे से, नालेज नहीं।

कोई विश्वविद्यालय ज्ञान नहीं दे रहा है। सब विश्वविद्यालय सिर्फ नालेज की जगह इनफर्मेशन, सूचनाएं दे रहे हैं। ज्ञान बड़ी आंतरिक घटना है। सूचना बाहर से मिलती है, ज्ञान भीतर से आता है। आभास बाहर खड़े किए जा सकते हैं, वास्तविक सुख का कोई अनुभव बाहर नहीं होता है। कभी नहीं हुआ; कभी हो भी नहीं सकता है।

बाहर से मिलता है तनाव, टेंशन; विश्राम नहीं, विराम नहीं। कृष्ण कहते हैं, आत्मा को ही जिसने आराम जाना! बाहर से सिवाय तनाव के और कुछ भी नहीं मिलता। और अगर तनाव बहुत बढ़ जाएं, तो निद्रा मिल सकती है, और कुछ भी नहीं मिल सकता। रोज तनाव बढ़ते जाते हैं, विश्राम खोता चला जाता है। टेंशंस बढ़ते चले जाते हैं, इकट्ठे होते चले जाते हैं। एक-एक आदमी हिमालय जैसे टेंशंस, तनाव अपने सिर पर लिए चल रहा है।

तनाव बहुत बढ़ जाते हैं, अब क्या करना? इन तनावों के बीच कैसे जीना? तो बाहर से तनाव को भुलाने की तरकीबें मिल सकती हैं; केमिकल

ड्रग्स मिल सकते हैं, शराब मिल सकती है, एल एस डी मिल सकती है, मेस्कलीन मिल सकती है, मारिजुआना मिल सकता है। फिर बाहर से केमिकल ड्रग्स मिल सकते हैं कि पी लो इनको और नींद में खो जाओ; डूब जाओ अंधेरे में।

बाहर से मिल सकते हैं तनाव, और विश्राम के नाम पर मिल सकती है निद्रा। टूटेगी निद्रा, तनाव वापस दुगुने वेग से खड़े हो जाएंगे। दुगुने वेग से क्यों? क्योंकि निद्रा की इस रासायनिक मूर्च्छा के बाद आप कमजोर होकर वापस आएंगे। तनाव तो वही रहेंगे, लेकिन आप कमजोर होकर वापस आएंगे। तनाव दुगुनी ताकत के हो जाएंगे, आप और कमजोर हो जाएंगे। फिर एक ही उपाय है कि और पीओ शराब।

एक शराबी कहा करता था कि मैंने कभी एक प्याली से ज्यादा शराब नहीं पी। जो मित्र उसको जानते थे, उन्होंने कहा, हमसे झूठ बोलते हो? आंखों से हमने देखा है तुम्हें प्यालियों पर प्याली ढालते! उसने कहा, मैंने एक प्याली से ज्यादा कभी नहीं पी। मैं यह बाइबिल पर हाथ रखकर कसम खाकर कह सकता हूं। मित्रों को भरोसा न हुआ! बाइबिल उठा लाया। उसने बाइबिल पर हाथ रखकर कसम खा ली, एक प्याली से ज्यादा मैंने कभी नहीं पी। उन मित्रों ने कहा, हद हो गई! झूठ की भी एक सीमा होती है! तुम बाइबिल को भी झूठ में घसीट रहे हो। आज सांझ को देखेंगे।

सांझ को देखा, जैसा कि वह रोज पीता था, प्याली पर प्याली ढालता गया। मित्रों ने कहा, यह क्या कर रहे हो? उसने कहा, मैं फिर भी कहता हूं कि मैंने एक प्याली से ज्यादा नहीं पी। उन्होंने कहा, तुम्हारा मतलब क्या है? तब इसका मतलब है कि हमारी भाषाएं अलग-अलग हैं! उस आदमी ने कहा, निश्चित। एक प्याली तो मैं पीता हूं, फिर दूसरी प्याली पहली प्याली पीती है। फिर एड इनफिनिटम, फिर तीसरी प्याली चौथी प्याली पीती है। फिर चौथी प्याली पांचवीं प्याली! मैं एक ही प्याली पीता हूं। बाकी प्याली के लिए मेरा कोई जिम्मा नहीं। मैं तो कसम खाकर आता हूं कि एक से ज्यादा न

पीऊंगा। लेकिन कसम खाने वाला एक पीकर ही बेहोश हो जाता है। फिर प्याली पर प्याली पीती चली जाती हैं।

आज मूर्च्छा में खोएंगे, कल और बड़ी मूर्च्छा चाहिए, परसों और बड़ी मूर्च्छा चाहिए; प्याली पर प्याली बढ़ती चली जाएगी।

तनाव मिलते हैं बाहर से, विश्राम नहीं। या मिल सकती है तंद्रा, जो कि विश्राम नहीं है, जो कि केवल मूर्च्छा है। विश्राम तो आंतरिक घटना है, विराम, सब ठहर गया जहां। शांत, जैसे झील पर लहर न हो। आकाश, जहां कि बदलियां न हों। निरभ्र आकाश। सब चुप, मौन। होश पूरा, शांति भी पूरी। ऐसे विराम के क्षण तो भीतर ही हैं।

कृष्ण कहते हैं, सुख जिसने जाना भीतर, विश्राम जिसने जाना भीतर, ज्ञान जिसने जाना भीतर, ऐसा पुरुष ही सांख्य का ज्ञानयोगी है। ऐसा पुरुष ही ज्ञानयोगी है।

तीन चीजों पर जोर देते हैं वे। कारण है। तीन ही तरह की चीजें हैं, जो हम चाहते हैं। या तो सुख चाहते हैं। कुछ लोग हैं, जो सुख के लिए दौड़ते रहते हैं। कुछ लोग हैं, जो सुख से भी ज्यादा ज्ञान चाहते हैं।

एक वैज्ञानिक है। सब तरह के दुख झेलता है। सब तरह की पीड़ा झेलता है। बीमारियां अपने ऊपर बुला लेता है कि बीमारियों को मिटाने की तरकीब खोज ले। जहर चख लेता है कि जहर का पता चल जाए कि आदमी मरता है कि नहीं मरता है। सुख से भी ज्यादा ज्ञान की तलाश है।

कुछ लोग हैं, जो सुख की खोज में हैं। कुछ लोग हैं, जो ज्ञान की खोज में हैं। कुछ लोग विश्राम की खोज में हैं। सुख के खोजी, हम जिनको संसारी कहते हैं, ऐसे सारे लोग सुख के खोजी हैं। जिनको हम विचारक, वैज्ञानिक, कलाकार, इस कोटि में रखते हैं—दार्शनिक, चिंतक—ये सारे के सारे लोग ज्ञान के खोजी हैं। जिनको हम कहते हैं, साधु, संत, मिस्टिक्स, ये सब के सब विश्राम के खोजी हैं। बस, ये तीन तरह के खोजी हैं इस जगत में। लेकिन इसीलिए कृष्ण ने तीन गिनाए कि इन तीनों की भूल हो जाए, अगर ये बाहर खोजें।

भीतर खोज शुरू हो जाए—तो कोई सुख को खोजता हुआ भीतर पहुंच जाए तो भी चलेगा, ज्ञान को खोजता हुआ पहुंच जाए तो भी चलेगा, विश्राम को खोजता हुआ पहुंच जाए तो भी चलेगा।

जान लें आपकी खोज क्या है तीन में से। जो भी खोज हो, फिर यह देख लें कि उसको बाहर खोज रहे हैं, तो भ्रांत है खोज। भटकेंगे। कभी पहुंचेंगे नहीं कहीं। यात्रा बहुत होगी, नाव बहुत चलेगी, किनारा कभी नहीं आएगा। पैर बहुत दौड़ेंगे, थक जाएंगे, मंजिल कभी नहीं आएगी; मुकाम कभी नहीं आएगा। मुक़ाम तो केवल उनको मिलता है, जो स्वयं को एक खाली डब्बे की तरह नहीं मानते हैं। और स्वयं को खाली डब्बे की तरह, एंप्टी मानने से बड़ा अपमान और हीनता कुछ भी नहीं है।

धर्म मनुष्य की बड़ी गरिमा की घोषणा करता है। धर्म कहता है, तुम जो भी चाहते हो, वह तुम्हारे भीतर है। और इस कारण से भी कहता है कि अगर तुम्हारे भीतर न होता, तो तुम चाह भी न सकते थे। इस बात को भी ठीक से समझ लेना चाहिए।

अगर मनुष्य के भीतर विश्राम की क्षमता और संभावना न हो, तो मनुष्य विश्राम की मांग भी नहीं कर सकता था। हम वही मांगते हैं, जो हमारे भीतर पोटेंशियल छिपा है और एक्चुअल होना चाहता है। जो हमारे भीतर बीज की तरह बंद है और वृक्ष की तरह खुलना चाहता है। हमारी सब मांगें हमारे बीज की मांगें हैं, जो वृक्ष होना चाहती हैं। हमारी सब मांगें हमारी संभावनाओं की मांगें हैं, जो वास्तविक होने के लिए आतुर हैं।

जैसे एक बीज को गड़ा दिया जमीन में। वह आतुर है। पत्थर को हटा देगा। जमीन को तोड़ेगा। बाहर फूट कर निकलेगा। अंकुर बनेगा। आकाश की तरफ उठेगा। सूरज में खिलेगा फूल की तरह। वह परेशान है भीतर। और जब तक बीज न टूट जाए और अंकुर न बन जाए, तब तक परेशानी नहीं मिटेगी।

जैसे एक अंडा है और एक मुर्गी का चूजा उसमें बंद है। तो चूजा परेशान है। तोड़ेगा अंडे को आज नहीं कल, बाहर निकलेगा खुले आकाश में। एक बच्चा एक मां के पेट में बंद है। तैयार हो रहा है कि कब बाहर निकल पड़े। मां के

पेट में गति है, मूवमेंट है। पूरे वक्त मां को पता है कि कोई जीवन भीतर विकसित हो रहा है। उसकी बेचैनी है।

ठीक ऐसे ही प्रत्येक व्यक्ति की आत्मा प्रत्येक व्यक्ति को अंडे की तरह बनाए हुए भीतर बेचैन है। प्रकट होना चाहती है। आनंद को पाना चाहती है। ज्ञान को पाना चाहती है। शांति को पाना चाहती है। विश्राम को पाना चाहती है। स्वतंत्रता को पाना चाहती है। यह भीतर की जो मांग है, यह इस बात की खबर है कि वह जो अंडे में बंद है चूजा, उसके पास पंख हैं। वह खुले आकाश में उड़ सकता है। वह पत्थरों में पड़े रहने को पैदा नहीं हुआ है। अंडा पड़ा है पत्थरों के बगल में। जब बगल में अंडा पड़ा होता है, तो पत्थर और अंडे में क्या फर्क मालूम पड़ता है! कुछ फर्क नहीं है। लेकिन बहुत फर्क है। अंडे के भीतर कोई छिपा है, जिसमें पंख निकल आएंगे, जो दूर आकाश की यात्रा पर भी उड़ सकता है।

हम सबके भीतर भी कुछ छिपा है, जिसमें पंख लग सकते हैं; जो उड़ सकता है; जिसकी बड़ी संभावनाएं हैं। उन बड़ी संभावनाओं में तीन पर कृष्ण ने आग्रह किया। उन तीन में बाकी सब संभावनाएं समाविष्ट हो जाती हैं।

खोजें सुख को, तो ध्यान रखना, अगर बाहर खोजा, तो कभी मिलेगा नहीं। भीतर छिपा है। खोजा ज्ञान को बाहर, तो इनफर्मेशन इकट्ठी हो जाएगी, पंडित हो जाएंगे, पांडित्य हो जाएगा। जानेंगे सब, और कुछ भी न जानेंगे। लगेगा सब जानते हैं, और हाथ में सिवाय शब्दों की राख के कुछ भी न होगा। लगेगा कि सब पता चल गया, और सिवाय शास्त्रों के नीचे दबे हुए जानवर की भांति स्थिति होगी। बोझ ढोएंगे, और कुछ भी नहीं होगा।

सोचा कि मिलेगा बाहर विश्राम, बहुत बड़े महल में मिलेगा। महल बन जाएगा। विश्राम जितना महल बनने के पहले था, उससे भी कम हो जाएगा। क्योंकि महल बनाने में जितने तनाव अर्जित करने पड़ेंगे, वे कहां जाएंगे! महल में नहीं जाएंगे, आप में चले जाएंगे। सोचा कि बहुत धन-दौलत होगी, तब विश्राम करेंगे। तो बहुत धन-दौलत बनाने में जो तनाव लेने पड़ेंगे, वे तनाव कहां जाएंगे? धन-दौलत बाहर इकट्ठी हो जाएगी; तनाव भीतर इकट्ठे हो जाएंगे। जब तक धन-दौलत हाथ में आएगी, तब तक तनाव इतने हो जाएंगे कि किसी मतलब की न रह जाएगी।

यह बड़े मजे की बात है। जिनके पास खाने को नहीं है, उनके पास पेट होता है, जो पचा सकता है। और जिनके पास खाने को है, उनके पास पेट नहीं होता, जो पचा सकता है। जिनके पास गहरी नींद है, उनके पास सिरहाने तकिया नहीं होता। और जिनके पास सुंदर तकिए आ जाते हैं, उनकी नींद खो जाती है। चमत्कार है! मगर ऐसा ही होता है; बिलकुल ऐसा ही होता है। क्यों ऐसा होता है?

ऐसा होता इसलिए है कि जिसे हम खोजने निकले, वह मार्ग, वह दिशा, वह आयाम गलत था। जिसे हमने खोजा, गलत माध्यम और गलत साधन से खोजा। कोई आदमी तनाव का अभ्यास करके विश्राम को नहीं पा सकता। यह बिलकुल बेहूदी बात है, एब्सर्ड है, इल्लाजिकल है, तर्कसंगत भी नहीं है। आपका अभ्यास इतना ज्यादा हो जाएगा कि फिर रुकिएगा कैसे?

एक आदमी कहता है कि हमें विश्राम करना है, तो हम पहले सौ मील की दौड़ दौड़ेंगे। फिर तभी तो विश्राम करेंगे, सौ मील के बाद जो वृक्ष है, उसके नीचे विश्राम करेंगे। लेकिन सौ मील तक दौड़ने वाला आदमी अक्सर तो सौ मील के वृक्ष तक पहुंच नहीं पाता, बीच में ही टूट कर मर जाता है। और अगर कभी पहुंच भी जाए, तो दौड़ने की ऐसी आदत मजबूत हो जाती है कि फिर वह वृक्ष के चक्कर लगाता है। वह कहता है, अब बैठें कैसे? पैरों का अभ्यास भारी हो गया, अब बैठते बनता नहीं! अब वह दौड़ता है। जिस वृक्ष की छाया में सोचा था कि पहुंच कर विश्राम करेंगे। अनेक तो पहुंच नहीं पाते, पहले ही टूट जाते हैं। इतना तनाव झेल नहीं पाते। जो पहुंच जाते हैं, वे भी अभागे सिद्ध होते हैं। पहुंच कर वृक्ष का चक्कर लगाते हैं! अभ्यास मजबूत हो गया। अभ्यास को छोड़ना बड़ा कठिन है। अब अभ्यास को हटाओ; अब इस अभ्यास के विपरीत अभ्यास करो।

जिस व्यक्ति ने भी, जिस तरह का संस्कार अर्जित कर लिया, उसे छोड़ना रोज कठिन होता चला जाता है। रोज-रोज कठिन होता चला जाता है। हम सब अपने-अपने अर्जित संस्कारों में ग्रस्त हो जाते हैं। पहले सोचा कि धन मिलेगा, फिर आनंद से मौज करेंगे। लेकिन धन कमाते वक्त मौज पर रोक लगानी पड़ती है, नहीं तो धन इकट्ठा नहीं हो पाएगा। धन कमाना है अगर और

बचाना है मौज के लिए, तो कंजूस होना पड़ेगा, कृपण होना पड़ेगा। एक-एक दमड़ी पकड़नी पड़ेगी जोर से।

फिर चालीस-पचास साल दमड़ी पकड़ते-पकड़ते करोड़ इकट्ठे हो जाएंगे। लेकिन तब तक दमड़ी पकड़ने वाला आदमी भी काफी मजबूत हो जाएगा। और जब करोड़ पास में आएंगे और आपका मन कहेगा कि ठीक, आ गई मंजिल; अब जरा मजा करें। तब वह दमड़ी पकड़ने वाला मन कहेगा, क्या कह रहे हो! प्राण निकल जाएंगे मेरे। एक-एक दमड़ी तो बचाई मैंने।

ये जिंदगी के कंट्राडिक्शंस हैं। अनिवार्य हैं।

मैंने सुना है कि जर्मनी में एक बहुत बड़ा पंडित था। उसने जिंदगी में सारी दुनिया के शास्त्र इकट्ठे किए। बहुत शास्त्र हैं दुनिया में, उसने सारे धर्मों के शास्त्र इकट्ठे किए। उसके मित्रों ने कहा भी कि तुम पढ़ोगे कब? उसने कहा कि पहले मैं सब इकट्ठा कर लूं। क्योंकि मैं पढ़ने में लग जाऊंगा, फिर इकट्ठा कौन करेगा? पहले मैं सब इकट्ठा कर लूं, निश्चिंत होकर ताला बंद करके फिर पढ़ने में लग जाऊंगा।

वह इकट्ठा करता रहा। उसकी लाइब्रेरी बड़ी होती चली गई, बड़ी होती चली गई। कहते हैं, उसके पास इतनी किताबें इकट्ठी हो गईं कि अगर जमीन पर एक के बाद एक किताब रखी जाए, तो एक चक्कर पूरा का पूरा लग जाए पूरी जमीन का। लेकिन यह जब तक घटना घटी, तब तक वह नब्बे साल का हो चुका था।

सब धर्मग्रंथ, सब तरह की साधना पद्धतियों के ग्रंथ उसने इकट्ठे कर लिए। जिस दिन उसके संग्राहकों ने कहा कि अब और कोई किताब बची नहीं धर्म की, तब वह आखिरी सांसें गिन रहा था। उसने आंख खोली और उसने कहा कि अब तो बहुत देर हो गई। मैं पढूंगा कब? इतना करो कि मुझे स्ट्रेचर पर उठाकर मेरी लाइब्रेरी में एक चक्कर लगवा दो। देख तो लूं कम से कम!

वह आदमी जिंदगी भर हिंदुस्तान, तिब्बत और चीन की यात्राएं करता रहा। कहीं भी कोई धर्मग्रंथ हो, सब इकट्ठा कर लो! शिंटो का हो, तिब्बतन हो,

चीनी हो—जहां मिले। कहीं दूर खबर मिलती कि अफ्रीका के फलां जंगल की जाति के पास एक किताब है, जो छपी नहीं; तो वहां जाकर अनुलिपि तैयार करवा कर, उतरवाकर, किसी भी तरह वह लाएगा। नब्बे साल बीत गए। मरा, तब उसके पास सिर्फ किताबें थीं। जिनको उसने देखा था, जिनको उसने पढ़ा नहीं था। अक्सर ऐसा होता है। अक्सर ऐसा ही होता है।

कृष्ण कहते हैं, भीतर तू खोज। अभी मिल जाएगा। कल की जरूरत नहीं है। तीन चीजों को तू भीतर खोज ले, आनंद को...।

कभी आप सोचते हैं कि दुख बाहर से आता है, शांति भीतर से आती है! जब आप शांत होते हैं कभी एक क्षण को, तो आप बता सकते हैं, यह शांति कहां से आई? आप न बता सकेंगे। लेकिन जब आप अशांत होते हैं, तब तो आप पक्का बता सकते हैं न कि अशांति कहां से आई? फलां आदमी ने गाली दी। फलां आदमी ने धक्का मार दिया। दुकान में नुकसान लग गया। लाटरी मिलना पक्की थी, नहीं मिली। कुछ कारण आप बता सकते हैं।

अशांति कहां से आई? आप बता सकते हैं सोर्स, वहां से आई। लेकिन जब भी आप शांत होंगे—कभी हुए ही न हों, तो बात अलग—जब भी आप शांत होंगे, तब आप नहीं बता सकते कि शांति कहां से आती है। इट कम्स फ्राम नो व्हेयर। कहीं से नहीं आती। जब भी आप दुख में होते हैं, तो दुख कहीं से आता है, फ्रॉम समव्हेअर। और जब आप आनंदमग्न होते हैं, इट कम्स फ्रॉम नो व्हेयर; वह कहीं से नहीं आता। जब आप आनंद में होते हैं, तब वह कहीं से नहीं आता; आपके भीतर से उठता है और फैलता है। और जब आप दुख में होते हैं, तब वह बाहर से आता है और बादलों की तरह आपको घेरता है।

इस भेद को थोड़ा देखने की कोशिश करेंगे। जैसे-जैसे यह दिखाई पड़ने लगेगा, वैसे-वैसे लगेगा कि अगर आनंद को खोजना है, तो चलो भीतर, गहरे, वहां पहुंच जाओ, जहां कोई दिशा नहीं है। उत्तर-पश्चिम कोई नहीं है जहां। जहां कोई दूसरा नहीं है। जहां बिलकुल अकेले हैं। जहां स्वयं ही बचे। और आखिर में ऐसी घड़ी आ जाती है कि स्वयं भी नहीं बचते, सिर्फ बचना ही बच रह जाता है। सिर्फ अस्तित्व। सिर्फ धड़कती छाती, चलती श्वास। सिर्फ होना, बीइंग रह जाता

है। चलो वहां। और जो भी उसकी एक झलक पा ले, वह कहेगा, सब कुछ भीतर है, बाहर कुछ भी नहीं है।

लेकिन जब तक झलक न मिले, भरोसा नहीं आता। मैं कितना ही कहूं कि तैरने का बड़ा आनंद है, उतरो पानी में। लेकिन जो कभी पानी में उतरा नहीं और जिसने कभी तैरना जाना नहीं, वह सुनेगा। जब मैं उससे कहूंगा, उतरो पानी में, अगर मैं कूदूं भी उसके सामने, पानी में तैरूं भी, तो उसे तैरने के आनंद का कुछ पता न चलेगा। उसे इतना ही पता चलेगा कि अगर मैं कूदा, तो डूबा और मरा! उसे सिर्फ भय का ही पता चलेगा, मेरे आनंद का नहीं, अपने भय का।

और वह आदमी मुझसे कह सकता है कि मानते हैं आपकी बात। राजी हैं बिलकुल। उतरेंगे पानी में। लेकिन उतरने के पहले तैरना सिखा दें!

स्वभावतः, उसका तर्क दुरुस्त है। कहता है, पहले तैरना सिखा दें, फिर हम उतरने को राजी हैं। मेरी भी अपनी मजबूरी होगी। मैं कहूंगा, पहले तुम उतरो, तो तैरना सिखाया जा सकता है। नहीं तो तैरना कैसे मैं सिखाऊंगा? गद्दे-तकियों पर तैरना अभी तक भी नहीं सिखाया जा सका है। कुछ लोग कोशिश करते हैं गद्दे-तकियों पर तैरना सीखने की। हाथ-पैर में चोट लग जाएगी, लूले-लंगड़े हो जाएंगे। गद्दे-तकियों पर तैरना नहीं सीखा जाता! असल में तैरना उस खतरे में ही पैदा होता है, जहां जिंदगी को लगता है कि गई, डूबी, मिटी। उसके मिटने के खयाल से ही ऊर्जा उठती है और व्यवस्थित होती है।

तो आप अगर कहते हों कि पहले थोड़ा आनंद मिलने लगे, तो हम भीतर जाएंगे, तो यह कभी नहीं होगा। आप भीतर जाएं, तो आनंद मिलेगा। आप कहेंगे, अभी हम कैसे जाएं?

कभी भी क्षणभर को, जब भी मौका मिले, आंख बंद कर लें। क्षणभर को भीतर होने की बात को खयाल में लें। जब भी मौका मिले, आंख बंद कर लें; थोड़ी देर को भीतर हो जाएं। भूल जाएं बाहर को। भूलते-भूलते भूल जाएंगे। रोज-रोज अगर एक क्षण को भी दस-बीस दफा आंख बंद कर लें—कार में चलते, बस में बैठे, ट्रेन में सफर करते, कुर्सी पर दफ्तर में बैठे—एक क्षण को

आंख बंद कर लें। भूल जाएं बाहर को कि नहीं है! मैं ही हूं अकेला। देखने लगें अपनी श्वास को, अपने हृदय की धड़कन को। भीतर उतर जाएं।

धीरे-धीरे-धीरे आपको पता लगेगा, भीतर परम विश्राम है। महीनों की थकान क्षणभर में मिट सकती है भीतर। पहाड़ जैसे दुख, भीतर के जरा सी सुख की किरण के सामने विसर्जित हो जाते हैं। अज्ञान कितना ही जीवन का हो, भीतर प्रकाश की एक जरा सी ज्योति जलती है और अज्ञान एकदम अंधेरे की तरह खो जाता है। लेकिन कोई उपाय नहीं; जाने बिना कोई उपाय नहीं है, गए बिना कोई उपाय नहीं है, उतरे बिना कोई उपाय नहीं है। उतरें।

वही कृष्ण अर्जुन को कह रहे हैं कि इस जगत में तेरे लिए सुख की राह बन जाएगी। योगी हो जाएगा तू। योग का अर्थ होता है, अपने से जुड़ जाएगा तू। योग का अर्थ है, कम्यूनियन। योग का अर्थ है, एक हो जाना अपने से। और परलोक में मुक्ति तेरी है। और इसे वे कहते हैं, यह सांख्ययोग है। इसे वे कहते हैं, यही सांख्ययोगी का लक्षण है।

सांख्य के संबंध में एक बात खयाल में ले लें। फिर हम कीर्तन में उतरेंगे। कृष्ण कहते हैं, यही सांख्योग है। सांख्य इस पृथ्वी पर ज्ञान की परम कुंजी है, दि मोस्ट सीक्रेट की। सांख्य का आग्रह क्या है? सांख्य की व्यवस्था क्या है? सांख्य क्या कहता है?

सांख्य शब्द का अर्थ होता है, ज्ञान! सांख्य का कहना है, करना कुछ भी नहीं है। करने योग्य कुछ भी नहीं है। करना नहीं है, होना है। करने से जो भी मिलेगा, वह बाहर मिलेगा। न करने से जो भी मिलेगा, वह भीतर मिलेगा! यह तो हमें समझ में आ सकता है। अगर बाहर की दुनिया में कुछ भी पाना है, तो कुछ करना पड़ेगा; धन पाना है, तो कुछ करना पड़ेगा। बिना किए बाहर कुछ भी मिलने वाला नहीं है। कुछ भी पाना है, तो करना पड़ेगा। लेकिन भीतर अगर कुछ पाना है, तो? तो न करना सीखना पड़ेगा। उलटी यात्रा है।

जैसे रात आपको नींद नहीं आती है और बड़ी मुश्किल में पड़े हैं। पूछते हैं, क्या करें? नींद कैसे आए? क्या करें? गलत सवाल पूछते हैं। किसी से

पूछना ही मत। और अगर कोई जवाब दे, तो कान पर हाथ रख लेना; सुनना मत। जब आप पूछते हैं, नींद नहीं आती, क्या करें, तो आप गलत सवाल पूछते हैं। क्योंकि आपने कुछ किया कि नींद फिर बिलकुल नहीं आएगी। करने से नींद की दुश्मनी है। करने से कहीं नींद आई है! करने से तो लगी हुई नींद हो, तो भी टूट जाएगी। करना मत।

कोई अगर कह दे कि भेड़ों को गिनो; एक से लेकर सौ तक गिनती करो; सौ से एक तक गिनती करो। बस, गए आप! कभी यह नहीं होगा। इससे नींद नहीं आएगी। और अगर कभी आती हुई मालूम पड़ी, तो वह इससे नहीं आएगी। कर-कर के थक जाएंगे; थोड़ी देर में पाएंगे कि नहीं आती; छोड़ो। तब आ जाएगी। न करने से आएगी। कुछ न करें। पड़े रह जाएं। नींद उतर आती है।

कुछ न करें; पड़े रह जाएं। होश से भरे रहें। ध्यान उतर आता है, ज्ञान उतर आता है। कुछ न करें। एक घड़ी भर के लिए चौबीस घंटे में एक कोने में बैठ जाएं और कुछ न करें। बाहर भी नहीं करें, भीतर भी नहीं करें। बाहर नहीं करना तो बहुत आसान है। हाथ-पैर छोड़ कर बैठ गए, तो बाहर नहीं होगा कुछ। मन भीतर करेगा। उसकी आदत है। उसको कभी हमने बिना काम छोड़ा नहीं; उससे काम लेते ही रहते हैं। कुछ न कुछ करेगा वह भीतर। उसको भी कह दें कि काहे को परेशान हो रहा है। मत कर। एक दिन में मानेगा नहीं; दो दिन में नहीं मानेगा। लेकिन आप भी मत मानें। चलते जाएं।

आज नहीं कल, कल नहीं परसों, धीरे-धीरे मन पाएगा कि कोई उत्सुकता नहीं है आपकी, शिथिल होने लगेगा। कभी-कभी गैप्स आ जाएंगे, खाली जगह आ जाएगी। कुछ नहीं करेगा मन भी। उसी खाली जगह में से अचानक विश्राम, अचानक विश्राम उतर जाएगा। अचानक जैसे कोई बड़ी गहन शांति ने सब तरफ से आपको घेर लिया। भीतर, बाहर, सब तरफ आकाश जैसा विराट कुछ शांत हो गया, ठहर गया। फिर विराम बढ़ने लगेगा। इस विराम में ही ज्ञान भी उतरेगा, इस विराम में आनंद भी उतरेगा।

सांख्य कहता है, कुछ करके नहीं पाना है। जो पाना है, वह हमारे भीतर मौजूद है। सदा मौजूद है। है ही। सिर्फ विस्मृत, सिर्फ फॉरगेटफुलनेस, भूल गए

हैं। बस, इससे ज्यादा नहीं है। खोया नहीं, सिर्फ भूल गए हैं। भीतर जाएं, याद आ जाए, स्मरण आ जाए।

लेकिन हम बाहर उलझे हैं, उलझे ही चले जाते हैं। और एक उलझाव दस नये उलझाव बना जाता है। और हम सोचते रहते हैं कि आज नहीं कल जब सब उलझाव सुलझ जाएंगे, तो हम भीतर चले जाएंगे। इस भ्रांत तर्क में जो पड़ा, वह सदा के लिए खो जाता है।

बाहर के उलझाव कभी कम न होंगे, कभी कम न होंगे। एक उलझाव दस निर्मित करता है। दस, सौ निर्मित कर जाते हैं। सौ, हजार निर्मित कर जाते हैं।

आप यह मत सोचना कि हम एक दिन उलझाव हल कर लेंगे। उलझाव हल करने में जो आप कर रहे हैं, वह हर करना नये उलझाव बनाता चला जाता है। अगर किसी भी दिन आपको खयाल आ जाए कि इस अंतर्लोक ज्ञान की खोज में निकलना है, तो उलझावों को रहने देना अपनी जगह; उलझावों के बीच ही कभी-कभी भीतर डूबना शुरू कर देना।

लेकिन जैसा मैंने कहा, आदतें खराब हैं। अगर छुट्टी का भी दिन हो– अंग्रेजी में नाम अच्छा है, हॉली-डे। दिया तो था इसी खयाल से कि एक दिन आप कुछ न करेंगे। ईसाइयों का खयाल यही है कि परमात्मा ने भी छह दिन काम किया और सातवें दिन विश्राम किया। रविवार के दिन उसने कोई काम नहीं किया, इसलिए वह हॉली-डे हो गया, पवित्र दिन हो गया।

लेकिन बड़े मजे की बात है कि छुट्टी के दिन ज्यादा काम होता है, जितना बाकी दिन होता है। और अमेरिका में तो एक मजाक चलती है कि एक दिन की छुट्टी के लिए सात दिन विश्राम करना पड़ता है बाद में। इतनी भाग-दौड़ कर लेते हैं लोग छुट्टी के दिन कि फिर सात दिन विश्राम चाहिए। छुट्टी के दिन इतना काम हो जाता है। सबसे ज्यादा एक्सिडेंट छुट्टी के दिन होते हैं। सारे लोग निकल पड़े हैं समुद्र की तरफ! सारे लोग पहाड़ की तरफ, हिल स्टेशन की तरफ! भारी काम चल रहा है। गले से गले में उलझी हुई कारें लाखों की तादाद में दौड़ी जा रही हैं।

बड़े मजे की बात है। जब सारा बाजार ही बीच पर पहुंच जाएगा, तो बीच पर जाने से क्या होगा! वहां सबके सब पहुंच गए! वही सारी दुनिया वहीं खड़ी हो गई! फिर भागे; फिर घर आ गए। फिर वही काम की दुनिया शुरू हो गई!

पवित्र क्षण का या पवित्र दिन का अर्थ है कि उस दिन कुछ मत करना, कुछ करना ही मत। उस दिन पूरे विश्राम में भीतर चले जाना।

पर नहीं; उस दिन सिनेमा देखना है, थिएटर जाना है! टिकटें खरीद ली गई हैं। सारा उपद्रव पहले से तैयार है। पवित्र दिन को अपवित्र करने की पूरी तैयारी पहले से है। तो फिर अंतर में उतरने का समय कब आएगा? कब? फिर शायद कभी न आए। आज से ही, अभी से ही जो थोड़ा-थोड़ा भीतर की तरफ यात्रा करने लगे...।

तो सांख्य का कहना है कि ज्ञान है आपके पास; वह आपका स्वभाव है। कोई अर्जन नहीं करना है। वह आप हैं ही। सिर्फ जानना है; जागना है; होश से भरना है कि मैं कौन हूं। विश्राम पाने कहीं जाना नहीं है किसी यात्रा पर। जहां खड़े हैं, वहीं मिल जाएगा। एक बार पीछे लौट कर देखना है कि मैं कहां हूं!

ज्ञान किसी के हाथ से भीख नहीं मांगनी है। कोई सिखाएगा नहीं ज्ञान। ज्ञान दबा पड़ा है; ऐसे ही जैसे कि हर जमीन के नीचे पानी दबा है। जरा मिट्टी की पर्तों को अलग करना है, और पानी के फव्वारे छूटने लगेंगे।

हां, यह हो सकता है कि कहीं सौ फीट पर है, कहीं पचास फीट पर है, कहीं दस फीट है, कहीं दो फीट पर है। यह फर्क हो सकता है मिट्टी की पर्तों का। क्योंकि सभी लोगों ने अलग-अलग जन्मों में अलग-अलग मिट्टी की पर्तें निर्मित कर ली हैं। लेकिन एक बात सुनिश्चित है, ऐसा कोई जमीन का टुकड़ा नहीं है, जिसके नीचे पानी न दबा हो। कितना ही गहरा हो, एक बात का आश्वासन दिया जा सकता है कि पानी दबा ही है। चट्टान भी आ जाए बीच में, तो कोई हर्ज नहीं; पानी तो नीचे है ही। बीच की पर्त को अलग कर देंगे और जल-स्रोत उपलब्ध हो जाते हैं।

ऐसा ही ज्ञान दबा है भीतर। पर भीतर की यात्रा, दि इनवर्ड जर्नी, कब करेंगे? कैसे करेंगे? जिसने पोस्टपोन किया, वह कभी नहीं करेगा। जिसने कहा, कल

करेंगे, अच्छा है कि वह कह दे कि नहीं करेंगे। वह कम से कम सच्चा तो रहेगा। कल नहीं। घर में आग लगी हो, तो कोई नहीं कहता कि कल बुझाएंगे!

जिंदगी में लगी है आग, और आप कहते हैं, कल! जिंदगी पूरी जलती हुई है—दुख, पीड़ा, चिंता, संताप—सब तरफ धुआं और आग है। और आप कहते हैं, कल! तो इसका मतलब यही है कि आपको पता ही नहीं है कि आप क्या कर रहे हैं। और आप ही हैं कि अपनी इस जलती हुई आग में रोज पेट्रोल डाले चले जा रहे हैं, वासनाएं भभकाए चले जा रहे हैं। खुद रोज उसमें पेट्रोल डालते हैं। और जब आग जोर से जलती है, तो कहते हैं कि बड़ी तकलीफ उठा रहा हूं; बड़ी मुश्किल में पड़ा हुआ हूं।

रोज अपेक्षा में जीते हैं, फिर दुख आता है, तो कहते हैं कि बड़ी तकलीफ में पड़ा हूं! किसने कहा था, अपेक्षा करो? एक्सपेक्टेशन किया कि दुख आया। रोज वासना से भर रहे हैं और कह रहे हैं कि बड़ा विषाद आता है मन में; बड़ा हारापन लगता है। किसने कहा था?

लाओत्सु ने कहा है कि मुझे कोई कभी हरा नहीं सका, क्योंकि हम सदा से हारे ही हुए हैं। हमने कभी जीतने की इच्छा ही न की। हमें कोई हरा ही न सका, क्योंकि जीतने की हमने कभी इच्छा न की। लाओत्सु ने कहा है, हमें कभी कोई घर के बाहर न निकाल सका, क्योंकि हम किसी के भी घर गए, तो बाहर ही बैठे, दरवाजे पर ही बैठे। हमने कहा, इसके पहले कि निकालने का मौका आए, हम बाहर ही बैठ जाते हैं। कोई हमें दुख न दे सका, लाओत्सु ने कहा है, क्योंकि हमने सुख की कभी किसी से मांग ही न की। कोई हमारा दुश्मन न था इस जमीन पर, क्योंकि हमने कभी किसी को मित्र बनाने की चेष्टा ही न की।

अब यह जो आदमी है, यह जिस विराम, जिस शांति और जिस आनंद को उपलब्ध होगा, वह सांख्य की स्थिति है।

शेष कल हम बात करेंगे। उठेगा कोई भी नहीं। बैठे रहें। एक भी जन न उठे। मौन से देखें इस नृत्य को। देखें इसमें परमात्मा की छवि को, चारों तरफ नाचते हुए। शायद कुछ हो सके।

ग्यारहवां प्रवचन

काम-क्रोध से मुक्ति

लभन्ते ब्रह्मनिर्वाणमृषयः क्षीणकल्मषाः।
छिन्नद्वैधा यतात्मानः सर्वभूतहिते रताः।।25।।

और नाश हो गए हैं सब पाप जिनके, तथा ज्ञान करके निवृत्त हो गया है संशय जिनका और संपूर्ण भूत प्राणियों के हित में है रति जिनकी, एकाग्र हुआ है भगवान के ध्यान में चित्त जिनका, ऐसे ब्रह्मवेत्ता पुरुष शांत परब्रह्म को प्राप्त होते हैं।

पाप से हो गए हैं जो मुक्त, चित्त की वासनाएं जिनकी शांत हुईं, जो स्वयं में एक शांत झील बन गए हैं, वे शांत ब्रह्म को उपलब्ध होते हैं।

अर्जुन तो चाहता था केवल पलायन। नहीं सोचा था उसने कि कृष्ण उसे एक अंतर-क्रांति में ले जाने के लिए उत्सुक हो जाएंगे। उलझ गया बेचारा। सोचा था, सहारा मिलेगा भागने में। नहीं सोचा था कि किसी आत्मक्रांति से गुजरना पड़ेगा। उसकी मर्जी जिज्ञासा शुरू करने की इतनी ही थी, इस युद्ध से

कैसे बच जाऊं। कोई नये जीवन को उपलब्ध करने की आकांक्षा नहीं है। लेकिन कृष्ण जैसे व्यक्ति के पास कोई पत्थर खोजता हुआ भी जाए, तो भी उनकी मजबूरी है कि वे पत्थर दे नहीं सकते हैं। वे हीरे ही दे सकते हैं। कोई पत्थर खोजता हुआ जाए, तो भी कृष्ण को कोई उपाय नहीं कि पत्थर दें, हीरे ही दे सकते हैं।

जो अर्जुन को कृष्ण ने दिया है, वह अर्जुन ने पूछा नहीं, चाहा नहीं। कठिनाई में पड़ता होगा सुनकर उनकी बातें। ब्रह्म और शांत हुए चित्त का ब्रह्म से तादात्म्य—लगता होगा अर्जुन को, सिर पर से निकल रही हैं बातें।

मुझे एक घटना स्मरण आती है। एक साधु-चित्त व्यक्ति वर्षों से एक कारागृह के कैदियों को परिवर्तित करने के लिए श्रम में रत था। वर्षों से लगा था कि कारागृह के कैदी रूपांतरित हो जाएं, ट्रांसफार्म हो जाएं। कोई सफलता मिलती हुई दिखाई नहीं पड़ती थी। पर साधु वही है कि जहां असफलता भी हो, तो भी शुभ के लिए प्रयत्न करता रहे। उसने प्रयत्न जारी रखा था।

एक दिन चार बार सजा पाया हुआ व्यक्ति, चौथी बार सजा पूरी करके घर वापस लौट रहा है। साठ वर्ष उस अपराधी की उम्र हो गई। उस साधु ने उसे द्वार पर जेलखाने के विदा देते समय पूछा कि अब तुम्हारे क्या इरादे हैं? आगे की क्या योजना है? उस बूढ़े अपराधी ने कहा, अब दूर गांव में मेरी लड़की का एक बड़ा बगीचा है अंगूरों का। अब तो वहीं जाकर अंगूरों के उस बगीचे में ही मेहनत करनी है, विश्राम करना है।

साधु बहुत प्रसन्न हुआ, खुशी से नाचने लगा। उसने कहा कि मुझे कुछ दिन से लग रहा था, यू आर रिफार्मिंग; कुछ तुम्हारे भीतर बदल रहा है। उस कैदी ने चौंक कर रहा, हू सेज एनीथिंग अबाउट रिफार्मिंग? आई एम जस्ट रिटायरिंग! किसने तुमसे कहा कि मैं बदल रहा हूं? मैं सिर्फ रिटायर हो रहा हूं। किसने कहा कि मैं बदल रहा हूं, मैं सिर्फ थक गया हूं और अब विश्राम को जा रहा हूं!

अर्जुन रिटायर होना चाहता था; कृष्ण रिफार्म करना चाहते हैं। अर्जुन चाहता था, सिर्फ बच निकले! कृष्ण उसकी पूरी जीवन ऊर्जा को नई दिशा दे देना चाहते हैं।

और दो ही प्रकार के मार्ग हैं जीवन ऊर्जा के लिए। एक तो मार्ग है कि हम अशांति के जालों को निर्मित करते चले जाएं, जैसा कि हम सब करते हैं। अशांति की भी अपनी विधि है। पागलपन की भी अपनी विधि होती है। बीमार होने के भी अपने उपाय होते हैं। चित्त को रुग्ण करना और विक्षिप्त करना भी बड़ा सुनियोजित काम है! पता नहीं चलता हमें, क्योंकि बचपन से जिस समाज में हम बड़े होते हैं, वहां चारों तरफ हमारे जैसे ही लोग हैं। जो भी हम करते हैं, बिना इस बात को सोचे-समझे कि जो भी हम कर रहे हैं, वह हमें भी बदल जाएगा।

कोई भी कृत्य करने वाले को अछूता नहीं छोड़ता है। विचार भी करने वाले को अछूता नहीं छोड़ता है। अगर आप घंटे भर बैठ कर किसी की हत्या का विचार कर रहे हैं, माना कि अपने कोई हत्या नहीं की, घंटेभर बाद विचार के बाहर हो जाएंगे। लेकिन घंटे भर तक हत्या के विचार ने आपको पतित किया, आप नीचे गिरे। आपकी चेतना नीचे उतरी। और आपके लिए हत्या करना अब ज्यादा आसान होगा, जितना घंटे भर के पहले था। आपकी हत्या करने की संभावना विकसित हो गई। अगर आप मन में किसी पर क्रोध कर रहे हैं, नहीं किया क्रोध तो भी, तो भी आपके अशांत होने के बीज आपने बो दिए, जो कभी भी अंकुरित हो सकते हैं।

हमारी कठिनाई यही है कि मनुष्य की चेतना में जो बीज हम आज बोते हैं, कभी-कभी हम भूल ही जाते हैं कि हमने ये बीज बोए थे। जब उनके फल आते हैं, तो इतना फासला मालूम पड़ता है दोनों स्थितियों में कि हम कभी जोड़ नहीं पाते कि फल और बीज का कोई जोड़ है।

जो भी हमारे जीवन में घटित होता है, उसे हमने बोया है। हो सकता है, कितनी ही देर हो गई हो किसान को अनाज डाले, छह महीने बाद आया हो अंकुर, साल भर बाद आया हो अंकुर, लेकिन अंकुर बिना बीज के नहीं आता है।

हम अशांति को उपलब्ध होते चले जाते हैं। जितनी अशांति बढ़ती जाती है, उतना ही ब्रह्म से संबंध क्षीण मालूम पड़ता है; क्योंकि ब्रह्म से केवल वे ही

संबंधित हो सकते हैं, जो परम शांत हैं। शांति ब्रह्म और स्वयं के बीच सेतु है। जैसें ही कोई शांत हुआ, वैसे ही ब्रह्म के साथ एक हुआ। जैसे ही अशांत हुआ कि मुंह मुड़ गया।

अशांत चित्त संसार से संबंधित हो सकता है। शांत चित्त संसार से संबंधित नहीं हो पाता। अशांत चित्त परमात्मा से संबंधित नहीं हो पाता। शांत चित्त परमात्मा में विराजमान हो जाता है।

इसलिए कृष्ण कहते हैं, पाप जिनके क्षीण हुए!

क्या है पाप? जब भी हम किसी दूसरे को दुख पहुंचाना चाहते हैं, विचार में या कृत्य में, तभी पाप घटित हो जाता है। जो व्यक्ति दूसरे को दुख पहुंचाना चाहता है, कृत्य में या भाव में, वह पाप में ग्रसित हो जाता है। जो व्यक्ति इस पृथ्वी पर किसी को भी दुख नहीं पहुंचाना चाहता, कृत्य में या विचार में, वह पाप के बाहर हो जाता है।

बुद्धि हुई जिनकी निःसंशय!

जिनकी बुद्धि निःसंशय हो गई, सम हो गई, समान हो गई; ठहर गए जो; जिनके भीतर कोई संशय की हवाएं अब नहीं बहतीं; कोई तूफान, आंधियां नहीं उठतीं संशय की; निःसंशय होकर सम हो गए हैं।

हममें से बहुत-से लोग समझते हैं कि समता में रहते हैं। जब हमें लगता है कि हम समता में भी हैं—तब भी—तब भी हम समता में होते नहीं। हमारी समता करीब-करीब वैसी होती है, जैसा एक दिन एक अदालत में लोगों को पता चला।

मजिस्ट्रेट सुबह-सुबह आया और उसने अदालत में खड़े होकर कहा कि जैसा कि आप सब जानते हैं—जूरी, वकील, और अदालत के सारे लोग—कि मैं सदा ही न्याय और समता में प्रतिष्ठित रहता हूं। आज तक मैंने कभी किसी का पक्ष नहीं लिया। कानून एकमात्र मेरी दृष्टि है। लेकिन आज जिस मुकदमे का मुझे फैसला करना है, उस मुकदमे के एक पक्ष ने कल रात मेरे घर एक लिफाफा भेजा, उसमें चार हजार रुपए भेजे। उसके आधी घड़ी बाद दूसरे पक्ष ने भी एक

लिफाफा भेजा और उसमें पांच हजार रुपए भेजे। अब मैं बड़ी मुश्किल में पड़ गया हूं। लेकिन जैसा कि मेरी सदा की आदत है, मैं कोई समता का मार्ग निकाल लेता हूं। वह मैंने निकाल लिया है। जिसने पांच हजार भेजे हैं, वह हजार रुपए वापस ले जाए। चार-चार हजार दोनों के बराबर रह गए। अब समता से अदालत का काम आगे चल सकता है!

हमारी समताएं ऐसी ही हैं। अगर हम दूसरे दो व्यक्तियों के प्रति समता भी रख लें, तो भी अपने प्रति और दूसरों के बीच समता नहीं रख पाते। असली समता दूसरे दो व्यक्तियों के बीच निर्मित नहीं होती, अपने और दूसरे के बीच निर्मित होती है!

उस मजिस्ट्रेट ने ठीक कहा। जहां तक दोनों पक्षों का सवाल है, बात समान हो गई। दोनों के चार-चार हजार रिश्वत में मिल गए। अब बात शुरू हो सकती है, जैसे कि न मिले हों। चार हजार ने चार हजार काट दिए। लेकिन जहां तक मजिस्ट्रेट का संबंध है, उसके पास आठ हजार रुपए हो गए। समता उसने दो अन्यों के बीच में खोज ली, अपने और अन्य के बीच में नहीं।

गहरी समता दो के बीच नहीं होती। गहरी समता सदा अपने और दूसरे के बीच होती है। दूसरे के बीच तटस्थ हो जाना बहुत आसान है। बहुत आसान है। सवाल तो तब उठते हैं, जब अपने और दूसरे के बीच तटस्थ होने की बात उठती है।

बर्ट्रेंड रसेल ने पंडित नेहरू की बहुत गहरी आलोचना की है, कीमती आलोचना की है। कहा है कि जब तक दूसरे दो मुल्कों के बीच झगड़े थे, पंडित नेहरू सदा तटस्थता की बात करते रहे। लेकिन जब वे खुद, उनका राष्ट्र किसी मुल्क के साथ झगड़े में पड़ा, तब सारी तटस्थता खो गई। तब उन्होंने वही काम किया, जो उस मजिस्ट्रेट ने किया। आसान है सदा।

दो लोग लड़ रहे हों रास्ते पर, आप किनारे खड़े होकर कह सकते हैं कि हम तटस्थ हैं, न्यूट्रल हैं, हम किसी के पक्ष में नहीं हैं। असली सवाल तो यह है कि जब कोई आपकी छाती पर छुरा लेकर खड़ा हो जाए, तब आप तटस्थ रह पाएं।

समता दो के बीच नहीं, अपने और अन्य के बीच समता है। और निःसंशय, शांत, सम वही होता है, जो अपने प्रति भी तटस्थ हो जाता है; जो अपने प्रति भी साक्षी हो जाता है; जो अपने को भी अन्य की भांति देखने लगता है।

अगर आपने मुझे गाली दी और मैंने गाली सुनी, और इस गाली की घटना में दो ही व्यक्ति रहे, आप देने वाले और मैं सुनने वाला, तो तटस्थता निर्मित न हो पाएगी। तटस्थता तब निर्मित होगी, जब मैं जानूं कि आपने मुझे गाली दी, तीन व्यक्ति हैं यहां, एक गाली देने वाला, एक गाली सुनने वाला, और एक मैं—दोनों से भिन्न, दोनों के पार—तब तटस्थता निर्मित हो पाएगी।

तटस्थ केवल वे ही हो सकते हैं, जो द्वंद्व के बाहर तीसरे बिंदु पर खड़े हो जाते हैं; जो द्वंद्वातीत हैं।

ध्यान रहे, द्वंद्व के जो बाहर है, वह शांत है। द्वंद्व के भीतर जो है, वह अशांत है। दो के बीच जो चुनाव कर रहा है, वह अशांत है। दो के बीच जो च्वाइसलेस अवेयरनेस को—कृष्णमूर्ति कहते हैं जिस शब्द को बार-बार—कि जो चुनावरहित, विकल्परहित चैतन्य को उपलब्ध हो गया है, वैसा व्यक्ति शांत हो जाता है।

ऐसे शांत व्यक्ति का शांत ब्रह्म से संबंध निर्मित होता है। ऐसी शांति ही मंदिर है, तीर्थ है। जो ऐसी शांति में प्रवेश करता है, उसके लिए प्रभु के द्वार खुल जाते हैं।

कामक्रोधवियुक्तानां यतीनां यतचेतसाम्।
अभितो ब्रह्मनिर्वाणं वर्तते विदितात्मनाम्।।26।।

और काम-क्रोध से रहित, जीते हुए चित्त वाले परब्रह्म परमात्मा का साक्षात्कार किए हुए ज्ञानी पुरुषों के लिए, सब ओर से शांत परब्रह्म परमात्मा ही प्राप्त है।

काम और क्रोध के बाहर हुए पुरुष को सब ओर से परमात्मा ही प्राप्त है। काम और क्रोध से मुक्त हुई चेतना को!

काम के संबंध में सदा ऐसे लगता है कि मैं कभी-कभी कामी होता हूं, सदा नहीं। क्रोध के संबंध में भी ऐसा लगता है कि मैं कभी-कभी क्रोधी होता हूं, सदा नहीं। इससे बहुत ही भ्रांत निर्णय हम अपने बाबत लेते हैं। स्वभावतः, यह निर्णय बहुत स्टेटिस्टिकल है। अंकगणित इसका समर्थन करता है।

चौबीस घंटे में आप चौबीस घंटे क्रोध में नहीं होते। चौबीस घंटे में कभी किसी क्षण क्रोध आता है, फिर क्रोध चला जाता है। स्वभावतः, हम सोचते हैं कि जब क्रोध नहीं रहता, तब तो हम अक्रोधी हो जाते हैं। ऐसा ही काम भी कभी आता है चौबीस घंटे में; वासना कभी पकड़ती है। फिर हम दूसरे काम में लीन हो जाते हैं, और खो जाती है। तो मन को ऐसा लगता है कि कभी-कभी वासना होती है, बाकी तो हम निर्वासना में ही होते हैं। दो-चार क्षणों के लिए वासना पकड़ती है, बाकी चौबीस घंटे तो हम वासना के बाहर हैं। क्षण दो क्षण को क्रोध पकड़ता है, वैसे तो हम अक्रोधी हैं। लेकिन इस भ्रांति को समझ लेना। यह बहुत खतरनाक भ्रांति है।

जो आदमी चौबीस घंटे क्रोध की अंडर करेंट, अंतर्धारा में नहीं है, वह क्षणभर को भी क्रोध नहीं कर सकता है। और जो आदमी चौबीस घंटे काम से भीतर घिरा हुआ नहीं है, वह क्षणभर को भी कामवासना में ग्रसित नहीं हो सकता है।

हमारी स्थिति ऐसी है, जैसे एक कुआं है। जब हम बाल्टी डालते हैं, पानी बाहर निकल आता है। कुआं सोच सकता है कि पानी मुझ में नहीं है। कभी-कभी चौबीस घंटे में जब कोई बाल्टी डालता है, तो क्षण भर को निकल आता है। लेकिन अगर कुएं में पानी न हो, तो क्षण भर को बाल्टी डालने से निकलेगा नहीं। सूखे कुएं में बाल्टी डालें और प्रयोग करें, तो पता चलेगा। बाल्टी खाली लौट आती है। चौबीस घंटे कुएं से कोई पानी नहीं भरता। जितनी देर भरता है, कुएं को लगता होगा कि पानी है। और जब कोई नहीं भरता, तब कुएं को लगता होगा कि पानी नहीं है।

जब कोई आपको गाली देता है, तो क्रोध निकल आता। जब कोई गाली नहीं देता, तो क्रोध नहीं निकलता। गाली सिर्फ बाल्टी का काम करती है। क्रोध आप में चौबीस घंटे भरा हुआ है।

जब कोई विषय, वासना का कोई आकर्षक बिंदु आपके आस-पास घूम आता है, तब आप एकदम आकर्षित हो जाते हैं। बाल्टी पड़ गई; वासना बाहर आ गई!

सुंदर स्त्री पास से निकली, सुंदर पुरुष पास से निकला, कि सुंदर कार गुजरी, कुछ भी हुआ, जिसने मन को खींचा। वासना बाहर निकल आई। आप सोचते हैं, कभी-कभी आ जाती है। यह कोई बीमारी नहीं है। एक्सिडेंट है। कभी-कभी हो जाती है। घटना है, कोई स्वभाव नहीं है।

लेकिन सूखे कुएं में जैसे बाल्टी डालने से कुछ भी नहीं निकलता, ऐसे ही जिनके भीतर वासना से मुक्ति हो गई है, कुछ भी डालने से वासना नहीं निकलती है।

तो पहली तो यह भ्रांति छोड़ देना जरूरी है, तो ही इस सूत्र को समझ पाएंगे, काम-क्रोध से मुक्त! नहीं तो सभी लोग समझते हैं कि हम तो मुक्त हैं ही। कभी-कभी स्थितियां मजबूर कर देती हैं, इसलिए क्रोध से भर जाते हैं! जो जानते हैं, वे कहेंगे, एक क्षण को भी क्रोध से भर जाते हों, तो जानना कि सदा क्रोध से भरे हुए हैं। एक क्षण को भी वासना पकड़ती हो, तो जानना कि सदा वासना से भरे हुए हैं। उस एक क्षण को एक क्षण मत मान लेना, नहीं तो एक क्षण के मुकाबले सैकड़ों घंटे वासनारहित मालूम पड़ेंगे और आपको भ्रम पैदा होगा अपने बाबत कि मैं तो वासना से मुक्त ही हूं। और हर आदमी इस जगत में जो सबसे बड़ा धोखा दे सकता है, वह अपनी ही गलत इमेज, अपनी ही गलत प्रतिमा बनाकर दे पाता है।

हम सब अपनी गलत प्रतिमाएं बनाए रखते हैं। और जो प्रतिमा हम बना लेते हैं, उसके लिए जस्टीफिकेशंस खोजते रहते हैं।

अरस्तू ने कहा है कि आदमी बुद्धिमान प्राणी है। रेशनल एनिमल कहा है।

लेकिन अब? अब जो जानते हैं, वे कहते हैं, आदमी रेशनल एनिमल है, यह कहना तो मुश्किल है; रेशनलाइजिंग एनिमल है। बुद्धिमान तो नहीं मालूम पड़ता, लेकिन हर चीज को बुद्धिमानी के ढंग से बताने की चेष्टा में रत जरूर रहता है। हर चीज को बुद्धियुक्त ठहरा लेता है।

एक आदमी एक मनोचिकित्सक के पास गया है और उसने जाकर उसको कहा कि मैं बहुत परेशान हूं। मुझे कुछ सहायता करें। क्या आप सोचते हैं, यह कुछ गलत बात है कि कोई आदमी किसी जानवर को प्रेम करने लगे? मनोवैज्ञानिक ने कहा, इसमें कोई गलती नहीं है। सैकड़ों लोग जानवरों को प्रेम करते हैं। मैं खुद ही मेरे कुत्ते को प्रेम करता हूं।

वह आदमी कुर्सी पर आगे झुक कर बैठा था। अब आराम से कुर्सी पर बैठ गया। रेशनलाइजेशन मिल गया उसे। जानवर को प्रेम करने में कोई बात नहीं है। जब मनोवैज्ञानिक खुद प्रेम करता है, तो हम तो साधारण आदमी हैं। पर उसने पूछा कि फिर भी एक बात मैं पूछना चाहता हूं, यह प्रेम साधारण नहीं है; बहुत रोमांटिक हो गया है, रूमानी हो गया है। मनोवैज्ञानिक ने कहा, मैं समझा नहीं! तुम्हारा क्या मतलब? उसने कहा, यह प्रेम ऐसा हो गया है कि उस जानवर को दिन में दो-चार-दस दफे देखे बिना मुझे बड़ी बेचैनी रहती है। उस जानवर की तस्वीर मैं अपने हृदय के पास रखता हूं।

तब जरा मनोवैज्ञानिक भी चौंका। उसने कहा कि यह जरा सीमा से बाहर चले जाना है। एबनार्मल है। यह थोड़ा असाधारण हो गया है। फिर भी मैं जानना चाहूंगा कि वह जानवर कौन है?

उस आदमी ने अपनी छाती के पास के खीसे से एक तस्वीर निकाली। ठीक वैसे ही जैसे अगर मजनू लैला की तस्वीर निकालता, या रोमियो जूलियट की तस्वीर निकालता, या फरिहाद शीरी की तस्वीर निकालता, वैसे ही रोमांच, मंत्रमुग्ध! हैरान हुआ मनोवैज्ञानिक भी कि कौन-सा जानवर है! हाथ में तस्वीर देखी, तो एक घोड़े की तस्वीर है।

उस मनोवैज्ञानिक ने कहा, आप घोड़े के प्रेम में पड़ गए हैं! उस आदमी

ने कहा, क्या तुम मुझे पागल समझते हो? यह घोड़ा नहीं है। उस मनोवैज्ञानिक ने कहा, तस्वीर तो घोड़े की है! उस आदमी ने कहा, मैं और घोड़े को प्रेम करूं! यह घोड़ा नहीं है, घोड़ी है। मैं कोई पागल हूं!

अब यह जो आदमी है, उस सीमा पर भी रेशनलाइजेशन खोज रहा है। वह यह खोज रहा है कि घोड़े को जो प्रेम करे, वह पागल। घोड़ी को करे, तो उतना पागल नहीं है। विपरीत लिंगीय, हेट्रो-सेक्सुअल है, इसलिए उतना पागल नहीं है!

अगर मनोवैज्ञानिक के दफ्तर में बैठ जाएं, तो दिनभर ऐसे लोग आते हुए मालूम पड़ेंगे, जो रेशनलाइजेशन की तलाश में आए हुए हैं। इस तलाश में आए हुए हैं कि किसी तरह कोई सिद्ध कर दे कि वे ठीक हैं; ज्यादा गलत नहीं हैं। हम सब...।

जब आप क्रोध करते हैं, तो खयाल करना, सच में ही क्रोध करने योग्य कारण होता है या क्रोध आपको करना होता है, इसलिए कारण खोजते हैं? क्रोध करने योग्य कारण शायद ही जिंदगी में मौजूद होते हैं। और क्रोध करने योग्य कारण उन्हें ही मिल सकते हैं, जो अकारण क्रोध नहीं करते हैं। लेकिन हम कारण खोजते हैं।

छोटे-छोटे बच्चे भी जानते हैं कि अगर माता और पिता में कोई झगड़ा हो गया है, तो आज उनकी पिटाई हो जाएगी। कोई भी कारण मिल जाएगा। वे उस दिन जरा मां से सचेत, दूर रहेंगे। ऐसा नहीं है, कल भी यही था। कल भी वे स्कूल से लौटे थे, तो किताब फट गई थी। और कल भी स्कूल से आए थे, तो कपड़े गंदे हो गए थे। और कल भी पड़ोस के गंदे लड़के के साथ खेल खेला था। कल पिटाई नहीं हुई थी; आज हो जाएगी। क्यों? कल सब कारण मौजूद थे, पिटाई नहीं हुई थी। आज भी वही कारण है, कोई फर्क नहीं पड़ गया है, लेकिन पिटाई हो जाएगी। क्योंकि मां तैयार है। कोई भी कारण खोजेगी।

क्रोध के कारण होते कम, खोजे ज्यादा जाते हैं। और हमारे भीतर क्रोध इकट्ठा होता रहता है पीरियाडिकल। अगर आप अपनी डायरी रखें, तो बहुत हैरान

हो जाएंगे। आप डायरी रखें कि ठीक कल आपने कब क्रोध किया; परसों कब क्रोध किया। एक छह महीने की डायरी रखें और ग्राफ बनाएं। तब आप बहुत हैरान हो जाएंगे। आप प्रेडिक्ट कर सकते हैं कि कल कितने बजे आप क्रोध करेंगे। करीब-करीब पीरियाडिकल दौड़ता है। आप अपनी कामवासना की डायरी रखें, तो आप बराबर प्रेडिक्ट कर सकते हैं कि किस दिन, किस रात, आपके मन को कामवासना पकड़ लेगी।

शक्ति रोज इकट्ठी करते चले जाते हैं आप, फिर मौका पाकर वह फूटती है। अगर मौका न मिले, तो मौका बनाकर फूटती है। और अगर बिलकुल मौका न मिले, तो फ्रस्ट्रेशन में बदल जाती है। भीतर बड़े विषाद और पीड़ा में बदल जाती है।

क्रोध और काम हमारी स्थितियां हैं, घटनाएं नहीं। चौबीस घंटे हम उनके साथ हैं। इसे जो स्वीकार कर ले, उसकी जिंदगी में बदलाहट आ सकती है। जो ऐसा समझे कि कभी-कभी क्रोध होता है, वह अपने से बचाव कर रहा है। वह खुद को समझाने के लिए धोखेधड़ी के उपाय कर रहा है। जो स्वीकार कर ले, वह बच सकता है।

फ्रेडरिक महान ने अपनी डायरी में एक संस्मरण लिखा है। लिखा है उसने कि मैं अपनी राजधानी के बड़े कारागृह में गया। सम्राट स्वयं आ रहा है, स्वभावतः हर अपराधी ने उसके पैर पकड़े, हाथ जोड़े और कहा कि अपराध हमने बिलकुल नहीं किया है। यह तो कुछ शरारती लोगों ने हमें फंसा दिया। किसी ने कहा कि हम तो होश में ही न थे, हमसे करवा लिया किन्हीं षडयंत्रकारियों ने। किन्हीं ने कहा कि यह सिर्फ कानून--हम गरीब थे, हम बचा न सके अपने को; बड़ा वकील न कर सके, इसलिए हम फंस गए हैं। अमीर आदमी थे हमारे खिलाफ, वे तो बच गए, और हम सजा काट रहे हैं।

पूरे जेल में सैकड़ों अपराधियों के पास फ्रेडरिक गया। हरेक ने कहा कि उससे ज्यादा निर्दोष आदमी खोजना मुश्किल है! अंततः सिर्फ एक आदमी सिर झुकाए बैठा था। फ्रेडरिक ने कहा, तुम्हें कुछ नहीं कहना है? उस आदमी ने

कहा कि माफ करें! मैं बहुत अपराधी आदमी हूं। जो भी मैंने किया है, सजा मुझे उससे कम मिली है।

फ्रेडरिक ने अपने जेलर को कहा, इस आदमी को इसी वक्त जेल से मुक्त कर दो; कहीं ऐसा न हो कि बाकी निर्दोष और भले लोग इसके साथ रहकर बिगड़ जाएं! इसे फौरन जेल के बाहर कर दो। कहीं ऐसा न हो कि बाकी इनोसेंट लोग, बाकी पूरा जेलखाना तो निर्दोष लोगों से भरा हुआ है, कहीं इसके साथ रहकर वे बिगड़ न जाएं, इसे इसी वक्त मुक्त कर दो।

वह आदमी बहुत हैरान हुआ। उसने कहा कि आप क्या कह रहे हैं? मैं अपराधी हूं। फ्रेडरिक महान ने कहा कि कोई आदमी अपने अपराध को स्वीकार कर ले, इससे बड़ी निर्दोषता, इससे बड़ी इनोसेंस और कोई भी नहीं है। तुम बाहर जाओ।

परमात्मा के जगत में भी केवल वे ही लोग संसार के बाहर जा पाते हैं, जो अपनी वास्तविक स्थिति को स्वीकार करने में समर्थ हैं। अपने को जो धोखा देगा, देता रहे। परमात्मा को धोखा नहीं दिया जा सकता है।

काम और क्रोध हमारे पास चौबीस घंटे मौजूद हैं। उनकी अंतर्धारा बह रही है। जैसे नील नदी बहती है सैकड़ों मील तक जमीन के नीचे, खो जाती है। पता ही नहीं चलता, कहां गई! नीचे बहती रहती है। लेकिन बहती रहती है। ऐसे ही चौबीस घंटे नदी आपके क्रोध की, काम की, नीचे बहती रहती है। जरा भीतर डुबकी लेंगे, तो फौरन पाएंगे कि मौजूद है। कभी-कभी उभर कर दिखती है, नहीं तो अंडरग्राउंड है। जमीन के अंदर चलती रहती है। जब प्रकट होती है, उसको आप मत समझना कि यही क्रोध है। अगर उतना ही क्रोध होता, तो हर आदमी मुक्त हो सकता था। वह तो सिर्फ क्रोध की एक झलक है। जब प्रकट होती है, तब मत समझना कि इतना ही काम है। उतना ही काम होता, तो बच्चों का खेल था। भीतर बड़ी अंतर्धारा बह रही है।

कृष्ण कहते हैं, इन दोनों से जो मुक्त हो जाता है, इनके जो पार हो जाता है, वही केवल शांत ब्रह्म को उपलब्ध होता है।

स्पर्शान्कृत्वा बहिर्बाह्यांश्चक्षुश्चैवान्तरे भ्रुवोः।
प्राणापानौ समौ कृत्वा नासाभ्यन्तर चारिणौ।।27।।
यतेन्द्रियमनोबुद्धिर्मुनिर्मोक्षपरायणः।
विगतेच्छाभयक्रोधो यः सदा मुक्त एव सः।।28।।

और हे अर्जुन! बाहर के विषय भोगों को न चिंतन करता हुआ बाहर ही त्याग कर और नेत्रों को भृकुटी के बीच में स्थित करके तथा नासिका में विचरने वाले प्राण और अपान वायु को सम करके जीती हुई हैं इंद्रियां, मन और बुद्धि जिसकी, ऐसा जो मोक्षपरायण मुनि इच्छा, भय और क्रोध से रहित है, वह सदा मुक्त ही है।

इस सूत्र में कृष्ण ने विधि बताई है। कहा पहले सूत्र में, काम-क्रोध से जो मुक्त है! इस सूत्र में काम-क्रोध से मुक्त होने की वैज्ञानिक विधि की बात कही है। इसे और भी ठीक से समझ लेना जरूरी है।

इतना जानना पर्याप्त नहीं है कि काम-क्रोध से मुक्त हो जाएंगे, तो ब्रह्म में प्रवेश मिल जाएगा। इतना हम सब शायद जानते ही हैं। कैसे मुक्त हो जाएंगे? मेथडॉलाजी क्या है? विधि क्या है? वही महत्वपूर्ण है।

कृष्ण ने कहीं तीन बातें। एक, दोनों आंखों के ऊपर भ्रू-मध्य में, भृकुटी के बीच ध्यान को जो एकाग्र करे। दूसरा, नासिका से जाते हुए श्वास और आते हुए श्वास को जो सम कर ले; इन दोनों का जहां मिलन हो जाए। ध्यान हो भृकुटी मध्य में; श्वास हो जाए सम; जिस क्षण यह घटना घटती है, उसी क्षण व्यक्ति, वह जो क्रोध और काम की अंतर्धारा है, उसके पार निकल जाता है।

इसे थोड़ा समझना होगा।

हम सब जानते हैं कि हमारे शरीर के पास इंद्रियां हैं, जो बाहर के जगत से संबंध बनाती हैं। इंद्रियां न हों, संबंध छूट जाता है। आंख है। आंख न हो, तो प्रकाशित जगत से संबंध छूट जाता है। आंख के न होने से प्रकाश नहीं खोता, लेकिन प्रकाश दिखाई पड़ना बंद हो जाता है। कान न हो, तो ध्वनि का लोक

तिरोहित हो जाता है। नाक न हो, तो गंध का जगत नहीं है। इंद्रियां हमारी बाहर के जगत से हमें जोड़ती हैं।

सात इंद्रियां हैं। साधारणतः पांच इंद्रियों की बात होती है। लेकिन दो इंद्रियां, साधारणतः उनकी बात नहीं होती, लेकिन अब विज्ञान स्वीकार करता है। जिन दिनों पांच इंद्रियों की बात होती थी, उन दिनों दो इंद्रियों का ठीक-ठीक बोध नहीं था। कुछ, जिन्हें समझ में और गहरी बात आई थी, उन्होंने छह इंद्रियों की बात की थी। लेकिन सात इंद्रियों की बात, पिछले पचास वर्षों में विज्ञान ने एक नई इंद्रिय को खोजा, तब से शुरू हुई। सात ही इंद्रियां हैं।

हमारे कान में दो इंद्रियां हैं, एक नहीं। कान सुनता भी है, और कान में वह हिस्सा भी है, जो शरीर को संतुलित रखता है, बैलेंस रखता है। वह एक गुप्त इंद्रिय है, जो कान में छिपी हुई है। इसलिए अगर कोई जोर से आपके कान पर चांटा मार दे, तो आप चक्कर खाकर गिर जाएंगे। वह चक्कर खाकर आप इसलिए गिरते हैं कि जो इंद्रिय आपके शरीर के संतुलन को सम्हालती है, वह डगमगा जाती है। अगर आप जोर से चक्कर लगाएं, तो चक्कर खत्म हो जाएगा, फिर भी भीतर ऐसा लगेगा कि चक्कर लग रहे हैं। क्योंकि वह जो कान की इंद्रिय है, इतनी सक्रिय हो जाती है। शराबी जब सड़क पर डांवाडोल चलने लगता है, तो और किसी कारण से नहीं। शराब कान की उस इंद्रिय को प्रभावित कर देती है और उसके पैरों का संतुलन खो जाता है। कान में दो इंद्रियों का निवास है।

छठवीं इंद्रिय का खयाल तो बहुत पहले भी आ गया था—अंतःकरण, हृदय। साधारणतः हम सबको पता है, ऐसा आदमी आप न खोज पाएंगे, जो कहे कि मुझे प्रेम हो गया है किसी से और सिर पर हाथ रखे। ऐसा आदमी खोजना बहुत मुश्किल है। जब भी कोई प्रेम की बात करेगा, तो हृदय पर हाथ रखेगा। और यह भी आश्चर्य की बात है कि सारी जमीन पर, दुनिया के किसी भी कोने में एक ही जगह हाथ रखा जाएगा। भाषाएं अलग हैं, संस्कृतियां अलग हैं। किसी का एक-दूसरे से परिचय भी नहीं था, तब भी कहीं अनजाना खयाल होता है कि हृदय के पास कोई जगह है, जहां से भाव का संवेदन है।

ऐसी सात इंद्रियां हैं—पांच, एक भाव-इंद्रिय, और एक कान के भीतर संतुलन की इंद्रिय। ये सात इंद्रियां हमें बाहर के जगत से जोड़ती हैं। इनमें से कोई भी इंद्रिय नष्ट हो जाए, तो बाहर से हमारा उतना संबंध टूट जाता है। नष्ट न भी हो, आवृत हो जाए, तो भी संबंध टूट जाता है। मेरी आंख बिलकुल ठीक है, लेकिन मैं बंद कर लूं, तो भी संबंध टूट जाता है।

जैसे सात इंद्रियां बाहर के जगत से संबंधित होने के लिए हैं, यह मैंने जान कर आपसे कहा। ठीक वैसे ही सात केंद्र या सात इंद्रियां अंतर्जगत से संबंधित होने के लिए हैं। योग उन्हें चक्र कहता है। वे सात चक्र, ठीक इन सात इंद्रियों की तरह अंतर्जगत के द्वार हैं। कृष्ण ने उनमें से सबसे महत्वपूर्ण चक्र, जो अर्जुन के लिए सर्वाधिक महत्वपूर्ण हो सकता था, उसकी बात इस सूत्र में कही है। कहा है कि दोनों आंखों के मध्य में, माथे के बीच में ध्यान को केंद्रित कर।

माथे के बीच में जो चक्र है, योग की दृष्टि से, योग के नामानुसार, उसका नाम है, आज्ञा-चक्र। वह संकल्प का और विल का केंद्र है। जिस व्यक्ति को भी अपने जीवन में संकल्प लाना है, उसे उस चक्र पर ध्यान करने से संकल्प की गति शुरू हो जाती है। संकल्प डायनेमिक हो जाता है, गतिमान हो जाता है। इस चक्र पर ध्यान करने वाले व्यक्ति की संकल्प की शक्ति अपराजेय हो जाती है।

कृष्ण ने जानकर अर्जुन से कहा है। यह विशेषकर अर्जुन के लिए कहा गया सूत्र है। क्योंकि क्षत्रिय के लिए ध्यान आज्ञा-चक्र पर ही करने की व्यवस्था है। क्षत्रिय की सारी जीवन-धारणा संकल्प की धारणा है। वही उसका सर्वाधिक विकसित हिस्सा है। उस पर ही वह ध्यान कर सकता है। इस चक्र पर ध्यान करने से क्या होगा? एक बात और खयाल में ले लें, तो समझ में आ सकेगी।

आपके घर में आग लग गई हो। अभी कोई खबर देने आ जाए कि घर में आग लग गई। आप भागेंगे। रास्ते पर कोई नमस्कार करेगा, आपकी आंख बराबर देखेगी; फिर भी, फिर भी आप नहीं देख पाएंगे। और कल वह आदमी मिलेगा और कहेगा कि कल क्या हो गया था; बदहवास भागे जाते थे! नमस्कार की, उत्तर भी न दिया! आप कहेंगे, मुझे कुछ होश नहीं। मैं देख नहीं पाया। वह आदमी कहेगा, आंख आपकी बिलकुल मुझे देख रही थी। मैं बिलकुल आंख के

सामने था। आप कहेंगे, जरूर आप आंख के सामने रहे होंगे। लेकिन मेरा ध्यान आंख पर नहीं था।

शरीर की भी वही इंद्रिय काम करती है, जिस पर ध्यान हो, नहीं तो काम नहीं करती। शरीर की इंद्रियों को भी सक्रिय करना हो, तो ध्यान से ही सक्रिय होती हैं वे, अन्यथा सक्रिय नहीं होतीं। आंख तभी देखती है, जब भीतर ध्यान आंख से जुड़ता है, अटेंशन आंख से जुड़ती है। कान तभी सुनते हैं, जब ध्यान कान से जुड़ता है। शरीर की इंद्रियां भी ध्यान के बिना चेतना तक खबर नहीं पहुंचा पातीं। ठीक ऐसे ही भीतर के जो सात चक्र हैं, वे भी तभी सक्रिय होते हैं, जब ध्यान उनसे जुड़ता है।

संकल्प का चक्र है आज्ञा। अर्जुन से वे कह रहे हैं, तू उस पर ध्यान कर। कर्मयोगी के लिए वही उचित है। कर्म का चक्र है वह, विराट ऊर्जा का, उस पर तू ध्यान कर। लेकिन ध्यान तभी घटित होगा, जब बाहर आती श्वास और भीतर जाती श्वास सम स्थिति में हों।

आपको खयाल में नहीं होगा कि सम स्थिति कब होती है। आपको पता होता है कि श्वास भीतर गई, तो आपको पता होता है। श्वास बाहर गई, तो आपको पता होता है। लेकिन एक क्षण ऐसा आता है, जब श्वास भीतर होती है, बाहर नहीं जा रही--एक गैप का क्षण। एक क्षण ऐसा भी होता है, जब श्वास बाहर चली गई और अभी भीतर नहीं आ रही; एक छोटा-सा अंतराल। उस अंतराल में चेतना बिलकुल ठहरी हुई होती है। उसी अंतराल में अगर ध्यान ठीक से किया गया, तो आज्ञा-चक्र शुरू हो जाता है, सक्रिय हो जाता है।

और जब ऊर्जा आज्ञा-चक्र को सक्रिय कर दे, तो आज्ञा-चक्र की हालत वैसी हो जाती है, जैसे कभी आपने सूर्यमुखी के फूल देखे हों सुबह; सूरज नहीं निकला, ऐसे लटके रहते हैं जमीन की तरफ--उदास, मुर्झाए हुए, पंखुड़ियां बंद, जमीन की तरफ लटके हुए। फिर सूर्य निकला और सूर्यमुखी का फूल उठना शुरू हुआ, खिलना शुरू हुआ, पंखुड़ियां फैलने लगीं, मुस्कुराहट छा गई, नृत्य फूल पर आ गया। रौनक, ताजगी। फूल जैसे जिंदा हो गया; उठकर खड़ा हो गया।

जिस चक्र पर ध्यान नहीं है, वह चक्र उलटे फूल की तरह मुर्झाया हुआ पड़ा रहता है। जैसे ही ध्यान जाता है, जैसे सूर्य ने फूल पर चमत्कार किया हो, ऐसे ही ध्यान की किरणें चक्र के फूल को ऊपर उठा देती हैं। और एक बार किसी चक्र का फूल ऊपर उठ जाए, तो आपके जीवन में एक नई इंद्रिय सक्रिय हो गई। आपने भीतर की दुनिया से संबंध जोड़ना शुरू कर दिया।

अलग-अलग तरह के व्यक्तियों को अलग-अलग चक्रों से भीतर जाने में आसानी होगी। अब जैसे कि साधारणतः सौ में से नब्बे स्त्रियां इस सूत्र को मानें, तो कठिनाई में पड़ जाएंगी। स्त्रियों के लिए उचित होगा कि वे भ्रू-मध्य पर कभी ध्यान न करें। हृदय पर ध्यान करें, नाभि पर ध्यान करें। स्त्री का व्यक्तित्व नॉन-एग्रेसिव है; रिसेप्टिव है; ग्राहक है; आक्रामक नहीं है।

जिनका व्यक्तित्व बहुत आक्रामक है, वे ही; जैसा कि मैंने कहा, क्षत्रिय के लिए कृष्ण ने कहा, आज्ञा-चक्र पर ध्यान करे। सभी पुरुषों के लिए भी उचित नहीं होगा कि आज्ञा-चक्र पर ध्यान करें। जिसका व्यक्तित्व पाजिटिवली एग्रेसिव है, जिसको पक्का पता है कि आक्रमणशील उसका व्यक्तित्व है, वही आज्ञा-चक्र पर प्रयोग करे, तो उसकी ऊर्जा तत्काल अंतस-लोक से संबंधित हो जाएगी।

जिसको लगता हो, उसका व्यक्तित्व रिसेप्टिव है, ग्राहक है, आक्रामक नहीं है, वह किसी चीज को अपने में समा सकता है, हमला नहीं कर सकता—जैसे कि स्त्रियां। स्त्री का पूरा बायोलाजिकल, पूरा जैविक व्यक्तित्व ग्राहक है। उसे गर्भ ग्रहण करना है। उसे चुपचाप कोई चीज अपने में समाकर और बड़ी करनी है।

इसलिए अगर कोई स्त्री आज्ञा-चक्र पर प्रयोग करे, तो दो में से एक घटना घटेगी। या तो वह सफल नहीं होगी; परेशान होगी। और अगर सफल हो गई, तो उसकी स्त्रैणता कम होने लगेगी। वह नॉन-रिसेप्टिव हो जाएगी। उसका प्रेम क्षीण होने लगेगा और उसमें पुरुषगत वृत्तियां प्रकट होने लगेंगी। अगर बहुत तीव्रता से उस पर प्रयोग किया जाए, तो यह भी पूरी संभावना है कि उसमें पुरुष के लक्षण आने शुरू हो जाएं।

अगर कोई पुरुष हृदय के चक्र पर बहुत ध्यान करे, तो उसमें स्त्री के लक्षण आने शुरू हो सकते हैं। रामकृष्ण ने छह महीने तक इस तरह का प्रयोग किया और तब बड़ी अदभुत घटना घटी। और वह घटना यह थी कि रामकृष्ण के स्तन बड़े हो गए, स्त्रैण। रामकृष्ण की आवाज स्त्रियों जैसी हो गई। और यह तो ठीक था; एक बहुत अदभुत घटना घटी कि रामकृष्ण को छह महीने के प्रयोग के बाद मासिक-धर्म शुरू हो गया, मैंसेस शुरू हो गया। एक बहुत चमत्कार की बात थी। यह सोचा भी नहीं जा सकता था कि यह कैसे संभव है! और जब इस प्रयोग को उन्होंने बंद किया, तो कोई दो साल में धीरे-धीरे, धीरे-धीरे लक्षण खोए। अन्यथा वे बढ़ते ही रहे। मुश्किल से खो सके। उनकी चाल स्त्रियों जैसी हो गई!

हमारे व्यक्तित्व का जो निर्माण है, वह हमारे चक्रों से संबंधित है। इसलिए प्रत्येक व्यक्ति को अलग-अलग चक्रों की व्यवस्था है ध्यान करने के लिए। अर्जुन के लिए--इसलिए मैंने स्पेसिफिकली, आपको यह कह रहा हूं कि यह जो सूत्र है, अर्जुन से कहा गया है। अर्जुन के व्यक्तित्व के लिए उचित है कि वह आज्ञा-चक्र पर ध्यान को थिर कर ले।

और ध्यान उसी समय प्रवेश कर जाएगा, जब श्वास सम होती है, न बाहर, न भीतर; बीच में ठहरी होती है। न तो आप ले रहे होते, न छोड़ रहे होते। जब श्वास दोनों जगह नहीं होती, ठहरी होती है, उस क्षण आप करीब-करीब उस हालत में होते हैं, जैसी हालत में मृत्यु के समय होते हैं या जैसी हालत में जन्म के समय होते हैं।

क्या आपको पता है कि अगर बच्चा न रोए जन्म के बाद, तो चिंता फैल जाती है! चेष्टा की जाती है उसे रुलाने की। क्या कारण है? मां के पेट में बच्चा श्वास नहीं लेता; सम रहता है। मां के पेट में बच्चे को श्वास लेने की जरूरत नहीं पड़ती; सम रहता है। जिस सम की बात कृष्ण कर रहे हैं। नौ महीने सम रहता है; न श्वास बाहर आती है, न भीतर जाती है। श्वास चलती ही नहीं।

इसलिए बच्चा पैदा होते से जो रोता है, चिल्लाता है, वह केवल

श्वास का यंत्र काम करने की कोशिश कर रहा है, और कुछ भी नहीं। रो-चिल्ला कर उसके फेफड़े काम शुरू कर रहे हैं तेजी से। अगर वह थोड़ी देर चूक जाए, तो कठिनाई होगी। कठिनाई हो सकती है। इसलिए रोए बच्चा, तो खुशी की बात है। क्योंकि मतलब हुआ कि वह स्वस्थ है, और काम शुरू हो जाएगा।

सम स्थिति में होता है उस समय, जब बच्चा पैदा होता है। ठीक वही स्थिति पुनः हो जाती है, जब श्वास न भीतर जा रही, न बाहर जा रही, बीच का क्षण होता है; तब आपका पुनर्जन्म हो सकता है, रिबॉर्न। आप भीतर की तरफ यात्रा कर सकते हैं। मरते वक्त भी फिर वही सम स्थिति आ जाती है।

तीन बार सम स्थिति आती है—जन्म के समय, मरते समय, समाधि के समय। जितनी बार समाधि आएगी, उतनी बार सम स्थिति आएगी। लेकिन बस, तीन वक्त सम स्थिति होती है, जब कि श्वास न बाहर है, न भीतर।

इस स्थिति में क्यों चेतना भीतर जा सकती है? क्योंकि जैसे ही श्वास बाहर-भीतर नहीं होती, जगत से सारा संबंध थिर हो जाता है, ठहर जाता है। अभी आप रूपांतरण कर सकते हैं। यह गियर बदलने का मौका है। न्यूट्रल में पहुंच गया गियर। आप गाड़ी चलाते हैं, तो आप सीधे एक गियर से दूसरे गियर में नहीं बदल सकते। न्यूट्रल में डाल देते हैं गियर को पहले, फिर दूसरे गियर में बदलते हैं।

अगर श्वास को आप गियर समझें, तो भीतर जाती श्वास जीवन की श्वास है, बाहर जाती श्वास मृत्यु की श्वास है। दोनों के बीच में न्यूट्रल गियर है, जहां सम है; जहां न भीतर, न बाहर; अस्तित्व है जहां, न मृत्यु, न जीवन। उसी क्षण में आपका रूपांतरण होता है।

इसलिए कृष्ण दो बातों पर जोर देते हैं, श्वास हो सम अर्जुन, और ध्यान तेरा भ्रू-मध्य पर, आज्ञा-चक्र पर हो, तो फूल ऊपर उठ जाएगा, चक्र खुल जाएगा। और जैसे ही वह चक्र खुलेगा, वैसे ही तू अचानक पाएगा कि वह सारी शक्ति जो पहले काम बनती थी, क्रोध बनती थी, वह सारी की सारी शक्ति आज्ञा-चक्र पी गया। वह सारी शक्ति संकल्प बन गई।

इसलिए ध्यान रखें, अगर आप बहुत क्रोधी हैं या बहुत कामी हैं, तो एक लिहाज से दुर्भाग्य है, लेकिन एक लिहाज से सौभाग्य भी है। क्योंकि इस जगत में जो बहुत कामी हैं और बहुत क्रोधी हैं, वे ही बड़े संकल्पवान हो सकते हैं। दुर्भाग्य है कि काम और क्रोध आपको परेशान करेंगे। सौभाग्य है कि अगर आप ध्यान कर लें, तो आपके पास जितना संकल्प होगा, उतना उन लोगों के पास नहीं होगा, जिनके पास न काम है, न क्रोध है।

इसलिए इस जगत में जिन लोगों ने बहुत महान शक्ति पाई, वे वे ही लोग हैं, जो बहुत कामी थे, बहुत सेक्सुअल थे। यह बहुत हैरानी की बात है। इस जगत में जो लोग बहुत महान ऊर्जा को उपलब्ध हुए, वे वे ही लोग हैं, जो ओवर सेक्सुअल थे। साधारण रूप से कामी नहीं थे; बहुत कामी थे। लेकिन जब शक्ति बदली, तो यही बड़ी शक्ति जो काम में प्रकट होती थी, संकल्प बन गई।

अर्जुन अगर रूपांतरित हो जाए, तो जैसा महाक्षत्रिय है वह बाहर के जगत में, ऐसा ही भीतर के जगत में महावीर हो जाएगा। इतनी ही ऊर्जा जो क्रोध और काम में बहती है, संकल्प को मिल जाए, तो संकल्प महान होगा।

इस जगत में वरदानों को अभिशाप बनाने वाले लोग हैं; इस जगत में अभिशापों को वरदान बना लेने वाले लोग भी हैं। अगर काम-क्रोध बहुत हो, तो भी परमात्मा को धन्यवाद देना कि शक्ति पास में है। अब रूपांतरित करना अपने हाथ में है। काम-क्रोध बिलकुल न हो, तो बहुत कठिनाई है। बहुत कठिनाई है। शक्ति ही पास में नहीं है, रूपांतरित क्या होगा!

इसलिए काम-क्रोध बहुत होने से परेशान न हो जाना, सिर्फ विचारमग्न होना। और काम-क्रोध को रूपांतरित करने की यह बहुत वैज्ञानिक विधि है। कहनी चाहिए जितनी वैज्ञानिक हो सकती है उतनी कृष्ण ने कही है, श्वास सम, ध्यान आज्ञा-चक्र पर। इसका अभ्यास करते रहें। धीरे-धीरे, धीरे-धीरे जो मैंने कहा है, वह आपके खयाल में आना शुरू हो जाएगा। धीरे-धीरे एक दिन वह आ जाएगा कि भीतर की सारी ऊर्जा रूपांतरित हो जाएगी।

ऐसा भी नहीं है कि...लोग मुझसे पूछते हैं कि अगर ऐसा हो गया कि

सारा क्रोध खो गया, सारा काम खो गया, सारी ऊर्जा संकल्प बन गई, तो इस जगत में जीएंगे कैसे? इस जगत में क्रोध की भी कभी जरूरत पड़ती है।

निश्चित पड़ती है। लेकिन ऐसा व्यक्ति भी क्रोध कर सकता है, पर ऐसा व्यक्ति क्रोधित नहीं होता। ऐसा व्यक्ति क्रोध कर सकता है, लेकिन ऐसा व्यक्ति क्रोधित नहीं होता। ऐसा व्यक्ति क्रोध का भी उपयोग कर सकता है; लेकिन वह उपयोग है। जैसे आप अपने हाथ को ऊपर उठाते हैं, नीचे गिराते हैं। यह बीमारी नहीं है। लेकिन हाथ ऊपर-नीचे होने लगे, और आप कहें कि मैं रोकने में असमर्थ हूं; यह तो होता ही रहता है; यह मेरे वश के बाहर है—तब बीमारी है।

क्रोध उपयोग किया जा सकता है। लेकिन केवल वे ही उपयोग कर सकते हैं, जो क्रोध के बाहर हैं। हमारा तो क्रोध ही उपयोग करता है; हम क्रोध का उपयोग नहीं करते। हमारे ऊपर तो हमारी इंद्रियां ही हावी हो जाती हैं।

क्या काम का उपयोग नहीं हो सकता? इस मुल्क ने तो बहुत वैज्ञानिक प्रयोग किए हैं इस दिशा में भी। बहुत सैकड़ों वर्षों तक, अगर किसी को पुत्र न हो, तो ऋषि-मुनि से भी पुत्र मांगा जा सकता था अपनी पत्नी के लिए। ऋषि-मुनि से भी प्रार्थना की जा सकती थी कि एक पुत्र दान दे दो। बहुत हैरानी की बात है!

जब पश्चिम के लोगों को पहली दफा पता चला, तो उन्होंने कहा, कैसे अजीब लोग रहे होंगे! पहली तो बात कि वे ऋषि-मुनि, वे क्या संभोग के लिए राजी हुए होंगे? और दूसरी बात, यह कैसा अनैतिक कृत्य कि कोई आदमी अपनी पत्नी के लिए पुत्र मांगने जाए! उनकी समझ के बाहर पड़ी बात। मिस मियो ने और जिन लोगों ने भारत के खिलाफ बहुत कुछ लिखा, इस तरह की सारी बातें इकट्ठी कीं। पर उन्हें कुछ पता नहीं। अब मिस मियो अगर जिंदा होती, तो उसको पता चलता कि अब पश्चिम भी सोच रहा है।

पश्चिम सोच रहा है कि सभी लोग अगर बच्चे पैदा न करें, तो बेहतर है। क्योंकि पश्चिम कह रहा है कि जब हम बीज चुन कर बेहतर फूल,

बेहतर फल पैदा कर सकते हैं, तो हम वीर्य चुनकर भी बेहतर व्यक्ति क्यों पैदा नहीं कर सकते हैं! आज नहीं कल पश्चिम में वीर्य भी चुना हुआ होगा। उनके रास्ते टेक्नॉलाजिकल होंगे।

लेकिन एक ऋषि के पास जाकर कोई प्रार्थना करे, तो ऋषि का तो काम विसर्जित हो गया है। इसीलिए ऋषि से प्रार्थना की जा सकती थी। जिसकी कोई कामना नहीं रही, जिसकी कोई वासना नहीं रही, उसी से तो पवित्रतम वीर्य की उपलब्धि हो सकती है। जिसकी कोई इच्छा नहीं है, शरीर को भोगने का जिसका कोई खयाल नहीं है, वह भी अपने शरीर को दान कर सकता है।

ध्यान रहे, वीर्य कोई आध्यात्मिक चीज नहीं है, शारीरिक, फिजियोलाजिकल घटना है। और जब आप मरेंगे, तो आपका सारा वीर्य आपके शरीर के साथ नष्ट हो जाएगा। वह कोई आत्मिक चीज नहीं है कि आपके साथ चली जाएगी। शरीर का दान है।

ऋषि-मुनि जानते हैं कि उनका शरीर तो खो जाएगा, लेकिन अगर उनके शरीर से कुछ भी उपयोग हो सकता है, तो उतना उपयोग भी किया जा सकता है। ये बहुत हिम्मतवर लोग रहे होंगे। साधारण हिम्मत से यह काम होने वाला नहीं था।

इस संकल्प की स्थिति के बाद भी काम और क्रोध का उपयोग किया जा सकता है, इंस्ट्रूमेंट की तरह। न किया जाए, तो कोई मजबूरी नहीं है। फिर व्यक्तियों पर निर्भर करता है कि उपयोग करेंगे, नहीं करेंगे। एक बात पक्की है कि काम और क्रोध आपका उपयोग नहीं कर सकते।

इसीलिए इस चक्र को आज्ञा-चक्र नाम दिया गया कि जिस व्यक्ति का इस चक्र पर कब्जा हो जाता है, उसकी इंद्रियां उसकी आज्ञा मानने लगती हैं। और जिस व्यक्ति का इस चक्र पर अधिकार नहीं है, उसे अपनी इंद्रियों की आज्ञा माननी पड़ती है। इस चक्र के इस पार इंद्रियों की आज्ञा है; उस पार अपनी मालकियत शुरू होती है। इसलिए उस चक्र को दि आर्डर, आज्ञा ही नाम दे दिया गया। इस तरफ रहोगे, तो इंद्रियों की आज्ञा माननी पड़ेगी। उस तरफ रहोगे, तो इंद्रियों को आज्ञा दे सकते हो।

यह बहुत वैज्ञानिक सूत्र है। समझने का कम, करने का ज्यादा। शब्दों से पहचानने का कम, प्रयोग में उतरने का ज्यादा। इसे थोड़ा प्रयोग करेंगे, तो धीरे-धीरे खयाल में आ सकता है।

भोक्तारं यज्ञतपसां सर्वलोकमहेश्वरम्
सुहृदं सर्व भूतानां ज्ञात्वा मां शान्तिमृच्छति।।29।।

और हे अर्जुन! मेरा भक्त मेरे को यज्ञ और तपों का भोगने वाला, और संपूर्ण लोकों के ईश्वरों का भी ईश्वर तथा संपूर्ण भूत प्राणियों का सुहृद अर्थात स्वार्थरहित प्रेमी, ऐसा तत्व से जान कर शांति को प्राप्त होता है।

कृष्ण कहते हैं, मुझे जो प्रेम करता है सर्व लोकों के परमात्मा की भांति! मुझे, कृष्ण कहते हैं, मुझे जो प्रेम करता है। जब हम पढ़ेंगे और कृष्ण कहते हैं, सब लोकों के परमात्मा की भांति! परमात्माओं का भी परमात्मा! जब हम पढ़ते हैं, तो हमें थोड़ी कठिनाई होगी कि कृष्ण स्वयं को सब परमात्माओं का परमात्मा कहते हैं! बड़े अहंकार की बात मालूम पड़ती है! बहुत ईगोइस्ट मालूम पड़ती है। क्योंकि हम मैं का एक ही अर्थ जानते हैं।

हमारा मैं सदा ही तू के विपरीत है। हमारे मैं का एक ही अनुभव है—तू के खिलाफ, तू से भिन्न, तू से अलग। हमारे मैं में तू इनक्लूडेड नहीं है, एक्सक्लूडेड है। कृष्ण जैसे व्यक्ति जब कहते हैं, मैं, तो उनके मैं में सब तू इनक्लूडेड हैं, सब तू सम्मिलित हैं। सब तू इकट्ठे उनके मैं में सम्मिलित हैं।

यह आयाम हमारे लिए नहीं है। इसका हमें कोई परिचय नहीं है। इसलिए कृष्ण पर अनेक लोगों को आपत्ति लगती है कि क्या बात कहते हैं! कहते हैं कि मुझे जो प्रेम करता है सब परमात्माओं के परमात्मा की भांति, वही उपलब्ध होता है मुक्ति को, आनंद को! वही उपलब्ध होता है मोक्ष को, मुझे!

जीसस भी ठीक इसी भाषा में बोलते हैं। जीसस भी कहते हैं, आई एम दि ट्रुथ, आई एम दि वे। और जिसे भी पहुंचना हो प्रभु तक, आओ मेरे द्वारा।

बुद्ध भी कहते हैं।

निश्चित ही, हमारे मैं और उनके मैं के उपयोग में कोई अंतर होना चाहिए। हम जब भी कहते हैं मैं, तब वह तू के विपरीत एक शब्द है। जब कृष्ण और क्राइस्ट जैसे लोग कहते हैं मैं, तब तू से उसका कोई संबंध नहीं, अनरिलेटेड है। उससे तू से कोई लेना-देना ही नहीं है। इसीलिए इतनी सरलता से कह पाते हैं कि तू छोड़ सब मुझ पर। मुझे कर प्रेम परमात्माओं के परमात्मा की तरह।

अर्जुन संदेह भी नहीं उठाता। अर्जुन के मन में भी तो सवाल उठा होगा। अपना सखा, अपना साथी, सारथी बना हुआ बैठा है! निश्चित ही, स्थिति तो अर्जुन की ही ऊपर थी। रथ में तो वही विराजमान था। कृष्ण तो सिर्फ सारथी थे, अर्जुन के रथ चलाने वाले थे। जहां तक संसार की हैसियत का संबंध है, उस घड़ी में कृष्ण की हैसियत अर्जुन से बड़ी न थी।

अब यह बहुत मजेदार घटना है। जो अपने को कहता है कि मैं परमात्माओं का परमात्मा, वह एक साधारण से अज्ञानी आदमी का सारथी बन जाता है! अहंकारी होता, तो कभी न बनता। एक साधारण से आदमी के रथ के घोड़ों को निकाल कर सांझ नदी पर पानी पिला लाता है; सफाई कर लाता है। अहंकारी होता, तो यह संभव न था। अहंकारी कहीं सारथी बने हैं! अहंकारी रथ पर विराजमान होते हैं। अर्जुन भलीभांति जानता है कि अहंकार का तो कोई सवाल ही नहीं है। क्योंकि जो आदमी सारथी की तरह घोड़ों की लगाम लेकर बैठ गया है, उससे ज्यादा निर-अहंकारी आदमी और कहां खोजने से मिलेगा!

फिर वह सारथी बना हुआ आदमी कह रहा है कि तू मुझे जान कि मैं परमात्माओं का परमात्मा हूं! अर्जुन पहचानता है। कृष्ण की विनम्रता को पहचानता है। इसलिए कृष्ण के अहंकार जैसे शब्द के उपयोग को भी समझ पाता है।

हमें बहुत कठिनाई हो जाएगी। इसलिए कृष्ण पर बहुत लोगों ने आपत्ति की है कि कृष्ण घोषणा करते हैं, सर्व धर्मान परित्यज्य, सब धर्म छोड़ कर तू मेरी शरण में आ जा—मामेकं शरणं व्रज—आ जा मेरी शरण। यह बात ठीक नहीं मालूम पड़ती है।

जिन्हें ठीक नहीं मालूम पड़ती, वे फिर पुनर्विचार करें। कहीं उन्हें इसलिए तो ठीक नहीं मालूम पड़ती कि उनके अहंकार को बेचैनी होती है—कि हम किसी की शरण में चले जाएं? कृष्ण की शरण में मैं चला जाऊं? नहीं; यह नहीं हो सकता। यह कृष्ण अहंकारी मालूम होता है।

ध्यान रखना, हमारे अहंकार को लगी चोट, हमसे कहलवाती है, रेशनलाइज करवाती है कि कृष्ण अहंकारी हैं। मैं मान लूं इस कृष्ण को कि सारे जगत का परमात्मा है, मैं! यह हम स्वीकार न करेंगे। हम कहेंगे, यह बात नहीं मानी जा सकती। कोई आदमी यह कहे कि मैं परमात्मा हूं, यह तो निपट अहंकार हुआ। अपने अहंकार का खयाल न लेंगे कि अपने अहंकार को चोट लगती है।

इसलिए एक बहुत मजेदार घटना घटी। कृष्णमूर्ति ने लोगों से पिछले चालीस वर्षों में सैकड़ों-हजारों बार कहा, मैं तुम्हारा गुरु नहीं, मैं तुम्हारा परमात्मा नहीं, मैं तुम्हारा शिक्षक नहीं। मैं कोई भी नहीं हूं। जितने अहंकारी लोग थे, उनको यह बात बहुत अपील हुई। उन्होंने कहा, बिलकुल ठीक! एकदम ठीक।

इधर जानकर मैं बहुत हैरान हुआ कि कृष्णमूर्ति को सुनने वाला वर्ग बहुत गहरे अर्थों में अहंकारियों का वर्ग है। उसे प्रीतिकर लगी। इसलिए नहीं कि वह समझा कि कृष्णमूर्ति क्या कह रहे हैं। वह समझना तो बहुत मुश्किल है। उतना ही मुश्किल, जितना कृष्ण की यह बात समझनी मुश्किल है कि मैं परमात्मा हूं। उतना ही मुश्किल। लेकिन उसे एक बात जरूर समझ में आ गई कि ठीक है; एक आदमी तो ऐसा है, जिसके सामने हमें शिष्य बनने की जरूरत नहीं है। जिसके सामने हमें झुकने की जरूरत नहीं है।

लेकिन बड़े मजे की बात है कि कृष्णमूर्ति इसलिए इनकार करते हैं कि मैं तुम्हारा गुरु नहीं, क्योंकि अगर आज कोई भी आदमी इस जगत में कहे कि मैं गुरु हूं; कृष्ण जैसी हिम्मत की बात कोई कहे; कृष्ण भी लौट आएं और वापस कहें कि मैं हूं परमात्माओं का परमात्मा, तो हम स्वीकार न करेंगे। क्योंकि जगत का अहंकार बहुत विकसित हुआ है।

यह जिस दिन उन्होंने कहा था, उस दिन जगत का अहंकार बहुत अविकसित था। लोग भोले थे, लोग सरल थे। लोगों के पास अहंकार घना नहीं था। अगर कोई आदमी कहता था कि मैं परमात्मा हूं, तो लोग सोचते थे कि सोचें; शायद होगा! आज अगर कोई कहेगा, मैं परमात्मा! तो लोग कहेंगे, बंद करो पागलखाने में। इलाज करवाना चाहिए।

इसलिए कृष्णमूर्ति कहते हैं, मैं कोई परमात्मा नहीं, मैं कोई गुरु नहीं। लेकिन तब दूसरी भूल शुरू होती है। और अच्छा था कि कृष्ण ही भूल करें, क्योंकि उनसे भूल नहीं हो सकती, बजाय इसके कि अर्जुन भूल करें; उनसे तो भूल सुनिश्चित है।

दूसरी भूल शुरू होती है। सुनने वाला कहता है कि यह आदमी बिलकुल ठीक है। यहां झुकने की कोई जरूरत नहीं है। सुनो भी, समझो भी, शिष्य भी मत बनो, पैर छूने की कोई जरूरत नहीं। कोई सवाल नहीं है। अपनी अकड़ कायम रखी जा सकती है!

गुरु भी अकड़ से भरे हुए हो सकते हैं, तब पागल हो जाते हैं। और जब शिष्य भी अकड़ से भरे हुए होते हैं, तो और भी ज्यादा महापागल हो जाते हैं। युग का परिवर्तन है।

लेकिन कृष्ण को अर्जुन समझ पाया। उसे अड़चन नहीं हुई है। उसने यह सवाल नहीं उठाया कि तुम सारथी होकर, मेरे सारथी हो और कहते हो, परमात्मा! वह समझ पाया कि कृष्ण क्या कह रहे हैं, किस गहरे अर्थ में कह रहे हैं। वह उनकी विनम्रता को जानता है, इसलिए उनके अहंकार का सवाल नहीं उठता।

लेकिन हमारी हालतें उलटी हैं। एक लड़की ने परसों मुझे आकर कहा कि आपको मैं वर्षों से जानती हूं। सदा मैंने आपको पाया कि आपसे प्रेम बरसता है। लेकिन एक दिन जरा-सा मैंने देखा कि आपमें क्रोध है, तो मेरा सारा प्रेम जो था, वह बेकार हो गया।

जरूरी नहीं है कि मुझ में क्रोध हो। क्योंकि उसे क्या दिखाई पड़ा, यह जरूरी नहीं कि मुझ में हो। पर बड़े मजे की बात है कि वर्षों का मेरा प्रेम बेकार हो गया, क्योंकि उसे खयाल में आया कि मुझ में जरा क्रोध है। मेरा वर्षों का प्रेम

जरा-से क्रोध को गलत न कर पाया। मेरे जरा-से क्रोध ने मेरे वर्षों के प्रेम को गलत किया। यद्यपि जरूरी नहीं है कि मुझे क्रोध रहा हो, उसे दिखाई पड़ा। यह भी जरूरी नहीं कि मुझे वर्षों प्रेम रहा हो, उसे दिखाई पड़ा। बात उसी की है; मेरा कोई सवाल नहीं है। लेकिन वर्षों का प्रेम जरा-से क्रोध के सामने डूब गया। जरा-सा क्रोध वर्षों के प्रेम के सामने नहीं डूब पाया!

अगर आज का होता अर्जुन, तो वह कहता, बस; बंद करो बातचीत। तुम्हारी सब विनम्रता, तुम्हारा सारथी होना, तुम्हारा घोड़ों को पानी पिलाना, सब बेकार हो गया। तुम मुझसे कह रहे हो कि तुम परमात्मा हो! लेकिन वह जानता है कि जिसकी इतनी विनम्रता गहरी है, जल्दी नतीजे का कोई कारण नहीं है। और समझा जा सकता है। और अगर कृष्ण कहते हैं, तो उसमें कुछ अर्थ होगा।

जब कृष्ण जैसा व्यक्ति कहता है, मैं की उदघोषणा करता है, तो आपके मैं को विसर्जित करने के लिए; आपका मैं समर्पित हो सके, इसलिए। और जब तक कोई समर्पित न हो, तब तक मुक्त नहीं हो पाता है। समर्पण, सरेंडर मुक्ति है।

और यह बड़े मजे की बात है कि इसके पहले सूत्र में कृष्ण कहते हैं कि तू संकल्प को बड़ा कर, आज्ञा-चक्र को जगा। और ठीक उसके बाद के सूत्र में कहते हैं कि मैं परमात्मा हूं, ऐसा जान।

असल में, जो महा संकल्पवान है, वही समर्पण कर पाता है। जिसके पास संकल्प नहीं है, वह समर्पण भी नहीं कर पाएगा। कमजोरों के लिए संकल्प नहीं है। शक्ति समर्पण बनती है।

यह पांचवां अध्याय पूरा हुआ। इस पूरे अध्याय में कृष्ण ने अर्जुन को कर्म करते हुए, समस्त कर्म के जाल में डूबे रहते हुए मुक्त होने की सारी कीमिया, सारी केमिस्ट्री, सारी अल्केमी उपस्थित की है। गीता का एक-एक अध्याय अपने में पूर्ण है। गीता एक किताब नहीं, अनेक किताबें है। गीता का एक अध्याय अपने में पूर्ण है। जरूरी नहीं है कि इसके आगे गीता पढ़ें। जरूरी तभी है, जब पांचवां अध्याय न पढ़ पाएं, न समझ पाएं।

ध्यान रखें, जरूरी तभी है, जब पांचवां अध्याय बेकार चला जाए, तो फिर छठवां पढ़ें। अर्जुन पर बेकार चला गया, इसलिए छठवां कृष्ण को कहना पड़ा। बेकार इसलिए चला गया कि कृष्ण को दिखाई पड़ा कि अभी कुछ हुआ नहीं। फिर और बात करनी पड़ी। फिर और बात करनी पड़ी। फिर और बात करनी पड़ी।

अगर एक अध्याय भी गीता का ठीक से समझ में आ जाए—समझ का मतलब, जीवन में आ जाए, अनुभव में आ जाए। खून में, हड्डी में आ जाए; मज्जा में, मांस में आ जाए; छा जाए सारे भीतर प्राणों के पोर-पोर में—तो बाकी किताब फेंकी जा सकती है। फिर बाकी किताब में जो है, वह आपकी समझ में आ गया। न आए, तो फिर आगे बढ़ना पड़ता है।

लेकिन ध्यान रहे, अगर कोई भी व्यक्ति गीता या बाइबिल और कुरान जैसी किताबों को सिर्फ बौद्धिक रूप से समझने की चेष्टा में संलग्न होता है, तो गलती कर रहा है। वह ऐसी ही गलती कर रहा है, जैसे कोई व्यक्ति सड़क के किनारे, सीमेंट की सड़क के पास कांटा और आटा लगा कर बैठ जाए मछली पकड़ने को—सीमेंट की सड़क पर! वहां कोई मछली पकड़ में नहीं आएगी। ऐसी ही गलती है।

बुद्धि से कोई अगर अस्तित्व के जगत में खोजने निकल पड़े, कुछ पकड़ में नहीं आता। बुद्धि का वहां अर्थ नहीं है। इतना ही अर्थ है बुद्धि का कि आपकी जो पकड़ी हुई, जकड़ी हुई अबुद्धि है, उसे तोड़ पाए। आप हल्के हो पाएं।

समझ लें, ऐसा समझ लें, आपके हाथ-पैर में जंजीरें पड़ी हैं। आप हट नहीं पाते उस जगह से। मैं एक हथौड़ी लाकर आपकी जंजीरें तोड़ देता हूं। जंजीरें तोड़ सकता हूं हथौड़ी से, स्वतंत्र नहीं कर सकता आपको। फिर भी आप वहीं खड़े रहें, तो मैं क्या करूंगा? जंजीरें गिर जाएं जमीन पर, आप वहीं बैठे रहें, तो मैं क्या करूंगा!

सिर्फ नकारात्मक काम, निगेटिव काम बुद्धि से हो सकता है। आपके मन पर जो बहुत-सी अबौद्धिक धारणाएं जकड़ी हुई हैं, बुद्धि उनको काट कर तोड़

सकती है। लेकिन उतने से स्वतंत्रता नहीं सिद्ध होती। उससे सिर्फ गुलामी टूटती है। और अगर आप उठ कर चल नहीं पड़ते, तो आपके आस-पास फिर जंजीरें इकट्ठी हो जाएंगी।

जो भी बैठा रहेगा, उसके आस-पास जंजीरें इकट्ठी हो जाती हैं। जो चलता रहेगा, वही स्वतंत्र होता है। नदी का पानी बहता रहे, तो स्वच्छ होता है। रुक जाए, सड़ जाता है। और जो व्यक्ति भी केवल सोचता रहता है, वह रुक जाता है। जीता है, वह बहता है और चलता है।

तो अंत में इतना ही कहूंगा, बहें। जो सुना, जो समझा, उसे कहीं करें। हजार मील की बात बेकार है एक कदम चलने के आगे। एक कदम काफी है। एक कदम चलें, तो हजार मील की बात करने की कोई जरूरत नहीं है। और एक-एक कदम चल कर हजारों मील का फासला पार हो जाता है।

अब पांच मिनट, अंतिम दिन हम कीर्तन में बैठेंगे। कोई जाएगा नहीं। एक भी व्यक्ति नहीं जाएगा। और साथ दें। आप भी गाएं। आप भी अपनी जगह डोलें; ताली बजाएं। एक पांच मिनट आनंद में, और फिर हम विदा हो जाएं।

ओशो—एक परिचय

सत्य की व्यक्तिगत खोज से लेकर ज्वलंत सामाजिक व राजनैतिक प्रश्नों पर ओशो की दृष्टि उनको हर श्रेणी से अलग अपनी कोटि आप बना देती है। वे आंतरिक रूपांतरण के विज्ञान में क्रांतिकारी देशना के पर्याय हैं और ध्यान की ऐसी विधियों के स्तोता हैं जो आज के गतिशील जीवन को ध्यान में रख कर बनाई गई हैं।

अनूठे ओशो सक्रिय ध्यान इस तरह बनाए गए हैं कि शरीर और मन में इकट्ठे तनावों का रेचन हो सके, जिससे सहज स्थिरता आए व ध्यान की विचार रहित दशा का अनुभव हो।

ओशो की देशना एक नये मनुष्य के जन्म के लिए है, जिसे उन्होंने 'ज़ोरबा दि बुद्धा' कहा है—जिसके पैर जमीन पर हों, मगर जिसके हाथ सितारों को छू सकें। ओशो के हर आयाम में एक धारा की तरह बहता हुआ वह जीवन-दर्शन है जो पूर्व की समयातीत प्रज्ञा और पश्चिम के विज्ञान और तकनीक की उच्चतम संभावनाओं को समाहित करता है। ओशो के दर्शन को यदि समझा जाए और अपने जीवन में उतारा जाए तो मनुष्य-जाति में एक क्रांति की संभावना है।

ओशो की पुस्तकें लिखी हुई नहीं हैं बल्कि पैंतीस साल से भी अधिक समय तक उनके द्वारा दिए गए तात्कालिक प्रवचनों की रिकार्डिंग से अभिलिखित हैं।

लंदन के 'संडे टाइम्स' ने ओशो को 'बीसवीं सदी के एक हजार निर्माताओं' में से एक बताया है और भारत के 'संडे मिड-डे' ने उन्हें गांधी, नेहरू और बुद्ध के साथ उन दस लोगों में रखा है, जिन्होंने भारत का भाग्य बदल दिया।

ओशो इंटरनेशनल मेडिटेशन रिजॉर्ट

ओशो मेडिटेशन रिजॉर्ट का निर्माण इसलिए किया गया ताकि लोग जीने की ाई कला का सीधा अनुभव ले सकें—अधिक होशपूर्वक होकर, हास्य और आराम क साथ। यह भारत के मुंबई शहर से सौ मील दक्षिण पूर्व में पूना के कोरेगांव पार्क में वृक्षों से परिपूर्ण चालीस एकड़ आवासीय क्षेत्र में स्थित है। रिजॉर्ट सौ से अधिक देशों से हर साल आने वाले हजारों लोगों के लिए अलग-अलग तरह के कार्यक्रम प्रस्तुत करता है। नवनिर्मित ओशो गेस्ट हाउस परिसर में लोगों के लिए आवास की सुविधा उपलब्ध है।

मेडिटेशन रिजॉर्ट में मल्टीवर्सिटी कार्यक्रम प्रसिद्ध झेन उद्यान, ओशो तीर्थ से सटे पिरामिड परिसर में संचालित होते हैं। ये कार्यक्रम व्यक्तिगत रूपांतरण के लिए व लोगों को जीने की एक नई कला सिखाने के उद्देश्य से तैयार किए गए हैं—एक जाग्रत अवस्था जिसे वे दैनिक जीवन में उतार सकते हैं। आत्म-खोज सत्र, सैशन, कोर्स और अन्य ध्यान प्रक्रियाएं पूरे साल चलती हैं। शरीर को स्वस्थ रखने के लिए एक खूबसूरत व्यवस्था का प्रावधान है जिसमें झेन प्रक्रिया के साथ खेल और मनोरंजन का अनुभव लिया जा सकता है।

मुख्य ध्यान सभागार में सुबह छह बजे से रात ग्यारह बजे तक प्रतिदिन सक्रिय व अक्रिय ध्यान विधियां होती हैं, जिसमें रोज संध्या-सभा ध्यान भी शामिल है। रात को रिजॉर्ट का बहुसांस्कृतिक जीवन खिल उठता है-मित्रों के संग खुले आकाश के नीचे भोजन-स्थल और अक्सर संगीत व नृत्य के साथ। रिजॉर्ट की साफ व शुद्ध पीने

के पानी की अपनी व्यवस्था है और यहां परोसे गए भोजन में रिजॉर्ट के अपने फार्म हाउस में उगाई गई सब्जियों का प्रयोग होता है।

मेडिटेशन रिजॉर्ट का ऑन लाइन टूर, साथ ही यात्रा और कार्यक्रमों की जानकारी www.osho.com से प्राप्त की जा सकती है। यह अलग-अलग भाषाओं में विस्तार में दी गई वेबसाइट है, जिसमें हैं—ऑन लाइन ओशो टाइम्स पत्रिका, ऑडियो व वीडियो वेबकास्टिंग, ऑडियो बुक क्लब, ओशो प्रवचनों के संपूर्ण अंग्रेजी व हिंदी अभिलेख और ओशो के वीडियो, ऑडियो व पुस्तकों की संपूर्ण सूची। साथ ही है ओशो द्वारा विकसित किए गए सक्रिय ध्यानों की जानकारी जो ज्यादातर वीडियो प्रदर्शन के साथ हैं।

मेडिटेशन रिजॉर्ट में सहभागी होने व अधिक विस्तृत जानकारी के लिए संपर्क करें:

ओशो इंटरनेशनल मेडिटेशन रिजॉर्ट

17 कोरेगांव पार्क, पुणे-411001, महाराष्ट्र

फोन: 020-56019999 फैक्स: 020-56019990

e-mail - resortinfo@osho.net

Website - www.osho.com

ओशो का हिंदी साहित्य

उपनिषद
सर्वसार उपनिषद
कैवल्य उपनिषद
अध्यात्म उपनिषद
कठोपनिषद
ईशावास्य उपनिषद
निर्वाण उपनिषद
आत्म-पूजा उपनिषद
केनोपनिषद
मेरा स्वर्णिम भारत (विविध उपनिषद-सूत्र)
कृष्ण
गीता-दर्शन (आठ भागों में अठारह अध्याय)
कृष्ण-स्मृति
महावीर
महावीर-वाणी (दो भागों में)
जिन-सूत्र (दो भागों में)
महावीर या महाविनाश
महावीर : मेरी दृष्टि में
ज्यों की त्यों धरि दीन्हीं चदरिया
बुद्ध
एस धम्मो सनंतनो (बारह भागों में)
अष्टावक्र
अष्टावक्र महागीता (नौ भागों में)
लाओत्से
ताओ उपनिषद (छह भागों में)
कबीर
सुनो भई साधो
कहै कबीर दीवाना
कहै कबीर मैं पूरा पाया
न कानों सुना न आंखों देखा
(कबीर व फरीद)
शांडिल्य
अथातो भक्ति जिज्ञासा (दो भागों में)
अन्य रहस्यदर्शी
नाम सुमिर मन बावरे (जगजीवन)
अरी, मैं तो नाम के रंग छकी (जगजीवन)
कानों सुनी सो झूठ सब (दरिया)
अमी झरत बिगसत कंवल (दरिया)
हरि बोलौ हरि बोल (सुंदरदास)
ज्योति से ज्योति जले (सुंदरदास)
अजहूं चेत गंवार (पलटू)
सपना यह संसार (पलटू)
काहे होत अधीर (पलटू)
जस पनिहार धरे सिर गागर (धरमदास)
का सोवै दिन रैन (धरमदास)
सबै सयाने एक मत (दादू)
पिव पिव लागी प्यास (दादू)
कन थोरे कांकर घने (मलूकदास)
रामदुवारे जो मरे (मलूकदास)
भक्ति-सूत्र (नारद)
शिव-सूत्र (शिव)
भजगोविन्दम् मूढ़मते (आदिशंकराचार्य)
एक ओंकार सतनाम (नानक)
जगत तरैया भोर की (दयाबाई)
बिन घन परत फुहार (सहजोबाई)
पद घुंघरू बांध (मीरा)
नहीं सांझ नहीं भोर (चरणदास)
संतो, मगन भया मन मेरा (रज्जब)
कहै वाजिद पुकार (वाजिद)
मरौ हे जोगी मरौ (गोरख)
सहज-योग (सरहपा-तिलोपा)
बिरहिनी मंदिर दियना बार (यारी)

प्रेम-रंग-रस ओढ़ चदरिया (दूलन)
दरिया कहै सब्द निरबाना
(दरियादास बिहारवाले)
हंसा तो मोती चुगैं (लाल)
गुरु-परताप साध की संगति (भीखा)
मन ही पूजा मन ही धूप (रैदास)
झरत दसहुं दिस मोती (गुलाल)
जरथुस्त्र : नाचता-गाता मसीहा (जरथुस्त्र)

प्रश्नोत्तर

नहिं राम बिन ठांव
प्रेम-पंथ ऐसो कठिन
उत्सव आमार जाति, आनंद आमार गोत्र
मृत्योर्मा अमृतं गमय
प्रीतम छवि नैनन बसी
रहिमन धागा प्रेम का
उड़ियो पंख पसार
सुमिरन मेरा हरि करैं
पिय को खोजन मैं चली
साहेब मिल साहेब भये
जो बोलैं तो हरिकथा
बहुरि न ऐसा दांव
ज्यूं था त्यूं ठहराया
ज्यूं मछली बिन नीर
दीपक बारा नाम का
अनहद में बिसराम
लगन महूरत झूठ सब
सहज आसिकी नाहिं
पीवत रामरस लगी खुमारी
रामनाम जान्यो नहीं
सांच सांच सो सांच
आपुई गई हिराय
बहुतेरे हैं घाट
कोंपलें फिर फूट आईं
फिर पत्तों की पांजेब बजी
फिर अमरित की बूंद पड़ी
क्या सोवै तू बावरी
चल हंसा उस देस
कहा कहूं उस देस की
पंथ प्रेम को अटपटो
माटी कहै कुम्हार सूं
मैं धार्मिकता सिखाता हूं, धर्म नहीं

झेन, सूफी और उपनिषद की कहानियां

बिन बाती बिन तेल
सहज समाधि भली
दीया तले अंधेरा

तंत्र

संभोग से समाधि की ओर
तंत्र-सूत्र (पांच भागों में)

योग

पतंजलिः योग-सूत्र (पांच भागों में)
योगः नये आयाम

विचार-पत्र

क्रांति-बीज
पथ के प्रदीप

पत्र-संकलन

अंतर्वीणा
प्रेम की झील में अनुग्रह के फूल
पाथेय

बोध-कथा

मिट्टी के दीये

ध्यान, साधना

ध्यानयोग : प्रथम और अंतिम मुक्ति
नेति-नेति
चेति सकै तो चेति
हसिबा, खेलिबा, धरिबा ध्यानम्
समाधि कमल
साक्षी की साधना
धर्म साधना के सूत्र
मैं कौन हूं
समाधि के द्वार पर
अपने माहिं टटोल
ध्यान दर्शन
तृषा गई एक बूंद से
ध्यान के कमल

जीवन संगीत
जो घर बारे आपना
प्रेम दर्शन

साधना-शिविर

साधना-पथ
मैं मृत्यु सिखाता हूं
समाधि के सप्त द्वार (ब्लावट्स्की)
साधना-सूत्र (मेबिल कॉलिन्स)
ध्यान-सूत्र
जीवन ही है प्रभु
रोम-रोम रस पीजिए

राष्ट्रीय और सामाजिक समस्याएं

देख कबीरा रोया
स्वर्ण पाखी था जो कभी और अब है भिखारी जगत का
शिक्षा में क्रांति
नये समाज की खोज
नये भारत की खोज
नारी और क्रांति
शिक्षा और धर्म
भारत का भविष्य

विविध

अमृत-कण
मैं कहता आंखन देखी
एक एक कदम
जीवन क्रांति के सूत्र
जीवन रहस्य
करुणा और क्रांति
विज्ञान, धर्म और कला
शून्य के पार
प्रभु मंदिर के द्वार पर
तमसो मा ज्योतिर्गमय
प्रेम है द्वार प्रभु का
अंतर की खोज
अमृत की दिशा
अमृत वर्षा
अमृत द्वार
चित चकमक लागे नाहिं
एक नया द्वार
प्रेम गंगा
समुंद समाना बूंद में
सत्य की प्यास
शून्य समाधि
व्यस्त जीवन में ईश्वर की खोज
अज्ञात की ओर
धर्म और आनंद
जीवन-दर्शन
जीवन की खोज
क्या ईश्वर मर गया है
नये मनुष्य का धर्म
धर्म की यात्रा
स्वयं की सत्ता
सुख और शांति
अनंत की पुकार

ओशो के ऑडियो-वीडियो, प्रवचन एवं साहित्य के संबंध में समस्त जानकारी हेतु संपर्क सूत्रः

साधना फाउंडेशन

17, कोरेगांव पार्क, पुणे-411001
फोन : 020-6136655, फैक्स : 020-6139955
E-mail: distrib@osho.net, Website: www.osho.com

www.ingramcontent.com/pod-product-compliance
Lightning Source LLC
La Vergne TN
LVHW040000051026
849558LV00001B/1
* 9 7 8 9 3 7 6 9 6 9 8 9 0 *

Made in the USA
Monee, IL
19 October 2026

66036449R00262